Entwürfe für die Zukunft
- Gesellschaft -

Sammelband IV
(Buch 24 - 30)

Kontakt: www.HarryEilenstein.de
Harry.Eilenstein@web.de
Harry Eilenstein bei youtube

Verlag: BoD · Books on Demand GmbH, Überseering 33, 22297 Hamburg, bod@bod.de
Druck: Libri Plureos GmbH, Friedensallee 273, 22763 Hamburg

ISBN: 978-3-8192-2873-5

Inhaltsverzeichnis

Buch 24:	Die 12 Strategien der Macht	7
Buch 25:	Die 12 Anforderungen an ein neues Wertesystem	65
Buch 26:	Die 12 Bausteine einer neuen Gesellschaftsform	103
Buch 27:	Die 12 Tore zur Sophikratie	147
Buch 28:	Die 12 Pfade zum Frieden	221
Buch 29:	Die 12 Säulen des Naturrechts	261
Buch 30:	Die 12 Spielfelder des Fußballs	311

Warum 12?

Alle Booklets dieser Reihe haben genau 12 Kapitel – was sich ja auch in den Titeln dieser Booklets widerspiegelt. Warum?

In diesen Büchern wird der Tierkreis als Matrix von 12 verschiedenen Sichtweisen auf die Welt verwendet, um das Thema des Buches möglichst umfassend in 12 Kapiteln zu betrachten. Dadurch wird eine ausgewogenere, umfassendere und tiefere Einsicht in das jeweilige Thema erlangt als es ohne ein solches Raster, ohne eine solche Matrix möglich wäre.

Der Tierkreis wird in dieser Buch-Reihe als Forschungs-Hilfsmittel benutzt, durch das die Einseitigkeiten in der Betrachtung zumindest vermindert werden können. Weiter-hin werden durch dieses Vorgehen diese 12 Sichtweisen auch als Ergänzungen zueinander, als organische Teile eines Ganzen deutlich.

Die Inspiration zu diesem Vorgehen stammt aus Hermann Hesses Roman "Das Glasperlenspiel", für das er 1946 den Literatur-Nobelpreis erhielt. In diesem Roman beschreibt er die öffentlichen Darstellungen von Übersichten und Gesamtbetrach-tungen, die mithilfe von verschiedenen allgemeinen Strukturen wie z.B. dem Ba Gua aus dem chinesischen Feng-Shui angefertigt und aufgeführt werden.

Diese Booklet-Reihe ist ein Versuch, Hesse's Idee im ganz Kleinen konkret zu verwirklichen.

Die Blickwinkel der 12 Tierkreiszeichen sind:

♈	Widder:	Spontaner
♉	Stier:	Genießer
♊	Zwilling:	Neugieriger
♋	Krebs:	Familienmensch
♌	Löwe:	Egozentriker
♍	Jungfrau:	Handwerker
♎	Waage:	Schöngeist
♏	Skorpion:	Tiefgründiger
♐	Schütze:	Idealist
♑	Steinbock:	Realist
♒	Wassermann:	Theoretiker
♓	Fische:	Träumer

Die 12 Strategien der Macht

Entwürfe für die Zukunft – Band 24

Inhaltsübersicht

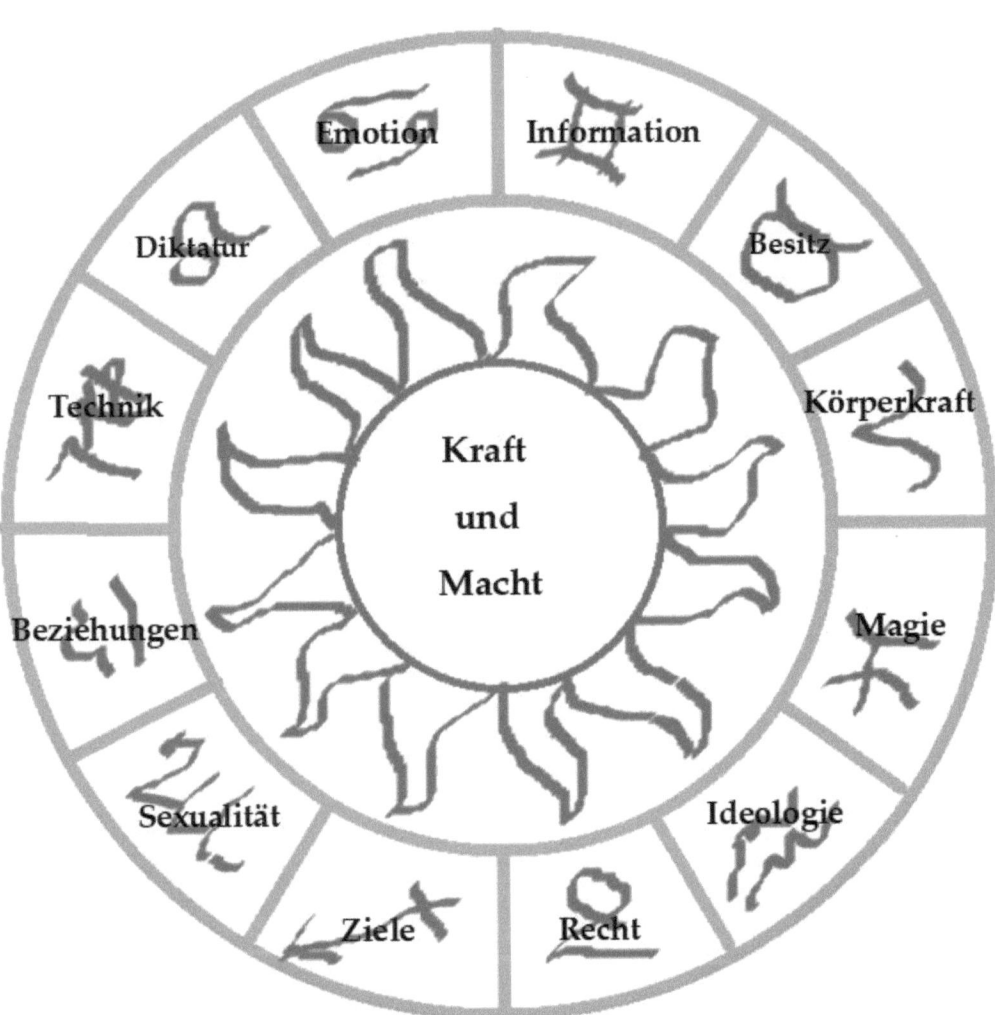

Emotion

Information

Diktatur

Besitz

Technik

Körperkraft

Kraft
und
Macht

Beziehungen

Magie

Sexualität

Ideologie

Ziele

Recht

1. Körperkraft

♈

a) die Art der Macht

Da die Sprache nicht ganz so eindeutig ist, wie man manchmal anzunehmen geneigt ist, ist es ratsam, zu Beginn dieser Betrachtung zu beschreiben, wie einige wichtige Begriffe hier benutzt werden. Das soll nicht heißen, dass ihre Verwendung nur so richtig ist, sondern es soll nur Missverständnissen vorbeugen.

- „**Stärke**" wird in dieser Betrachtung als die Fähigkeit eines Menschen angesehen, also das Maß an Kraft, die er maximal mobilisieren kann.

Dieses Wort stammt von dem indogermanischen Verb „ster" für „starr, steif, hart" ab. Von diesem Wort sind auch „starren, störrisch, sterben, derb, Streit, stramm, streben, straff, Dorn" und noch etliche andere abgeleitet worden.

Mit „Stärke" ist also ursprünglich in etwa „Standhaftigkeit" gemeint gewesen.

- „**Kraft**" ist die Fähigkeit eines Menschen, etwas für sich selber oder auch für andere zu tun und seinen eigenen Weg zu gehen. Diese Kraft ist etwas, was er „für sich" und nicht „gegen andere" anwendet. Diese Kraft ist daher eng mit der persönlichen Freiheit verbunden.

Dieses Wort stammt von dem indogermanischen Verb „ger" für „drehen, winden, sich zusammenziehen, verkrampfen" ab. Von diesem Wort sind auch „Krampf, Krapfen, Kreis, Kranz, Krampe, Krümmung" und noch einige mehr abgeleitet worden.

Mit „Kraft" ist also ursprünglich das Zusammenziehen der Muskeln und die dadurch entstehende Beugung eines Gelenkes gemeint.

- „**Macht**" ist Kraft, die gegen andere angewendet wird. Macht ist das Prägen des Verhaltens der anderen. Daher ist Macht mit Dominanz und Herrschaft verknüpft.

Dieses Wort stammt von dem indogermanischen Verb „magh" für „können, vermögen" ab. Von diesem Wort sind auch „möglich, Macht, Vermögen" abgeleitet worden.

Mit „Macht" ist demnach ursprünglich die Fähigkeit gemeint gewesen, etwas zu tun bzw. seinen Willen durchzusetzen.

- „**Gewalt**" ist schließlich eine Form der Macht, die zu großem Druck auf die anderen bereit ist, um sie zu dem Verhalten zu zwingen, das der Gewalttätige von ihnen verlangt.

Dieses Wort stammt von dem indogermanischen Verb „ualdh" für „stark sein, beherrschen" ab. Von diesem Wort sind auch „verwalten, Verwalter" sowie der Personenname „Walter" abgeleitet worden.

„Gewalt" ist folglich ursprünglich die Fähigkeit eines Herrschers, sich durchzusetzen, gemeint gewesen.

Die Form der Macht, die zu dem Tierkreiszeichen Widder gehört, ist die ganz schlichte Körperkraft, mit der man sich gegen andere durchsetzen kann. Im Individuellen ist dies der Kampf, im Kollektiven ist dies der Krieg. Im Extremfall siegt in diesem Kampf/Krieg der, der diesen Kampf/Krieg überlebt.

Dieses „Recht des Stärkeren" ist auf die Lebewesen als Ganzes gesehen auch ein Teil des Evolutionsprinzips: Der Stärkere bzw. genauer gesagt, der am besten an die Umstände Angepasste, überlebt.

b) Kraft und Macht

Die Unterscheidung zwischen Kraft und Macht ist hier noch recht einfach: Derjenige, der seine Kraft nutzt, tut und erschafft etwas für sich und für die Seinen, während derjenige, der Macht benutzt, danach strebt, dass die anderen ihm gehorchen und seinen Willen tun.

Diese Form der Macht ist im Königtum institutionalisiert worden und auch die heutigen Regierungen streben allesamt nach Macht, um die Ordnung im Staat aufrechterhalten zu können: Der Staat hat das Gewaltmonopol.

Das bedeutet, dass der Staat die Macht über die Einzelnen hat: Er kann sie maßregeln, von ihnen Steuern verlangen, sie vor Gericht zitieren, sie bestrafen und in manchen Ländern sogar töten. Während das Töten eines anderen Menschen für das Individuum verboten ist und das größte Verbrechen darstellt, kann der Staat seinerseits das Töten von anderen im Krieg befehlen.

Der Einzelne hat seine Kraft, aber die Macht liegt beim Staat. Natürlich hat z.B. auch ein Arbeitgeber Macht über den Arbeitnehmer, aber die ganz schlichte Widder-Macht, die sich in Kampf und Krieg zeigt, ist in einem Staat ein Monopol des Staates. Was dem Einzelnen verboten ist, ist dem Staat erlaubt: Töten. Der Staat kann sogar einzelnen Agenten die Erlaubnis zum Töten erteilen – die aus den „James Bond"-Filmen so gut bekannte „licence to kill".

c) sinnvolle Macht

Gibt es in diesem Bereich so etwas wie „sinnvolle Macht"? Man könnte durchaus sagen, dass die Polizei eine sinnvolle Macht hat, wenn sie die Bürger beschützt, und auch, dass der Staat eine sinnvolle Macht hat, wenn er das Land durch das Militär beschützt. Weiterhin sind auch jegliche Gesetze wirkungslos, wenn sie nicht durch eine Macht durchgesetzt werden können. Auch das Einziehen von Steuern erfordert eine Form der Macht.

In Stammesgemeinschaften und in Dorfgemeinschaften, also auf der sozialen Organisationsebene der Jungsteinzeit, gibt es keine derartige Macht. Dort kann sich zwar der Stärkere im Kampf gegen einen Schwächeren durchsetzen, aber es gibt keinen „Gruppenzwang" wie in einem Königreich oder in einem heutigen Staat, in dem die Regierung den Rahmen bestimmt, an den sich alle halten müssen, weil dieser Rahmen durch die Macht des Staates durchgesetzt wird.

Es ist leicht einzusehen, dass ein soziales Gebilde von der Größe eines Staates nicht anders als durch allgemeine Regeln, die zur Not auch mit Macht gegen den Willen von Einzelnen durchgesetzt wird, denkbar ist.

Der springende Punkt bei dieser Macht des Staates ist offensichtlich die Art des Gebrauchs, die der Staat von dieser Macht macht. Nutzt er diese Macht möglichst zurückhaltend und sorgt er für das Wohlergehen von allen? Oder nutzt er diese Macht, um die eigene Macht noch zu vergrößern und um einer Elite zu Wohlstand zu verhelfen, während ein Großteil der Bevölkerung in Armut lebt?

Bei dieser Frage kommt man wieder zu dem Gegensatz von Freiheit und Gemeinwohl, der eine alte philosophische und politische Frage ist, die in dieser Buch-Reihe u.a. in den beiden Bänden „Die 12 Säulen des Naturrechts" und „Die 12 Bausteine einer neuen Gesellschaftsform" betrachtet werden.

Man kann nicht sagen, dass Macht prinzipiell falsch und immer ein Übel ist, aber bei jeder Form der Macht besteht die große Gefahr des Machtmissbrauchs, der ganz einfach darin besteht, dass die Mächtigen – seien sie nun Könige, Minister oder Konzernleiter – zunächst einmal für ihren eigenen Wohlstand sorgen und der übrigen Bevölkerung auch ein bisschen abgeben, damit sie nicht gegen die Herrschenden revoltiert.

Bodyguards, Schlägertrupps, Personenschützer und dergleichen findet man auch nur bei den Wohlhabenden, die sich den Aufbau einer solchen ganz physischen Widder-

Macht leisten können.

d) laut, leise und wechselhaft

Der „zu laute" Typ der physischen Widder-Macht ist der Täter – der „zu leise" Typ ist das Opfer. Dazwischen gibt es noch diejenigen, die mal Täter und mal Opfer sind. Allen dreien ist das Grundgefühl der Angst gemeinsam ist: Der Täter greift aus Angst an, das Opfer rennt aus Angst weg, und der Wechselhafte, weiß nicht so richtig, ob er angreifen oder fliehen soll.

Das Problem bei dem Kampf zwischen Täter und Opfer ist bei beiden die Angst. Im großen Stil ist dies die Angst im Krieg, die sowohl beim Angreifer als auch beim Verteidiger zu finden ist – beide könnten im Krieg getötet werden.

Diejenigen, die den Krieg befohlen haben, befinden sich jedoch meistens fern der Front in relativ großer Sicherheit. Sie sind nicht die, die von einem Messer oder einer Kugel getroffen werden könnten.

Angst führt dazu, dass der Blick auf das, was die Angst auslöst, eingeengt wird – was wiederum das bewusste Ich, das bewusste Entscheidungen treffen kann, weitgehend handlungsunfähig macht. Wird die Angst erst einmal richtig aktiv, übernehmen die Instinkte die Regie – und dann kann man weder mit dem Angreifer noch mit dem Verteidiger noch vernünftig reden. Täter und Opfer sind beide in ihren Angst-Bildern gefangen und kommen nur noch schwer aus diesem „Film" wieder heraus.

Angst führt bei den „zu lauten" Tätern zu Machtstreben – und die Macht der Täter führt zu Angst bei den Opfern. Wo Macht ist, ist auch Angst … sowohl bei den Mächtigen als auch bei den Ohnmächtigen. Schließlich fürchten die Mächtigen stets, ihre Macht wieder zu verlieren …

e) die individuelle Heilung

Nach Heilung suchen nur die Opfer – die Täter streben bei der Lösung ihrer Probleme hingegen nach noch mehr Macht und erscheinen daher so gut wie nie in den Zimmern von Therapeuten, Heilern, Astrologen u.ä.

Eine naheliegende Taktik eines Opfers, die auf den ersten Blick nach einer Heilung aussehen kann, besteht darin, selber mächtig zu werden.

Ein wirksameres Vorgehen ist jedoch, sich den eigenen Ängsten zu stellen und diese Ängste zu heilen, was zugegebenermaßen nicht gerade einfach ist. Doch da ein friedliches Leben nicht dadurch entsteht, dass man den dickeren Bizeps hat als der andere oder den dickeren Knüppel, sondern dadurch, dass man selber in sich ruht und eine andere Ausstrahlung bekommt, gibt es auch für die Schwachen einen Weg aus der Opfer-Rolle.

Dieser Weg ist nicht einfach, aber er ist möglich – ich bin selber jahrzehntelang der Prügelknabe gewesen. Als Opfer lernt man zunächst die Rolle des Täters kennen und verhält sich auch selber einmal wie ein Täter – dadurch ist man dann im gesamten Bandbreite der Möglichkeiten präsent und kann nun die Mitte zwischen Täter und Opfer finden, d.h. die Kraft in sich selber.

Diese „Kraft in sich selber" bedeutet nicht, dass man dann besonders stark wird, sondern nur, dass man in sich ruht – und Täter greifen nur Opfer an, aber niemanden, der in sich ruht.

Das Kämpfen liegt offenbar in der Natur der Menschen, wie sich schon durch die vielen Sportarten zeigt, bei denen immer das Gewinnen im Vordergrund steht. Wer ist der Beste? Das ist immer nur einer … Es kann nur einer der Schnellste sein, nur einer kann Torschützenkönig werden, nur einer kann Schachweltmeister werden – und alle anderen sind Verlierer. Eigentlich ist das keine gute Grundlage für eine Gemeinschaft. Auch bei Wahlen gibt es nur einen Sieger …

Der Wettkampf ist offenbar in den Menschen instinktiv angelegt, aber dieses Konkurrenz-Prinzip sollte nicht zur prägenden Dynamik werden, sondern sich immer im Rahmen der Kooperation bewegen. Eine der wenigen Sportarten, die das wirklich erreicht haben, ist der Ninja-Sport, in dem die gemeinsame Freude an dem, was man mit seinem Körper alles machen kann, ganz deutlich wichtiger ist als das Gewinnen eines Wettkampfs. In diesem Sport helfen sich alle gegenseitig, besser zu werden.

f) die kollektive Heilung

Kollektiv stellt sich das Problem der Macht bzw. des Machtmissbrauchs z.B. durch einen Eroberungskrieg ganz anders dar, weil sich dabei nicht mehr zwei Menschen individuell begegnen und dann individuell miteinander umgehen, sondern weil zwei Heere unter Zwang gegeneinander kämpfen. Einen bereits begonnen Kampf können die Soldaten selber nicht oder nur in sehr seltenen Fällen aus sich heraus beenden: Befehlsverweigerung oder Fahnenflucht wird im Kriegsfall in der Regel standrechtlich bestraft – was in vielen Fällen die Erschießung bedeutet.

Kriege lasen sich also nur vermeiden, aber nicht von den einzelnen Kämpfern, sondern nur von den Regierungen.

Die bisher einzige erfolgversprechende Strategie der Kriegsvermeidung besteht darin, dass sich alle Staaten einig sind, einen angreifenden Staat zu isolieren und dem angegriffenen Staat beizustehen. Damit dieses Vorgehen wirklich wirksam werden kann, ist allerdings eine fast vollständige Solidarität der Staaten mit dem angegriffenen Staat notwendig – die derzeit noch nicht gegeben ist.

g) Wikinger-Sprichworte

„Alles was geschieht, geschieht irgendwann zum ersten Mal."
Saxo der Schriftkundige: Geschichte der Dänen

„Der gerade Weg ist der Beste."
anonym: Saga über Feuer-Njal

„Jeder muss seine Last selber tragen, denn ein jeder wandert am längsten mit sich selber."
anonym: Gisli-Saga

„Es wird Dir nicht an Gelegenheiten mangeln, wenn Du den Willen zur Tat hast."
Saxo der Schriftkundige: Geschichte der Dänen

„Mut hast Du – wenn Du nur auch Weisheit hättest!"
anonym: Hamdir-Lied

„Dies beweist einmal mehr, dass Wut für die Wahrheit blind macht."
anonym: Saga über die Fost-Brüder

„Wenn ein Maulwurfshügel in Deinen Augen zum Berg wird, dann ..."
anonym: Saga über Feuer-Njal

2. Besitz

♉

a) die Art der Macht

Dass Besitz – also letztlich Geld – Macht bedeutet, ist allgemein bekannt. Diese Erkenntnis hat Karl Marx dazu gebracht, sein Buch „Das Kapital" zu schreiben, in dem er die Konzentration und den Privatbesitz des Kapitals, insbesondere des Produktionskapitals, d.h. der Privatbesitz von Fabriken und ähnlicher Einrichtungen, als die Hauptursache für die damalige extreme Aufspaltung in reiche Unternehmer und arme Arbeiter gesehen hat.

Heute sind es eher einzelne Unternehmer wie Elon Musk („Tesla"), Bernard Arnault („LVMH"), Jeff Bezos („amazon"), Bill Gates („Microsoft") oder Warren Buffet („Berkshire Hathaway") sowie multinationale Konzerne wie Royal Dutch Shell, Toyota, General Electric, Total oder Volkswagen, die eine sehr große finanzielle Macht besitzen, durch die sie auch gesellschaftlichen und politischen Einfluss nehmen können. Die Dritten in diesem Bunde neben Einzelunternehmern und internationalen Konzernen sind die internationalen Banken wie JPMorgan Chase, ICBC, Bank of America, Agricultural Bank of China, Bank of China und Wells Fargo.

In der folgenden Übersicht sind das Kapital der Einzelunternehmer, der Konzerne sowie der Banken aufgeführt. Allerdings sind Banken und Unternehmen/Konzerne nicht so einfach zu vergleichen, da der Marktwert einer Bank 100-mal größer sein kann als ihr Kapital.

Konzerne

General Electric	493 Milliarden $
Toyota	422
Volkswagen	417
Royal Dutch Shell	340
Exxon Mobil	337
Apple	290
Chevron	266
BP	262
Total	245
Vodafon	192

Personen/Einzelunternehmer

Elon Musk („Tesla")	211 Milliarden $
Bernard Arnauld („Dior" u.a.)	201
Jeff Bezos („amazon")	197
Mark Zuckerberg („facebook")	164
Larry Ellison („Oracle")	146
Larry Page („Alphabeth/Google")	143
Sergey Brin („Google")	137
Waren Buffett („Berkshire Hathaway")	135
Bill Gates („Microsoft")	129
Steve Ballmer („Microsoft")	123

Banken

Industrial & Commercial Bank of China	3,55 Milliarden $
China Construction Bank Corporation	2,97
Agricultural Bank of China	2,85
Mitsubishi UFJ Financial Group	2,65
Bank of China	2,64
HSBC Holdings PLC	2,60
JPMorgan Chase & Company	2,42
BNP Paribas	2,40
Bank of America	2,19
Deutsche Bank	1,97

Die folgende Liste enthält die „Top Twenty" vom Kapital her bzw. bei den Banken vom Marktwert her. Zur leichteren Unterscheidung sind die Konzerne <u>unterstrichen</u> und die Einzelunternehmer *kursiv* geschrieben. Bei den Banken sind in dieser Liste die Marktwerte angegeben.

<u>General Electric</u>	493 Milliarden $
<u>Toyota</u>	422
<u>Volkswagen</u>	417
JPMorgan Chase	388
<u>Royal Dutch Shell</u>	340
<u>Exxon Mobil</u>	337
Bank of America	300
<u>Apple</u>	290
<u>Chevron</u>	266
<u>BP</u>	262
<u>Total</u>	245
Industrial & Commercial Bank of China	240

Elon Musk ("Tesla")	211
<u>Vodafon</u>	192
Bernard Arnauld ("Dior" u.a.)	201
Jeff Bezos ("amazon")	197
China Construction Bank	187
<u>Wells Fargo</u>	174
Mark Zuckerberg ("facebook")	164
Agricultural Bank of China	155

Der Vergleich mit den zwanzig größten Einnahmen der Staats-Haushalte macht die Größe dieser Kapitalkonzentration deutlich:

USA	8268 Milliarden $
China	4630
Deutschland	1919
Japan	1578
Frankreich	1488
Vereinigtes Königreich	1196
Italien	981
Kanada	868
Brasilien	831
Russland	778
Indien	657
Australien	609
Spanien	601
Südkorea	453
Niederlande	438
Norwegen	370
Mexiko	355
Saudi-Arabien	341
Belgien	288
Schweden	284

Lediglich die 20 reichsten Staaten können mit den 20 größten Konzernen, Banken und Einzelunternehmen mithalten – wobei sich diese vier Arten von Organsationen natürlich nur in begrenztem Maße vergleichen lassen. Doch die Macht der Konzerne, der Banken und der großen Einzelunternehmen wird trotzdem recht deutlich.

Kleinere Staaten haben Staatseinnahmen, die im Vergleich zu diesen Konzernen, Banken und Einzelunternehmen geradezu winzig wirken:

Finnland (Platz 30)	148 Milliarden $
Kolumbien (Platz 40)	96
Hongkong (Platz 50)	78
Nigeria (Platz 60)	42
Slowenien (Platz 70)	26
Estland (Platz 80)	15
Trinidad und Tobago (Platz 100)	8
Albanien (Platz 120)	5
Guinea (Platz 140)	3
Haiti (Platz 160)	1
Seychellen (Platz 180)	0,6
Komoren (Platz 200)	0,2

Wenn man die Gewinne der Konzerne, Banken und Einzelunternehmen mit den Staatseinnahmen vergleicht, haben die 10 größten Banken Gewinne zwischen 16 und 53 Milliarden $, was immerhin mehr ist als die Staatseinnahmen der 130 ärmeren der ca. 200 Länder auf der Erde. Die 10 größten Konzerne und Einzelunternehmen haben Gewinne zwischen 38 und 138 Milliarden $ – also mehr als die 140 ärmsten Länder.

Das reichste 1% der Weltbevölkerung besitzt 40% des Weltvermögens; die reichsten 10% besitzen 85% des Weltvermögens – die ärmsten 50% besitzen lediglich 1% des Weltvermögens.

Früher war diese Macht des Besitzes für alle offenkundig: Dem König gehört das ganze Reich und er übergab die vorübergehende Verwaltung eines Teiles seines Reiches als Lehen („Ausgeliehendes") an die Grafen. Noch offensichtlicher war diese Macht durch das völlig legale Halten von Leibeigenen und Sklaven.

Heute ist diese Macht unauffälliger – man muss schon einige Statistiken studieren, um zu bemerken, wo das Geld und daher auch die Macht des Geldes zentriert ist.

Der Kampf um die „Besitz-Macht" muss nicht immer in solch großem Rahmen stattfinden und er kann auch ganz leise sein. Ein gut bekanntes Beispiel ist das Kind, dass durch geschickte Maßnahmen seine Geschwister von einer Erbschaft ausschließt.

Manchmal ist das Erringen von „Besitz-Macht" auch so unauffällig, dass es kaum einer bemerkt. An einem Wald gibt es mindestens vier Interessensgruppen: Die Waldbesitzer, die alle 20 Jahre einmal ihre Bäume fällen lassen und dann das Holz verkaufen; der Förster, der den Wald tendenziell als sein eigenes „Reich" betrachtet, da er für ihn sorgen soll; die Jäger, die bei den herbstlichen Jagden möglichst viel Wild erlegen wollen; und schließlich die Menschen aus den umliegenden Städten und Dörfern, die im Wald spazieren gehen wollen.

Nun kann man in etlichen Wäldern beobachten, dass zwar die großen Wege von umgestürzten Bäume freigeräumt werden, aber nicht die kleinen Waldwege. Das führt dazu, dass diese Waldwege nach und nach zuwachsen, weil man nur noch mit viel Mühe um die umgestürzten Bäume herumkommt. Wenn man dann noch Schilder sieht, auf denen die Jagdgemeinschaft alle bittet, auf den Wegen zu bleiben, damit man das Jungwild und ihre Muttertiere nicht stört, und dann aber einmal den Stolz beobachten konnte, mit denen die Jäger die zur Strecke gebrachten Tiere betrachten, ahnt man, dass hier die Jäger durch das Stilllegen der kleinen Waldpfade ganz schlicht und egoistisch die Fläche, auf denen das Wild lebt, vergrößert und dadurch auch die Anzahl der im Herbst geschossenen Tiere vergrößert hat.

Hier haben sich die Jäger – vermutlich unter Zustimmung des Försters – ganz unauffällig einen größeren Teil des Waldes für ihre Zwecke zu eigen gemacht und die Menschen aus den umliegenden Städten und Dörfern von einem großen Teil des Waldes ausgeschlossen, weil die kleinen Wege allesamt zugewachsen sind.

Das ist ein Beispiel für die stille Ausübung von „Besitz-Macht", durch die Wenige (die Jäger) die Vielen (die Spaziergänger und Wanderer) von einem großen Teil des Waldes ausgeschlossen haben.

Wenn man sich aufmerksam umschaut, wird man an etlichen Orten derartige Strategien finden können ...

In anderen Fällen wird eine Machtdemonstration so geschickt verpackt, dass man sie kaum angreifen kann. So hat z.B. der Ex-VW-Vorstand Martin Winterkorn bei seiner ersten Sitzung bei VW kurz zuvor alle Aschenbecher in dem Sitzungsraum entfernen lassen. Als die ersten Mitglieder rauchen wollten, sahen sie, dass die Aschenbecher fehlten – und haben verstanden, dass Herr Winterkorn sich durchsetzen will.

Hätten sie nach Aschenbecher gefragt, hätten sie sicherlich eine ziemlich beißende Antwort erhalten, gegen die sie wenig hätten vorbringen können – in dem Stil von „Sie sind zum Arbeiten hier und nicht zum Rauchen."

Dies ist ein geradezu klassisches Vorgehen: Man verpackt das, was man will (Macht), in etwas anderes (Wegnehmen der Aschenbecher). Wenn dann jemand widerspricht, kann man so tun, als ob es um Aschenbecher und nicht um Macht gehen würde.

b) Kraft und Macht

Das Minimum, das man jedem Menschen an Besitz zugestehen sollte, ist das Existenzminimum, d.h. genügend Nahrung um nicht zu verhungern, genügend Wasser um nicht zu verdursten und genügend Wohnraum und sanitäre Versorgung, um nicht zu erkranken. Doch davon sind wir noch weit entfernt – noch immer sterben täglich 24.000 Menschen an Hunger.

Ohne dieses Existenzminimum, das bei dem Thema „Besitz" der „Kraft", also dem heilen Zustand entspricht, werden die Menschen weitgehend hilflos und zu Opfern der Besitzenden.

c) sinnvolle Macht

Es gibt auch bei dem Besitz eine „sinnvolle Macht": Ein Staat braucht Steuereinnahmen, um die Gemeinschaftsaufgaben erfüllen zu können.

Bei dem Thema „Steuern" gibt es jedoch den endlosen Streit darüber, wieviel Egoismus und wieviel Solidarität das richtige Maß ist. Hier steht das Prinzip „Individualität zuerst" gegen das Prinzip „Kollektiv zuerst".

Da sowohl nur das eine oder nur das andere zu extremen Verhaltensweisen führt, die letztlich allen schaden, wird hier eine Mischung gebraucht, die sowohl die Einzelnen als auch die Gemeinschaft möglichst stark fördert und gedeihen lässt.

Die Politik wird jedoch tendenziell eher von den etwas Reicheren als von den Ärmeren gemacht, was dazu führt, dass sich der Egoismus nach eine Weile durchzusetzen beginnt und die Tendenz an Schwung zunimmt, dass wenige sehr viel besitzen und viele sehr wenig …

d) laut, leise und wechselhaft

Die Ursache der Macht im Bereich des Besitzes ist recht einfach fassbar: Das Grundproblem ist das Mangelerlebnis. Die „zu lauten" Menschen, die einen tiefsitzenden Mangel in sich tragen, werden gierig, d.h. sie werden zu Süchtigen – die „zu leisen" Menschen, die einen tiefsitzenden Mangel in sich tragen, verzichten und werden zu Asketen.

Diese Polarisierung gibt es im ganz Kleinen, Fundamentalen, wenn z.B. eine Mutter alles, was sie an Spenden, Geschenken o.ä. erhält, sofort an ihre Kinder weitergibt und nichts für sich selber behält – und es gibt sie im ganz Großen, wenn z.B. eine Religion für ihre Mitglieder die Armut vorschreibt, aber die Religion als Institution extrem reich ist.

Kollektiv gesehen sind die „zu Lauten" in den meisten Fällen die Reichen und die „zu Leisen" sind meistens die Armen. Allerdings kann man das nicht verallgemeinern, denn es gibt auch bei den Armen Gierige und Diebe (weil sie überleben wollen) und auch bei den Reichen Großzügige, die oft etwas spenden oder Stiftungen aufbauen.

Eine andere Form der Sucht ist die Sucht nach Alkohol oder nach anderen Drogen.

Schließlich gibt es auch beim Besitz den wechselhaften Typ, der mal viel verdient, dann verarmt ist und schließlich wieder viel verdient – doch beim Besitz ist dieser Typ deutlich seltener als z.B. bei Drogensüchtigen, bei denen der „Quartalssäufer", der sich alle paar Monate betrinkt, aber ansonsten nüchtern ist, gut bekannt ist.

e) die individuelle Heilung

Während der Mangel an Körperkraft durch eine innere Haltung ausgeglichen werden kann, ist dies bei der Armut schwierig. Die Armut von ca. der Hälfte der Menschheit kann offensichtlich nur kollektiv aufgelöst werden.

f) die kollektive Heilung

Leider sind wir von einer Lösung der extremen Ungleichverteilung des Besitzes noch sehr weit entfernt – die Macht liegt noch immer zu einem sehr großen Teil bei dem 1% der Menschen, die 40% des Weltvermögens besitzen.

Die Reinform der Selbstorganisation der Menschen, die ganz auf die Macht des Einzelnen setzt, ist die freie Marktwirtschaft.

Da das Leid, dass diese Einstellung verursacht, offensichtlich und so groß ist, dass es Aufstände und Revolutionen auslösen kann, haben schon viele Menschen überlegt, wie dieses Leid beendet werden kann.

- Der bekannteste Ansatz ist vermutlich die soziale Marktwirtschaft, in der die Gemeinschaft für das grundlegende Wohlergehen von allen sorgt.

- Karls Marx hat die Kollektivierung des Produktionskapitals als Lösung angesehen, also gefordert, dass Fabriken u.ä. Staatseigentum sein sollen.

- Rudolf Steiner hat die „Brüderlichkeit im Wirtschaftsleben" als die Lösung der Probleme angesehen.

- Es gibt weiterhin einige, die die ungleiche Verteilung des Besitzes durch eine neue Geldform lösen wollen.

- Schließlich gibt es noch den Ansatz, die auf der Konkurrenz beruhende Marktwirtschaft durch eine KooperationsWirtschaft abzulösen. Dieser Ansatz wird in dem Buch „Die 12 Tore zur Sophikratie" aus dieser Reihe näher beschrieben.

g) Wikinger-Sprichworte

„Selbst Herden wissen, wann zur Heimkehr Zeit ist und gehn vom Grase willig; der Unkluge kennt allein nicht seines Magens Maß."

anonym: Odins Weisheiten im Havamal

„Viele sind arm, die viel Geld besitzen."

anonym: die sehr hilfreichen Aussprüche des Weisen

„Gold führt zu Streit in der Familie"

anonym: Norwegisches Runengedicht

„Zwei Ziegen nur und dazu ein Strohdach ist besser als Betteln."

anonym: Odins Weisheiten im Havamal

„Der Drache verlässt nicht sein Gold."

anonym: Kormak-Saga

„Er neidet mir denselben Himmel, der auch über seinem eigenen Haupt ist."

anonym: Saga über die Waffen-Firdinger

„Die Häuser der Großzügigen sind selten und sie liegen weit voneinander entfernt."

anonym: Saga über Egil den Sohn des Glatzen-Grim

3. Information

Ⅱ

a) die Art der Macht

Menschen entscheiden aufgrund von Informationen. Daher hat auch derjenige Macht, der bestimmt, welche Informationen die Menschen haben.

Diese Form der Macht kann zum einen ein Verschweigen von wichtigen Tatsachen sein, aber zum anderen auch das Verbreiten von falschen Nachrichten. Dadurch, dass auf diese Weise das Weltbild und die Meinung von Menschen gelenkt werden kann, können mithilfe der Informationen, die den Menschen zugänglich sind, und der Schlüsse, die sie aus diesen Informationen ziehen, die Menschen auch von denen gelenkt werden, die die Macht haben, die weit verbreiteten Informationen zu bestimmen.

Diese Macht ist keineswegs klein. Selbst Zeitungen können durch die Auswahl, welche Nachrichten sie auf Seite 1 bringen, zur Meinungsbildung beitragen. Wenn jedes Verbrechen eines Ausländers auf Seite 1 erscheint und als Bedrohung des Volkes dargestellt wird, hat das eine durchaus eine Wirkung auf die öffentliche Meinung.

Der Rundfunk ist im „3.Reich" ein wichtiges Propaganda-Mittel gewesen, da über die „Volksempfänger" nur das gesendet wurde, was die damalige Regierung wollte. Solche Reden wie die, die 1943 von Goebbels im Berliner Sportpalast gehalten worden ist und die in die Frage „Wollt ihr den totalen Krieg?" mündete, die von den handverlesenen Zuschauern mit Sprechchören heftig bejaht wurde, wurden im Radio übertragen und riefen bei den Hörern natürlich das Gefühl hervor, dass das ganze „Volk" den totalen Krieg wollte. Dadurch wurde das Gefühl erzeugt, dass diejenigen, die nicht den „totalen Krieg" wollten, mit ihrer Meinung ganz allein dastanden.

Solche Reden würden heute in dieser Form nicht mehr wirken – aber was wäre, wenn der Herr von der Tagesschau im Fernsehen auf Geheiß der Politiker solche Nachrichten vortragen würde?

Am einflussreichsten ist mittlerweile vermutlich das Internet geworden. Das Internet ist auch das Medium, das sich am besten manipulieren lässt. Dabei können die Falschinformationen („fake news") schlicht Berichte über Dinge sein, die gar nicht stattgefunden haben, aber es gibt auch gefälschte Interviews, in denen Prominente scheinbar bestimmte Produkte bewerben, oder gefälschte Fotos, die aufgrund der fortgeschrittenen Technik kaum noch von echten Fotos zu unterscheiden sind („deep fake") – und Fotos sind überzeugender als Worte …

Die Beeinflussung per Internet kann sehr weit gehen. So werden z.B. von einigen Staaten in großen Mengen Internetseiten gestaltet, durch die Meinung in einem Land vor den Wahlen beeinflusst werden. Dies ist eine Form des „Informations-Krieges", die z.B. von Russland verwendet wird, um bei Wahlen in Ländern, die die Ukraine unterstützen, Parteien an die Macht zu bringen, die diese Unterstützung beenden wollen. Auf diese Weise erhöht Russland seine Chancen, den Krieg gegen die Ukraine zu gewinnen.

Bisweilen werden auch ganz schlicht vollkommen unbegründete Lügen verbreitet, um die Gefühle der Menschen in Wallung zu bringen und sie anzustacheln, eine bestimmte Partei zu wählen, die ihnen verspricht, sie vor dieser durch Lügen vorgegaukelten Gefahr zu schützen. Das aktuelle Beispiel ist Donald Trump, der frei erfunden hat, dass Migranten in Springfield im US-Bundesstaat Ohio Haustiere fressen. Das lässt sich – weil es eben gar nicht wahr ist – nicht beweisen, aber die Angst ist bei einem Teil der Bevölkerung nun erschaffen worden und jemand, der Angst hat, lässt sich leicht lenken.

Generell ist der Stil, mit dem sich die Politiker bei Wahlen angreifen, immer härterer geworden. Es werden Vorwürfe gemacht, Diffamierungen erfunden, es wird beleidigt, ausgeschlossen und es werden eben auch ganz schlicht Lügen verbreitet. Es wird zunehmend auf Gefühlsebene gearbeitet und nicht mehr über die sachliche Auseinandersetzung.

Bei der Lenkung der öffentlichen Meinung durch das Internets geht es mittlerweile bis hin zu der Bestechung von Influencern, damit diese die erwünschte Meinung vertreten. Auf diese Weise hat die „fake news", also Falschnachricht, sofort eine sehr große Reichweite.

Drei weitere Ansätze im „Informations-Krieg" sind die Spionage, der gezielte Rufmord und der „agent provocateur", der durch Reden und Handlungen einen bestimmten Zustand in dem von ihm angegriffenen Land herzustellen bestrebt ist.

Man kann im „Informations-Krieg" zwischen der internen Beeinflussung wie Trumps Behauptung, dass Migranten die Haustiere der US-Bürger fressen, und der externen Beeinflussung z.B. bei der Wahlbeeinflussung durch gefälschte Webseiten unterscheiden.

Zu der internen Beeinflussung, also dem Lenken der Meinung im eigenen Land zählt z.B. auch das Streben von Putin, die ukrainische Regierung als ein Nazi-Regime darzustellen und die „militärischen Sonderoperation" (Krieg) gegen die Ukraine dadurch dem Kampf gegen Hitler im 2. Weltkrieg gleichzusetzen. Zu der externen Beeinflussung gehören Putins halbausgesprochene und angedeutete Drohungen mit Atomwaffen.

Generell spielen die Medien im „Informations-Krieg" auf den Gefühlen der Leser, Hörer und Zuschauer Klavier – es sollen Informationen vorgegaukelt und dadurch Gefühle erzeugt werden, die dann das Handeln bestimmen.

Schließlich – wenn der „Informations-Krieg" erfolgreich beendet worden ist – schreibt der Sieger die Geschichte, wie schon die alten Römer erkannt haben. Das ist das dann die letzte Stufe der „fake news". In den Geschichtsbüchern steht schließlich die sachliche, Fakten-basierte Wahrheit, oder?

Dieser „Informations-Krieg" ist keineswegs neu – nur das Internet, das sich dafür hervorragend gut eignet, ist neu. Schon in den strategischen Schriften, die um 500 v.Chr. in China verfasst worden sind, wird das Täuschen des Gegners als wesentliches Element der Kriegsführung hervorgehoben.

Es gibt diesen Informations-Kampf auch in klein: Intrigen gegen Konkurrenten im gleichen Betrieb oder im gleichen Verein. Es gibt ganze Bücher nur zu dem Thema, wie man interne Konkurrenten durch Intrigen, Verleumdung u.ä. ausschalten kann.

b) Kraft und Macht

Die Informations-Macht hat der, der durch Falschinformationen andere täuscht und sie seinen Absichten gemäß lenkt. Der Ohnmächtige ist folglich der Getäuschte.

Doch was entspricht nun der Kraft, also dem heilen Zustand? Das muss offensichtlich die Information über die tatsächlichen Zustände sein. Dafür muss der, der in Bezug auf Informationen „in seiner Kraft" sein will und der diese tatsächlichen Zustände erforschen will, kriminalistischen Scharfsinn entwickeln und sich dann eine eigene Meinung bilden – was offensichtlich ziemlich anspruchsvoll ist, wenn man nicht mehr weiß, welchen Informationen man trauen kann und welchen nicht.

Dieses Problem tritt insbesondere dann auf, wenn bei einem Thema heftige Gefühle beteiligt sind. So hat z.B. die Corona-Krise dazu geführt, dass die einen, die Angst um Ihr Leben hatten, alle Argumente dafür gesammelt haben, die für einen maximalen Schutz vor der Epidemie sprachen, während die anderen, die um ihre Freiheit gefürchtet haben, alle Argumente gesammelt haben, die für eine möglichst geringe Einmischung des Staates gesprochen haben. Aufgrund dieser Polarisierung war es schließlich kaum noch möglich, sichere Informationen zu erlangen – ganz davon zu schweigen, einen Minimal-Konsens zwischen den beiden Parteien zu finden.

In Bezug auf Informationen eigenständig und sicher auf dem Boden der Tatsachen zu stehen, ist nicht gerade das einfachste aller Vorhaben …

c) sinnvolle Macht

Macht im Informations-Bereich ist nur dann sinnvoll, wenn sie die Wahrheit aufdeckt.

Wenn jedoch die Politiker damit beginnen, „fake news" und „alternative Fakten" zu verbreiten, wird die Lage ausgesprochen schwierig.

Es gibt zwar noch die Gerichte, aber bis die eine Entscheidung zu etwas getroffen haben und diese Entscheidung bekannt geworden ist, vergeht so viel Zeit, dass diese Entscheidung in den meisten Fällen keine große Wirkung mehr hat.

d) laut, leise und wechselhaft

Die „zu Lauten" in Bezug auf Informations-Macht sind offenbar die, die zur Förderung ihrer eigenen Absichten andere täuschen – die „zu Leisen" sind die, die sich täuschen lassen. Die Wechselhaften sind dann die, sie sowohl manchmal andere täuschen als auch selber immer wieder mal Täuschungen zum Opfer fallen.

Im Alltag würde man die „zu Lauten" als „Lügner" bezeichnen und die „zu Leisen" als „Gutgläubige". Die Wechselhaften wären dann die, von denen man weiß, dass sie leicht beeinflussbar sind und dass sie selber auch danach streben, andere zu beeinflussen.

e) die individuelle Heilung

Die Heilung des Einzelnen, der dazu neigt, auf Lügen und „fake news" hereinzufallen, besteht darin, ihm das Prüfen von Aussagen nahezubringen. Das ist allerdings oft kaum möglich, weil viele dieser Gutgläubigen eben an das Gute glauben und es geradezu als Verrat an der Menschlichkeit empfinden, bei einem anderen eine böse Absicht zu vermuten. Die Gutgläubigkeit ist für manche Menschen daher geradezu lebensnotwendig – wenn sie dieses Vertrauen in die Menschheit nicht hätten, würden sie in eine heftige Krise stürzen.

Noch schwieriger – so gut wie unmöglich – ist es, Lügner von ihrem Lügen abzubringen. Schließlich haben sie ja Erfolg mit ihren Lügen ... Diese Menschen, die es mit der Wahrheit nicht so genau nehmen und für die Worte schlichtweg Machtmittel zum Erreichen ihrer eigenen Ziele sind, können letztlich nur kollektiv von ihrem Lügen abgebracht werden. In manchen Fällen können sie auch nicht geheilt werden – dann ist der einzige Schutz die Wachsamkeit der Allgemeinheit gegenüber ihren Lügen.

f) die kollektive Heilung

Dieser Prozess beginnt mit den „Whistleblowern", die öffentlich machen, wo in großem Stil von den Mächtigen gelogen wird. Natürlich wird solch ein „Verrat" mit drakonischen Strafen belegt, da die Mächtigen ihre Geheimnisse für sich behalten wollen, da diese Geheimnisse ihre Macht absichern.

Spione wollen solche Geheimnisse des gegnerischen Staates herausfinden und dann entweder der eigenen Regierung übermittel oder sie allgemein bekanntgeben, um der feindlichen Regierung zu schaden. Hier wird zwar die Wahrheit aufgedeckt, aber das dient keineswegs der allgemeinen Wahrheitsfindung, sondern nur der Steigerung der eigenen Macht.

Die Aufklärung über die tatsächlichen Zustände ist nicht einfach – und selbst wenn sie irgendwo dargestellt wird, kann der Leser ja zunächst einmal nicht erkennen, ob das Dargestellte die Wahrheit ist oder nicht. Außerdem gibt es ja auch noch die Bewertungen der „real vorhandenen Tatsachen" – und diese Bewertungen können sehr verschieden ausfallen ...

Ein anderer Aspekt ist die Datensicherheit, also der Schutz von privaten Daten – vor allem durch Verschlüsselungstechniken, die nicht von Dritten gehackt werden können.

Es gibt mittlerweile immerhin solche Organisationen wie „correctiv", die sich ausschließlich mit der Überprüfung von Gerüchten und möglichen Falschinformationen beschäftigen und ihre Ergebnisse dann über verschiedene Medien verbreiten.

Doch von einer Gesellschaft, in der die „Wahrheit" allen gut bekannt ist, sind wir noch weit entfernt. Möglicherweise ist erst einmal eine ganz andere Grundhaltung notwendig – eine allgemeine Kooperation satt einer allgemeinen Konkurrenz – bevor die „Wahrheit" eine Chance hat, zu einem allgemeinen Wissen zu werden.

g) Wikinger-Sprichworte

„Nichts widersteht dem wendigen Geist."
Saxo der Schriftkundige: Geschichte der Dänen

„Achte darauf, wann Du sprichst und wann Du schweigst."
anonym: Sigdrifa-Lied

„Traue lieber dem, was Du selber erlebt hast als dem, was erzählt wird."
anonym: Bandaman-Saga

„Es ist nicht leicht, da Frieden zu schaffen, wo Lärm und Gerede niemals enden."
anonym: Saga über König Harald Hart-Rat

„Es ist schwer, eine Anklage gegen einen Redenschwinger vorzubringen, der sich durch einen Tanz von Worten aufbläht, ohne irgendetwas zu sagen."
Saxo der Schriftkundige: Geschichte der Dänen

„Es geschieht leicht, dass sich die Sprache verirrt, wenn der Mund etwas sagt, was nicht mit dem Herzen übereinstimmt."

Nicholas von Guildford: Die Eule und die Nachtigall

„Achte darauf, dass Du nicht heute dem zustimmst, was Du morgen bedauern wirst."

anonym: Bandaman-Saga

4. Emotion

♋

a) die Art der Macht

Gefühle sind eine gänzlich andere Macht als die drei Formen, die bisher beschrieben worden sind – also Körperkraft, Besitz, Information. Dabei geht es um alle Arten des Gruppenzwangs und vor allem um die Familie, in denen die Kinder eine emotionale Abhängigkeit von ihren Eltern und z.T. auch von ihren Geschwistern haben.

Natürlich gibt es eine enge Bindung zwischen Kindern und Eltern – Kleinkinder könnten ohne ihre Eltern gar nicht überleben – aber es gibt einen großen Unterschied zwischen einer liebevollen und freilassenden Erziehung und einer emotionalen Abhängigkeit, die auf Traumas begründet ist und die durch Verlassenwerden, Gewalt, Liebesentzug und dergleichen mehr entstanden ist.

Eine andere Art der emotionalen Macht, die zunächst einmal kaum auffällt, ist die Familientradition, die über Generationen von Eltern zu Kindern weitergegeben wird und die oft viele Einzelheiten enthält. Diese „Verhaltens-Gewohnheit" ist oft sehr unbewusst und hat gerade dadurch eine sehr große Macht.

Es gibt ein recht einfaches Verfahren, um sich diese Familientradition deutlich zu machen, die sozusagen eine unsichtbare Macht ist, durch die man geprägt und gelenkt wird.

Um sich diese Prägung deutlich zu machen geht man wie folgt vor:

- Man nimmt sich einen großen Bogen Papier, z.B. die Rückseite eines Stücks Tapete.

- Man trägt alle bekannten Mitglieder der eigenen Familie als Stammbaum auf diesem Papier ein: sich selber, Geschwister, Kinder, Enkel, Urenkel, Eltern, Großeltern, Urgroßeltern, Onkel, Tante, Cousin, Cousinen, Freunde, Beziehungspartner usw., also all die, über die man irgendetwas weiß.

- Als nächstes trägt man am besten mit verschiedenen Farben nun zu allen Personen alles Wesentliche ein, was man weiß: Geburtstag, Todestag, Sternzeichen, Kinderzahl, Ehe oder nicht, Fremdgehen, Krankheiten, Beruf, Häufigkeit der Umzüge, adoptierte Kinder, Gefängnisaufenthalte, Reichtum oder Armut ... Je kreativer man dabei wird, desto besser.

Oft hat man im Laufe des Monats nach dem Tag, an dem man diese Übersicht begonnen hat, immer wieder mal einen neue Idee, wonach man auch noch schauen könnte – und muss dann wahrscheinlich irgendwann einen größeren Bogen Papier nehmen und das Ganze noch einmal neu ordnen und farblich sinnvoller kennzeichnen.

- Man schaut nun nach Regelmäßigkeiten: Sind immer die Frauen diejenigen, denen das Haus gehört? Gibt es über mehrere Generationen hinweg Selbstmorde? Sind die Zweitgeborenen stets gute Sportler? Sind die Männer tendenziell Betrüger?

- Hängen bestimmte Auffälligkeiten miteinander zusammen? Z.B. der Besitz der Frauen und der Betrug der Männer? Oder die Dominanz der Männer und das Fremdgehen der Frauen? Das eigene Verlassenwerden als Kind und das Adoptieren von Kindern?

- Die Erkenntnisse über die Elemente, die sich offensichtlich durch mehrere Generationen hindurchziehen, werden dann auf einem Extrablatt aufgeschrieben und geordnet und zu einer „Geschichte" zusammengefasst, die den Kern der eigenen Familientradition ausmacht.

Auf diese Weise kann man nach und nach die Familientradition herausarbeiten, in der man selber steht. Diese Tradition ist zunächst einmal eine neutrale Macht – sie kann sowohl Eigenheiten enthalten, die man gut findet und die man beibehalten will, als auch Prägungen, die man möglichst schnell loswerden will.

Das Gemeinsame an all diesen Prägungen, die durch die Familientradition entstehen, ist, dass sie auf Bildern und Emotionen beruhen, die weitestgehend unbewusst ablaufen.

Die eigenen Traumata sind in aller Regel ein logischer und schlüssiger Bestandteil dieser Familientradition. Das bedeutet, dass das, „Was die Eltern einem angetan haben" (wie man das manchmal in Therapien zu formulieren geneigt ist), seine Wurzeln nicht nur in den eigenen Eltern (und deren „Fehlern") hat, sondern auch in der Familientradition: Auch die eigenen Eltern sind zu dem geprägt worden, was sie sind. Das entschuldigt nicht das Verhalten der Eltern, aber es macht ihr Verhalten verständlicher und es weitet den eigenen Blick, sodass man klarer sieht, womit man es eigentlich zu tun hat: nicht nur mit ein paar „Fehlern" im Verhalten der eigenen Eltern, sondern mit einer ganzen komplexen Familientradition, die weit vor die Geburt der eigenen Eltern zurückreicht.

Die her wirksame Macht läuft weitestgehend unbewusst ab und reicht letztlich von dem eigenen Unterbewusstsein über die Familientradition bis zu den Urbildern im kollektiven Unterbewusstsein.

Diese Familientradition wird im Allgemeinen nur langsam weiterentwickelt – man macht in der Regel nur wenig anders als man es von seinen Eltern gelernt hat. Viele vermeintliche Veränderungen sind nur „dasselbe in grün". Doch es gibt diesen Fortschritt, diese Bewusstwerdung der „Macht der Gewohnheit" und der allmählichen Veränderung dieser Gewohnheit – fast jeder macht in irgendeinem Punkt etwas anders und besser als die eigenen Eltern.

b) Kraft und Macht

Emotionale Macht besteht vor allem in dem mehr oder weniger bewussten Erzeugen von Abhängigkeiten. Die Abhängigkeit beruht wiederum auf der Gier – in der Regel nach Wärme, Geborgenheit, Zugehörigkeit, Gemeinschaft und ähnlichen Gefühlen.

Der Versuch, diesem Mangelgefühl durch Askese, d.h. in diesem Zusammenhang, durch freiwillige Isolation zu entkommen, ist eine Sackgasse, da diese Form der Askese nur den Mangel-Zustand und das Mangel-Gefühl aufrechterhält.

Emotionale Kraft – wenn man das einmal so nennen darf – besteht in der Eigenständigkeit. Damit ist jetzt jedoch weder die Fähigkeit, andere in Abhängigkeit von sich selber zu halten, noch die Flucht in die Askese gemeint, sondern ein „Ruhen in sich selber", das zu einem grundlosen Glück und zu einem stillen Lächeln führt. Dieser Zustand hat den Mangel verlassen und hat zu der inneren Fülle zurückgefunden.

c) sinnvolle Macht

Sinnvolle emotionale Macht? Eigentlich ist das ein Widerspruch, da Emotionen nicht gedeihen können, wenn sie durch Macht eingeengt und geprägt werden.

Allerdings kann man die Familientradition als eine sinnvolle Form der emotionalen Macht ansehen, da sie bewirkt, das das kleine Kind einen Bezugsrahmen erhält und auch Handlungsmuster für sein Verhalten. Diese Familientradition hat sicherlich viele Makel und ist in manchen Punkten auch geradezu schädlich, aber insgesamt gesehen ist es besser, solch eine Familientradition zu haben als vollkommen im Leeren zu stehen und keinerlei „Gebrauchsanweisung für das Leben" zu erhalten.

Daher ist eine leidlich funktionsfähige Familientradition dem Fehlen jeglicher Familientradition vorzuziehen. Allerdings sollte diese Familientradition von jedem nach bestem Wissen, Gewissen und Können weiterentwickelt werden.

d) laut, leise und wechselhaft

Bei einer weitgehend unbewussten Macht wie der Familientradition bestehen die drei Ausprägungen „zu laut", „zu leise" und „wechselhaft" auch aus weitgehend unbewussten Haltungen, für die sich die meisten niemals bewusst entschieden haben.

Der „zu Laute" strebt nach einer dominanten Stellung in der Familie und in allen Gruppen, zu denen er gehört, und neigt zur Gier, zum Täter und zum Angeber.

Der „zu Leise" zieht sich in untergeordnete Stellungen zurück und neigt zur Askese, zum Opfer und zum Schüchternen.

Der „Wechselhafte" weiß nicht, wohin er gehört, und fällt mal dominant auf und ist mal unscheinbar und zurückgezogen.

e) die individuelle Heilung

Die Heilung eines Einzelnen von den schädlichen Prägungen durch die Familientradition beginnt möglicherweise mit dem Zeichnen eines detaillierten Stammbaumes, wie es am Anfang dieses Kapitels geschildert worden ist. Dieser Stammbaum führt jedoch in aller Regel nur bis zur Erkenntnis der Familientradition, in der man steht, aber entwickelt sie nicht weiter.

Die Veränderung dieser Familientradition kann am einfachsten durch Familienaufstellungen erreicht werden, da bei dieser Therapieform eine telepathische Verbindung zu den eigenen Ahnen erzeugt wird und die Verstrickungen und die schädlichen Beziehungen zu ihnen gelöst werden können.

Natürlich können auch alle anderen Formen der Therapie hier zu einer Heilung führen – schließlich sind letztlich alle Therapieformen darauf ausgerichtet, behindernde „Gefühls-Knoten", also unliebsame Prägungen, sowie alle „Gefühl-Krämpfe", also Traumata, aufzulösen.

f) die kollektive Heilung

Die kollektive Heilung von emotionalen Prägungen und von schädlichen Urbildern im kollektiven Unterbewusstsein ist eine schwierige und mühsame Angelegenheit, da sie vor allem über die Heilung der Einzelnen abläuft.

Wenn man oft mit Beratungen oder psychischen Heilungen zu tun hat, stößt man häufig auf die Tatsache, dass viele Probleme heutiger Menschen über ein, zwei oder drei Generationen zurück zu Erlebnissen der eigenen Vorfahren im 2. Weltkrieg zurückführen. Kriege können zu kollektiven Traumata werden, d.h. zu Urbildern im kollektiven Unterbewusstsein, die aus Gewalt, Leid, Scham, Selbstvorwürfen, Grausamkeit, Schuldgefühlen und ähnlichen heftigen Gefühlen bestehen.

Manchmal gibt es auch kollektive Ereignisse wie die Fußball-Weltmeisterschaft 2006 in Deutschland, die als „deutsches Sommermärchen" zu einer teilweisen Heilung des deutschen Nationalgefühls, das durch die Nazi-Zeit arg gelitten hatte, geführt hat.

Auch das damalige Motto „Die Welt zu Gast bei Freunden" hat zu dieser (teilweisen) kollektiven Heilung beigetragen.

g) Wikinger-Sprichworte

„Am besten für das Kind ist die Mutter."
> anonym: Grettir-Saga

„Die liebste aller Frauen ist mir meine Mutter."
> anonym – Rätsel aus dem Exeter-Buch

„Jedermann ist dort am glücklichsten ist, wo er geboren wurde."
> anonym: Saga über Halfdan Esteinn-Sohn

„Denn das alte Sprichwort ist wahr: 'Früh Gelerntes hält am längsten."
> anonym: Saga über Gunnlaug Schlangenzunge

„Die Unterstützung durch die Verwandten ist das Beste für die Hilflosen."
> Saxo der Schriftkundige: Gesta danorum

„Einem weisen Mann erscheinen Freunde an vielen Orten besser als Macht."
> anonym: die sehr hilfreichen Aussprüche des Weisen

„Jedes Heim in der Welt ist dem Einsamen unwillkommen."
> Saxo der Schriftkundige: Geschichte der Dänen

5. Diktatur

♌

a) die Art der Macht

Eine im Gegensatz zum vorigen Kapitel sehr offenkundige Form der Macht hat der „Alleinbestimmer" wie z.B. ein König, ein Diktator oder der Eigentümer eines Unternehmens. In vielen Fällen ist diese Art der Macht geerbt worden, Manchmal ist eine bereits vorhandene Macht auch erobert worden oder eine kleine Macht vergrößert worden.

Der „Alleinbestimmer" ist die klarste Form der „Macht des Stärkeren". Sie entsteht durch feindliche Übernahmen, durch einen Putsch, durch einen Krieg, durch das Ausschalten von Konkurrenten mithilfe von Intrigen und ähnlichen Methoden.

Diese Form der Macht bündelt die Freiheit auf den einen „Alleinbestimmer", während alle anderen dem „Alleinbestimmer" gehorchen müssen. Das ist bei totalitären Regimen sehr offensichtlich, aber es gibt auch Fälle, in denen diese Macht nicht so sehr auffällt oder nur ganz allmählich deutlich wird – wenn z.B. eine Demokratie schrittweise über eine Präsidial-Demokratie, die Einschränkung der Macht des Verfassungsgerichtes und ähnliche Maßnahmen zu einem autoritären System und schließlich zu einer Diktatur umgebaut wird.

Dieses Verfahren, das bisweilen „Salami-Taktik" genannt wird, hat den Vorteil, dass es aus vielen kleinen Schritten besteht, die jeder für sich nicht so groß sind, dass sie zu einem Aufstand führen würden, die jedoch in ihrer Gesamtheit zu einer Abschaffung der Demokratie führen.

b) Kraft und Macht

Ein „Alleinbestimmer" ist schon von der Definition her jemand, der Macht ausübt – er ist der einzige, der in einem solchen System frei ist. In einer solchen sozialen oder gesellschaftlichen Konstruktion gibt es also nur einen „Täter" und viele „Opfer" oder anders gesagt einen, der befiehlt und viele, die gehorchen. Offensichtlich ist jedes Militär und jede Polizei und jede Behörde ebenfalls nach diesem Prinzip aufgebaut: eine Hierarchie, in der die Befehle von oben nach unten durchgegeben und dabei konkretisiert werfen.

Was ist nun im Bereich der Herrschaft „Kraft"? Macht ist das, was der Herrscher hat

– Ohnmacht ist das, was seine Untertanen haben. In einem solchen System ist wenig Platz für „Kraft", denn diese müsste ja eine Form der Selbstbestimmtheit sein.

Folglich gibt es nur in Systemen, in denen die Einzelnen möglichst wenig Vorschriften befolgen müssen (und wenig Steuern zahlen müssen) die „Herrschafts-Kraft" des Einzelnen. Im Extrem wäre dies dann ein System, in dem jeder eine vollkommene Freiheit hat und in dem es keine kollektive Regeln gibt.

Womit wir wieder bei der Frage „Individualität oder Gemeinschaft" wären …

c) sinnvolle Macht

Jedes soziale oder gesamtgesellschaftliche System, das nicht nur die Freiheit des Einzelnen, sondern auch den Schutz der Gemeinschaft wertschätzt, ist gezwungen, Regeln zu erlassen, die die Freiheit des Einzelnen einschränken und das Gedeihen der Gemeinschaft fördern. Die Frage, ob man eine Form der Macht für sinnvoll hält oder nicht, hängt daher davon ab, ob man selber vor allem die eigene Freiheit oder vor allem das Wohlergehen der ganzen Gemeinschaft anstrebt.

Sobald auch das Gedeihen der Gemeinschaft angestrebt wird, ist ein wie auch immer gearteter Regierungschef notwendig und ebenso Regeln, Vorschriften und eine Institution, die diese Regeln notfalls auch gegen den Willen der Einzelnen durchsetzen kann.

Die Frage „Individualität oder Gemeinschaft", „Egoismus oder Solidarität", „Freiheit oder Schutz" oder wie auch immer man diese Wahl formulieren möchte, lässt sich nicht durch ein „entweder – oder" klären, sondern nur durch ein „sowohl als auch", was natürlich sofort wieder die Debatte auslöst, wieviel Staat und wieviel Individuum das richtige Maß ist … worüber sich niemals alle einig sein werden …

d) laut, leise und wechselhaft

Der „zu Laute" ist bei der Herrschaftsfrage jemand, der vor allem seine eigene Freiheit will – der „zu Leise" ist bei dieser Frage derjenige, der vor allem den Schutz der Gemeinschaft braucht. Folglich sind die Aktiven, Unternehmer und Kämpferischen eher für die Freiheit, während die Passiven, Arbeitnehmer und Verzagten eher den Schutz der Gemeinschaft brauchen.

Die Wechselhaften sind in diesem Zusammenhang diejenigen, die – wenn sie gerade mal „auf der Welle des Erfolgs schwimmen" – nach immer mehr Freiheit suchen, und die – wenn es mit ihnen mal „bergab geht" – stattdessen nach mehr Schutz durch die Gemeinschaft rufen. Typisch für diese Wechselhaften ist es auch, dass sie in Hierarchien wie z.B. einem Finanzamt leben und dort „nach oben buckeln" und „nach unten treten", um weiter in der Hierarchie aufzusteigen.

e) die individuelle Heilung

Die Heilung des Einzelnen bei dieser Herrschafts-Macht besteht als erstes aus einer Selbsterkenntnis – am besten aus einer sehr gründliche Selbsterkenntnis, die auch die Begegnung mit der eigenen Seele und mit der Gottheit, zu der diese Seele gehört, mit einschließt. Diese klare Selbsterkenntnis ist die sicherste Grundlage dafür, dass jemand in der Lage ist, ein selbstbestimmtes Leben zu führen, sich selber treu zu sein und das auszudrücken, was er in seinem Innersten ist.

Auf dieser Grundlage ergibt es sich fast von selber, dass man zum „Herrn im eigenen Leben" wird. Damit ist nicht Macht über andere oder eine große Stärke im Kampf gemeint, sondern etwas deutlich Leiseres: Wenn man sich selber treu ist, lösen sich die äußeren Hindernisse nach und nach ganz von selber auf …

f) die kollektive Heilung

Die kollektive Heilung von einer schädlichen Form der Herrschaft ist nichts, was dauerhaft erreicht werden könnte, da es hier um die immer wieder neu zu entscheidende Frage geht, wieviel Freiheit des Einzelnen und wieviel Schutz der Gemeinschaft die richtige Mischung ist.

Da sich die allermeisten darüber einig sind, dass „nur Freiheit und keinerlei Schutz" und genauso „nur Schutz und keinerlei Freiheit" nicht das Richtige sein können, ist zwar eine mit Macht ausgestattete Regierung, d.h. eine Herrschaft notwendig, doch diese Herrschaft sollte möglichst gut dagegen abgesichert sein, dass sie zu einer Diktatur werden kann.

Zu diesem Zweck ist in der französischen Revolution die Dreiteilung der Macht ersonnen und institutionalisiert worden: die Gesetzgebung durch die Legislative (Bundestag), die Ausführung der Gesetze durch die Exekutive (Kanzler, Minister, Verwaltung, Polizei) und die Judikative (Richter), die die Einhaltung der Gesetze überwacht.

Diese mittlerweile gut 200 Jahre alte Dreiteilung der Macht war ein deutlicher Fortschritt gegenüber dem Königtum, in dem der König alles bestimmt hat, doch das Prinzip der Parteien, die verschiedene Standpunkte vertreten und die gegeneinander kämpfen, macht dieses System noch ein wenig instabil. Zudem kann die Legislative beschließen, dass ihre eigene Macht oder die der Judikative zugunsten der Exekutive eingeschränkt wird – was dann letztlich dazu führt, dass der Kanzler zu einem autokratischen Herrscher oder gar zu einem Diktator wird.

Die vierte – inoffizielle – Macht ist die freie Presse, die wie die Richter das Geschehen überwacht und diskutiert. Der Schwerpunkt hat sich dabei inzwischen jedoch von den Zeitungen zum Internet verschoben. Das Prinzip der Meinungsfreiheit und der Möglichkeit zum öffentlichen Debattieren und zu Versammlungen ist jedoch dasselbe geblieben.

g) Wikinger-Sprichworte

„Der ist ein Weiser, der sich selber kennt."
anonym: Saga über Hrafnkel Freyr-Godi

„Das ist mein Weg."
anonym: Egil-Saga („I do it my way ...")

„Ich entscheide selber, auf welche Weise ich mein Leben lebe!"
anonym: Frischwassertal-Saga

„Jeder hat etwas, das ihn von den anderen unterscheidet."
anonym: Saga über Feuer-Njal

„Wenn die Männer zum Kampf kommen, ist ein gutes Herz besser als ein gutes Schwert."
anonym: Völsungen-Saga

„Meide den Hochmut."
anonym: Beowulf-Epos

„Viele Menschen haben ihr Leben durch Selbstüberschätzung verloren."
anonym: Saga über Grettir den Starken

6. Technik

♍

a) die Art der Macht

Waffen sind Macht, fortschrittlichere Waffen sind noch mehr Macht, Atombomben sind die derzeit größte Macht.

Industrie ist Macht, fortschrittlichere Industrie wie die Chip-Fabrikation, die Herstellung von Robotern ist noch mehr Macht, Künstliche Intelligenz ist derzeit die größte industrielle Macht.

Panzer sind Macht, die Beherrschung des Luftraumes mithilfe von Flugzeugen und Flugzeugträgern sind noch mehr Macht, die Beherrschung des Weltraums wird bald die größte Macht sein.

Insbesondere das Wissen um die Technik – sowohl die Produktion als auch die Anwendung – geben einem Unternehmen und einem Staat wirtschaftliche und politische Macht.

Wer die Technik hat, kann die anderen ausbeuten …

b) Kraft und Macht

Technik ist zunächst einmal neutral – die Anwendung der Technik macht sie erst zu einem Machtinstrument. Während Waffen eindeutig ein Hilfsmittel zur Vergrößerung der eigenen Macht sind, gibt es auch Techniken wie z.B. neue medizinische Techniken, die zunächst einmal kein Machtmittel sind.

Neue Umweltschutz-Techniken, durch die z.B. organischer Müll in biologischen Dünger oder Plastik-Müll in Treibstoff verwandelt werden kann, können nicht zu den Macht-fördernden Techniken gezählt werden, sondern gehören zu den Kraft-fördernden Techniken, d.h. zu den Techniken, die das Leben der Menschen schützen, erhalten und verbessern.

c) sinnvolle Macht

Sinnvolle technische Macht ist leicht zu erkennen: Dazu gehört jegliche Technik, die den allgemeinen Wohlstand verbessert ohne die Menschheit und das Leben auf der

Erde zu bedrohen.

Generell ist technische Macht nichts Schlechtes – sie kann allerdings durch Missbrauch zu Katastrophen führen.

d) laut, leise und wechselhaft

Als „zu laute" technische Macht kann man am ehesten die immer fortschrittlicheren Waffen zählen. Als „zu leise" technische Macht kann man die allgemeine Technik-Feindlichkeit ansehen.

Zu der wechselhaften Version der technischen Macht könnte man evtl. den unentschlossenen Umgang mit bestimmten Techniken wie z.B. der Kernenergie zählen, die mal gefördert und mal verboten wird. Dieses Wanken entsteht dadurch, dass man den Lebensstandard aufrechterhalten will und daher nicht bereit ist, zum Beispiel Einschränkungen im Energieverbrauch zu akzeptieren.

e) die individuelle Heilung

Hier ist die Frage recht einfach: Welche Technik brauche ich und welche nicht? Wie gehe ich mit dieser Technik – Autos, Internet, Haushaltsgeräte usw. – um?

Das, was hier gebraucht wird, ist die bewusste Entscheidung für einen bestimmten Lebensstil, der voraussetzt, dass man sich auch über die sozialen, ökologischen und evtl. noch politischen Folgen der Verwendung einer bestimmten Technologie bewusst ist.

f) die kollektive Heilung

Technische Macht lässt sich kollektiv nur dann eindämmen, wenn allen bewusst ist, welchen Schaden die betreffende Technologie anrichtet. So hat z.B. Monsanto durch sein gentechnisch verändertes Saatgut und die dazugehörigen Herbizide die traditionelle Landwirtschaft in den Entwicklungsländer zu einem großen Teil zerstört und sie von den Monsanto-Produkten abhängig gemacht.

Nur wenn diese Zusammenhänge allgemein bewusst geworden sind, besteht eine Chance, diese schädlichen und ausbeuterischen Methoden der Technik-Konzerne zu beenden.

Neben der Bewusstwerdung ist allerdings auch noch das Prinzip der Kooperation statt der Konkurrenz zwischen Unternehmen und zwischen Staaten als Grundprinzip des menschlichen Handelns nötig, um die Technik zu einem allgemein förderlichen statt schädlichen Aspekt der menschlichen Zivilisation werden zu lassen.

g) Wikinger-Sprichworte

„Über-emsige Menschen sind gewöhnlich nicht sehr vorausschauend."
Saxo der Schriftkundige: Geschichte der Dänen

„Jeder kann durch eine List übertölpelt werden."
anonym: Saga über König Hrolf Bohnenstange und
seine Berserker

„Es könnte sein, dass Deine eigene Hinterlistigkeit Dir einen Knoten in Deine Beine gemacht hat."
anonym: Frischwassertal-Saga

„Hier bestätigt sich das Sprichwort: Man späht in die Ferne, aber selten in die Nähe.'"
anonym: Saga über den Kampf auf der Heide

„Glück und Heil für das Werk eurer Hände!"
anonym: Saga über Feuer-Njal

„Greife nicht neben der Tür nach dem Riegel."
anonym: Saga über Grettir den Starken

„Reite nie Dein bestes Pferd, wenn Du in sehr großer Eile bist."
anonym: Saga über Hervor und König Heidrek den
Weisen

7. Beziehungen

♎︎

a) die Art der Macht

In ungefähr einem Drittel der Beziehungen gibt es ein deutliches Machtgefälle statt eines mehr oder weniger ausgeglichenen Miteinanders. Dieses Gefälle kann in drei Varianten auftreten, wobei diese Varianten nur selten einzeln auftreten, sondern meistens Mischformen mit einem Schwerpunkt bei einer der drei Möglichkeiten sind.

Diese drei Formen sind:

- Mangel statt Fülle: Süchtiger und Asket,

- Angst statt Kraft: Täter und Opfer,

- Selbstzweifel statt Selbstliebe: Angeber und Schüchterner.

Der „zu laute" Süchtige/Täter/Angeber ist der in diesem Paar, der nach Freiheit strebt, Hilfe verlangt und der die Macht hat.

Der „zu leise" Asket/Opfer/Schüchterne ist der in diesem Paar, der nach Gemeinschaft strebt, Hilfe gibt und der sich als ohnmächtig empfindet.

Man könnte auf den ersten Blick denken, dass nur der Süchtige/Täter/Angeber aus dem Lot ist und das Problem in dieser Beziehung darstellt, aber das stimmt nicht. Alle beide sind von Mangel, Angst und Selbstzweifeln geprägt. Der eine wird dadurch lediglich „zu laut" und der andere „zu leise".

Anfangs ergänzen sich beide bestens:

- Der „zu Laute" verlangt Hilfe und der „zu Leise" will Hilfe geben;

- Der „zu Laute" will bestimmen und der „zu Leise" will geführt werden;

- Der „zu Laute" verlangt Bewunderung und der „zu Leise" sucht ein Vorbild.

Diese krankhafte Gegensatz-Ergänzung – krankhaft, weil sie auf Mangel, Angst und

41

Selbstzweifeln beruht – ist der Grund, warum sich ein solches Paare gegenseitig anzieht.

Irgendwann kommt jedoch eine Krise, durch die diese krankhafte Gegensatz-Ergänzung plötzlich in einen krankhaften Gegensatz-Kampf umschlägt:

- Der „zu Laute" verlangt immer mehr Hilfe, weil der „zu Leise" immer weniger Hilfe gibt – der „zu Leise" gibt immer weniger Hilfe, weil der „zu Laute" immer mehr Hilfe verlangt.

- Der „zu Laute" verlangt immer mehr Gehorsam, weil der „zu Leise" immer weniger gehorcht – der „zu Leise" gehorcht immer weniger, weil der „zu Laute" immer mehr Gehorsam verlangt.

- Der „zu Laute" verlangt immer mehr Bewunderung, weil der „zu Leise" ihn immer weniger lobt – der „zu Leise" lobt immer weniger, weil der „zu Laute" immer mehr Bewunderung verlangt.

Man sollte annehmen, dass sich die beiden an diesem Punkt in ihrer Beziehung trennen, aber in vielen Fällen bleiben sie trotzdem zusammen, weil der „zu Laute" fürchtet, dass er sonst gar keine Hilfe, Gefolgschaft und Bewunderung mehr erhält – und der „zu Leise" fürchtet, dass er sonst ganz alleine, ganz führungslos und ganz ohne Ideal ist.

Ein Genuss ist eine solche Beziehung allerdings ganz und gar nicht.

Man könnte nun denken, dass nur der „zu Laute" in einer solchen Beziehung Macht ausübt, aber das ist nicht der Fall: Beide könnten gehen, doch sie tun es nicht, weil sie ihren Gegenpol brauchen – und alleine zu sein, ist für sie schrecklicher als diesen Gegensatz-Kampf in ihrer Beziehung auszuhalten. Im Grunde haben beide Macht über den anderen, auch wenn sich beide völlig verschieden verhalten und diese Macht bei den beiden völlig verschieden aussieht.

Einen deutlichen Unterschied gibt es in dieser Beziehung allerdings: Der „zu Laute" ist durchaus bereit, die Beziehung zu beenden, wenn er jemand Besseres gefunden hat, während der „zu Leise" das gar nicht erst in Betracht ziehen kann.

b) Kraft und Macht

Die „Kraft" in Beziehungen lässt sich sehr einfach beschreiben: Jemand ist in einer Beziehung in seiner Kraft, wenn er die Beziehung wählt, aber sie nicht braucht. Jemand, der in einer Beziehung weder von Macht noch von Ohnmacht gefangen ist, lebt aus seiner inneren Fülle, Kraft und Selbstliebe heraus.

c) sinnvolle Macht

Gibt es in Beziehungen eine sinnvolle Macht? Im Grunde genommen nicht, denn in einer Beziehung sollten sich zwei Menschen auf Augenhöhe begegnen und etwas gemeinsam erschaffen, was beide wollen.

Es gibt zwar so etwas wie eine natürliche Autorität und auch Sachkenntnis, aber daraus entsteht in einer Beziehung keine Machtstruktur, sondern nur eine Arbeitsteilung, die jedoch kein Gefälle zwischen den beiden bewirkt.

Es gibt durchaus ein Machtgefälle zwischen Eltern und ihren Kindern, die darauf beruht, dass die Eltern mehr wissen und können und Situationen besser einschätzen und ihre Kinder schützen können. Eine Paar-Beziehung sollte jedoch keiner Eltern/Kind-Beziehung gleichen, sondern es sollten zwei Menschen gleichberechtigt nebeneinander stehen und das gemeinsam erschaffen, was sie sich beide wünschen.

Sinnvolle Macht braucht mehrere Menschen und zudem Menschen, die in unterschiedlichen Positionen zueinander stehen. Daher gibt es in „heilen" Paar-Beziehungen keine Macht.

d) laut, leise und wechselhaft

Diese drei Dynamiken sind bereits beschrieben worden:

> - der „zu Laute", der ein Süchtiger, Täter und Angeber ist;
>
> - der „zu Leise", der ein Asket, ein Opfer und ein Schüchterner ist; und
>
> - der „Wechselhafte", der immer wieder von dem einen in das andere Extrem fällt.

e) die individuelle Heilung

Die individuelle Heilung kann erst beginnen, wenn der Betreffende erkennt, dass sein Leben von Mangel, Angst und Selbstzweifeln geprägt wird. Erst dann kann er damit aufhören, sein Beziehungs-Problem im Außen lösen zu wollen – erst dann kann er damit beginnen, den Mangel, die Angst und die Selbstzweifel in sich selber zu heilen und schließlich wieder die Fülle, die Kraft und die Selbstliebe in sich selber wiederfinden.

Wenn er das erreicht hat, werden sich seine Beziehungen von selber verwandeln und ebenfalls von Fülle, Kraft und Liebe erfüllt sein.

Es ist möglich, dass sich zwei Menschen in einer Beziehung gemeinsam weiterentwickeln und heilen, aber der häufigere Fall ist sicherlich, dass sich der eine weiterentwickelt (meistens der Asket/Opfer/Schüchterne) und der andere (folglich der

Süchtige/Täter/Angeber) die Beziehung so behalten will, wie sie ist – was dann zu einer Trennung führen wird.

f) die kollektive Heilung

Die kollektive Heilung von Machtstrukturen in Beziehungen wird vor allem bei der individuellen Heilung beginnen müssen.

Allerdings wäre eine allgemein größere Bewusstheit über diese Strukturen sicherlich sehr hilfreich und würde sowohl die individuelle als auch die kollektive Heilung deutlich erleichtern.

g) Wikinger-Sprichworte

„Der Mensch ist des Menschen Freude."
anonym: Trideilur Runa

„Das Sprichwort hat sich bestätigt, dass es besser ist, betrogen zu werden als niemals zu vertrauen."
anonym: Flußtal-Saga

„Die Sorgen der Leute werden leichter, wenn sie darüber sprechen können."
anonym: Saga über Sigurd Jerusalem-Fahrer

„Das bestätigt das alte Sprichwort, dass die alten Freundschaften als letztes brechen."
anonym: Saga über Grettir den Starken

„Der Mund läuft von dem über, von dem das Herz voll ist."
anonym: Saga über Feuer-Njal

„Nur das Gemüt, das dem Herzen innewohnt und seine Neigung verschließt, weiß, dass kein ärgeres Übel den Edlen quälen kann als Liebesleid."
anonym: Odins Weisheiten im Havamal

„Frieden ist nicht einfach für die Menschen."
anonym: Saga über die Ersten Siedler

8. Sexualität

♏

a) die Art der Macht

Es gibt auch in der Sexualität Macht. Dies ist bereits von Sigmund Freud untersucht worden. Den Mächtigen, der durch Befehlen und Quälen Lust erlangt, nannte er „Sadist" – den dazu gehörenden Menschen, der der Ohnmächtige ist, der gehorcht und gequält wird, hat Freud als „Masochist" bezeichnet.

Man kann das Verhältnis zwischen diesen beiden Polen des Mächtigen und des Ohnmächtigen auch ganz kurz definieren:

Sagt der Masochist: „Quäl mich!"
Antwortet der Sadist: „Nein!"

Zur Zeit der Sklaverei und des Königtums war sexuelle Gewalt weit verbreitet – es gibt viele Kinder von Sklavenhaltern und Sklavinnen, da Sklavinnen von den „Herren" als kostenlose Huren angesehen wurden.

Im europäischen Königtum gab es mindestens seit ca. 1250 das heute absurd erscheinende Gesetz des „jus prima nocte", also das Recht des Fürsten auf die Entjungferung der Frauen in seinem Land.

Die Sexualität ist im Zusammenhang mit einer Betrachtung der Macht besonders wichtig, weil die Sexualität einer der drei am tiefsten sitzenden Instinkte der Menschen ist: Überlebenstrieb, Sexualität und Schutz der Kinder.

Daher wird Macht von Männern, aber manchmal (deutlich seltener) auch von Frauen dazu benutzt, die erwünschte sexuelle Vereinigung zu erreichen. Das führt dann zu Missbrauch und Vergewaltigungen. Sexuelle Gewalt ist auch in Ehen weit verbreitet.

Die Vergewaltiger sind in den allermeisten Fällen Männer – die vergewaltigten Männer werden in der Regel, aber keineswegs ausschließlich, ebenfalls von Männern vergewaltigt.

Statistische Erhebungen zu diesem Thema sind sehr schwierig, da die meisten Vergewaltigungen aus Scham nicht angezeigt werden. Bei Umfragen gaben ca. 25% der Befragten an, schon einmal vergewaltigt worden zu sein, und ebenfalls 25%, schon einmal jemanden vergewaltigt zu haben. Wenn man davon ausgeht, dass nur die Hälfte aller Befragten ihr Erlebnis bzw. ihre Tat zugegeben haben, würde man auf ca. 50% der Menschen kommen. Doch wirklich genaue Zahlen sind bei diesem Thema nicht zu erlangen.

Ca. ein Viertel der Vergewaltigungsopfer sind Männer – meistens Jungen und Jugendliche. Sexuelle Angriffe von Männern auf Männer sind die Hauptursache für Selbstmorde in Gefängnissen. In Haftanstalten finden auch immer wieder Gruppenvergewaltigungen statt.

Insbesondere bei Vergewaltigungen in der Ehe ist die Hemmschwelle einer Anzeige sehr hoch. Von den tatsächlich anzeigten Personen werden letztlich nur 8% wirklich auch angeklagt, 3% kommen vor Gericht und nur 2% erhalten tatsächlich eine Freiheitsstrafe.

Seit ca. 1965 sinkt in den westlichen Gesellschaften die Toleranz gegen Gewalt und steigt entsprechend die Bereitschaft, einen Täter anzuzeigen. Damit verbunden ist die Zahl der Vergewaltigungen in den westlichen Kulturen deutlich gesunken – vermutlich um ca. die Hälfte. Diese Entwicklung ist eine Auswirkung der Hippie-Kultur, die nach Frieden und einer Befreiung der Sexualität gestrebt haben und dies auch gelebt hat.

In machen Kulturen wie dem Hinduismus und dem Islam werden nur sehr wenige Vergewaltigungen angezeigt, weil die Frau bei einer Vergewaltigung z.T. als prinzipiell Schuldige angesehen wird oder weil sie in ihrem sozialen Status durch eine Vergewaltigung deutlich sinkt.

Die größte Zahl an Vergewaltigungen werden aus Südafrika, Zentralafrika und Afghanistan berichtet.

Im Zusammenhang mit Kriegen und Folter sind Vergewaltigungen sehr weit verbreitet. Teilweise werden die Soldaten sogar zur systematischen Vergewaltigung aller Frauen im Feindesland angehalten, um die Moral des Feindes zu zerstören. Auch innerhalb des eigenen Militärs werden Soldatinnen, seltener auch Soldaten immer wieder von anderen Männern vergewaltigt.

b) Kraft und Macht

Die „Kraft"-Variante der Sexualität ist offensichtlich der selbstbestimmte und selbstbewusste Umgang mit der eigenen Sexualität.

Macht ist hingegen die gewaltsame oder durch Erpressung erzwungene Sexualität – auch innerhalb einer Beziehung.

c) sinnvolle Macht

In Bezug auf die Sexualität gibt es keine sinnvolle Form der Macht, da die Sexualität immer selbstbestimmt sein sollte.

d) laut, leise und wechselhaft

In Bezug auf die Sexualität ist der „zu Laute" der Vergewaltiger – der „zu Leise" ist das Vergewaltigungsopfer. Der „Wechselhafte" ist derjenige, der eine Vergewaltigung erlitten hat und dann selber andere vergewaltigt hat.

e) die individuelle Heilung

Die Heilung ist schwierig, da durch die Vergewaltigung die psychische und physische Selbstbestimmung des Opfers gebrochen worden sein kann. Wenn das Opfer immerhin noch wütend auf den Täter werden kann, ist das Opfer noch nicht ganz zusammengebrochen – dann ist die Heilung und das Zurückerlangen der eigenen Souveränität etwas einfacher als wenn jemand völlig zusammengebrochen ist und ganz in die Rolle des ohnmächtigen Opfers gefallen ist.

In den allermeisten Fällen – sofern sich das Opfer überhaupt Hilfe sucht – ist eine längere Therapie notwendig, um die Folgen einer Vergewaltigung zu heilen.

In vielen Fällen beschönigt das Opfer auch die Tat des Vergewaltigers oder sucht die Schuld bei sich selber. In diesen Fällen muss der Therapeut dem Opfer erst einmal bewusst machen, dass der Täter die Tat begangen hat und nicht das Opfer – was jedoch alles andere als einfach ist …

Manchmal wird allen Ernstes schon „schönes Aussehen" als die eigene Schuld dafür, dass man als Kind vergewaltigt worden ist, angesehen. Es ist nicht einfach, solch einem Opfer dabei zu helfen, wieder einen etwas klareren Blick auf die Vergewaltigung zu erhalten.

Ein extrem heikles Thema ist es in diesem Zusammenhang, dem Opfer seine Opfer-Ausstrahlung bewusst zu machen, da dabei die Gefahr besteht, dass das Opfer sich sofort wieder selber wieder als den Schuldigen ansieht.

Die eigentliche Heilung besteht darin, die eigene Kraft in sich selber wiederzufinden. Manchmal kann dabei auch die Begegnung mit dem eigenen Krafttier in einer Meditation oder Traumreise helfen, da dieses Krafttier die eigene heile Weise, sich zu bewegen und zu handeln und daher auch die eigene heile Sexualität verkörpert bzw. symbolisiert.

f) die kollektive Heilung

Die kollektive Heilung einer Kultur, in der Vergewaltigungen mehr oder weniger akzeptiert und verharmlost werden, ist schwierig. Im Gegensatz zu den Heilungen der übrigen Arten der Macht und Gewalt, die hauptsächlich beim Einzelnen ansetzt, ist bei den Vergewaltigungen die allgemeine Ablehnung von Gewalt im Miteinander der Menschen der wichtigste Ansatz, um Vergewaltigungen zu verhindern. Auch eine allgemeine Front gegen alle sexuellen Aggressoren kann sehr wirksam sein.

Allerdings ist bei diesem Thema das Maßhalten der Verurteilung von Männern oder Frauen, die körperliche oder sexuelle Gewalt angewendet haben oder angewendet haben sollen, ein sehr heikles Thema. Ist es z.B. angemessen, dass die gesamte Karriere eines Schauspielers zerstört wird, wenn seine Frau behauptet, von ihm geschlagen worden zu sein? Unabhängig davon, ob diese Behauptung stimmt oder nicht?

Zweifellos dürfen Gewalt und sexuelle Gewalt auch in Beziehungen nicht toleriert werden, aber es sollte trotzdem eine angemessene Strafe ausgesprochen werden und nicht die völlige soziale und gesellschaftliche Vernichtung des Täters angestrebt werden. Doch das ist – wie gesagt – ein ausgesprochen schwieriges Thema.

g) Wikinger-Sprichworte

„Jeder ist gierig nach Leben."
anonym: Saga über Hervor und König Heidrek den Weisen

„Es gibt immer eine Furt."
anonym: Saga über Grettir den Starken

„Die Hand hat jedes Recht sich zu wehren, wenn der Kopf in Gefahr ist."
Saxo der Schriftkundige: Geschichte der Dänen

„Wenn er auf kühne Männer trifft, merkt er, dass er nicht der allertapferste ist."
anonym: Fafnir-Lied

„Wundere Dich nicht, wenn auf das Tal ein Berg folgt!"
Snorri Sturluson: Saga über König Olaf den Heiligen

„Sie raubten niemals Kinder oder Frauen."
anonym – Saga über König Half und seine Helden

„Betrachte das Übel und schaue, welchen Weg es nehmen will."
anonym: Sigdrifa-Lied

9. Ziele

a) die Art der Macht

In Gemeinschaften stellt sich die Frage, welche Werte man hat und vertritt und welche Ziele man daher anstrebt. Diese Entscheidung bündelt dann die Kräfte, die für die Umsetzung dieser Ziele notwendig sind.

Wenn jemand in der Lage ist, einen bestimmten Wert so überzeugend darzustellen, dass andere bereit sind, mit ihm zusammen diese Ziele anzustreben, hat dieser Redner eine Macht, die sich aus seinen Werten und Zielen ergibt.

Im Idealfall schließen sich die anderen ihm freiwillig und aus Überzeugung an – wenn solch ein Redner jedoch genügend Macht hat und polemisch oder gar propagandistisch redet, kann es sein, dass die Zuhörer kaum noch eine andere Möglichkeit haben, als sich dem Redner anzuschließen.

b) Kraft und Macht

Die Unterscheidung von „Kraft" und „Macht" ist hier recht einfach: Wenn jemand in sich ruht und nach gründlichem Bedenken von der Richtigkeit und der Wichtigkeit eins Zieles überzeugt ist, handelt es sich um „Ideale-Kraft" – wenn jemand hingegen nur durch geschickte Argumente und durch das Auslösen von Gefühlen überredet worden ist, bei einer Aktion mitzumachen, handelt es sich um „Ideale-Macht".

c) sinnvolle Macht

Prinzipiell sollten Werte, Ziele und Ideale tiefe Wurzeln in einem Menschen haben, also seinem eigenen Wesen entsprechen. Nur dann kann das Erreichen dieser Ziele für den Betreffenden wertvoll und bereichernd sein.

Aus der Sicht dessen, der ein Ziel erreichen will, ist es natürlich sinnvoll, möglichst viel Macht zu haben, um andere dazu zu bewegen, bei seinem Projekt mitzumachen, aber das ist eben ein Ausüben von Macht, das auf Kosten der Entscheidungsfreiheit der anderen geht.

Als sinnvolle Macht im Bereich der Werte, Ziele und Ideale könnte man lediglich die ganz existentiellen Situationen nehmen, in denen jemand Macht dazu benutzt, um einen anderen zu retten oder z.B. um die Menschen davor zu bewahren, den Planeten

Erde durch die Klimaerwärmung oder durch einen Atomkrieg unbewohnbar zu machen.

Doch die Anwendung der Ideale als Machtmittel ist immer eine heikle Angelegenheit, wenn sie die Freiheit der Einzelnen einschränkt – egal, wie gut die Absichten dieses Mächtigen sind.

Daher ist es fraglich, ob man bei Werten, Zielen und Idealen von einer „sinnvollen Macht" sprechen kann – zumal ja generell keine Einigkeit darüber besteht, welche Werte, Ziele und Ideale die richtigen und wichtigen sind.

Selbst bei der Frage des Überlebens kann man unterschiedlicher Meinung sein: Soll man den 24.000 Menschen helfen, die auf der Erde noch immer täglich verhungern müssen? Oder ist das für mich belanglos?

d) laut, leise und wechselhaft

„Laut" sind diejenigen, die ihre Ziele propagieren können und andere zum Mitlaufen bewegen können – „leise" sind diejenigen, die sich einfangen lassen und mitlaufen.

Ein „Wechselhafter" wäre jemand, der sowohl manchmal mit anderen mitläuft als zu anderen Zeiten auch selber Mitläufer sucht. Vermutlich ist das ein recht seltener Fall.

e) die individuelle Heilung

Die Heilung des Einzelnen in Bezug auf Werte, Ziele und Ideale ist vom Prinzip her ganz einfach; man muss ihm helfen, seine eigenen Werte zu erkennen und sich dann entsprechend zu verhalten.

In praktischer Hinsicht wird es vermutlich einfach sein, seine aktuellen Werte herauszufinden. Schwieriger wird es jedoch, dann genauer zu erkennen, welche dieser Werte wirklich ursprünglich sind und welche dieser Werte aus Süchten, Ängsten und Selbstzweifeln und evtl. auch aus Traumata heraus entstanden sind und dabei die ursprünglichen Werte verzerrt haben.

Wenn dann schließlich die eigentlichen eigenen Werte klar geworden sind, steht noch der Schritt an, den Mut zu finden, zu diesen Werten zu stehen, sie bei Bedarf auch anderen mitzuteilen und vor allem dann auch gemäß dieser Werten zu leben.

f) die kollektive Heilung

Das kollektive Erkennen der eigenen Werte bzw. der Werte, die für die ganze Gemeinschaft förderlich sind, ist nicht ganz so einfach und eindeutig. Am bekanntesten ist vermutlich Kants Prinzip, dass man niemandem etwas zufügen soll, was man selber auch nicht erleiden will.

Zunächst einmal müssen die Einzelnen angeregt werden, sich selber und ihre Werte zu erkennen und klar zu formulieren. Das kann auch etwas sein, was man von den eigenen Eltern oder in der Schule lernen könnte – auch wenn das derzeit bei weitem noch nicht allgemein üblich ist.

Der zweite Schritt besteht darin, ein klares Bild von dem idealen Zusammenleben der Menschen auf der Erde zu finden und dann neben den individuellen Idealen auch diese kollektiven Ideale zu verfolgen und ihnen entsprechend zu leben.

Als drittes kommt noch hinzu, dass man auch nach Strategien suchen muss, wie man angesichts der vielen verschiedenen individuellen Werte und der vielen kollektiven Werte eine Möglichkeit findet, die eigenen individuellen und kollektiven Werte umzusetzen und ihnen treu zu bleiben, ohne dabei alle anderen mit Hilfe von Macht dazu zu bringen, die eigenen Werte zu übernehmen.

An dieser Stelle wird eine Gesprächs-Kultur gebraucht, durch die Argumente ausgetauscht, Notwendigkeiten eingesehen und Wichtigkeiten abgewogen werden und so schließlich zu einem tragfähigen Konsens gefunden wird. Das ist keine einfache Angelegenheit, aber es ist durchaus möglich.

g) Wikinger-Sprichworte

„Was auch geschehen mag: seid weise und guten Mutes!"
anonym: Atli-Lied

„Es wird nicht alles zu Regen, was am Himmel dunkel wird."
anonym: Saga über den Kampf auf der Heide

„Das Raten eines Weisen ist eine Prophezeiung."
anonym: Saga über die Joms-Wikinger

„Guter Rat sollte befolgt werden auch wenn ihn ein einfacher Mann gibt."
Saxo der Schriftkundige: Geschichte der Dänen

„Der Armselige, Übelgesinnte hohnlacht über alles und weiß doch selbst nicht was er wissen sollte: Dass er nicht fehlerfrei ist."
anonym: Odins Weisheiten im Havamal

„Das beweist das alte Sprichwort 'niemand weiß alles'."
anonym: Saga über die Leute von den Orkney-Inseln

„Die Nacht bringt neuen Rat."
anonym: Odins Runenlied

10. Recht

VS

a) die Art der Macht

Recht und Gesetze sind ganz offensichtlich eine Macht, da der Staat diese Gesetze notfalls mit Polizeigewalt durchsetzt. Diese Gesetze werden durch einen „Allein-bestimmer" wie einen König oder einen Diktator oder durch eine Gemeinschaft wie in der Demokratie festgelegt. Das kann in der Demokratie entweder ein Beschluss der Legislative (Bundestag) oder eine Volksabstimmung sein.

Das Recht wird durch den bestimmt, der die größte Macht hat – ein Diktator, eine Partei oder das Volk (bei einer Volksabstimmung). Aus dieser Sicht gesehen ist das Recht ganz schlicht die ausformulierte Macht. Das Recht wird so erschaffen, dass es die Werte, die Absicht und die Ziele der Mächtigeren ausdrückt und sie zur Vorschrift für alle erhebt. Das Recht und die Gesetze sind daher ein Herrschaftsinstrument.

Das Recht und die Gesetzte sind zunächst einmal ein formales Recht, d.h. die Gesetze schreiben genau vor, was in welchem Fall zu tun ist. Allerdings haben bereits die Römer erkannt, dass ein besonders strenges Recht ungewollt zu dem größten Unrecht werden kann. Daher hat der Richter stets einen Ermessensspielraum für sein Urteil, wodurch das formale Recht zu einem „menschlichen Recht" werden kann und das auch werden sollte.

Es gilt zwar das Prinzip, dass vor dem Recht alle gleich sind, aber wer sich einen guten und deshalb teuren Rechtsanwalt leisten kann, kann durchaus im Vorteil sein.

b) Kraft und Macht

Die Macht der Gesetze ist leicht zu erfassen: Sie sind eine Vorschrift, die notfalls mit Polizeigewalt durchgesetzt wird und deren Nichteinhaltung mit Gefängnis bestraft werden kann.

Die „Kraft" der Gesetze muss daher die Einsicht in die Richtigkeit der Gesetze sein. Der Einzelne wird diejenigen Gesetze als „gerecht" und daher für sich selber als „förderliche Kraft" erleben, die mit einen eigenen Werten und Idealen überein-stimmen.

c) sinnvolle Macht

Wenn es eine Gemeinschaft gibt, werden auch Regeln für das Verhalten in dieser Gemeinschaft gebraucht – ansonsten bleibt die Gemeinschaft eine Gruppe von Individuen, aber wird nicht wirklich zu einer Gemeinschaft. Gesetze sind daher auch die Regeln, die sich eine Gemeinschaft selber gibt.

In den jungsteinzeitlichen Stammesgesellschaften gab es noch keine Gesetze und Strafen, sondern nur die Beschlüsse der Gemeinschaft, denen der Einzelne folgen konnte oder auch nicht. Niemand wurde zu etwas gezwungen. Allerdings war der Gruppendruck recht hoch, denn viele Dinge konnte man ohne die Gemeinschaft nicht durchführen und es war deutlich schwieriger, ohne die Gemeinschaft zu überleben. Daher war auch der Ausschluss aus der Gemeinschaft – weil man die Gemeinschaft fortwährend schädigte – das Schlimmste, was einem in solchen Gemeinschaften geschehen konnte.

Im Königtum wurde die Zentralverwaltung eingerichtet, d.h. der König hatte die Macht, das Handeln der Einzelnen zumindest in manchen Bereichen zu bestimmen. Das Wort des Königs war Gesetz. Da durch die Zentralverwaltung vor allem die Bewässerung der Landwirtschaft und dadurch die Ackerbau-Erträge und die Vorrats-haltung an Nahrungsmitteln deutlich besser wurden, stimmten die meisten diesen Bestimmungen des Königs auch zu.

Im Materialismus wurde diese zentrale Macht des Königs in die Legislative, die Exekutive und die Judikative aufgeteilt, um die Machtwillkür der Herrschenden zu beenden.

In der Epoche der Globalisierung, die in etwa mit dem Ende des 2. Weltkrieges begonnen hat, kommt allmählich noch der Einfluss der Staatenbünde wie der EU und der UNO hinzu, die zwar nur z.T. auch bindende Gesetze erlassen können, aber dennoch an Einfluss gewinnen.

Die Gemeinschaft – Dorf, Staat, Staatengemeinschaft, Menschheit – braucht zu ihrer Aufrechterhaltung und zur Verwirklichung der kollektiven Ziele Gesetze, an die sich alle halten müssen. Daher gibt es eine sinnvolle rechtliche Macht.

Allerdings gibt es zu der genaueren Ausformulierung dieser Gesetze stets viele verschiedene Meinungen, sodass immer wieder aufs Neue tragfähige Kompromisse erarbeitet werden müssen.

d) laut, leise und wechselhaft

„Zu laute" Gesetze sind solche, die den Menschen in fast allem genau vorschreiben, was sie tun dürfen und was nicht und auch, was sie tun müssen.

„Zu leise" Gesetze wären solche, die nicht genau genug vorschreiben, wie sich die

Mitglieder einer Gemeinschaft zu verhalten haben – das ist jedoch ein eher seltener Fall ...

„Wechselhafte" Gesetze sind ebenfalls eher unwahrscheinlich, da Gesetzte dazu neigen, eben alles genau festzulegen. Es besteht daher die Notwendigkeit abzuwägen, was alles geregelt werden muss und was man ungeregelt lassen kann.

Doch auch dazu gibt es – wie allgemein üblich – recht verschiedene Meinungen ...

e) die individuelle Heilung

Gesetze, die andere Werte festlegen als die, die man selber hat, sind ein Problem für den Einzelnen. Möglicherweise kann man den Sinn dieser Gesetze doch noch einsehen oder ihre Existenz zumindest tolerieren. Wenn das nicht möglich ist, muss man entweder versuchen diese Gesetzte auf legale Weise zu umgehen oder in einen Staat auswandern, dessen Gesetze besser mit den eigenen Werten übereinstimmen.

Man kann natürlich auch die Gesetze einfach ignorieren und so handeln, wie man das selber will, doch das birgt das Risiko, schließlich dabei ertappt und bestraft zu werden, wodurch man dann noch weiter als zuvor von dem Leben entfernt ist, das man eigentlich führen will.

f) die kollektive Heilung

In Bezug auf die Gesetze ist die kollektive Heilung tatsächlich einfacher als die individuelle Heilung, denn wenn sich alle oder zumindest eine ausreichend große Mehrheit einig ist, dass bestimmte Gesetze anders sein sollten als sie derzeit sind, kann diese Mehrheit das in den meisten Fällen auch durchsetzen.

g) Wikinger-Sprichworte

„Wenig weiß man, bevor man es nicht versucht hat."
anonym: Saga über König Harald Hart-Rat

„Der beharrliche Mann hat oftmals Glück"
anonym: Saga über Pfeile-Odd

„Ein sehr weiser Mann, dem ein Unglück begegnet, sollte dadurch seinen Geist nicht beunruhigen lassen."
anonym: die sehr hilfreichen Aussprüche des Weisen

„Mir scheint, dass es besser ist, vorher zu bedenken, als nachher zu bedauern."
anonym: Frischwassertal-Saga

„Viele Männer werden tapfer, wenn sie in die Enge getrieben werden, auch wenn sie die übrige Zeit nicht tapfer sind."

anonym: Saga über die Leute von Eyre

„Man braucht Jahre, um einen Mann kennenzulernen."

anonym: Morkinskinna

„Dies verging und jenes wird wohl auch vergehen."

anonym: Deor (Exeter-Buch)

11. Ideologie

a) die Art der Macht

Eine Ideologie ist ein gesellschaftliches, soziales, politisches oder religiöses Weltbild, das entweder eine bereits vorhandene Gemeinschaft wie z.B. einen Staat prägt oder das von einer Gruppe vertreten wird, die ihr Weltbild zum allgemein prägenden Prinzip machen will. Das kann die freie Marktwirtschaft, die soziale Marktwirtschaft, die Zentrale Planwirtschaft, der Sozialismus, die Multi-Kulti, die ethnische Reinhaltung, die Kooperation, das Christentum, der Islam usw. sein – hier gibt es viele Varianten.

Typisch für solche Ideologien ist, dass sie oft am meisten die nur geringfügig abweichenden anderen Versionen ihrer eigenen Ideologie bekämpfen – also christliche Sekten untereinander oder kommunistische Splittergruppen untereinander.

Oft gibt es in Ideologien einen Gruppenzwang, der bis zu dem polarisierenden Prinzip „Wer nicht für mich ist, ist gegen mich!" gehen kann.

In Staaten wird die Ideologie zum Gesetz. In den Staaten, in denen die Gemeinschaft – oder der Wille des Präsidenten – deutlich mehr zählt als das Individuum, engt die Ideologie den Einzelnen sehr stark ein. Sehr deutlich ist das zur Zeit in China mit der Einführung des Sozialkreditsystems zu sehen, durch das das soziale Verhalten bewertet wird, d.h. bei konformem Verhalten gibt es Vergünstigungen und bei nicht-konformen Verhalten Einschränkungen. Der Extremfall sind solche Strategien wie die „Gleichschaltung des Volkes" im „3. Reich", durch die den Einzelnen weitgehend jede Eigenständigkeit genommen wird.

Auch religiös geprägte Staaten wie die christlichen Königreiche im Mittelalter oder einige heutige stark islamisch geprägte Staaten haben eine Ideologie, die die Werte der jeweiligen Religion absolut setzt und diesen Werten und diesen religiösen Vorschriften alles andere unterordnet.

b) Kraft und Macht

Macht im Bereich der Weltanschauungen besteht darin, dass Einzelne oder eine Teilgruppe der gesamten Gemeinschaft ihre Werte und deren Einhaltung vorschreibt.

Kraft im Bereich der Weltanschauungen besteht folglich darin, dass jeder Einzelne seine Weltanschauung haben und sie auch leben kann – soweit er dadurch andere

56

nicht in ihrer Weltanschauung und Lebensweise behindert.

c) sinnvolle Macht

Ein gewisses Maß an Macht muss jede Gemeinschaft und jeder Staat haben, da er sonst die Prinzipen, auf die er gegründet wurde, nicht schützen und erhalten kann. Eine Demokratie, die sich nicht gegen Extremisten oder Anti-Demokraten schützt, läuft Gefahr, zerstört zu werden. Dasselbe gilt natürlich auch für autoritäre Regierungsformen oder für religiös geprägte Verfassungen.

Die Frage, was hier noch „sinnvolle Macht" ist und was bereits „unterdrückende Macht" ist, hängt wieder einmal sehr stark von den Werten ab, die derjenige hat, der ein solches System bewertet.

Man kann natürlich generell sagen, dass der Schutz des Lebens des Einzelnen und seine Entfaltung ein allgemeingültiger Wert sind, doch auch in diesem Punkt gibt es durchaus Ansichten, die andere Prinzipien – z.B. eine Religion – über die individuellen Wertmaßstäbe setzen.

Vermutlich kann man nur das Überleben der Menschheit als Ganzer als einen Wertmaßstab annehmen, der allgemein akzeptiert wird – wobei es über die Art des Überlebens und die Form des Verhaltens, die zu diesem Überleben führen soll, natürlich wieder verschiedene Meinungen geben wird: Freie Marktwirtschaft? Fundamental-Christentum? Islamisch Gesetzgebung? Ein Sozialkreditsystem wie in China? Okö-Herrschaft?

Das, was „sinnvolle Macht" ist, hängt im Bereich der Ideologien ganz von der eigenen Weltanschauung ab …

d) laut, leise und wechselhaft

„Laut" ist jemand, der die eigene Weltanschauung für allgemeingültig und für allgemeinverbindlich hält.

„Leise" ist jemand, der die eigene Weltanschauung als eine reine Privatangelegenheit ansieht.

„Wechselhaft" ist jemand, der die eigene Weltanschauung mal anderen aufdrängen will und mal sich den Ansichten anderer anpasst. Das ist jedoch ein eher seltener Fall.

e) die individuelle Heilung

Was ist eigentlich die individuelle Heilung in Bezug auf Ideologien? Vermutlich kann man nur eine eigenständige Meinung, die sich an der Selbsterkenntnis, dem eigenen

Weltverständnis und Werten orientiert, als „heile Ideologie" bezeichnen.

Doch dann, wenn ein Mensch diese eigene „heile Ideologie" gefunden hat, bleibt es noch die Frage, wie er nach diesen Prinzipien zu leben versucht. Vermutlich kann man zumindest sagen, dass er selber nach seinen eigenen Ansichten leben sollte und dass er andere ebenfalls nach deren Ansicht leben lassen sollte.

Doch sobald ein Einzelner zu dem Schluss kommt, dass die Welt nur zu retten ist, wenn alle seiner eigenen Meinung zustimmen und sich auch entsprechend verhalten, wird es schwierig, denn in der Regel sehen diese Menschen dann die Ausweitung ihrer privaten Meinung zu einer allgemeinen Handlungs-Maxime als existentiell notwendig an, sodass aus ihrer Sicht ihre eigene Ansicht eine Durchsetzungs-Macht erfordert, die dann logischerweise auch als „sinnvolle Macht" angesehen wird.

Es ist offensichtlich, dass sich im Bereich der Ideologien ein Kampf der Meinungen kaum vermeiden lassen wird …

f) die kollektive Heilung

Was ist nun die kollektive Heilung in Bezug auf Ideologien? Wenn es eine allgemeine Meinungsfreiheit gibt? Wenn es eine Weltbild-Diktatur gibt, die jedoch zum Überleben der Menschheit auf der Erde führt? Oder irgendetwas dazwischen?

Zumindest kann man sagen, dass das heutige demokratische System den Nachteil hat, dass bei Abstimmungen die Mehrheit siegt und die Werte der Mehrheit umgesetzt werden. Das ist offensichtlich ein kämpferisches Konkurrenz-Prinzip. Daher reden die Politiker auch stets so, wie sie die meisten Stimmen zu bekommen glauben.

Eine Alternative wäre ein kooperatives System, in dem stets alle Meinungen, d.h. alle gewählten Parteien anteilmäßig berücksichtigt werden. Ein Entwurf für ein solches System findet sich in dieser Reihe in dem Buch „Die 12 Tore zur Sophikratie".

g) Wikinger-Sprichworte

„Ich sage alles so, wie es ist."
Snorri Sturluson: Hattatal

„Durch Recht wird das Land gedeihen, durch Unrecht wird es veröden."
anonym: Frost-Thing Gesetz

„Ein Mann wird als unwissend angesehen, wenn er niemals mehr als die Küste Islands erforscht hat."
anonym: Lachstal-Saga

„Reisen weiten in unerwarteter Weise.“

anonym: Streit-Tal-Saga

„Nichts ist so besonders, dass es nicht seinesgleichen gäbe.“

anonym: Morkinskinna

„Die Wölfe haben oft bewirkt, dass die miteinander streitenden Schweine miteinander Frieden geschlossen haben.“

Saxo der Schriftkundige: Geschichte der Dänen

„Aus Üblem entsteht Übles.“

anonym: Saga über Hühner-Thorir

12. Magie

H

a) die Art der Macht

Was ist magische Macht? Gibt es die überhaupt? Wenn man noch keinerlei Erfahrungen mit Telepathie, Telekinese, Feng-Shui, Astrologie, Spiritismus, Familienaufstellungen und dergleichen gemacht hat, die einem gezeigt haben, dass es nicht-physikalische Phänomene gibt, ist die Antwort vermutlich, dass es so etwas wie eine „magische Macht" nicht gibt. Was in diesem Fall auch die einzig vernünftige Schlussfolgerung wäre …

Wenn man jedoch schon derartige Erlebnisse gehabt hat, kann man sich fragen, inwieweit auch diese magischen – oder wenn man will, diese parapsychologischen – Phänomene auch zu einer Macht führen können.

Es gibt einige Menschen, die sofort, wenn sie einen Raum betreten, diesen Raum erfüllen und prägen. Oft sind diese Menschen auch in der Lage, fast mühelos die Gespräche, an denen sie teilnehmen, so zu lenken, wie sie es wollen.

Eine etwas drastischere Form der Dominanz ist die Hypnose. Die Grundhaltung des „Raum-Prägens" und der Hypnose ist dieselbe: Man stellt sich innerlich an die Stelle des Wachbewusstseins der anderen – man dehnt sich gewissenmaßen auf den Raum bzw. auf die anderen Personen aus, man „besetzt" den Raum und die Menschen ihm.

Dasselbe Prinzip wird auch bei den „Fernstößen" im chinesischen Shaolin Kung-Fu oder im russischen Systema angewendet: Man dehnt das eigene Bewusstsein auf den anderen aus, wodurch man dessen Körper wie den eigenen Körper bewegen kann. Das klingt vermutlich ein wenig abenteuerlich und unglaubwürdig – was es ja auch ist, solange man das nicht selber erlebt hat.

Eine ganz andere Form der magischen Macht – die viele vermutlich anderes bezeichnen würden – besteht darin, Gott, eine Gottheiten, einen Heiligen oder die Ahnen um Hilfe zu bitten. Die Bitten an Gott, eine Gottheit oder einen Heiligen sind in vielen Religionen üblich.

Die Bitten an die Ahnen stammen hingegen aus den frühen Stammes-Religionen, in denen der sogenannte Ahnenkult (eigentlich Bitten an die Ahnen) üblich war, weil die eigenen Eltern der sicherste Rückhalt waren – heute findet sich diese Form der Magie bzw. der Religion wieder im Spiritismus und in den Familienaufstellungen.

b) Kraft und Macht

Die Unterscheidung ist hier ähnlich wie bei dem Einsatz der körperlichen Kraft: Die Verwendung der Magie „für sich" ist „magische Kraft" – die Verwendung der Magie „gegen andere" ist „magische Macht".

Die Verwendung von Magie gegen andere wird meistens als „schwarze Magie" bezeichnet, doch das ist ein irreführender und polarisierender Begriff, denn Schwarze Magie ist genauso selten wie Weiße Magie – wie im alltäglichen Handeln ist auch die Magie in den meisten Fällen einfach eine mal etwas hellere, mal eine etwas dunklere Graue Magie. Man wendet in der Magie schließlich dieselben Wertmaßstäbe an wie auch sonst im Alltag.

Als „magische Kraft" kann man vor allem das Handeln aus der eigenen Seele heraus bezeichnen, die man durch Meditationen oder Traumreisen kennengelernt hat. Dazu gehört auch noch die Begegnung mit dem eigenen Krafttier, die die Effektivität der eigenen Magie deutlich steigert, sowie die Begegnung mit der Gottheit, von deren „Meer" die eigene Seele sozusagen ein „Tropfen" ist.

Generell gehört das Vertrauen in eine Gottheit zu der „magischen Kraft", da dieses Vertrauen das eigene Leben gedeihen lässt und sich in keiner Weise gegen einen anderen Menschen richtet.

„Magische Macht" kann durchaus mit politischer Macht kombiniert werden – z.B., wenn man Magie und Massenpsychologie dazu benutzt, um Menschen gleichzuschalten und um dem kollektiven Unterbewusstsein die gewünschten Bilder einzuprägen. Das geschieht z.B., wenn man einzelne Anschläge dafür nutzt, um ein ganzes Volk, eine soziale Gruppe oder gleich alle Migranten zu verteufeln.

Es ist allerdings sehr schwer einschätzbar, wieviel magische Kenntnis diejenigen besitzen, die danach streben, Massenphänomene zum Erlangen von politischer Macht zu erzeugen. Vieles kann man dabei auch intuitiv richtig machen, also so, wie es auch jemand, der sich gut mit Magie auskennt, tun würde.

Generell sind Telepathie und ähnliche Fähigkeiten ja etwas, was jeder in einem gewissen Maße besitzt. Daher ist die telepathische Wirkung stets mit dabei, wenn man etwas macht. So gesehen gibt es keine „Handlungen ohne Magie" – es ist daher eher die Frage, ob jemand diese Möglichkeit in außergewöhnlich großem Maße und auf ganz gezielte Weise benutzt.

So gut wie jeder kennt ja das Phänomen, dass man an jemanden denkt und kurz darauf der Betreffende anruft. Oder dass man sich in der Stadt plötzlich umdreht und sieht, dass man von hinten von jemandem angestarrt wird. Diese Fähigkeiten kann man schulen und auch gezielt nutzen – aber sie sind eigentlich nichts Außergewöhnliches, sondern zählen in unserer Kultur lediglich nicht zu den Dingen und Erlebnissen, über die man nicht oft miteinander spricht.

c) sinnvolle Macht

Es gibt die magische Macht und ihre Möglichkeiten, andere zu beeinflussen und in Maßen zu lenken. Die Frage danach, ob magische Macht sinnvoll sein kann, hängt wieder einmal von dem eigenen Wertmaßstab ab.

Wenn man die individuelle Freiheit der Förderung der Gemeinschaft vorzieht, gibt es keine magische sinnvoll Macht, da sie eben die Freiheit des Einzelnen (außer natürlich der Freiheit des Magiers) einschränken würde.

Wenn man jedoch die Förderung der Gemeinschaft als wichtiger als die persönliche Freiheit ansieht, zählen auch die magische oder religiöse Macht zu den Formen der Macht, die notwendig sind, um den Willen der Gemeinschaft gegenüber dem Willen des Einzelnen durchzusetzen.

Im Buddhismus, im Christentum und vielen anderen Religionen wird gefordert, dass man nicht mit einer aggressiven Antwort auf Aggression reagiert. Das entspricht dem Teil der Menschheit, die die Gemeinschaft über das Individuum stellen würde.

Der andere Teil der Menschheit, der das Individuum über die Gemeinschaft stellen würde, gehört tendenziell zu denen, die eher zur Magie als zur Religion gehören. Allerdings kann man nicht generell die Religion dem Gemeinschaftssinn und die Magie dem Egoismus gleichsetzen – das ist nur eine Tendenz.

Es findet sich also auch hier wieder der Gegensatz der beiden Werte „Freiheit" und „Gemeinschaft".

d) laut, leise und wechselhaft

Der rücksichtslose Egoismus ist auch in der Magie und der Religion die „zu laute" Form.

Die „zu leise" Form findet sich bei denen, die sich durch die „zu Lauten" lenken oder gar unterdrücken lassen.

Die wechselhafte Variante ist die, bei der man zwischen „andere prägen" und „sich selber führen lassen" hin und her schwankt.

e) die individuelle Heilung

Auch hier ist es wieder die Selbsterkenntnis und die darauf beruhende Selbst-ständigkeit und Selbstsicherheit, die den besten Schutz gegen äußere – magische, soziale, politische – Manipulation bildet.

f) die kollektive Heilung

Die kollektive Heilung in magischer Hinsicht eines Volkes ist ein vermutlich sehr seltener Fall, da die Anwendung von Magie nur schwer nachweisbar ist. Generell kann man sagen, dass die Förderung der individuellen Eigenständigkeit und der politischen Sachlichkeit und Selbständigkeit eine gute Grundlage für die Heilung von kollektiven Traumas aller Art ist.

g) Wikinger-Sprichworte

„Was vielen anderen geschieht, kann auch mir geschehen."
anonym: Ljosvetninga-Saga

„Wenig Hilfe ist immer besser als gar keine."
anonym: Frischwassertal-Saga

„Das Äußere zeigt nicht das Innere."
anonym: Saga über Feuer-Njal

„Heilsprüche lerne, solange Du lebst.'"
anonym: Odions Weisheiten im Loddfafnir-Lied

„Hüte Dich vor Zauberei, denn wenige Dinge sind mächtiger als ein Schadens-Zauber."
anonym: Saga über Grettir den Starken

„Lasst uns zum Heiligen Berg gehen", sagte Snorri, „denn Pläne, die dort geschmiedet werden, scheitern nicht so leicht."
anonym: Saga über die Leute von Eyre

Möge Odin mit Dir sein!"
anonym: Saga über König Olaf den Ruhmreichen

Die 12 Anforderungen an ein neues Wertesystem

Entwürfe für die Zukunft – Band 25

Inhaltsübersicht

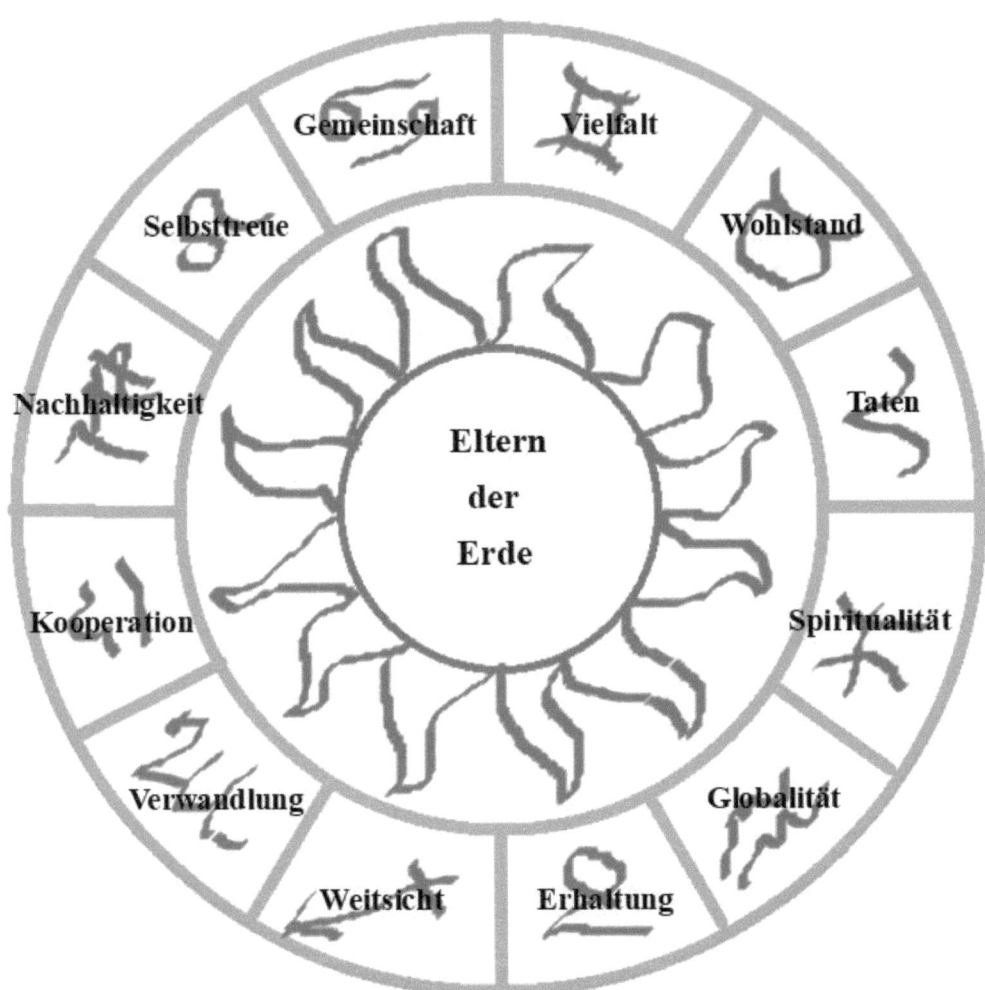

1. Taten

♈

Sehen Sie, wie es um uns steht? Das Weiterleben auf der Erde ist bedroht: Über-bevölkerung, Klimawandel, Umweltzerstörung, Artensterben, begrenzte Rohstoffe, Müll, Atombomben, Autokratien, Migration, der drohende Kampf jeder gegen jeden …

Das alles hat vermutlich jeder schon öfter gehört als ihm lieb ist. Doch es ist die Wahrheit, es ist unsere heutige Lage, wenn wir sie ohne den Kopf in den Sand zu stecken betrachten.

Es hat keinen Sinn, das alles im Detail noch einmal aufzuzählen – aber es hat auch keinen Sinn, einfach abzuwarten und zu hoffen, dass sich jemand anderes darum kümmert oder dass schon nichts wirklich Schlimmes passieren wird – zumindest nicht uns selber … Spätestens die Einsicht, dass es auch um die Weise geht, wie wir alle als Spezies auf diesem Planeten weiterleben wollen und können, sollte uns alle zum Handeln bringen.

Das Ziel ist klar: überleben – und am besten auch noch gut leben. Ich will das. Und Sie?

Aber wie gelangen wir dahin?

Wenn ich in der Natur bin, in die Ferne schaue und mich frage, was ich will, dann sehe ich die Erde vor mir – eine Erde mit normalen Jahreszeiten, eine Erde, die nicht überhitzt ist, die nicht viel zu dicht bevölkert ist, auf der noch viele verschiedene Tiere und Pflanzen mit uns leben … Seit ein paar Jahren sind wieder Silberreiher in den Teichen hier in den Feldern und Raben im Wald – das ist solch eine große Berei-cherung!

Wenn ich so in die Ferne schaue und mich frage, wie ich auf der Erde leben will, dann will ich eine Menschheit ohne Hunger … Heute sterben täglich 24.000 Menschen an Hunger. Wissen Sie, wie viele das sind? Das sind so viele Menschen wie bei dem Absturz von 65 voll besetzten Jumbo-Jets täglich sterben würden!

Wollen Sie solch eine Welt? Ich nicht.

Wir verhalten uns als Völker – und manchmal auch als Staaten, Unternehmen oder Einzelne – wie Halbstarke, wie Jugendbanden: Wer ist der Stärkste? Wer ist der Lauteste? Wer ist der Aggressivste? Wer hat am meisten zu sagen? Wer hat das größte Reich, die dicksten Raketen, die meisten Soldaten? …

Es wird wirklich Zeit, dass wir erwachsen werden und die Verantwortung für unseren Planeten ergreifen. Wir brauchen ein anderes Verhalten. Wir brauchen mehr Einsicht in die Gesamtzusammenhänge. Wir müssen verstehen, was die Grundlage unseres Lebens und Überlebens hier auf der Erde ist. Und diese Grundlagen müssen wir schützen!

Wir müssen erkennen, was uns wirklich etwas wert ist, wir müssen diese Werte klar erkennen und klar formulieren und genauso klar und entschieden vertreten. Diese Werte müssen wie ein gutes Werkzeug sein, wie ein starker Scheinwerfer, wie ein lauter Weckruf!

Wir werden niemals alle überzeugen, aber wenn wir nicht die meisten überzeugen können, werden wir in ein paar Jahrzehnten vor dem Desaster stehen, dass wir heute noch abwenden können.

Ich bin wirklich kein Schwarzmaler, aber ich will, das meine Kinder und Enkel und Urenkel noch einen Wald kennen, dass sie die Luft ohne Gasmaske atmen können, dass sie in einer Welt leben, die noch nicht zu einer heißen Steppe geworden ist und er der es nicht nur völlig überbevölkerte Städte und wenig zu essen gibt ... Das will ich nicht! Nein, wirklich nicht.

Ich werde tun, was ich dafür tun kann, dass es nicht so kommen wird.

Und Sie? An welcher Stelle können Sie unsere Welt einen kleinen Schritt weiter zu dem machen, wie Sie sie haben, damit sie so leben können, wie Sie es am liebsten wollen – und wie Sie wollen, dass auch noch ihre Kinder und Enkel leben können?

Gehen Sie einen Schritt – und mag er noch so klein sein – dieser kleine Schritt wird uns alle, wenn alle solche kleine Schritte tun, näher zu einem besseren Leben bringen!

Taten statt Warten!

2. Wohlstand

♉

Ja – Veränderungen sind lästig. Sie können sogar sehr unangenehm sein. Und auch Selbstbeschränkung ist etwas, das keiner in seinem Leben haben will – und schon gar nicht, wenn andere sagen, was man tun darf und was nicht, was man haben darf und was nicht.

Doch wenn es eng wird auf der Erde, weil hier nur für 2 Milliarden Menschen gut Platz ist und nicht für 8 Milliarden Menschen wie heute – was dann? Wenn uns die Rohstoffe ausgehen – was dann? Wenn es immer weniger Tierarten und Pflanzenarten gibt? Wenn durch die Klimaerwärmung die Wälder sterben und die Wüsten rapide größer werden – was dann? Sollen wir warten, bis es soweit ist und der Kampf jeder gegen jeden ausbricht?

Oder sollten wir nicht eher einmal schauen, was wir wirklich brauchen? Und vor allem: Sollten wir nicht einmal wirklich genauer schauen, wie wir als Einzelner und als Menschheit auf der Erde auf eine Art leben können, durch die auch unsere Kinder und Enkel noch ein gutes Leben haben werden?

Viele Naturvölker leben nach dem Prinzip, dass niemand etwas tun sollte, durch das ein anderer in den folgenden zehn Generationen geschädigt wird. Wie wäre es, wenn wir zivilisierten Menschen diese Weisheit der Naturvölker ebenfalls beherzigen würden?

Es fällt schwer, ein Verbot einzuhalten, dessen Sinn man nicht einsieht – doch wenn man erkennt, dass man durch dieses Verbot zwar auf eine kleine, unwichtige Sache verzichten muss, aber dafür eine viel größere Sache nicht verlieren wird? Einem Pubertierenden wird diese Einsicht schwerfallen, denn sie leben meistens nach dem Motto: „Ich will alles und zwar jetzt!" Aber einem Erwachsenen sollte es doch eigentlich möglich sein, auch auf eine einsichtige und vorausschauende Weise zu handeln.

Es ist einfach höchste Zeit, kollektiv erwachsen zu werden …

Was brauchen wir wirklich? Was ist ein solider Wohlstand? Das ist genügend zu essen, eine Wohnung, eine gute medizinische Versorgung, Sicherheit im Alltag, die Freiheit der Berufswahl … Das und noch ein paar ähnliche Dinge genügen, um gut leben zu können.

Wenn man in sich ruht und eigenständig ist, ist es kein Problem zu sehen, welche Dinge man braucht und welche nicht. Doch wenn man noch ein tiefes Mangelgefühl in sich trägt, eine verborgene Verlustangst, die Furcht vor Armut, eine heimliche Gier … Was dann? Dann wird es sehr schwer, das rechte Maß zu erkennen … Und es gibt sehr viele Reiche, die im Stress leben und die nur deshalb reich sind, weil sie in einem tiefen Mangelgefühl gefangen sind. Natürlich trifft das nicht für alle Reiche zu, doch für viele … Und der Alkoholiker und Heroinsüchtige lebt ebenfalls in diesem Mangel, nur hat er resigniert oder hatte er nicht die Kraft, reich zu werden – wobei kein Reichtum jemals diesen Mangel heilen kann, weil die Reichtums-Sucht eben auch ein Sucht ist.

Doch natürlich ist Armut keineswegs eine Tugend! Wirklich nicht! Genügend zu essen und ein Dach über dem Kopf und eine Arbeit, die man gut machen kann und die man gerne macht, sind etwas ausgesprochen Wertvolles.

Es geht um das rechte Maß. Dieses Maß muss auch nicht für alle gleich sein – das kann es auch gar nicht sein. Aber zwischen einem Grundbedürfnis und einer Sucht besteht ein sehr großer Unterschied.

Was ist das, wonach wir streben, wenn wir in uns ruhen? An welchen Werten orientieren wir uns dann? Welches Wertesystems finden wir dann in uns? Wenn wir sorgfältig in uns hinein schauen und wenn wir genauso aufmerksam in die Welt um uns herum schauen, dann werden wir zu Werten und zu Entschlüssen und daher auch zu einem Verhalten gelangen, das man als „auf eine gute Weise erwachsen" bezeichnen kann. Genau das ist das, was wir brauchen.

Diese Werte werden nicht bei allen gleich sein – und das müssen sie auch nicht sein. Sie sollten aber mit den Wünschen der allermeisten anderen kompatibel sein und zusammen ein erwachsenes Verhalten der Menschheit ergeben. Wenn wir das erreicht haben, dann werden uns unsere Kinder, Enkel und Urenkel dankbar sein – und nicht nur unsere eigenen Nachkommen, sondern auch die auf allen fünf Kontinenten, denn das, was wir dort, wo wir selber leben, für unser Kinder tun, wird auch eine Wirkung auf alle anderen Kinder auf der Erde haben.

Es wird immer auch die geben, die auf ihren kurzfristigen Vorteil und nicht auf die langfristige Notwendigkeit schauen, doch wenn die große Mehrheit der Menschen langfristig denkt und handelt, wenn sie sich also wie verantwortungsvolle Erwachsene verhält, können diejenigen, die noch nicht in dieser Weise erwachsen geworden sind, keinen allzu großen Schaden mehr anrichten.

Es klingt sehr schlicht zu sagen, dass wir uns jetzt endlich wie Erwachsene verhalten sollten, doch dieses kollektive Erwachsensein hat viele Konsequenzen. Eine von ihnen ist zum Beispiel die Auflösung der extremen Besitzunterschiede zwischen Arm und Reich. Natürlich sollten nicht alle gleich viel besitzen – warum auch? Doch die Unterschiede sollten auch nicht so groß sein, dass sie den Ärmeren Schaden – noch immer sterben täglich 24.000 Menschen an Hunger …

Wenn Sie ganz ehrlich in sich schauen – finden sie dann Mangelgefühle, Angst vor

Armut, Verlustängste? Wenn ja, dann ist das der wichtigste Punkt, an dem Sie etwas zu einer erwachseneren Lebensweise der Menschen auf diesem Planeten beitragen können. Nur dann, wenn man in sich die innere Fülle wiederfindet, kann diese Fülle auch im Außen entstehen. Damit ist nicht Reichtum gemeint, denn den kann am besten ein Geld-Süchtiger anhäufen – damit ist ganz schlicht gemeint, dass alles da ist, was man braucht.

Und auch erst dann, wenn man diese Fülle in sich selber wiedergefunden hat, kann man mit lächelndem Herzen und klarem Blick schauen, was einem wirklich im Leben wichtig ist. Erst dann kann man seine eigentlichen Werte, die im eigenen Herzen gegründet sind, erkennen. Und erst das Befolgen dieser Werte im eigenen Leben kann glücklich machen.

Und genau das ist die Aufgabe von Werten: Sie sollen eine Landkarte und ein Pfadfinder zum eigenen Glück sein.

Was brauchen wir wirklich?

3. Vielfalt

Ⅱ

Wir haben Probleme – gut. Aber warum lösen wir sie nicht einfach durch innovative Technik? Dann sparen wir uns die Verbote und erhalten uns unsere Freiheit ... ... ja ... schön wär's ...

Doch leider ist der Lebensraum auf der Erde begrenzt und ebenso die Rohstoffe – das setzt uns einfach Grenzen. Und auch, wenn jemand etwas erfinden würde, was all diese Probleme lösen würde, haben wir diese Lösung erst, wenn sie tatsächlich erfunden worden ist und nicht schon jetzt. Wir müssen jetzt so handeln, wie es uns unsere derzeitigen Möglichkeiten erlauben. Das bedeutet leider auch, Grenzen einzuhalten – und das heißt wiederum, dass die Menschheit am besten auf ungefähr ein Viertel ihrer heutigen Größe (8 Milliarden) schrumpfen sollte, statt alle 50 Jahre um eine Milliarde Menschen größer zu werden. Das bedeutet auch, dass wir wegen der Klimaerwärmung unseren CO_2-Ausstoß sofort drastisch verringern müssen.

Es wäre sehr heikel, einfach nur darauf zu hoffen, dass schon jemand eine Lösung finden wird, die uns alle Beschränkungen erspart. Wenn wir unsere Erde so wie heute oder zumindest noch einigermaßen gut bewohnbar erhalten wollen, können wir nicht warten, sondern müssen jetzt handeln.

Die Überbevölkerung ist ein derart unpopuläres Thema, dass sich so gut wie kein Politiker traut, allen Menschen zwei Generationen lang die Ein-Kind-Familie vorzuschlagen. Nötig wäre es jedoch ... Aber die Vernunft hat es nicht leicht, gegen den Familiensinn und gegen die Sexualität gleichzeitig zu argumentieren und sich auch noch durchzusetzen ... Aber was wird geschehen, wenn die Menschheit so wie in den letzten 200 Jahren weiterwächst? Dann werden auf der Erde in 200 Jahren statt 8 Milliarden Menschen 32 Milliarden Menschen leben – oder zumindest leben wollen, falls das dann überhaupt noch möglich ist ...

Wenn man sich das bisherige Bevölkerungswachstum anschaut, erhält man eine e-Funktion, d.h. eine Kurve, die ständig schneller wächst. Die Menschheit verdoppelt ihre Anzahl ungefähr seit ca. 1400 n.Chr. alle 150-200 Jahre. Vorher war das Wachstum sehr langsam und wurde durch Kriege, Seuchen, Hungersnöte und derglei-chen immer wieder ausgebremst – doch seit ca. 1400 sind diese Einschränkungen des Bevölkerungswachstums weitgehend fortgefallen.

Das bisherige Bevölkerungswachstum wird in der untenstehenden Kurve durch die schwarze Linie dargestellt.

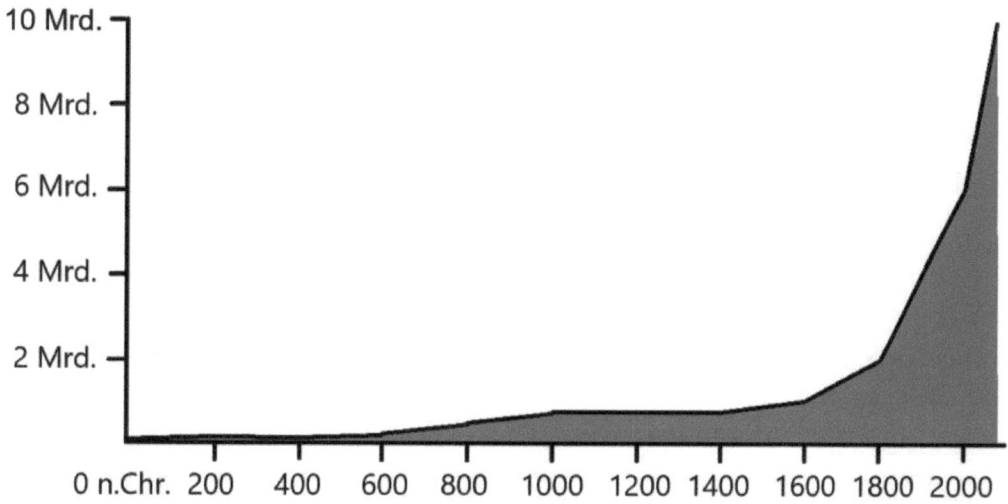

Es gibt verschiedene Möglichkeiten, wie sich diese Kurve weiterentwickeln könnte:

Möglichkeit 1: Das Bevölkerungswachstum bleibt weiterhin eine „Bevölkerungs-explosion" und steigt ungehindert weiter an. Um 2200 werden wir dann ca. 30 Milliarden Menschen sein. d.h. ca. 4-mal so viele wie heute.

Wenn wir nichts unternehmen, ist abzusehen, daß es irgendwann zu einem Kollaps kommen wird – bei 15 Milliarden, bei 25 Milliarden – vielleicht auch erst noch ein bißchen später. Doch endlos kann diese Entwicklung so nicht weitergehen. Es muß also etwas unternommen werden.

Möglicherweise wird sich das Wachstum jedoch auch leicht abschwächen, da derzeit vor allem noch die Bevölkerung von Indien und Afrika stark wächst und in allen anderen Regionenn der Erde nur noch langsam zunimmt bzw. gleich bleibt.

Möglichkeit 2: Das Wachstum der Bevölkerung wird eingeschränkt und stabilisiert sich auf hohem Niveau. Dazu wird es notwendig sein, daß wir die Klimaerwärmung, den Hunger und das Wachstum der Wüsten kollektiv in den Griff bekommen.

Durch neue Techniken ist vermutlich auch eine größere Bevölkerungszahl auf der Erde möglich, aber mit diesen Techniken kann man erst dann planen, wenn sie bereits erfunden hat und sie ausgereift sind. Ansonsten wäre es sehr leichtsinnig, auf solche derzeit noch unbekannte Techniken zu hoffen und zu vertrauen und nichts zu un-ter-nehmen.

Es gibt einige Prognosen, die diese Entwicklung voraussagen, doch sicher ist sie nicht.

Möglichkeit 3: Das Einfrieden der Bevölkerungszahl auf dem heutigen Stand. Dafür wären rigorose politische Maßnahmen wie die Vorschrift der maximal-2-Kinder-Fa-milie notwendig, was derzeit vollkommen illusorisch wäre. Welche Partei würde so etwas vorschlagen wollen? Eine solche Maßnahme würde die persönliche Freiheit drastisch einschränken und wäre daher sehr unpopulär.

Diese Maßnahmen müßten vor allem in Indien und in Afrika getroffen werden, da die Bevölkerung dort am stärksten wächst.

Möglichkeit 4: Dies ist entweder die optimistische Version, bei der auf die Einsichts-fähigkeit der Menschen gebaut wird, die aus sich heraus beschließen, deut-lich weni-ger Kinder zu bekommen – oder es wäre die drastische politische Version, bei der über 2-3 Generationen die 1-Kind-Familie vorgeschrieben wird.

Das wäre die Version, bei der wir auch ohne neue Techniken und große wirtschaft-li-che Umstellungen das Weiterleben der Menschen auf der Erde absichern würden. Durch zukünftige neue Techniken könnte die Zahl der Menschen, die auf der Erde le-ben können, dann wieder allmählich erhöht werden – sofern das dann noch gewünscht wird.

Für welche dieser Entwicklungen wir uns entscheiden werden, ist derzeit nicht ab-zu-sehen. Wenn wir jedoch – wie wir Menschen das ja angesichts von drohenden Ka-tastrophen so gerne tun – gar nichts unternehmen, wird Version 1. eintreten – unge-hemmtes Wachstum bis zum Kollaps. Dieser Zusammenbruch kann durch die Klima-erwärmung, Hungersnöte, Platzmangel, Verteilungskriege und vermutlich noch eini-ges anderes zustande kommen.

Es ist nicht klar, was wir tun werden und es ist auch nicht klar, wie wir das dann um-setzen werden – doch es ist klar, daß Nichtstun die schlechteste aller Möglich-keiten ist.

Auch wenn die Technologie und andere kreative Ideen derzeit noch nicht ausreichen, um unsere Probleme zu lösen, ist die Vielfalt an Lösungsansätzen dennoch ein großes Potential. Es wird sicherlich keine einzelne Idee und auch keine einzelne Erfindung sein, die unsere Lage auf der Erde wieder stabilisiert, sondern viele kleine und größe-re Ansätze, die schließlich zu einer Verbesserung führen – für eine einzelne „rettende Idee" ist unsere Situation einfach viel zu komplex.

Daher muss das neue Wertesystem auch die Vielfalt der Lösungsansätze fördern: Es ist alles willkommen, was ein Stückchen weiterhilft.

Da es darum geht, kollektiv erwachsen zu werden, also als Menschheit wie in einer Familie zu leben, ist es auch offensichtlich, dass eine Vielfalt der Lebensweisen und Beziehungsformen möglich sein muss, denn nur dann, wenn jedes Familienglied die Freiheit hat, weitgehend so zu leben, wie es will, kann der Familienfrieden gewahrt bleiben. Natürlich gibt es da dieses Wörtchen „weitestgehend", das besagt, dass die Grenze der eigenen Freiheit dort ist, wo man andere einschränkt oder der Gemeinschaft als Ganzes schadet. Darüber, wo genau man diese Grenzen setzt, kann man sich natürlich ausgiebig streiten …

Dieses Begrüßen der Vielfalt der Ideen, der Ansichten, der Vorlieben und der Lebensweisen bedeutet natürlich nicht, dass jeder so ausgefallen wie möglich leben sollte, sondern nur, dass er die größtmögliche Freiheit zur Selbsttreue erhält. Trotzdem müssen auch die traditionellen Lebensweisen weiterbestehen können – schließlich bieten sie vielen Rückhalt, sind ihnen willkommen und sind die Lebensweise, die ihnen am besten gefällt. Diese Traditionen dürfen nur nicht zu Vorschriften für alle werden.

Das, was all diese traditionellen Lebensweisen und all die neuen Lebensweisen eint, ist der gemeinsame Wille, die Erde für die Menschen bewohnbar zu erhalten.

Leben Sie so, wie sie wollen, fördern Sie die Menschheit durch ihre Ideen und durch Ihr Verhalten – dann werden auch ihre Kinder und Enkel noch ein gutes Leben auf der Erde haben.

Vielfalt statt Einfalt!

4. Gemeinschaft

♋

Wo beginnt auch die größte Veränderung? In mir selber.

Und was ist der zweite Schritt, durch den diese Veränderungen in die Welt kommen? Das ist mein verändertes Verhalten in meiner Familie und mit meinen Freunden.

Die zunehmende Globalisierung hat dazu geführt, dass alle auf der Erde von den Entscheidungen und Handlungen aller anderen beeinflusst werden. Daher bleibt uns gar nichts anderes übrig als die Menschheit als eine große Familie anzusehen. Vielleicht hilft es, sich das einmal im Detail anzusehen:

In einer Familie streben fast alle danach, die Familie zu erhalten.

In derselben Weise müssen wir heute danach streben, unser Ökosystem zu erhalten, d.h. dafür zu sorgen, dass die Erde weiterhin bewohnbar bleibt.

In einer Familie gibt es einen Haushaltsplan, der zeigt, wieviel Geld da ist und wofür es ausgegeben werden kann.

In derselben Weise ist ein Plan für die Größe der Bevölkerung und für die Nutzung von Land, Rohstoffen und Energie notwendig, der auch alle Grenzwerte, Fließgleichgewichte, Rückkoppelungen, Kreisläufe und ähnliches mitbedenkt.

In einer Familie legt man sich meistens auf einen Partner fest oder erschafft auf andere Weise eine Grundstabilität.

In derselben Weise besteht die Notwendig zu Erschaffung eines stabilen, nachhaltigen Systems auf der Erde, denn wir haben nur diese eine Erde …

In einer Familie tragen die Eltern die Verantwortung für die Kinder

In derselben Weise tragen auch wir als Teile der gesamten Menschheit die Verantwortung dafür, dass unsere Kinder noch gut auf dieser Erde leben können.

In einer Familie erlebt jeder zunächst eine starke Einschränkung der eigenen

Möglichkeiten durch die Einbindung in die Familie – jeder trägt einen Teil der Verantwortung für die Familie. Doch es wird auch jeder von der Familie getragen, sodass man Vertrauen in die Familie haben kann.

In derselben Weise erlebt jeder Einzelne zunächst eine starke Einschränkung in Bezug auf die Produktion und den Müll, die Reduzierung der Bevölkerung und die Begrenzung des Energieverbrauchs – jeder trägt einen Teil der Verantwortung für die Erde. Doch es wird auch jeder von der Menschheit getragen, sodass man Vertrauen in die Menschheit haben kann.

In einer Familie kann man durch die Beschränkung auf das Wichtigste dieses Wichtige aber auch sicher erreichen: Gemeinschaft und das Aufwachsen der Kinder.

In derselben Weise kann man auf der Erde durch die Beschränkung auf das Wichtigste dieses Wichtige aber auch sicher erreichen: das Überleben der Menschen auf der Erde

In einer Familie führt die dauerhafte Koordination der Bedürfnisse der Familienmitglieder zum Gedeihen.

In derselben Weise führt auch die Kooperation zwischen Einzelnen und Staaten insbesondere bei der Rohstoffverteilung und bei dem Wohlstandsausgleich zu einem friedlichen Gedeihen.

In einer Familie ist man gezwungen, die Egozentrik in den Rahmen der Notwendigkeiten der Familie zu stellen. Dadurch werden die eigenen Wünsche zu einem integrierten Teil dessen, was die Familie will.

In derselben Weise ist man auch als Teil der Menschheit gezwungen, den Blick auf sich selber zu einem Blick auf das Ganze zu weiten. Dadurch werden die eigenen Wünsche zu einem integrierten Teil dessen, was die Menschheit will.

In einer Familie steht man in einem ständigen Austauschprozess mit allen anderen Familienmitgliedern.

In derselben Weise steht auch der Einzelne in einem ständigen Austauschprozess mit allen anderen Menschen.

In einer Familie besteht die Notwendigkeiten, die eigenen Triebe, Wünsche und Bestrebungen dem Ziel des Gedeihens der Familie unterordnen und dadurch den eigenen bestmöglichen Zustand zu erreichen.

In derselben Weise besteht auch für den einzelnen Menschen die Notwendigkeit, die eigenen Bedürfnisse und das gesamte eigene Handeln unter das Ziel der Erhaltung des Ganzen zu stellen und dadurch den eigenen bestmöglichen Zustand zu erreichen.

In einer Familie gibt es immer wieder Streit, aber es ist wichtig, dass er so gelöst wird, dass die Familie intakt bleibt.

In derselben Weise wird es auch in der Menschheit immer wieder Streit geben, aber es ist auch hier wichtig, dass er so gelöst wird, dass die Menschheit selber nicht gefährdet wird.

Könnten wir nicht alle unsere Einsichten und unserer Verhalten aus der Familie auf die Menschheit übertragen? Dann wären wir schon ein gutes Stück weiter.

Natürlich ist das Familienleben nicht immer ganz einfach – und das Zusammenleben als Menschheit wird wahrscheinlich auch nie ganz einfach werden – aber wenn wir das, wir in der Familie oder in anderen Gemeinschaften gelernt haben, auf unser Verhalten in der Menschheit übertragen würden, wäre das auf jeden Fall schon mal eine deutliche Verbesserung.

Früher waren wir als Menschen einmal Kinder der Erde ... Dann haben wir durch die Industrialisierung die Erde als unsere Mutter aus den Augen verloren ... Und nun sind wir in einer Lage, in der wir dringend zu Eltern der Erde werden müssen, um unser eigenes Überleben zu sichern.

Wir sitzen alle in einem Boot ...

5. Selbsttreue

♌

Was bringt es mir, etwas für die Menschheit zu tun, wenn es mir dabei selber nicht gut geht? Nicht wirklich viel … Daher ist es wichtig, nicht in einen reinen Altruismus zu verfallen, durch den man sich für die Gemeinschaft aufopfert. Genauso wenig ist ein platter Egoismus sinnvoll.

Das, was wirklich gebraucht wird, ist ein weitsichtiger Egoismus, der zum einen auf Selbsterkenntnis, Selbsttreue und Selbstentfaltung beruht, und der zum anderen auf dem Betrachten, Erkennen und Beachten der Zusammenhänge zwischen dem Einzelnen und der Gemeinschaft besteht. Nur dann kann man das Handeln erkennen, das langfristig zu dem eigenen Wohlergehen führt.

Was nützt es mir, den ganzen Tag für die verschiedensten Initiativen zu arbeiten, aber nie Zeit für Freundschaften und Beziehungen zu haben? Und was nützt mir mein platter Egoismus, wenn deshalb niemand mehr eine Freundschaft oder eine Beziehung zu mir haben will?

Es müssen beide Seiten geheilt werden: das Ich und die Gemeinschaft.

Das Ich braucht die Heilung der Prägung durch Mangel, Angst und Selbstzweifel und die dadurch entstehende Rückkehr zu Fülle, Kraft und Selbstliebe.

Die Gemeinschaft braucht die Heilung von Gier, Aggression und Unterdrückung und die dadurch entstehende Rückkehr zu Solidarität, Frieden und Menschenwürde.

Beides sind im Grund dieselben drei „Krankheiten" und dieselben drei Heilungen.

Durch die Globalisierung wird der Einzelne zum integrierten Teil der Menschheit. Diese Entwicklung kommt von außen durch das Internet, die Klimaerwärmung, die atomare Bedrohung, den internationalen Flugverkehr und vieles mehr. Das ist nichts, was sich der Einzelne ausgesucht hat.

Wie soll man damit zurechtkommen können, wenn sich nicht auch das Selbstbild in entsprechender Weise weiterentwickelt? Das ist genau die Aufgabe, vor der ein Paar steht, wenn das erste gemeinsame Kind geboren wird. Man ist auf einmal in der Rolle des Erwachsenen, des Vaters und der Mutter, und muss nicht nur nach dem Partner, sondern auch noch nach dem Kind sehen. Man ist zu einem Teil einer Familie geworden.

Dasselbe geschieht auch mit dem Einzelnen in der „globalisierten" Menschheit. Daher wird ein neues Selbstbild gebraucht, das dieser veränderten Situation entspricht. Man ist kein abgegrenztes Individuum mehr, sondern ein eigenständiger Teil des Ganzen, der jedoch nicht mehr klar von dem Ganzen abgegrenzt ist.

Vielleicht hilft es, die eigene Abgrenzung zur Welt einmal genauer anzuschauen. Der eigene Körper steht in vielfältigen Austauschprozessen mit seiner Umwelt: Geburt, Atmung, Trinken, Essen, Ausscheiden, Sinneswahrnehmungen, Zeugung, Gebären, Tod …

Die gleiche Betrachtung kann man auch für die Austauschprozesse des Bewusstseins anstellen: Wahrnehmungen, Beziehungen, Freundschaften, Feindschaften, soziales Gesamtgefüge, Telepathie, Horoskop, religiöse und magische Erlebnisse …

Wie wäre es, sich selber nicht mehr als einen hart von allem anderen abgegrenzten Diamanten anzusehen, sondern als ein „selbstorganisierendes Muster in einem Gesamtsystem"? Das ist zwar gewöhnungsbedürftig, aber näher an der Realität.

Das neue Wertesystem, das hier betrachtet wird, weil es für die Menschheit dringend notwendig ist, ist also auch ein neues Selbstbild. Man kann keine neuen Werte anstreben, wenn man nicht ein Selbstbild hat, das die Wurzel dieser Werte und zugleich ihre Frucht ist. Man kann Werte und Selbstbild nicht getrennt betrachten.

Es geht daher nicht nur darum, selber heil zu werden, sondern auch noch darum, sich selber auf eine tiefgehende Weise weiterzuentwickeln – eben erwachsen zu werden …

Es gibt noch einen weiteren wichtigen Punkt, der das Wertesystem betrifft. Wenn man letztlich alles als einen Gesamtprozess betrachten muss, weil eben alles miteinander zusammenhängt und alles auf alles wirkt, dann muss man auch schauen, wie sich die Dinge in diesem Gesamtprozess am sinnvollsten organisieren.

Es ist zunächst einmal klar, dass der Einzelne weiterhin sein eigenes Leben leben und lenken muss, und auch, dass es eine Institution geben muss, die den Gesamtprozess, also das gemeinsame Leben der Menschheit, koordiniert.

Doch wie läuft die Koordination zwischen dem Einzelnen und der Menschheit ab? In der Familie, in der Sippe, in der Stadt, im Volk, im Staat? Wer hat welche Verantwortung? Und wer trifft welche Entscheidungen? Idealerweise treffen diejenigen die Entscheidungen, die auch die Folgen tragen müssen – wobei sie auch ausreichend sachkundig sein sollten …

Wie frei sollten diese Einheiten (Einzelner, Familie, Stadt, Staat usw.) sein und wie sehr sollen sie an das Gemeinwohl gebunden sein? Es ist leicht zu sagen, dass sie so frei wie möglich und so gebunden wie nötig sein sollten, doch darüber zu entscheiden, wie das ganz konkret aussieht, wird noch zu vielen Debatten führen.

Dazu kommt noch der Streit zwischen dem kurzsichtigen Egoismus, der jetzt etwas haben will, und dem weitsichtigen Egoismus, der auch die Spätfolgen beachtet. Es ist zu hoffen, dass sich der weitsichtige Egoismus durchsetzen wird …

In diesem Rahmen wird es immer wieder zu Unruhen kommen: Will man in der Familie bleiben oder nicht? Tritt ein Staat aus der EU aus oder nicht? Tritt ein Land der UNO bei oder nicht?

Das Bild, das hier weiterhelfen kann, ist die Menschheit als ein Lebewesen zu betrachten, das aus vielen Organen besteht, die wiederum aus vielen Zellen bestehen. Sowohl das Lebewesen als auch die Organe und die Zellen sind selbstorganisierte Einheiten.

Auch der einzelne Mensch, die Familie, die Stadt, der Staat und die Menschheit als Ganzes sind solche selbstorganisierten Einheiten. Offensichtlich ist dabei der Einzelne stärker in die Menschheit eingebunden als das bisher meistens gesehen worden ist. Daher ist dieses neue Selbstbild ein so wichtiges Element, wenn sich das hier beschriebene neue Wertesystem durchsetzen soll – um dann unsere Lebensgrundlagen auf der Erde langfristig und auch für unser Kinder und Enkelkinder zu sichern.

> *Sei Dir selber treu – mit Weitsicht!*

6. Nachhaltigkeit

♍

Alles, was funktionieren soll, muss gut durchdacht und organisiert werden. Es wird nicht nur die Beachtung der Nachhaltigkeit benötigt, sondern auch Sachkenntnis und Sorgfalt. Das neue Gesamtsystem, das sich aus dem neuen Wertesystem ergibt, hat eine große Vielfalt, da es alle Lebensbereiche gestalten sollte – natürlich nicht im Sinne einer „Öko-Diktatur", wie das manchmal abwertend genannt wird – sondern im Sinne einer Einsicht, was letztlich für einen selber, für die eigenen Kinder und Enkel und auch für die Menschheit als Ganzes das Beste ist.

Für die Entwicklung eines sinnvollen Handelns sind generell mehrere Schritte notwendig:

1. eine klare und umfassende Wahrnehmung. Aus ihr folgt

2. die Einsicht in Zusammenhänge,

3. das Akzeptieren und Achten sowohl der Anderen als auch der Grenzwerte und

4. die Kooperation, d.h. man stellt die eigene Arbeitskraft und die eigenen Fähigkeiten dem Ganzen zur Verfügung, man wirkt an der Koordination des Ganzen mit und befriedigt die eigene Bedürfnisse aus dem Ganzen heraus.

Es sind noch drei weitere Schritte förderlich:

5. die Förderung der Kreativität,

6. klare, allgemeine Ziele und vielfältige Wege und Methoden, und

7. das Vertrauen des Einzelnen in die Gemeinschaft sowie die Verantwortung des Einzelnen für die Gemeinschaft.

Diese sieben Schritte sind der rote Faden, aus dem sich stets ein sinnvolles Handeln ergibt.

Das neue Wertesystem und das aus ihm entstehende neue Menschenbild und Weltbild führt natürlich auch zu einer veränderten Sicht auf Gesundheit, Krankheit und Heilung.

In diesem Bereich lässt sich die Entwicklung dadurch fördern, dass man zu erkennen lernt, wo die eigentlichen Krankheitsursachen liegen, und auch dadurch, dass man sowohl den organischen und psychologischen als auch den sozialen und ökologischen Bereich betrachtet und, wenn es sinnvoll erscheint, auch Religion und Magie zu Rate zieht. Es ist auch förderlich, den Mut zu haben, auch ausgefallenere Methoden wie Akupunktur oder Astrologie zu erproben und so schließlich zu einer ganzheitlichen Betrachtung der menschlichen Persönlichkeit innerhalb ihres Beziehungsgefüges und zu einer ganzheitlichen Heilweise zu gelangen.

Es hilft, wenn man sich einmal die Heilungsmethoden in den verschiedenen Epochen betrachtet:

In der **Altsteinzeit** war die Assoziation die wichtigste Form des Ordnens, Denkens und Handelns. Aus ihr ergab sich eine Weltsicht, die dadurch geprägt war, dass „Kontakt Lebenskraft (Vitalität) überträgt". Daraus entstand die „Assoziations-Magie" deren bekannteste Form heute sicherlich das Reiki ist.

In der **Jungsteinzeit** war die Analogie die wichtigste Form des Ordnens, Denkens und Handelns. Aus ihr ergab sich eine Weltsicht, die dadurch geprägt war, dass „Gleiches auf Gleiches wirkt" und „Gleiches sich gleich entwickelt". Daraus entstand die „Analogie-Magie" deren bekannteste Formen heute wahrscheinlich die Astrologie und die Homöopathie sind.

In der Epoche des **Königtums**, des Monotheismus und der Philosophie war die Herleitung des Details aus einer uranfänglichen Einheit (König, Gott, Wahrheit) die wichtigste Form des Ordnens, Denkens und Handelns. Aus ihr ergab sich eine Weltsicht, die dadurch geprägt war, dass „Identifizierung zu Veränderung führt". Daraus entstand die „Gottes-Magie", die auch „Theurgie" genannt wird und deren bekannteste Form heute vermutlich das Gebet, also die Anrufung einer Gottheit ist.

In der Epoche des **Materialismus** war die Analyse die wichtigste Form des Ordnens, Denkens und Handelns. Aus ihr ergab sich eine Weltsicht, die dadurch geprägt war, dass nur die Kausalität als Wirkungsmöglichkeit gesehen wurde. Daraus entstand die „materielle Handlungsweise", also die naturwissenschaftliche Medizin, die manchmal auch ein wenig abfällig als „Schulmedizin" bezeichnet wird.

In der **Epoche der Globalisierung** ist der Blick auf das Ganze und auf die Einheit von Körper und Bewusstsein die wichtigste Form des Ordnens, Denkens und Handelns. Aus ihr ergibt sich eine Weltsicht, die dadurch geprägt ist, dass alles als „Muster in einem Kontinuum" angesehen wird. Daraus entsteht die „ganzheitliche Medizin", die eine Synthese aus allen alten und neuen Heilungsansätzen ist.

Das, was hier am Beispiel der Heilung beschrieben worden ist, wird in allen Lebensbereichen gebraucht, um eine möglichst umfassende und daher effektive Vorgehensweise zu erreichen.

Das neue Wertesystem ist schließlich kein abstraktes Konzept, sondern ergibt sich aus den derzeitigen Notwendigkeiten – und wozu sollte ein neues Wertesystem gut sein, wenn nicht dafür, das Wichtigste möglichst effektiv zu erreichen?

Wer heilt, hat recht.

7. Kooperation

♎

In einer Familie ist Kooperation notwendig – und in einer globalisierten Menschheit ebenso. Dabei können wir nicht wählen, ob wir globalisiert sein wollen oder nicht – wir sind globalisiert, weil wir so viele geworden sind und weil unsere Technik so weit fortgeschritten ist.

Kooperation ist das Verhalten, das sich notwendigerweise aus der Globalisierung ergibt, also aus der zumindest teilweisen Auflösung der Grenzen des Einzelnen. Wenn man bei seinem Verhalten diese Auflösung der Grenzen des Einzelnen (wodurch sich die Familie bzw. die Menschheit als Gemeinschaft ergeben) nicht beachtet, werden die Früchte der eigenen Handlungen nicht mehr den eigenen Absichten entsprechen. Kooperation ist zur Notwendigkeit geworden.

Auf den ersten Blick ist Kooperation natürlich ein Nachteil: Man muss sich verändern, Rücksicht nehmen, über komplexe Zusammenhänge nachdenken, andere Meinungen akzeptieren und dergleichen lästige Dinge mehr.

Doch das ist nicht die ganze Wahrheit:

> Bei dem Leben nach dem Konkurrenz-Prinzip bekommt der Stärkste ein größeres Stück vom Kuchen ab als die anderen – also strebt man danach, der Stärkste zu sein.

> Bei dem Leben nach dem Kooperations-Prinzip gibt es jedoch insgesamt mehr Kuchen – und man bekommt auch selber mehr und das ohne Kampf …

Wann verändern sich Menschen? Wann nehmen sie ein neues Werte- und Verhaltenssystem an? Nur dann, wenn sie die Notwendigkeit dieser Werte und dieses Verhaltens einsehen oder zumindest einen deutlichen Vorteil davon haben – warum sollte man es auch sonst machen?

Und die Vorteile, den wir von einer Kooperation haben, die die Konkurrenz als prägendes Ordnungsprinzip ablöst und sie zu einem untergeordneten Ordnungsprinzip macht, sind groß.

Sieben Beispiele:

1. Frieden

Frieden und die Abschaffung der Atomwaffen lässt sich nicht mit dem Konkurrenzprinzip erreichen, da dann jeder Einzelne zur eigenen Sicherheit stärker als alle anderen sein will.

Dieses Ziel lässt sich nur durch Übereinkünfte, Zusammenarbeit, Zuverlässigkeit und ähnliches mehr – also durch Kooperation – erreichen.

Man sollte auch bedenken, was man mit den Einsparungen an Militär-Ausgaben alles machen könnte: den Klimawandel stoppen, den Hunger in der Welt beenden, die medizinische Forschung und die medizinische Versorgung vorantreiben …

Wäre das nicht lohnend?

2. Umwelt

Die Überbevölkerung, die Klimaerwärmung, Umweltzerstörung und die vielen anderen ähnlichen Probleme lassen sich ebenfalls nicht nach dem Konkurrenzprinzip lösen, da dabei jeder vor allem auf seinen eigenen Vorteil schaut.

Dieses Ziel lässt sich nur durch Einsicht und konsequentes, gemeinschaftliches Handeln erreichen.

Man sollte auch bedenken, was es bedeutet, eine Erde zu haben auf der man gut leben kann – im Gegensatz zu einer Erde, auf der das Überleben schwierig wird und auf der es zum Kampf um die letzten Ressourcen kommt.

Wäre die Erhaltung unseres Lebensraumes – unserer ökologischen Nische – nicht ein lohnendes Ziel?

3. Produktion

Das Konkurrenzprinzip führt zur Produktion von nur kurz haltbaren Produkten, da es mehr Gewinn bringt, achtmal ein paar nur kurz haltbare Schuhe zu verkaufen, als nur zweimal ein Paar lange haltbare Schuhe zu verkaufen.

Wenn man sich das jedoch genauer anschaut, wird deutlich, dass für die zwei haltbaren Schuhe zwar doppelt so viel Rohstoffe und Arbeit benötigt wird, aber wenn sie dafür achtmal so lange halten? Dann brauchen wir bei den langlebigen Schuhen letztlich nur ein Viertel der Arbeitskraft und der Rohstoffe dafür, dass wir Schuhe haben.

Man sollte bedenken, dass das letztlich bedeutet, dass man für die Schuhe nur noch ein Viertel so lange wie zuvor arbeiten muss. Wenn das in vielen Bereichen so gemacht würde, würde sich die Arbeitszeit auf mindestens die

Hälfte oder noch weniger reduzieren, ohne dass es deshalb weniger Waren für den Einzelnen gibt.

Wäre das nicht ein lohnendes Ziel?

4. Verursacherprinzip

Man könnte auch das Verursacherprinzip als einen Unterpunkt der Kooperation betrachten. Seine konsequente Umsetzung hätte große Folgen.

Wenn jeder die Kosten für seine Schädigung der Umwelt tragen müsste, würde solche Schäden vermieden werden. Wenn jeder Bauunternehmer auch in den Wohnsilos wohnen müsste, die er erbaut lässt, würde er sich zweimal überlegen, was er da erbauen lässt. Wenn jeder auch selber unter den Bedingungen wie denen in seiner eigenen Fabrik arbeiten müsste, würden sich die Unternehmen ihre Fabrik mit Sicherheit anders gestalten.

Dieses einfache Verursacherprinzip würde, wenn man es konsequent und auch im Detail anwendet, zu großen Veränderungen führen.

Wäre das nicht an jedem Arbeitsplatz, in jeder Wohnung und auch anderswo willkommen?

5. Geld

Das Geld ist mittlerweile zu dem dominanten Faktor im Handeln geworden. Nur gibt es bei dem Geld ein Problem: Jeder will möglichst viel Geld haben, um sich dann alles leisten zu können – zum Beispiel ein neues Paar Schuhe. Wir schauen also auf das Geld und nicht auf das eigentliche Ziel – also auf die Schuhe. Das führt zu einem allgemeinen Streit um das Geld.

Eine Folge von diesem Missstand ist es, dass es inzwischen weit mehr Geldgeschäfte als Warengeschäfte gibt – die großen Gewinne werden mit dem Geldhandel und nicht mit dem Warenhandel gemacht.

Um zu einem wirklich sachlichen Handeln zu gelangen, ist es notwendig, das Geld wieder zu einem Wertmaßstab zu machen und seine dominante Rolle im Wirtschaftssystem aufzulösen. Dann würde wieder der Blick von dem Geld fort auf das, was wir eigentlich wollen, gelenkt. Erst dann könnten wir wieder wirklich sachbezogen denken, reden, entscheiden und handeln und folglich auch unsere eigentlichen Ziele erreichen.

Wäre das nicht wirklich lohnend?

6. Demokratie

In der Demokratie kämpfen zwei oder mehrere Parteien um die Herrschaft – so wie in der Freien Marktwirtschaft die Unternehmer um Marktanteile kämpfen. Der Wettbewerb an sich ist ja nicht schlecht, da dadurch bessere Ideen und Vorgehensweisen entstehen. Doch wenn der Kampf um die Vorherrschaft zu dem prägenden Element wird, leiden die Arbeiter und die hergestellten Produkte darunter, da sie nicht mehr im Mittelpunkt der Aufmerksamkeit stehen und das Wohlergehen der Arbeiter und die Qualität der Produkte nicht mehr das Maß aller Dinge sind. Wir machen uns durch das Konkurrenzprinzip von „Subjekten mit eigenen Werten und Zielen" zu „Objekten des Kampfes um den größten Marktanteil". Klingt das weise?

Es ist zudem nachgewiesen, dass Wettbewerb zu einer zunehmenden Monopolisierung führt – und dass Monopole lieber etwas weniger Waren zu einem etwas höheren Preis verkaufen, da sie dann mehr verdienen. Monopole führen also dazu, dass die Käufer weniger Waren erhalten und dass sie ärmer werden. Warum tun wir uns das mit unserem Wirtschaftssystem an?

Diese Konkurrenz-Prägung lässt sich nur durch Einsicht in die Zusammenhänge und die sich daraus zwangsläufig ergebende Kooperation beenden.

Sollten wir das nicht alle anstreben?

7. Markt

Schließlich leitet das Konkurrenzprinzip, also der „Markt" der Freien Markwirtschaft die Waren vornehmlich zu denen, die genug Geld haben und nicht zu denen, die die Waren am nötigsten brauchen. Das führt zu Überfluss einerseits und zum Hungertod andererseits.

Das muss nicht so sein. Das ist nur solange so, wie der Fluss der Waren und der Dienstleistungen ein Tauschgeschäft bleibt – so lange man also Geld gegen Ware bzw. Hilfe eintauscht.

Wie wäre es mit einem System, bei dem jeder das in die Gemeinschaft gibt, was er gut kann und was gebraucht wird – ohne dass er dafür einen bestimmten Betrag (Preis) erhält? In einem solchen System würde man die Gemeinschaft tragen und würde von ihr getragen. Die Produkte und Dienstleistungen würden dann nach dem Bedürfnisprinzip verteilt und nicht nach der Dicke des Bankkontos.

Das wird bisher nur von Einzelnen so gehandhabt, aber wäre das nicht eine lohnende Perspektive?

Die Kooperation ist sozusagen das „Herz" des neuen Wertesystems. Zum Erlernen und Üben der kreativen Kooperation gibt es jeden Tag reichlich Gelegenheit.

Daraus sollten schließlich kooperative Strukturen entwickelt werden. Diese Strukturen entstehen u.a. dadurch, dass stets alle Beteiligten in die ablaufenden Prozesse miteinbezogen werden. Von zentraler Bedeutung ist es auch, alles zu ändern, was zu einer Entfremdung führt: Bedürfnisorientierung statt Werbungsprägung, Sachbezogenheit statt Geldfixierung, Arbeit als sinnvoller Teil des Lebens und nicht als Fremdkörper im Leben u.ä.

Die größte Frage dabei ist, wie der Konkurrenzkampf durch die Kooperation gezügelt werden kann. Letztlich wird nur die Einsicht in die größere Effektivität der Kooperation wirksam sein können.

Die konkrete Umsetzung erfordert viele kleine Schritte und einig große Ideen, aber das neue Wertesystem und das Grundprinzip sind schon einmal klar: Wir werden zu Eltern der Erde – und zu guten Eltern unserer Kinder, für deren Zukunft wir sorgen.

Miteinander ist mehr möglich als gegeneinander.

8. Verwandlung

♏

Ist Ihnen das Maß der Prägung der Erde durch den Menschen eigentlich bewusst? Haben sie schon einmal ein Foto gesehen, das die Nachtseite der Erde vom Weltall aus zeigt? Fast die ganze Landfläche ist von den hellen Punkten der erleuchteten Städte überzogen …

Das vermittelt zwar schon mal einen ersten Einblick, aber es ist notwendig, sich das Ausmaß dieser Prägung der Erde durch den Menschen einmal wirklich ganz bewusst zu machen:

In der **Vor-Altsteinzeit** haben sich neue Körperformen entwickelt: die Evolution von der Ursuppe über die Einzeller, Mehrzeller, Fische, Amphibien, Reptilien, Säugetiere und Primaten bis zu den Vorfahren der heutigen Menschen. Jedes Lebewesen lebte mit dem eigenen Körper in der Wildnis – mehr gab es nicht.

In der **Altsteinzeit** wurden einfache Werkzeuge aus Holz und Stein entwickelt und die Benutzung des Feuers entdeckt – es wurden also neue physikalische Formen hergestellt. Das ermöglichte den „bewaffneten" Kampf in der Wildnis.

In der **Jungsteinzeit** wurden verschiedene Werkzeuge hergestellt und Tiere und Pflanzen gehalten und gezüchtet – es wurden neue kulturelle Formen der bereits vorgefundenen Tiere und Pflanzen geformt. Durch den Ackerbau und die Viehzucht entstanden die landwirtschaftlichen Flächen mit den Dörfern in ihnen – sie waren Inseln der Kultur in dem Meer der Wildnis.

Im **Königtum** wurden vielfältigere und speziellere Werkzeuge erschaffen, Städte und Straßen gebaut, Pferdewagen und Schiffe hergestellt. Damals wurden Städte und neue zivilisatorische Form entwickelt und erschaffen. Es wurden große Landflächen erschlossen und die Menschen wurden zu den Beherrschern des ganzen Planeten Erde. Es gab jetzt keine nennenswerte Bedrohung durch Raubtiere mehr – wie dies zuvor stets der Fall gewesen war.

Im **Materialismus** entstanden die Forschung, die Technik und die Industrie – es wurden neue physikalische und chemische Formen erschaffen und der gesamte Planet wurde ausgenutzt.

In der heutigen **Epoche der Globalisierung** haben wir die Atombombe zur Verfügung, mit der wir alles Leben auf der Erde auslöschen können, und wir haben die Gentechnik zur Verfügung, mit der wir ganz neue biologische

Formen erschaffen können. Und das ist noch nicht alles – wir können das Klima erwärmen und so neue Wüsten schaffen und dabei ganz nebenbei auch noch eine große Zahl an Tier- und Pflanzenarten ausrotten … Wir können heute die Erde von Grund auf verändern – oder auch vollkommen zerstören.

Eine solche Macht erfordert ein anderes Verhalten als in der Altsteinzeit, als wir nur ein Lagerfeuer und ein paar Faustkeile zur Verfügung hatten. Atombomben in der Hand von Größenwahnsinnigen sind keine gute Idee … Wir müssen dringend erwachsen werden, wir müssen zu Eltern der Erde werden!

Die Verwandlung von der pubertierenden Menschheit zu der erwachsenen Menschheit beginnt mit der Einsicht in Zusammenhänge, Kreisläufe, Regelkreise, Grenzwerte, Fließgleichgewichte, die Koppelung zwischen manchen Grenzwerten, die Begrenztheit der Rohstoffe und der Landfläche … Es wird ein realistischer Blick auf den Status Quo auf der Erde gebraucht. Nur so kann es zu dem Entschluss kommen, dass neue Werte notwendig sind und dass etwas verändert werden muss – dass wir etwas verändern müssen … dass ich etwas verändern werde.

Und es gibt viel, woran etwas geändert werden muss – vom ganz Kleinen bis zum ganz Großen:

Es sollten möglichst viele Dinge wiederverwendet werden. Hier gibt es schon gut Ansätze: Kisten mit der Aufschrift „zu verschenken" vor den Häusern, Nachbarschaftsgruppen, Flohmärkte, Ebay, Sozialkaufhäuser …

Alle Geräte und Maschinen sollten so konstruiert werden, dass sie leicht repariert werden können.

Es sollten in allen Geräten und Maschinen möglichst einheitliche Bauteile eingesetzt werden, damit diese Bauteile wiederverwendet werden können, wenn das Gerät oder die Maschine nicht mehr funktionsfähig ist („LEGO"-Prinzip) – dann muss das Gerät nicht mehr als Ganzes fortgeworfen werden.

Recycling sollte allgemein üblich sein.

Sharing sollte nicht nur bei Autos, sondern auch bei anderen Dingen eingeführt werden: Staubsauger, Waschmaschinen u.ä., da dadurch die Zahl der insgesamt benötigten Geräte reduziert werden kann.

Es sollten nur noch langlebige Produkte hergestellt werden.

Energie sollte nur noch durch Solaranlagen, Windkraft und andere ökologisch sinnvolle Verfahren gewonnen werden.

Es sollte zunehmend auf regenerierbare Rohstoffe umgestiegen werden, bis schließlich nur noch regenerierbare oder vollständig recycelbare Rohstoffe verwendet werden.

Es sollten neue Technologien entwickelt werden, die weniger und möglichst gar keine Umweltschäden hervorrufen.

Es sollte ein Wirtschaftssystem erschaffen werden, in dem wieder auf die Sache selber statt auf das Geld geschaut wird. So könnte man z.B. die Versorgung mit Licht statt Lampen kaufen – das würde dazu führen, dass die Hersteller möglichst haltbare Leuchtkörper herstellen.

Es wird ein neues Geldsystem gebraucht, dass die Ausrichtung auf die Sache statt auf das Geld fördert.

Es wird ein Gesundheitssystem benötigt, dass durch die Einbeziehung von traditionellen und neuen alternativen Heilweisen letztlich kostengünstiger und effektiver wird.

Es wird mehr Kooperation zwischen den Staaten gebraucht, da nur so ein beständiger Frieden erreicht werden kann.

Diese Veränderungen erfordern viel Kreativität und Einsicht in „Die Grenzen des Wachstums", die ja schon seit Jahrzehnten durch den „Club of Rome" bekannt sind.

Aus diesen Einsichten und den daraus gezogenen Konsequenzen ergeben sich viele verschiedene Maßnahmen. Dazu zählen:

das Verbot schädlicher Produkte,

die Ökosteuern auf ökologisch schädliche Produkte und Verfahren,

das Erlassen von Grenzwerten (Verbot = statische Lösung),

das strikte Befolgen des Verursacherprinzips (Rückführung der Folgen zum Ursprung = dynamische Lösung),

das Berechnen des Ökosozialproduktes statt des Bruttosozialproduktes und die Ausrichtung des Handelns an ihm.

Es ist anzunehmen, dass es zwischen diesen Maßnahmen viele Rückkoppelungs- und Verstärkungseffekte geben wird.

Ein wichtiger Aspekt bei diesen ganzen Überlegungen ist der Umgang mit der Macht. Solange das Machtstreben und das Machtbesitzen die Vorgänge in der Menschheit prägen, hat die Kooperation keine Chance. Doch wie kann die Macht so kanalisiert werden, dass sie aufgrund ihrer Kurzsichtigkeit keine Schäden mehr anrichtet? Wie kann die Kooperation aufgrund ihrer Weitsicht so viel Einfluss erlangen, dass wir als Einzelne und als Menschheit Entscheidungen treffen und umsetzen, die kollektiv sinnvoll sind?

Es führt kein Weg an dem Erwachsenwerden vorbei …

Zu große Macht, die nur egoistische Ziele verfolgt, gibt es an vielen Orten: Diktaturen, Autokratien, Monopole, Kartelle, multinationale Konzerne …

Wir sollten die Macht zügeln: Wenn wir uns nicht kollektiv selber schaden wollen, dürfen wir Einzelnen keine zu große Macht und keinen zu großen Reichtum zugestehen. Eine zu große Ungleichheit führt sowohl in der Familie und als auch in der Menschheit zu großen Problemen.

Da multinationale Konzerne den Gesetzen einzelner Staaten ausweichen können, brauchen wir Lösungen auf einer allgemeinen Ebene, was letztlich bedeutet, dass die UNO einen größeren Einfluss bei der Festlegung von allgemein gültigen Regeln erhalten muss.

Dabei sollten jedoch nur die lebensnotwendigen Prinzipien durchgesetzt werden, aber nicht alles bis ins Detail reglementiert werden. Sonst hätten schließlich die recht, die die Notwendigkeit zu einem nachhaltigen Handeln als das Schreckgespenst einer „Öko-Diktatur" darstellen. Es muss also sehr genau geschaut werden, was auf welcher Ebene entschieden werden sollte: UNO – Staatenbünde – Staaten – Länder – Gemeinden – Städte – Familien – Einzelne …

Und es wird eine neue Regierungsform benötigt, in der nicht wie in der Demokratie letztlich das Gewähltwerdenwollen und das Wiedergewähltwerdenwollen der Maßstab für das Handeln sind, sondern die Kooperation und das kollektiv gesehen sinnvollste und effektivste Handeln. An dieser Stelle sind im Kleinen die Familie und die Kooperativen sowie im Großen die Staatenbünde wie die EU und die UNO die Ansätze, von denen man ausgehen kann.

Das all dem zugrundeliegende Bild ist das Kontinuum, aus dem sich das Verhalten von Eltern in einer Familie ergibt. Dies liegt schlicht daran, dass in einer globalisierten Welt alles letztlich zu seinem Verursacher zurückkehrt …

Das ist noch nicht alles an Veränderungen, was notwendig sein wird, um die neuen Werte zur Realität werden zu lassen, aber es ist ein Anfang.

Diese Verwandlungen können Stress machen, ja … aber was ist die Alternative? Überbevölkerung, eine heiße und kaum noch bewohnbare Erde, das Ende von Energie und Rohstoffen … keine neuer Sauerstoff zum Atmen, weil wir alle Wälder abgeholzt und die Meere verseucht haben … Das wäre das Ende der Menschen auf der Erde – der Tod unserer Enkel und Urenkel …

Fangen wir an! Jetzt.

9. Weitsicht

Was soll ich dazu noch sagen? Weitsicht ist das, was wir dringend brauchen, denn nur wenn wir sehen, wozu unser heutiges Verhalten in den nächsten 100, 200, 300 Jahren führen wird, werden wir so handeln können, das wir den Kollaps des Lebens auf der Erde vermeiden können.

Leider zeigen die sehr zögerlichen Maßnahmen der Abwendung der Klimaerwärmung sehr deutlich, dass sich die Menschen erst dann bewegen, wenn es anfängt, ernsthaft weh zu tun …

Es werden niemals alle weitsichtig und einsichtig sein, nein – das wird niemals so sein … Aber es ist zu hoffen, dass die Einsichtigen zu einer so großen Mehrheit werden, dass sie sehen, dass zu unserem Überleben andere Werte als noch vor 100 Jahren notwendig geworden sind – und dass diese Mehrheit auch zu einem konsequenten Handeln bereit ist.

Es fehlt nicht an Informationen, an Darstellungen, an den Einsichten bei den Forschern und den Wissenschaftlern, sondern an der Bereitschaft zur politischen Durchsetzung, da Grenzwerte und Veränderungen allgemein so gut wie nie sonderlich populär sind.

Immerhin kennen immer mehr Menschen die Erkenntnisse der Wissenschaftler und beginnen auch damit, ihr eigenes Verhalten zu verändern.

Es gibt viel, was verändert werden muss und das kann niemand alleine erkennen, bekannt machen und umsetzen – aber jeder kann an irgendeiner Stelle sich ein kleines bisschen anders verhalten und dadurch mithelfen, das Ganze zu verändern.

Das „nach mir die Sintflut" können wir uns heute nicht mehr leisten, da diese Sintflut viel zu groß werden würde und tatsächlich wie die biblische Sintflut alles Leben auslöschen könnte – allerdings eher durch die Hitze der Klimaerwärmung oder das Feuer der Atombomben. Und eine Arche Noah ist nicht in Sicht, denn es gibt keinen erreichbaren anderen Planeten, auf den wir fliehen und auf dem wir leben könnten. Die Erde selber ist unsere einzige Arche …

Leider werden manchmal trotz vorhandener Weitsicht unglaubliche Risiken eingegangen. So war es z.B. vor dem Zünden der ersten Atombombe nicht klar, ob eine derartige Hitze nicht die gesamte Atmosphäre der Erde in Brand setzten würde – was das schlagartige Ende jeglichen Lebens auf der Erde bedeutet hätte. Doch der Physiker Robert Oppenheimer und seine Kollegen sind das Risiko des möglichen kollektiven Selbstmordes durch die Zündung der Atombombe eingegangen – auch wenn Albert Einstein in einem Gespräch mit Oppenheimer ebenfalls dieses Risiko gesehen hat.

Wir sind noch sehr weit von einem verantwortungsvollen Verhalten entfernt ...

Wo können Sie selber etwas ändern?

10. Erhaltung

Wir müssen dafür sorgen, dass wir weiterhin gut auf der Erde leben können. Wir müssen sie für unsere Nachkommen erhalten.

Wir müssen uns nicht nur um unser eigenes Überleben kümmern, sondern auch um das der Tiere und Pflanzen. Wir können uns als Menschen nicht als isoliert betrachten. Wir stehen in einem vielfältigen Austausch mit der Tier- und Pflanzenwelt auf der Erde.

Zur Zeit gibt es ca. 5-10 Millionen Arten auf der Erde. In den ganzen Jahrtausenden vor Christi Geburt haben die Menschen nur insgesamt etwa 200 Tier- und Pflanzenarten ausgerottet – heute sind es ca. 100 Arten pro Tag, d.h. 40.000 pro Jahr. Wir steuern derzeit auf eine „humanoide Monokultur" zu. Der Hauptgrund für diese Entwicklung ist die Zerstörung des Lebensraumes für diese Pflanzen und Tiere. Das hat mindestens vier Folgen:

1. Da jede Art als Jäger, Beute, Nahrung, Pollenüberträger, Pionierpflanze u.ä. mit anderen Tieren und Pflanzen verbunden ist, verändert jede aussterbende Art auch das ganze Ökosystem, was bisweilen unvorhergesehene und weitreichende Folgen hat.

2. Je artenärmer ein Ökosystem ist, desto anfälliger wird es für Krankheiten, Seuchen, Unwetter und Klimaveränderungen. Reine Monokulturen wie große Weizenfelder können nur durch intensiven Chemieeinsatz (Dünger, Biozide u.ä.) am Leben erhalten werden.

3. Mit jeder sterbenden Art geht auch eine mögliche Quelle für ein Medikament, ein Nahrungsmittel oder einen regenerierbaren Rohstoff verloren.

4. Ein Sprichwort der Dakota-Indianer lautet: „Ohne die Tiere würde der Mensch an der Einsamkeit seines Herzens sterben." Schon heute ist die Sehnsucht nach der Natur, nach einer lebenswerten Oase außeßrhalb der Zivilisation, eines der tiefsten Bedürfnisse der Menschen geworden. Eine Welt, in der nur noch ein paar vom Menschen gezüchtete Tier- und Pflanzenarten leben, wäre leer und arm wie eine Gefängniszelle.

Wir können die Familie, um die wir uns in dem Zeitalter der Globalisierung kümmern müssen, also nicht auf die Menschheit beschränken, sondern wir müssen auch die Pflanzen und Tiere miteinbeziehen – und letztlich auch den fruchtbaren Boden, die

Flüsse, die Gletscher, die Meere, die Rohstoffvorräte …

Das Bild, das dabei früher oder später unweigerlich entsteht, ist die Erde als Lebewesen, in dem jeder Menschen eine einzelne Zelle ist und in dem die Menschheit eins von vielen Organen ist, die alle miteinander zusammenwirken – Gaia …

Wann haben Sie das letzte Mal einfach nur still an einem Bach gesessen?

11. Globalität

≋

Es ist schoin einiges zu den neuen Werten bekannt:

  - Die Globalisierung lässt sich nicht rückgängig machen;

  - das Gleichnis der Globalisierung zu der Familie ist deutlich;

  - das Bild des Kontinuums ist die zentrale Einsicht;

  - das kollektive Überleben der Menschheit ist der prägende Wert;

  - die weitsichtige Sachlichkeit ist die Grundlage;

  - das dringend erforderliche Verhalten der Menschheit ist das eines Erwachsenen und nicht das eines Pubertierenden;

  - die Kooperation ist das wichtigste Hilfsmittel …

Doch wie sieht das nun konkret aus? Was ist die Utopie, die dringend erreicht werden muss?

Leider ist diese Utopie bisher nur in ihren groben Umrissen deutlich geworden – eben Globalisierung, gegenseitige Abhängigkeit, die Menschheit als Familie, Verantwortung und Vertrauen, Kooperation … also die Menschen als Eltern der Erde …

Ein wenig lassen sich diese groben Umrisse und zentralen Werte jedoch noch weiter konkretisieren:

  - Jeder sollte das arbeiten, wozu er am besten in der Lage ist.

  - Jeder sollte das erhalten, was er braucht.

  - Wenn an etwas Mangel besteht, sollte dies in etwa gleichmäßig verteilt werden.

  - Der Unterschied zwischen Reich und Arm sollte nicht zu groß werden.

  - Wahrscheinlich ist es auch notwendig, die Einkünfte nicht mehr an die Arbeit zu koppeln, sondern das Arbeiten und die Verteilung der produzierten Waren anders zu regeln – so wie auch in einer Familie die Waren nicht genau in der Entsprechung zu der geleisteten Arbeit verteilt werden, sondern nach dem Bedürfnis. Das heißt keineswegs, dass jemand einfach faul sein kann, sondern nur, dass jeder an seinem Ort das tut, was er kann und was erforderlich ist, und dafür seinen Teil an den Waren erhält.

- Es ist notwendig, die Geld-Fixierung zugunsten einer Sach-Zentrierung aufzulösen.

- Es wird generell das Streben nach Sachlichkeit und Weitsicht gebraucht.

- Es sollte nichts beschlossen und getan werden, das zu langfristigen Schäden führen könnte.

- Die Entscheidungen sollten stets von denen getroffen werden, die die Folgen tragen müssen – Fragen der Ökologie und des Friedens z.B. also von allen Menschen gemeinsam (UNO).

- Die Schaffung eines auf Kooperation statt Konkurrenz basierenden politischen Systems.

- Es wird ein Gleichgewicht zwischen der Freiheit des Einzelnen und der Einbindung in die Menschheit gebraucht.

- Es braucht ein Gleichgewicht zwischen der Erhaltung von Traditionen und den Neuerungen benötigt – das betrifft unter anderem auch die Migration.

- Es wird eine ganzheitliche Heilkunst gebraucht, die auch alternative Heilweisen, die Psyche und das soziale Umfeld miteinbezieht.

- Es werden „Glasperlenspiele" gebraucht, wie Hermann Hesse die Gesamtdarstellungen eines Themas genannt hat, die sich über mehrere Tage erstrecken können. Als Hilfsmittel können dabei solche universellen Strukturen wie der kabbalistische Lebensbaum, das chinesische Ba Gua, das indische Vastu Purusha, der Tierkreis (wie in dieser Buch-Reihe) und ähnliches mehr verwendet werden. Dadurch können Entwicklungen, Vernetzungen und der Aufbau von Systemen ausreichend deutlich werden und dann als Grundlage für langfristige Entscheidungen dienen.

An welcher Stelle können Sie aufgrund Ihrer Fähigkeiten

am meisten zum Besseren bewirken?

12. Spiritualität

H

Eine wichtige Entwicklung wird auch die Frage betreffen, ob das Bewusstsein das Reale ist und der Körper nur ein Konstrukt im Bewusstsein ist – wie dies viele Religionen vertreten; oder ob der Körper das Reale ist und das Bewusstsein nur eine chemisch-elektrische Nebenfunktion des Leibes ist – wie es die Naturwissenschaften vertreten. Die wahrscheinlichste Antwort wird sein, dass es nur eine Realität gibt und dass diese von außen her betrachtet Materie und von innen her betrachtet Bewusstsein ist – und dass beides daher gleichwertig ist: zwei Seiten derselben Realität.

Aus dieser Ansicht ergibt sich zwangsläufig, dass Telepathie, Telekinese, Magie, Spiritualität u.ä. kein prinzipieller Widerspruch mehr zu den Naturwissenschaften sein müssen.

Das Erfassen der präzisen und vielfältigen Analogien zwischen Religion/Magie und Wissenschaft/Technik helfen der Religion, den Realitätsbezug nicht zu verlieren, und sie helfen der Wissenschaft, ihre Abstraktheit abzulegen und lebendige Bedeutung zu erlangen. Diese Analogien sind in dieser Reihe in dem Buch „Die Zwölf Aspekt eines einheitlichen spirituell-physikalischen Weltbildes" dargelegt worden.

Eine „experimentelle Magie" kann zu einer besseren und solideren Kenntnis der magisch-spirituellen Möglichkeiten führen.

Dabei sollte auch stets zwischen „Methode" und „Stil" unterschieden werden, da man auf diese Weise leichter das Wesentliche aus den spirituellen, religiösen und magischen Tradition extrahieren kann. Egal welchen Priester, Magier oder Schamanen aus welchem Land auch immer man zum Beispiel danach fragt, wie er einen Segen durchführt, wird man immer dieselbe Antwort erhalten: Innerlich still werden, sich mit einer Gottheit verbinden, die von ihr gesandte Lebenskraft annehmen und sie dann als Segen zu dem Menschen oder zu dem Gegenstand weiterfließen lassen. Lediglich der Name der Gottheit ist überall anders …

Es liegt nahe, eine Synthese aus den „Menschenkennern/Seelenführern" der vier bisherigen Epochen und der derzeitigen Epoche der Globalisierung zu einem neuen, umfassenden Typ von „Helfer" zu erschaffen. Dieser Prozess hat bereits begonnen und ist schon in vollem Gange Diese vier früheren „Helfer" sind der Schamane der Altsteinzeit, der Priester der Jungsteinzeit, der Mystiker des Königtums/Monotheismus und der Psychologe der Materialismus sowie der Ökologe der Epoche der Globalisierung.

Bei der allmählichen Entwicklung der Synthese aus diesen fünf „Helfern" zu einem umfassenden „Helfer" ist die kontextuelle Religionsinterpretation sehr nützlich: Eine religiöse Tradition oder Schrift sollte stets vor dem Hintergrund der Vorstellungen und der wirtschaftlichen und politischen Situation der Menschen, die diese Schrift verfasst haben, gesehen werden. So war z.B. vor 2000 Jahren die Bezeichnung „Sohn eines Gottes" lediglich eine allgemein gängige Umschreibung dafür, dass der Betreffende eine enge Verbindung zu der betreffenden Gottheit hatte.

Noch wichtiger ist das eigene religiöse und magische Erleben, das letztlich die einzige solide Grundlage für die eigenen religiös-magischen Anschauungen bilden kann.

Durch das eigene religiös-magische Erleben wird es zwangsläufig zu einem „Gespräch der Religionen" kommen, denn streiten kann man sich nur über Dogmen, während der Austausch eigener Erfahrungen immer fruchtbar und hilfreich ist und dazu führt, dass man lernt, zwischen den eigentlichen Erlebnissen und der Form, in der sie beschrieben werden, unterscheiden zu können.

Diese Art von durch Experimente erforschter, erlebter und erkannter Spiritualität und Magie ist eine zuverlässige Angelegenheit, die man auch im Alltag z. B. zum Wiederfinden des verlorenen Haustürschlüssels oder zum Herbeiwünschen von Dingen verwenden kann.

Letztlich ergibt sich aus dem Erleben von Telepathie und Magie die Erkenntnis, dass das Bewusstsein von uns allen miteinander verbunden ist – und auch mit den Tieren und Pflanzen und der Erde. Daraus ergibt sich wiederum die Erkenntnis, dass das von C.G. Jung beschriebene kollektive Unterbewusstsein kein abstraktes Konzept, sondern eine auch im Alltag wirkende Realität ist.

Dieses kollektive Unterbewusstsein ist das bewusst wahrgenommene Kontinuum im Bereich des Bewusstseins – so wie die Globalisierung das Kontinuum im materiellen Bereich der Menschheit ist. Innen und Außen entsprechen sich – das Bewusstsein ist die Innenseite und die Materie ist die Außenseite derselben Realität.

Es gibt kein Patentrezept zur Weiterentwicklung des pubertären Materialismus zu dem erwachsenen Verhalten in der Epoche der Globalisierung – dazu ist die allgemeine Situation viel zu vielschichtig, die Situation jedes Einzelnen zu verschieden, ebenso der persönliche Stil und die persönlichen Fähigkeiten, Schwächen und Neigungen. Zudem sind auch die Meinungen darüber, was sinnvoll zu tun sei, keineswegs einheitlich. Immerhin gibt es aber das Überlebenwollen als sicheren gemeinsamen Nenner, auf den sich die verschiedenen Ansätze beziehen müssen.

Alle diese Ansätze – wie auch dieses Buch – sind zunächst sehr subjektiv und müssen korrigiert und überarbeitet, mit anderen Meinungen verglichen und verbunden werden und vor allem in der konkreten Verwirklichung an der Realität überprüft werden. Solche Darstellungen sind immer nur ein in Sprache gefasster Wille, der noch im Alltag „geerdet" werden muss.

Vorschlag für die Präambel

der

Beschreibung eines sinnvollen Verhaltens

Die Erde ist die Heimat, der Wohnort und die Nahrungsspenderin der Menschen; die Menschen, die Tiere und die Pflanzen sind durch Selbstorganisation aus der Substanz der Erde und der Energie des Sonnenlichtes entstanden. Insofern sind wir Geschöpfe, Kinder der Erde, und wir sind mit den Tieren, den Pflanzen und mit dem Land und dem Meer selber verwandt.

Das subjektive Erleben dieses Prozesses der Selbstorganisation ist der Lebenswille in allen Menschen, Tieren und Pflanzen. Insofern sind wir alle selbständige Wesen und Individuen; und insofern sind alle Wesen und Dinge auf dieser Erde unsere Verwandten.

Die Entwicklung von uns Menschen hat uns zu so viel Macht geführt, dass wir die Erde weitgehend durch unseren Willen und unsere Handlungen prägen und sie und uns selber durch Atombomben, Überbevölkerung, Klimaerwärmung u.ä. vernichten könnten. Insofern müssen wir zu Eltern der Erde werden.

Das bedeutet, dass die Erde sich selber gehört und wir ein Teil dieser Erde sind und auf gleicher Stufe stehen mit dem, was uns umgibt: mit Menschen, Tieren, Pflanzen, Bergen und dem Meer. Das bedeutet auch, dass wir in Vertrauen von der Erde getragen werden und dass wir die Verantwortung für sie tragen müssen.

Wir müssen die Grenzen des Möglichen auf dieser Erde akzeptieren, die Zahl der auf ihr lebenden Menschen auf ein sinnvolles Maß begrenzen, nur solche Techniken benutzen, die die Erde und ihre Rohstoffe nicht zerstören, die Artenvielfalt von Tieren und Pflanzen erhalten, den vorhandenen Wohlstand gerecht verteilen und zu einer auf gegenseitiger Achtung beruhenden Kooperation gelangen.

Dieses Ziel muss in der Politik, in der Wirtschaft und in der Technik erreicht werden, und es muss ebenso in der individuellen Reife, in der Beziehungsfähigkeit und in dem Ausschöpfen der religiösen und magischen Erlebens- und Handlungsmöglichkeiten erreicht werden.

Das Ziel ist das Erkennen, das Verwirklichen und das Leben des Kontinuums, innerhalb dessen die Individualität sowohl in Bezug auf seine materielle Substanz als auch in Bezug auf sein Bewusstsein keine abgegrenzte Form, sondern eine Qualität, ein dynamisches, sich im Wechselspiel mit seiner Umgebung entfaltendes Muster ist.

Was ist nun Ihr nächster konkreter Schritt?

Die 12 Bausteine einer neuen Gesellschaftsform

Entwürfe für die Zukunft – Band 26

Inhaltsübersicht

Gemeinschaften Fortschritt

Selbsterkenntnis

Besitz

Arbeit

Selbsterhaltung

ein
lebenswertes
Leben
leben

Kooperation

Menschlichkeit

Entscheidungen

Gesamtentwurf

Zielausrichtung Sachlichkeit

1. Selbsterhaltung

♈

Wer will nicht ein von Lebensfreude geprägtes Leben leben? Doch wer hat das schon erreicht? Es dürfte wohl kaum die Mehrheit sein.

Daher könnte es förderlich sein, sich einmal genau anzuschauen, wie ein lebenswertes Leben aussieht und was man tun kann, um ein solches Leben Wirklichkeit werden zu lassen.

Das werden Dinge sein, die der Einzelne tun kann, aber es wird auch Dinge geben, die wir nur kollektiv tun können. Dieser zweite Teil von Veränderungen unserer heutigen Lebensweise kann dann zu einer neuen Gesellschaftsform führen. Die Eigenschaften und Strukturen einer solchen neuen Gesellschaftsform zumindest in ihren groben Zügen zu ergründen, ist die Absicht dieses Buches.

Lebensfreude: Was wird dafür gebraucht?

Zunächst einmal, dass man weitgehend tun kann, was man will. Dafür werden wiederum Aufrichtigkeit und Mut gebraucht.

Weiterhin sind auch Einfachheit und Schlichtheit sehr förderlich. Lebensfreude ist wie ein Kind, das mit ein paar Kieselsteinen an einem Bach spielt und sich über das Plätschern des Wassers freut. Diese Schlichtheit, dieses „Kind in sich selber" muss man sich bewahren – und es auch leben – wenn man ein Leben in Lebensfreude führen will.

Lebensfreude braucht nicht viel, Lebensfreude kommt nicht von außen – Lebensfreude entsteht immer im Hier und Jetzt, im Präsentsein an dem Ort, an dem man gerade ist, und im Kontakt mit dem, was gerade da ist.

Natürlich gibt es auch die äußeren Umstände – wir können nicht immer wie ein Kind leben. Wir leben heute in einer Welt, in der die Globalisierung zu einer Tatsache geworden: Alle sind von dem Handeln aller anderen abhängig. Das erfordert ein kollektives Erwachsenwerden – die pubertäre Haltung des Materialismus reicht heute nicht mehr aus. Das bedeutet nicht, dass wir den frischen Egoismus des Jugendlichen in uns verdrängen müssen, sondern nur, dass wir ihm den Blick auf das größere Ganze und die Einsicht in die langfristigen Folgen der eigenen Handlungen zur Seite stellen müssen. Der Jugendliche in uns soll ja nicht diszipliniert werden, sondern nur klarer sehen, wohin ihn seine Handlungen führen. Dadurch wird er erwachsen und letztlich erfolgreicher als ohne diese Weitsicht.

Die Globalisierung erfordert nun einmal diese weitsichtigen Entscheidungen und dieses weitsichtige Handeln des Erwachsenen. Das führt letztlich zu einer Einbindung des Einzelnen in die Menschheit. Die Unbekümmertheit des Kindes bekommt eine Ausrichtung durch den frischen Egoismus des Jugendlichen und einen schützenden Rahmen durch den Erwachsenen – und wir können am besten gedeihen, wenn wird stets gleichzeitig Kind, Jugendlicher und Erwachsener sind.

Und die derzeitige Lage der Menschheit erfordert dringend, dass wir uns um unser kollektives Überleben auf der Erde kümmern.

Auch das ist ein Teil des Bestrebens, ein lebenswertes Leben voller Lebensfreude zu leben. Sich darum zu kümmern, dass wir als Menschheit auf der Erde überleben können, ist nicht der Inhalt der Lebensfreude, aber sie ist eine ihrer Grundlagen.

Der erste Baustein der neuen Gesellschaftsordnung ist die Fähigkeit
zu überleben und ganz im Hier und Jetzt zu sein.

Dieser erste Baustein klingt vermutlich sehr schlicht, aber er ist für alle Dinge die Grundlage – auch für ein neues Gesellschaftssystem. Solch ein System muss überlebensfähig sein, da es sonst nicht weiterbestehen kann. Und die Fähigkeit, ganz im Hier und Jetzt zu sein, ist letztlich auch die Fähigkeit, das, was gerade ist, klar und in seiner ganzen Intensität zu sehen, zu erleben und entsprechend zu reagieren.

Daher ist dieser erste Baustein – die Präsenz in der Situation, in der man ist, und die sich daraus ergebende Möglichkeit des Überlebens – das Fundament des „Hauses" der neuen Gesellschaftsform.

Die zwölf Bausteine			
	Überleben		

2. Besitz

♉

Wenn man sich seine Kontoauszüge anschaut, werden die allermeisten feststellen, dass die Hälfte des Einkommens – oder sogar noch mehr – sofort wieder für Miete und Steuern ausgegeben wird. Auch die Rente oder die Pension ist eher knapp – Altersarmut ist sehr weit verbreitet.

Es ist nicht allzu gut um unseren Wohlstand bestellt. Zumindest nicht bei dem allergrößten Teil der Menschen – wobei es uns in Europa ja noch vergleichsweise gut geht.

Das eben Gesagte ist ja wirklich keine neue Erkenntnis, aber das Problem besteht nun einmal noch immer.

Ein Argument an dieser Stelle ist stets, dass der Unterschied zwischen Reich und Arm nicht zu groß werden sollte. Dieses Argument ist auf jeden Fall richtig, aber es stellt sich die Frage, wie man das ändern kann. Diese Unterschiede gibt es ja zudem nicht nur innerhalb eines Staates, sondern auch zwischen den verschiedenen Staaten. Diese Unterschiede zwischen den Staaten lösen zu einem großen Teil auch die Migration aus – der zweite wichtige Grund sind die Kriege.

Es gibt schon einige Ansätze zu der Lösung dieses Problems – allerdings sind sie so gut wie alle noch immer auf den Wohlstands-Ausgleich innerhalb eines Staates und nicht auf den Wohlstands-Ausgleich zwischen den derzeit 195 verschiedenen Staaten auf der Erde.

- Karl Marx hat 1867 sein Hauptwerk „Das Kapital" veröffentlicht, in dem er den Privatbesitz an Produktionsmitteln und Kapital als Ursache für die extreme Armut der Arbeiterschicht beschrieben hat. Aus diesem Ansatz ist die Zentrale Planwirtschaft entstanden, die so gut wie immer mit der Regierungsform des Ein-Parteien-Systems des Kommunismus verbunden ist.

Leider hat sich herausgestellt, dass diese Organisationsform der Wirtschaft und der Politik die Eigeninitiative der Menschen lähmt und zudem die Ausbildung einer Parteiendiktatur fördert.

- Die Freie Marktwirtschaft geht davon aus, dass der freie Fluss des Geldes und der Waren zum größtmöglichen Wohlstand auf der Erde führt.

  Letztlich ist diese Ansicht jedoch ganz schlicht eine rechtlich begründete Herrschaft der Stärkeren. Trotzdem wird diese Sicht noch immer vertreten – z.B. durch die FDP und teilweise auch durch die CDU in Deutschland oder durch die Republikaner in den USA.

- Dass der Ansatz der freien Marktwirtschaft (Wirtschafts-Liberalismus) ein Irrtum ist und mit großer Wahrscheinlichkeit zu einem Aufstand der Armen führen wird, hat bereits Bismarck erkannt und deshalb 1878 die Sozialgesetze eingeführt, die allen Menschen eine Grundabsicherung gewähren. Damit hat er erfolgreich allen Sozialisten und Kommunisten den Wind aus den Segeln genommen.

  Aus dem seinerzeit noch rein taktischen Ansatz von Bismarck wurde um ca. 1930 das Konzept der Sozialen Marktwirtschaft entwickelt und dann 1949 als Wirtschaftssystem der Bundesrepublik Deutschland festgelegt. Der Grundgedanke ist einfach: Jeder sollte das erhalten, was er zum Überleben braucht.

  Die Marktwirtschaft nutzt die Initiative der Einzelnen zum Erlangen von Reichtum, aber sorgt andererseits durch die Sozialgesetzgebung auch für die Schwachen. Dieser Ansatz vermeidet zumindest schon einmal die größten Einseitigkeiten.

- Ein idealistisch-altruistischer Ansatz ist es, dass dann, wenn an etwas Mangel besteht, dies in etwa gleichmäßig verteilt werden sollte.

- Noch ein weiterer Ansatz wurde um ca. 1916 von Sigmund Freud dargelegt: Mangel und Neid als Grundmotivationen des Menschen. Diese beiden Gefühle führen kollektiv zu Rücksichtslosigkeit und zum Streben nach

Reichtum.

Sehr wahrscheinlich ist es genau das, was das Problem des sehr ungleich verteilten Wohlstandes letztlich lösen kann: die Heilung der Mangelgefühle und des sich daraus ergebenden Neids der Menschen.

Wenn man davon ausgeht, dass sich die Menschheit in dem Zustand der Globalisierung nur dann sinnvoll verhalten kann, wenn sie sich wie eine große Familie auffasst – schließlich ist ja auch eine Familie eine Einheit von Menschen – dann reichen die oben beschriebenen Ansätze jedoch noch nicht aus.

Sehr wahrscheinlich wird es für eine sinnvolle Verteilung des Besitzes und des Wohlstandes in der globalisierten Menschheit notwendig sein, die Einkünfte nicht mehr an die Arbeit zu koppeln, sondern das Arbeiten und die Verteilung der produzierten Waren anders zu regeln – so wie auch in einer Familie die Waren nicht genau in der Entsprechung zu der geleisteten Arbeit verteilt werden, sondern nach dem Bedürfnis. Das heißt keineswegs, dass jemand einfach faul sein kann, sondern nur, dass jeder an seinem Ort das tut, was er kann und was erforderlich ist, und dafür seinen Teil an den Waren erhält.

Ein solches Verteilungssystem ist bisher leider noch nicht entwickelt worden, aber das Verhalten innerhalb einer Familie bietet zumindest schon mal einen guten Ausgangspunkt für die Entwicklung eines Verfahrens für solch eine „globale Besitz- und Wohlstands-Verteilung".

Ein ganz anderer Aspekt des Verteilens von Waren und des Recyclings sind die Kiste vorm Haus mit Aufschrift „zu verschenken", die „Tafeln", an denen abgelaufene Lebensmittel aus den Supermärkten verschenkt werden, Flohmärkte, Ebay, Second-Hand-Läden, Sozialkaufhäuser und dergleichen mehr.

Der zweite Baustein der neuen Gesellschaftsordnung
Ist die gleichmäßigere Verteilung des Wohlstandes.

Der erste Baustein – die Präsenz und das Überleben – ergibt zusammen mit dem zweiten Baustein – dem ausreichenden Besitz – die Handlungsfähigkeit und das Gedeihen, den sinnvollen Einsatz der eigenen Mittel und dadurch auch den Aufbau von Formen, die das eigene Leben und auch ganz allgemein das Leben auf der Erde schützen.

Die zwölf Bausteine			
	Überleben	Besitz	

3. Fortschritt

♊

Fortschritt – das ist das Credo der Freien Marktwirtschaft. Mehr Fortschritt, höhere Umsätze, höheres Bruttosozialprodukt, mehr Wachstum, größere Gewinne, mehr Wohlstand …

Nur ist das dauerhafte Funktionieren dieses Blickes auf die Dinge bereits 1972 – also vor 53 Jahren – von dem „Club of Rome" in dem Buch „Die Grenzen des Wachstums" widerlegt worden. Wachstum ist einige Jahrzehnte lang möglich, aber dann entstehen Überbevölkerung, Rohstoffknappheit, Klimaerwärmung und ähnliches mehr.

Fortschritt im Sinne von stetigem Wirtschaftswachstum hat also eine Grenze. Wenn diese Grenze nicht geachtet wird – und am besten schon geachtet wird, bevor sie erreicht wird – wandelt sich der Fortschritt zu Zerstörung.

Also kein Fortschritt?

Doch – aber anders. Es gibt mehrere Möglichkeiten des Fortschritts, nur müssen sie sich eben innerhalb der Grenzen des Wachstums bewegen. Diese Haltung ist ein wesentliches Element eines neuen Gesellschaftssystems.

Es können z.B. neue Technologien verwendet werden, die mithilfe von Künstlicher Intelligenz („KI") die Produktion automatisieren, es können nachwachsende Rohstoffe entwickelt werden, es können effektivere Sonnenkollektoren und Windräder entwickelt werden – hier ist reichlich Raum für Erfindungen und Weiterentwicklungen.

Weiterhin kann das Recycling noch wesentlich effektiver gestaltet werden. So könnte z.B. der Plastikmüll wieder zu Rohöl zurückverwandelt werden, um dann aus diesem Öl erneut Plastik herzustellen.

Es könnten effektivere Antriebe für Flugzeuge, Eisenbahnen, Autos und Schiffe entwickelt werden.

Und es könnten standardisierte Bauteile eingeführt werden, die nach dem Ende der Nutzung einer Maschine wieder aus dieser Maschine oder diesem Apparat ausgebaut und wiederverwendet werden können. Dieses sowohl ökonomisch als auch ökologisch sinnvolle Prinzip ist schon seit 1932 durch die Entwicklung der „LEGO"-Steine bekannt.

Ein weiterer Ansatz von möglichem Fortschritt ist die Reduzierung von Vorschriften, Nachweispflichten, Verwaltung und dergleichen mehr.

Allerdings stellt sich hier die Frage, wie viel Regulierung unbedingt erforderlich ist und wie wenig Regulierung noch immer förderlich ist. Das ist leider eines der Themen, über die es entsprechend der eigenen Ansichten eine sehr große Bandbreite an Meinungen gibt.

Schließlich gibt es hier noch das Zulassen der Vielfalt an Lebensfreude – und die Neugier auf diese Vielfalt sowie die Freude über sie.

Der dritte Baustein der neuen Gesellschaftsordnung ist die Weiterentwicklung

aller Formen einschließlich der Technik –

aber immer mit dem Ziel des ökologischen Schutzes der Erde.

Nachdem aus den beiden ersten Bausteinen – Präsenz/Überleben und ausreichender Besitz – lebensfördernde Formen erschaffen worden sind, entsteht nun zusammen mit dem dritten Baustein – der Freude an der Vielfalt – eine bewegliche Vielfalt von Möglichkeiten, die voller Neugier erforscht und genutzt werden und die die Lage noch einmal verbessern.

Diese drei Bausteine – Präsenz/Überleben, Besitz und Vielfalt – ergeben zusammen das „Fundament" des „Hauses" der neuen Gesellschaftsform. Dieses Fundament gibt dem Einzelnen Handlungsfreiheit, Nahrung und Bewegungsfreiheit.

Die zwölf Bausteine			
Fundament	Überleben	Besitz	Vielfalt

4. Gemeinschaften

♋

Das Hauptproblem ist zunächst einmal die Überbevölkerung der Erde. Auf ihr leben derzeit ca. 8 Milliarden Menschen, was wesentlich zu der Klimaerwärmung und zu dem drohenden Rohstoffmangel beiträgt. Bei einer Weltbevölkerung von 2 Milliarden wie 1940 oder von 1 Milliarde wie 1870 wären diese Probleme sehr viel kleiner. Dann gäbe es auch nicht mehr das Problem der ständige wachsenden Großstädte und der Wälder, die immer weiter abgeholzt werden, obwohl sie den Sauerstoff produzieren, den wir zum Atmen brauchen.

Um zu einer Weltbevölkerung von 1-2 Milliarden zurückzukehren, wären 2-3 Generationen von 1-Kind-Familien notwendig, was keine sonderlich populäre Vorschrift wäre. Dieses autoritäre Verfahren hat China angewendet, um die Bevölkerungsexplosion in China zu aufzuhalten, aber es ist sehr zu hoffen, dass die Menschheit einen Weg findet, wieder aus Einsicht in die Notwendigkeiten allmählich auf eine für den Platz auf der Erde sinnvolles Maß zu schrumpfen.

Um sich diese Zahlen etwas anschaulicher zu machen: Sowohl in China als auch in Indien leben heute so viele Menschen wie es 1870 auf der gesamten Erde gegeben hat. In Tokio leben heute 37 Millionen Menschen – das sind so viele wie es um 1250 auf der gesamten Erde gegeben hat.

Natürlich würden sich durch die Vorschrift der 1-Kind-Familie – wenn dies von den Politikern weltweit durchgesetzt würde – neue Probleme ergeben, da sich dann der Anteil der Alten in der Bevölkerung für 2-3 Generationen, also für ca. 70 Jahre, drastisch erhöhen würde. Dies würde den Effekt der Vergrößerung des Anteils der Alten durch das verbesserte Gesundheitswesen und die leichtere Arbeit, der sowieso schon besteht, noch einmal deutlich vergrößern.

Wenn man sich das bisherige Bevölkerungswachstum anschaut, erhält man eine e-Funktion, d.h. eine Kurve, die ständig schneller wächst. Die Menschheit verdoppelt ihre Anzahl ungefähr seit ca. 1400 n.Chr. alle 150-200 Jahre. Vorher war das Wachstum sehr langsam und wurde durch Kriege, Seuchen, Hungersnöte und dergleichen immer wieder ausgebremst – doch seit ca. 1400 sind diese Einschränkungen des Bevölkerungswachstums weitgehend fortgefallen.

Das bisherige Bevölkerungswachstum wird in der untenstehenden Kurve durch die schwarze Linie dargestellt.

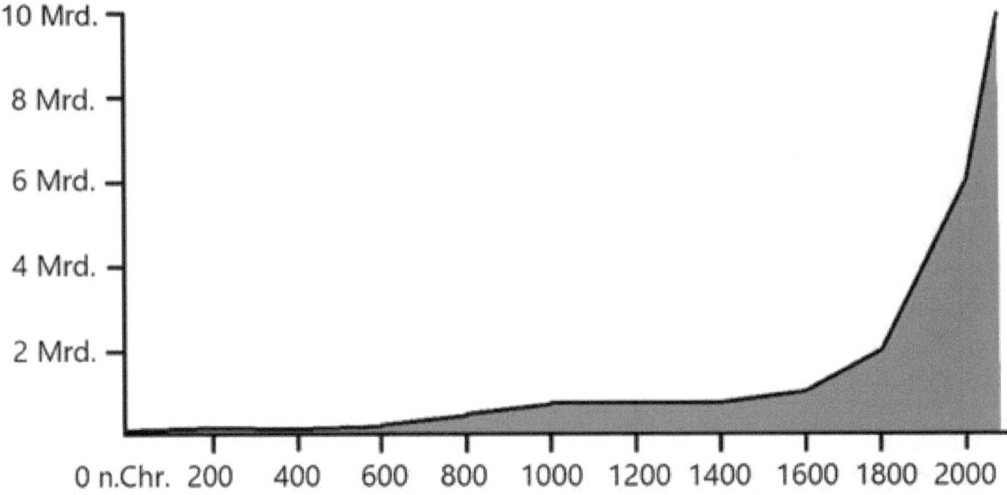

Es gibt verschiedene Möglichkeiten, wie sich diese Kurve weiterentwickeln könnte:

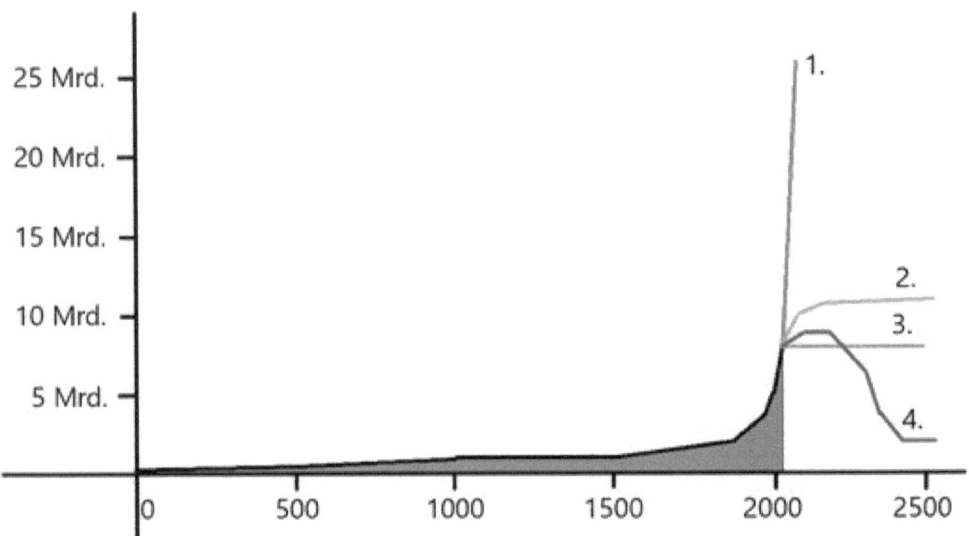

Möglichkeit 1: Das Bevölkerungswachstum bleibt weiterhin eine „Bevölkerungsexplosion" und steigt ungehindert weiter an. Um 2500 werden wir dann ca. 50 Milliarden Menschen sein. d.h. ca. 6-mal so viele wie heute.

Wenn wir nichts unternehmen, ist abzusehen, daß es irgendwann zu einem Kollaps kommen wird – bei 15 Milliarden, bei 25 Milliarden – vielleicht auch erst noch ein bißchen später. Doch endlos kann diese Entwicklung so nicht weitergehen. Es muß also etwas unternommen werden.

Möglicherweise wird sich das Wachstum jedoch auch leicht abschwächen, da derzeit vor allem noch die Bevölkerung von Indien und Afrika stark wächst und in allen anderen Regionen der Erde nur noch langsam zunimmt bzw. gleich bleibt.

Möglichkeit 2: Das Wachstum der Bevölkerung wird eingeschränkt und stabilisiert sich auf hohem Niveau. Dazu wird es notwendig sein, daß wir die Klimaerwärmung, den Hunger und das Wachstum der Wüsten kollektiv in den Griff bekommen.

Durch neue Techniken ist vermutlich auch eine größere Bevölkerungszahl auf der Erde möglich, aber mit diesen Techniken kann man erst dann planen, wenn sie bereits erfunden hat und sie ausgereift sind. Ansonsten wäre es sehr leichtsinnig, auf solche derzeit noch unbekannte Techniken zu hoffen und zu vertrauen und nichts zu unternehmen.

Es gibt einige Prognosen, die diese Entwicklung voraussagen, doch sicher ist sie nicht.

Möglichkeit 3: Das Einfrieden der Bevölkerungszahl auf dem heutigen Stand. Dafür wären rigorose politische Maßnahmen wie die Vorschrift der maximal-2-Kind-Familie notwendig, was derzeit vollkommen illusorisch wäre. Welche Partei würde so etwas vorschlagen wollen? Eine solche Maßnahme würde die persönliche Freiheit drastisch einschränken und wäre daher sehr unpopulär.

Diese Maßnahmen müßten vor allem in Indien und in Afrika getroffen werden, da die Bevölkerung dort am stärksten wächst.

Möglichkeit 4: Dies ist entweder die optimistische Version, bei der auf die Einsichtsfähigkeit der Menschen gebaut wird, die aus sich heraus beschließen, deutlich weniger Kinder zu bekommen – oder es wäre die drastische politische Version, bei der über 2-3 Generationen die 1-Kind-Familie vorgeschrieben wird.

Das wäre die Version, bei der wir auch ohne neue Techniken und große wirtschaftliche Umstellungen das Weiterleben der Menschen auf der Erde absichern würden. Durch zukünftige neue Techniken könnte die Zahl der Menschen, die auf der Erde leben können, dann wieder allmählich erhöht werden – sofern das dann noch gewünscht wird.

Für welche dieser Entwicklungen wir uns entscheiden werden, ist derzeit nicht abzusehen. Wenn wir jedoch – wie wir Menschen das ja angesichts von drohenden Katastrophen so gerne tun – gar nichts unternehmen, wird Version 1. eintreten – ungehemmtes Wachstum bis zum Kollaps. Dieser Zusammenbruch kann durch die Klimaerwärmung, Hungersnöte, Platzmangel, Verteilungskriege und vermutlich noch einiges anderes zustande kommen.

Es ist nicht klar, was wir tun werden und es ist auch nicht klar, wie wir das dann umsetzen werden – doch es ist klar, daß Nichtstun die schlechteste aller Möglichkeiten ist.

Aber bleibt uns denn eine andere Möglichkeit, als eine friedliche Lösung für das Problem der Überbevölkerung der Erde zu finden?

Ein ganz anderes Thema ist die Frage nach der besten Wohnform in dem hier untersuchten neuen Gesellschaftssystem. Dazu lassen sich mehrere Dinge sagen:

- Vermutlich wird es generell zu einer verstärkten Bildung von Gemeinschaften kommen, die nicht auf einer Verwandtschaft beruhen. Dies liegt daher nahe, weil die derzeitige Epoche der Globalisierung von ihrer Grundstruktur her eine „Menschheits-Familie" ist.

  Ansätze dazu sind z.B. WGs, selbstverwaltete Groß-WGs wie Christiania in Kopenhagen oder das ZEG in der Nähe von Berlin, und neugegründete Dorfgemeinschaften.

- Eine neue Wohnform, die auf das alte Modell der Bauernhof-Gemeinschaft zurückgreift, ist das Zusammenwohnen von mehreren Generationen. Dies hat u.a. den Vorteil, dass die Alten weiterhin Kontakt zu anderen Menschen haben und zudem auch noch die Jüngeren in vielerlei Hinsicht unterstützen können.

Dieser Aspekt ist auch insofern wichtig, da es bei der Reduzierung der Weltbevölkerung zu einem wesentlich größeren Anteil von alten Menschen kommen wird. Wenn diese Alten noch einen Teil der Alltagsarbeit übernehmen können oder die Jüngeren durch ihre Sachkenntnis und Lebenserfahrung unterstützen können, wird das Problem, dass die Arbeitsfähigen die Alten mitversorgen müssen, etwas kleiner.

- Generell kann man vermuten, dass es viele verschiedene Wohnformen geben wird, da die Epoche der Globalisierung auch eine Epoche des Zusammenlebens von vielen verschiedenen Menschen, Kulturen und Lebensweisen ist.

- Derzeit leben 5,17 Milliarden Menschen in den Städten und nur 3,38 Milliarden Menschen auf dem Land. Es ist zu vermuten, dass die Großstädte deutlich schrumpfen werden, wenn die Weltbevölkerung sich allmählich wie-der von 8 Milliarden auf 1-2 Milliarden reduziert.

Ein Aspekt von Großstädte, der nur selten wird, ist das steigende Aggressionspotential, das entsteht, wenn Menschen auf zu engem Raum zusammen-leben.

Die grundlegende Fähigkeit, die in diesem Entwicklungsschritt entsteht, ist ganz schlicht: das, was man betrachtet, wirklich ganz an sich heranlassen und es sich auf der Zunge zergehen lassen. Dadurch kann man die wirkliche Bedeutung und die wirkliche Wichtigkeit der Dinge erkennen und auch ihre Wichtigkeit für das eigene Leben und das eigene Wohlbefinden erfassen. Man lässt zu, betroffen zu werden.

Dabei ist das eigene Leben in der von einem selber ausgewählten Gemeinschaft, in der jeden jedem anderen hilft und ihn unterstützt, das zentrale Thema.

Der vierte Baustein der neuen Gesellschaftsordnung

ist die Reduzierung der Weltbevölkerung

und das Entwickeln von neuen Wohn- und Gemeinschaftsformen.

Nachdem bereits aus den ersten drei Bausteinen – Präsenz/Überleben, Besitz und Vielfalt – das „Fundament" des „Hauses" der neuen Gesellschaftsform errichtet worden ist, beginnt nun der Bau des „Hauses" selber.

Die neuen Wohn- und Gemeinschaftsformen schaffen einen leichteren und angenehmeren Zusammenhalt in den Gemeinschaften, die auch die Alten integrieren. Es bildet sich eine Gemeinschaft, d.h. der Einzelne handelt nun nicht mehr nur als Einzelner, sondern auch als Teil einer Gemeinschaft.

Die zwölf Bausteine			
	Gemeinschaft		
Fundament	Überleben	Besitz	Vielfalt

5. Selbsterkenntnis

♌

Ein zentrales Element der neuen Gesellschaftsordnung wird auch die Selbsterkenntnis, der Selbstausdruck, die Selbsttreue und die Selbstbestimmung des Einzelnen sein – schließlich setzt sich die Menschheit ja aus derzeit 8 Milliarden einzelnen Menschen zusammen. Nur dann, wenn die Einzelnen in sich heil geworden sind, kann auch die Menschheit als Ganzes heil werden. Und ein Mindestmaß an „Heilsein" ist unverzichtbar für das wirklich erwachsene Verhalten, das in der Epoche der Globalisierung für die derzeit anstehenden Probleme benötigt wird.

Um dieses Ziel zu erreichen, müssen bei den meisten Menschen der innere Mangel, die innere Angst und die inneren Selbstzweifel geheilt werden. Dieser Mangel zeigt sich auf „laute" Weise als Gier und auf „leise" Weise als Verzicht; die Angst zeigt sich auf „laute" Weise als Täter-Haltung und auf „leise" Weise als Opfer-Haltung; und die Selbstzweifel zeigen sich auf „laute" Weise als Angeberei und auf „leise" Weise als Schüchternheit. Der Mangel (Gier/Verzicht) muss wieder Fülle werden; die Angst (Täter/Opfer) muss wieder Kraft werden; und die Selbstzweifel (Angeberei/ Schüchternheit) müssen wieder zu Selbstliebe werden.

Das ist natürlich sehr viel leichter gesagt als umgesetzt, aber das sind die drei wesentlichen Probleme, die eine Psyche haben kann – und die die Psyche davon abhalten können, das Verhalten eines Erwachsenen zu entwickeln.

Das wichtigste Element bei der Selbsterkenntnis ist die Begegnung mit der eigenen Seele – sie ist sozusagen die Eichel, aus der heraus man zur Eiche geworden ist. Wenn man sie vor sich sieht, weiß man, wer man ist. Dann endet auch die Frage nach dem Lebenssinn, da dann deutlich wird, dass er darin besteht, das, was man im Innersten ist – also die Qualität der eigenen Seele – im eigenen Leben auszudrücken. Das ist die Grundlage dafür, ein sinnhaftes, erfülltes Leben zu führen.

Wenn man der eigenen Seele begegnet ist, wird man nicht mehr in festen Rollen leben wollen, sondern wird mit einer kreativen Lebensgestaltung beginnen.

Diese Selbsttreue bedeutet keineswegs, dass man nun auf eine platte, kurzsichtige Weise egoistisch wird, sondern eben nur, dass man sich selber treu ist. Wenn zu dieser Selbsterkenntnis auch noch die Weitsicht hinzukommt, wird man auch Verantwortung für sich selber und für andere übernehmen – einfach deshalb, weil man sieht, dass man ein Teil des Ganzen ist und auch nur als Teil des Ganzen glücklich werden kann.

Die Begegnung mit der eigenen Seele kann durch Herzmeditationen, Traumreisen zur eigenen Mitte, Familienaufstellungen zur eigenen Seele und noch einige andere Methoden erreichen.

In den verschiedenen psychologischen Richtungen hat Carl Gustav Jung die Wichtigkeit dieses Erlebnisses am deutlichen beschrieben.

Der fünfte Baustein der neuen Gesellschaftsordnung
ist die Selbsterkenntnis und die Selbsttreue.

Auf dem „Fundament" des „Hauses" der neuen Gesellschaftsform, das aus Präsenz/ Überleben, Besitz und Vielfalt errichtet worden ist und die Handlungsfähigkeit des Einzelnen stärkt, nimmt nun auch der Bau des „Hauses" der neuen Gesellschaftsform allmählich Gestalt an.

Aus der Innigkeit des Erlebens des vorigen Bausteins und der Selbsterkenntnis dieses Bausteins ergibt sich die Kenntnis darüber, wer man ist und in welchen Zusammenhängen man steht. Man erlebt sich selber mit seinem eigenen Wesen und Willen in der Gemeinschaft und sucht dort nach Wegen, sich selber treu zu sein und zugleich Teil der Gemeinschaft zu bleiben.

Das ist der weitere Ausbau des „Hauses" der neuen Gesellschaftsform auf dem bereits geschaffenen Fundament, das die Handlungsfreiheit, die Nahrung und die Bewegungsfreiheit des Einzelnen sichergestellt hat.

Die zwölf Bausteine			
	Gemeinschaft	Selbsttreue	
Fundament	Überleben	Besitz	Vielfalt

6. Arbeit

♍

Die Arbeit ist für viele nur das tägliche „Hamsterrad", ein „Arbeitnehmer-Gefängis", eine Situation, in der er von der Unternehmungsleitung nur als „Humankapitel", also als Objekt gesehen wird. Sie arbeiten den größten Teil des Tages und für die allermeisten ist die Arbeit ein Fremdkörper im eigenen Leben – sie ist nicht mehr „lebensnah" wir das Jagen oder das Aussäen des Getreides.

Hier werden andere Formen des Arbeitens gebraucht und vor allem auch sinnvolle und effektive Arbeiten mit sinnvollen Produkten, zu denen man wirklich stehen kann und die man gut findet.

Oft reicht auch das Einkommen kaum zum Leben und nach der Pensionierung muss noch weitergearbeitet werden, um den Lebensunterhalt sicherzustellen. Das kann zum Alkoholismus und zum Burnout führen.

Es muss also nicht nur der Besitz, sondern auch das Einkommen so verteilt werden, dass alle ausreichend Wohlstand zum Leben haben. Das kann dadurch erreicht werden, dass nicht nur der Besitz, sondern auch das Einkommen unabhängig von der eigenen Arbeit wie in der Familie so verteilt wird, dass es keine allzu großen Unterschiede im Wohlstand gibt.

Der Mechanismus, wie dies geschieht, muss allerdings erst noch entwickelt werden. Eine recht niedrige grundlegende Absicherung des Lebens in Form eines „bedingungslosen Einkommens" ist schon mal ein guter erster Schritt, allerdings wird noch ein Mechanismus gebraucht, der die Einzelnen trotzdem dazu anregt, das, was sie können, in die Gemeinschaft zu geben, von der sie ja auch durch dieses Grundeinkommen am Leben erhalten werden.

Jeder sollte das in die Gemeinschaft geben, was er gut kann und gerne tun will – und was in der Gemeinschaft gebraucht wird. Dafür wird er dann von der Gemeinschaft versorgt – so wie dies auch in einer Familie geschieht. Dann kann der Einzelne in würdiger Weise entsprechend den eigenen Fähigkeiten und Neigungen leben.

Es ist offensichtlich, dass dazu die Arbeitsumstände grundlegend verändert werden müssen – es darf nicht mehr das Geld im Zentrum der Aufmerksamkeit der Unternehmungsleitung sehen, sondern der Arbeiter und das Produkt müssen im Fokus der Planung stehen.

Es gibt in der Arbeit manchmal auch noch ein zweites Problem: die Arbeitssucht. Manche können aus einem inneren Mangelgefühl heraus nur noch ständig arbeiten. Andere haben eine innere Leere, die sie nur mit ihrer Arbeit füllen können. Das führt früher oder später zum Burnout und zu Depressionen.

Das Heilmittel an dieser Stelle, ist der fünfte Baustein, der in dem vorigen Schritt entwickelt worden ist: die Selbsterkenntnis. Nur sie kann diesen inneren Mangel und die innere Leere füllen und den Menschen wieder von innen heraus strahlen lassen.

Ein weiterer, ganz anderer Aspekt ist die Automatisierung von vielen Arbeiten durch Künstliche Intelligenz und Roboter. Dadurch kann sowohl die Schwere der körperlichen Arbeit als auch die Dauer der Arbeitszeit des Einzelnen reduziert werden, was letztlich zu mehr Freizeit führt.

Der sechste Baustein der neuen Gesellschaftsordnung ist eine Form des Arbeitens, die den Fähigkeiten und Neigungen der Arbeiter entspricht.

Nachdem bereits aus den ersten drei Bausteinen – Präsenz/Überleben, Besitz und Vielfalt – das „Fundament" des „Hauses" der neuen Gesellschaftsform errichtet worden ist, ist nun auch der Bau des „Hauses" der neuen Gesellschaftsform abgeschlossen. Dieses „Haus" besteht wieder aus drei Bausteinen – Gemeinschaft, Selbsttreue und Arbeit – und ermöglicht dem Einzelnen, als Teil einer Gemeinschaft in Selbsttreue eine sinnvolle Arbeit zu verrichten, durch die er zum Erhalt und Gedeihen der Gemeinschaft beiträgt.

Diese zweimal drei Bausteine sind jeweils ein Dreischritt, der aus Erschaffen, Ausgestaltung und Nutzung besteht.

Die zwölf Bausteine			
Haus	Gemeinschaft	Selbsttreue	Arbeit
Fundament	Überleben	Besitz	Vielfalt

7. Kooperation

♎

Der Blick weitet sich nun. In der ersten Dreiheit von Schritten ging es um den Einzelnen, in der zweiten Dreiheit von Schritten ging es um den Einzelnen in der Gemeinschaft, und nun geht es um das Verhältnis zwischen verschiedenen Gemeinschaften und zwischen den Mitgliedern verschiedener Gemeinschaften.

Eine Gemeinschaft hält zusammen und jeder sorgt wie in einer Familie für die ganze Gemeinschaft. Natürlich gibt es auch in der Familie Streitereien und Auseinandersetzungen, aber die Existenz der gesamten Familie wird in der Regel geschützt.

Zwischen verschiedenen Gemeinschaften und zwischen den Mitgliedern verschiedener Gemeinschaften besteht jedoch oft eine Konkurrenz. Daraus sind der Wettbewerb, die Freie Marktwirtschaft, die Demokratie und sekundär auch die Monopole, die Herrschaftsstrukturen und ähnliches entstanden.

Die Konkurrenz als Grundprinzip einer Gesellschaftsordnung ist jedoch ineffektiv, da Arbeiten oberflächlich gemacht werden, nur kurz haltbare Produkte hergestellt werden, und weil ein großer Teil der Energie in den Kampf gegen die anderen geht.

Die Kooperation als Grundprinzip einer Gesellschaftsordnung ermöglicht hingegen die Zusammenarbeit der Menschen. Innerhalb von einzelnen Betrieben ist das teilweise schon erkannt worden – sowohl in kleinen Kooperativen als auch in Konzernen (oft im Zusammenhang mit dem „slim management") und auch im ganz Großen, was zu der Bildung der EU, der UNO und ähnlichen Bündnissen geführt hat.

Die Kooperation als Rahmen für die Konkurrenz ist eine Alternative zum dem Konkurrenz-basierten Markt-Prinzip. Diese neue Grundstruktur muss allerdings noch weiter erforscht und entwickelt werden. Vermutlich wird dies – wie bei fast allen grundlegenden Veränderungen – sowohl durch viele kleine Experimente, die einzelne Gruppen durchführen, als auch durch einige grundlegende Erkenntnisse geschehen.

Diese Kooperation ist offensichtlich auch die Grundlage für das Ende der Kriege und somit die Grundlage für den schon lange ersehnten Weltfrieden.

Das einzige konkrete friedensfördernde Element, das bisher sichtbar geworden ist, ist der Zusammenhalt von allen anderen Staaten gegen den Staat, der einen Krieg gegen einen anderen Staat beginnt, denn kein Staat will alle anderen gegen sich haben. Das lässt sich natürlich nur dann erreichen, wenn die einzelnen Staaten nicht zum großen Teil wirtschaftlich oder militärisch von dem angreifenden Staat abhängig sind. Manchen Staaten wird solch ein Angriffskrieg auch egal sein – meistens ganz einfach deshalb, weil er weit entfernt stattfindet.

Trotz dieser Einschränkungen ist dieser Ansatz „der Angreifer hat alle anderen gegen sich" bislang der erfolgversprechendste Ansatz.

Dabei ist es allerdings notwendig, auch schon bei kleinen Grenzverletzungen Wider-stand zu leisten. So hat Wladimir Putin anhand der Eroberung der Krim geprüft, wie viel Widerstand sich gegen seine Eroberung regt und daraufhin dann die ganze Ukraine angegriffen. Hätte es bereits bei seiner Eroberung der Krim internationalen Widerstand gegeben, wäre es nicht zu dem Angriff auf die gesamte Ukraine gekommen.

Eine solche Kooperation – hier die gemeinsame Verteidigung eines Angegriffenen – ist natürlich nur dann effektiv, wenn allen Beteiligten die Notwendigkeit dieser gemeinsamen Verteidigung klar ist.

Im Grunde müsste solch ein Bündnis wie die NATO in derselben Weise wie die UNO auf alle Länder ausgeweitet werden, sodass jedem einzelnen Staat klar wäre, dass er bei einem Angriff auf einen anderen Staat alle anderen Staaten gegen sich hat.

Aus der Sicht der Kooperation ist eine große Vielfalt an Kulturen, Lebensweisen und individuellen Lebensentwürfen wünschenswert, da dadurch auch eine größere Vielfalt an Erkenntnissen, Zusammenarbeit und Entwicklungen möglich wird. Die Vielfalt wird als Bereicherung gesehen und erlebt.

Dazu muss natürlich sicher sein, dass die Andersartigkeit der anderen nicht dazu führt, die eigene Lebensweise in Frage zu stellen oder gar zu bedrohen. Dafür braucht jeder seinen geschützten Raum – Haus, Stadt, Kulturbereich – in dem er sich in seiner eigenen Art sicher fühlt. Dann kann der einzelne auch hinausgehen und sich in der Fußgängerzone, auf dem Markt, in exotischen Läden, auf Festen, auf Konzerten, bei Fußballwettkämpfen und ähnlichem mehr an der Vielfalt der Menschen erfreuen und daran, wie bunt die verschiedenen Kulturen sind.

Wenn man sich der eigenen Lebensweise und der eigenen Kultur sicher sein kann, kann man sich auch an dem Rock eines Schotten, dem Sari einer Inderin oder dem Kopfschmuck eines Maya erfreuen.

Auch wenn die „anderen" in das „eigene" Land kommen und dort bleiben, braucht es die Sicherheit, dass beide ihrem Lebensstil treu bleiben können. Oft entsteht die Integration ganz schlicht über das Essen: über die Eissaloons der Italiener, die Restau-rants der Griechen, die Dönerläden der Türken … Auf diese schlichte Weise erlebt man, dass auch die „anderen" gar nicht so sehr anders sind und dass sie durchaus auch eine Bereicherung sein können.

Das bedeutet nicht, dass es dabei keine Schwierigkeiten geben kann – aber Schwierigkeiten im Rahmen eines grundsätzlichen Annehmens der Unterschiede der anderen ist etwas anderes als das Ablehnen oder gar Bekämpfen der anderen.

Die allgemeine Kooperation beinhaltet auch, dass man sieht, wo Probleme entstehen und dass man sich dann auch darum kümmert – auch wenn sie weit weg sind. In der heutigen globalisierten Welt ist nichts mehr so weit von uns selber entfernt, dass es keine Auswirkungen auf uns selber haben könnte.

Wenn wir das Klima erwärmen und dadurch die Wüsten wachsen, verlieren viele Menschen ihre Heimat und flüchten in die Länder, in denen es noch Wasser gibt und in denen man noch leben kann. Wenn Kriege ausbrechen, flüchten viele Menschen ganz einfach, um zu überleben, in andere Länder.

Einige Menschen aus anderen Ländern aufzunehmen ist kein Problem, aber sehr viele Menschen aus anderen Ländern aufzunehmen ist ein Problem, da sie integriert werden müssen, da dann die Bevölkerungsdichte steigt, weil mehr Wohnungen gebraucht werden, weil in großem Maß eine fremde Kultur in der eigenen Kultur präsent wird.

Kooperation erfordert also auch Weitsicht. Das Problem der Migration, die ihren Höhepunkt derzeit sicherlich noch nicht erreicht hat, ist im Grunde genommen das Problem der Klimaerwärmung und der Kriege. Und das Problem der Klimaerwärmung ist wiederum zu einem großen Teil auch erst durch die Überbevölkerung der Erde entstanden.

Kooperation erfordert nicht nur Freundlichkeit und Hilfsbereitschaft allen anderen Menschen gegenüber, sondern auch die Suche nach den eigentlichen Wurzeln der auftretenden Probleme, die dann gemeinsam betrachtet und gelöst werden müssen. Das Aufnehmen von Migranten ist Erste Hilfe, aber nicht die Lösung des eigentlichen Problems.

Wenn von Kooperation gesprochen wird, klingt das oft nach „Vermeidung von Konflikten". Das ist natürlich durchaus ein wichtiger Aspekt der Kooperation, doch darin erschöpft sich die Kooperation keineswegs. Durch die Zusammenarbeit von Menschen oder Gemeinschaften mit verschiedenen Talenten, Kenntnissen und Möglichkeiten kann ein Ziel oft viel einfacher erreicht werden als wenn man alles selber machen würde.

Diese Form der Kooperation findet sich in jeder Familie und auch in den meisten Unternehmen, in denen es viele Spezialisten gibt, die für eine bestimmte Aufgabe zuständig sind. Dieses Prinzip lässt sich auch auf alle anderen Lebensbereiche übertragen.

Der siebte Baustein der neuen Gesellschaftsordnung ist die Kooperation,
die stets auf einer gründlichen Erforschung der Situation beruht.

Nun gibt es bereits das „Fundament" des „Hauses" der neuen Gesellschaftsordnung, das den Einzelnen durch drei Bausteine – Präsenz/Überleben, Besitz und Vielfalt – fördert, und dazu das „Haus" selber, das den Einzelnen in der Gemeinschaften durch drei Bausteine – Gemeinschaft, Selbsterkenntnis und Arbeit – fördert.

Nun werden als nächstes „Wege" zu den anderen „Häusern" erschaffen, durch die die Einzelnen in ihren verschiedenen Gemeinschaften miteinander in Austausch treten und miteinander zusammenwirken und sich gegenseitig bereichern können.

Zudem werden nun auch die Qualitäten der drei Spalten deutlicher: erschaffen, ausgestalten und nutzen.

Die zwölf Bausteine			
	erschaffen	*ausgestalten*	*nutzen*
Wege	Kooperation		
Haus	Gemeinschaft	Selbsttreue	Arbeit
Fundament	Überleben	Besitz	Vielfalt

8. Entscheidungen

♏

Es wird ein System gebraucht, mit dessen Hilfe in der Kooperation der einzelnen Gemeinschaften Entscheidungen getroffen und auch durchgesetzt werden. Das bedeutet auch, dass geklärt werden muss, wie mit Macht umgegangen wird. Jedes System muss sowohl effektiv als auch durchsetzungsfähig sein, da es sonst untergehen wird.

Wie kann das möglich sein?

Im Wesentlichen ist es die Einsicht in die Vorteile der Kooperation gegenüber der Konkurrenz, die der neuen Gesellschaftsform die Kraft gibt, fast alle zu überzeugen und sich durchzusetzen. Wenn allen die Vorteile der Kooperation vollkommen deutlich sind, werden sie sich auch gemeinsam gegen die wehren, die versuchen, diese Kooperation zu stören oder gar zu zerstören. Darin besteht letztlich die Macht der Kooperation.

Die UNO ist ein Ansatz zu einem solchen Entscheidungssystem. Sie hat allerdings noch einen Mangel in der Motivation, da sie gegründet worden ist, um einen weiteren Weltkrieg zu verhindern. Sie beruht also auf der Erkenntnis, dass die extremste Form der Konkurrenz – also der Krieg – vermieden werden muss. Der Vorteil der Koope-ration wird hingegen erst so nach und klarer und ist noch nicht die zentrale Motiva-tion innerhalb der UNO. Die UNO war also zunächst eine Einrichtung, die etwas vermeiden wollte, und nicht eine Einrichtung, die etwas erschaffen wollte.

Allerdings ist die UNO im Laufe der Zeit gewachsen und hat solche Sonderorganisa-tionen wie die WHO (Weltgesundheitsorganisation), die FAO (Welternährungsorgani-sation) oder den IMF (Internationaler Währungsfonds) gegründet. Die 15 Sonderorga-nisationen der UNO entwickeln bereits alle die Kooperation zwischen den derzeit 195 Staaten auf der Erde. Sie sind allerdings noch nicht zu der prägenden Organisations-form der Menschen geworden – aber Kooperation ist auch etwas, was nicht gegründet werden kann, sondern etwas, das schrittweise wachsen muss. Schließlich kann die Kooperation – wie bereits gesagt – nur aus der Einsicht in die Vorteile der Koopera-tion heraus entstehen und eine stabile, tragende Form erlangen.

Wirklich stabil wird die Kooperation vermutlich erst dann werden, wenn sie in alle Lebensbereiche Einzug gehalten hat und sich dort als nützlich erwiesen hat. Das bedeutet, dass auch ein Wirtschaftssystem und ein Regierungssystem gefunden und verwirklicht werden muss, die auf der Kooperation beruhen und die die Wirtschaftsabläufe und das Vorgehen bei kollektiven Entscheidungen kooperativ gestalten. Diese Kooperations-Formen sind noch nicht entwickelt worden, auch wenn es bereits Ansätze dazu gibt.

Über diese Kooperations-Organisationsformen lassen sich schon ein paar Dinge sagen:

- Sie haben das Überleben und das Wohlergehen der Menschen als Richtschnur.

- Die Entscheidungen werden von denen getroffen werden, die die Folgen betreffen – Fragen der Ökologie und des Friedens z.B. also von allen gemeinsam (UNO).

- Es gibt eine Hierarchie von Entscheidungen, die davon abhängen, wie weitreichend die Auswirkungen dieser Entscheidungen sind. Die Ebenen dieser Hierarchie sind wahrscheinlich: Erde – Staatenbund – Staat – Land – Stadt – Sippe – Familie – Einzelner.

- Die Durchsetzung der Entscheidungen beruht zum größten Teil auf der Einsicht der Einzelnen, dass diese Entscheidungen sinnvoll sind.

- Die Einsicht in den größeren Nutzen der Kooperation zügelt die Konkurrenz – und verhindert dadurch destruktive Kämpfe und Kriege.

Das ist jetzt natürlich nur eine erste Skizze einer solchen auf Kooperation beruhenden Entscheidungsform, aber sie kann zumindest grob die Richtung weisen.

Der achte Baustein der neuen Gesellschaftsordnung ist die Einsicht, dass die Kooperation effektiver ist als die Konkurrenz.

Der erste Baustein im Zusammenleben von Gemeinschaften war die Entdeckung, dass die Kooperation effektiver ist als die Konkurrenz. Dadurch ergibt sich als zweiter Baustein, dass die allermeisten Einzelnen und auch die allermeisten Staaten nach dem Prinzip der Kooperation handeln wollen und sich daher kollektiv allen, die diese Form des Zusammenlebens stören wollen, entgegenstellen.

Das Zusammenleben und Zusammenwirken in der Form der Kooperation erhält seine Kraft dadurch, dass es effektiver ist und zu besseren Ergebnissen führt als das Konkurrenz-Prinzip.

Die zwölf Bausteine			
	erschaffen	*ausgestalten*	*nutzen*
Wege	Kooperation	Einsicht	
Haus	Gemeinschaft	Selbsttreue	Arbeit
Fundament	Überleben	Besitz	Vielfalt

9. Zielausrichtung

♐

Aus den beiden vorigen Schritten ergibt sich ein neues Wertesystem, das die Ausrichtung der in diesem Booklet betrachteten neuen Gesellschaftsform ist. Wenn die im Vergleich zum Konkurrenz-Prinzip deutlich größere Effektivität der Kooperation deutlich geworden ist und sie daher zu dem Entscheidungsprinzip geworden ist, wird sie auch alle Abläufe zwischen den Gemeinschaften prägen.

Jeder wird als erstes schauen, wie etwas am sinnvollsten gemacht werden kann und wie man am besten zum Ziel kommt.

Vermutlich wird es dabei Menschen geben, die besonders gut dazu in der Lage sind, einen Zusammenhang oder eine Situation klar und deutlich darzustellen, sodass sie andere davon überzeugen können, dass eine bestimmte Verhaltensweise am sinnvollsten ist und auch keine langfristigen Nachteile mit sich bringt.

Diese „Redner" werden bei dem Treffen von Entscheidungen und bei den Beratungen über das weitere Vorgehen eine wichtige Rolle spielen. Diese Redner werden al-ler-dings etwas anders klingen als die heutigen Politiker, da sie vor allen durch sachliche Argumente und klare Darstellungen überzeugen – und nicht den Vorschlag des ande-ren durch Polemik zerstören wollen.

Das liegt daran, dass in einem auf Konkurrenz beruhenden System wie der Marktwirtschaft oder der Demokratie der eigene Sieg durch die Niederlage aller Gegner angestrebt wird. In einem auf der Kooperation beruhenden System wird sich hingegen der durchsetzen, der ganz auf die Sache selber ausgerichtet ist, der die Zusammenhänge und Konsequenzen sehen und darstellen kann und daher auch die zuverlässigsten Prognosen für eine bestimmte Verhaltensweise darlegen kann.

Diese „Redner" sind also nicht in erster Linie Politiker, sondern Wissenschaftler und Sachverständige, die eine Sache daher sachlich darstellen können. Ihr Einfluss besteht nicht in einer dominanten Rhetorik, sondern in einer klaren Rhetorik, die leicht verständlich ist und die die Sache auf tiefgehende Weise darstellen und erläutern kann, sodass die Vorhersagen dieses Redners für die Folgen einer bestimmten Entscheidung fast immer zutreffend sind.

Der neunte Baustein der neuen Gesellschaftsordnung ist das gründliche Erfassen und Beschreiben einer Situation und der Konsequenzen der Entscheidungs-Möglichkeiten in dieser Situation.

Somit ist auch der dritte Dreischritt der „Bausteine", aus denen das „Haus" der neuen Gesellschaftsordnung errichtet wird, abgeschlossen. Dieser dritte Dreischritt, der sich auf das Zusammenwirken von Gemeinschaften bezieht, besteht 1. aus dem gründlichen Verstehen der größeren Effektivität der Kooperation im Vergleich zu der Konkurrenz; 2. aus der Durchsetzung des auf der Kooperation beruhenden Verhaltens gegenüber Aggressoren durch die Einigkeit aller übrigen Menschen oder Staaten; und 3. aus einzelnen Personen oder Gruppen, die in der Lage sind, die Zusammenhänge bei einem Thema und die Folgen der möglichen Entscheidungen klar und deutlich darzustellen und die dadurch wesentlich dazu beitragen, dass stets sinnvolle Entscheidungen getroffen werden.

Aus dieser dritten Gruppe von drei „Bausteinen" werden nun nach dem „Fundament" und dem „Haus", die auch jeweils aus drei „Bausteinen" erbaut worden sind, sozusagen die „Straßen" in der Stadt und die „Wege" in der Landschaft erschaffen.

Die zwölf Bausteine		
	erschaffen	*ausgestalten*	*nutzen*
Wege	Kooperation	Einsicht	Entscheidungen
Haus	Gemeinschaft	Selbsttreue	Arbeit
Fundament	Überleben	Besitz	Vielfalt

10. Sachlichkeit

♑

Nach der ersten Dreiheit von „Bausteinen", die den Einzelnen beschrieben haben, der zweiten Dreiheit von „Bausteinen", die die den Einzelnen in seiner Gemeinschaft beschrieben haben, und der dritten Dreiheit von „Bausteinen", die das Miteinander der Gemeinschaften beschrieben hat, beginnt nun die Betrachtung des Gesamtsystems, das sich daraus ergibt.

Die beiden eng zusammenhängenden Grundprinzipen in diesem Gesamtsystem sind die Selbsterhaltung und die Sachlichkeit – wobei diese Sachlichkeit auch den Weitblick beinhaltet, also die Berücksichtigung aller möglichen direkten Folgen und Spätfolgen einer bestimmten Entscheidung.

Daher wird nichts mehr beschlossen und getan, was zu langfristigen Schäden führen könnte.

Diese Sachlichkeit, die zunächst sehr schlicht und auf den ersten Blick möglicherweise fast einfältig wirkt, hat jedoch in vielen Bereichen sehr große Auswirkungen:

- Zunächst werden Grenzwerte für die Größe der Weltbevölkerung, den Rohstoffverbrauch, den Energieverbrauch, die Mindestgröße der Wälder (die den Sauerstoff produzieren) usw. festgelegt, um das Überleben der Menschen zu sichern.

  Daraus ergibt sich der Entwurf eines stabiles Gesamtsystems, bei dem alle Wechselwirkungen berücksichtigt worden sind.

- Auch die Grenzwerte in diesem System hängen alle miteinander zusammen: Wenn die Wälder grösser sind, kann mehr CO_2 ausgestoßen werden; wenn die Autos weniger Abgase abgeben, kann mehr gefahren werden; wenn weniger Fleisch gegessen wird und daher der Anbau von Pflanzen zunimmt, können auf derselben Fläche wie zuvor deutlich mehr Nahrungsmittel angebaut werden, was die Maximalgröße der Weltbevölkerung erhöht; usw.

Die Grenzwerte lassen sich also variieren, wenn gleichzeitig auch andere Grenzwerte verändert werden oder neue Verhaltensweisen entstehen oder neue Produktionsweisen eingeführt werden.

- Das Verursacherprinzip, also die Verantwortung des Verursachers für alle Folgen seines Handelns – auch für alle langfristigen Folgen – wird dazu führen, dass die tatsächlichen Kosten eines Handelns deutlich werden und dadurch nicht mehr der Einzelne den kurzfristigen Nutzen seines Handelns erhält, aber den langfristigen Schaden an die Gemeinschaft abschieben kann.

- Das Herstellen von ausschließlich lange haltbaren Produkten führt zwar zu einer leichten Erhöhung der benötigten Arbeitskraft und des benötigten Materials für das einzelne Produkt, doch da das Produkt dann wesentlich länger hält, ist für die Gesamtzahl der benötigten Produkte weniger Arbeit und Material notwendig.

Wenn ein Auto, das viermal so lange fährt wie ein normales, heutiges Auto, mit doppelt so viel Arbeitskraft und Material hergestellt werden kann, werden für das eine haltbare Auto letztlich jedoch nur halb so viel Arbeit und Material benötigt wie für die vier heutigen Autos, die man während der Lebenszeit dieses haltbaren Autos brauchen würde.

Es wird also die Hälfte an Material eingespart und auch die Hälfte an Arbeitszeit. Das bedeutet, dass die Rohstoffe länger halten und dass die Menschen nur noch halb so viel Zeit arbeiten müssen.

- Wenn sich Arbeitgeber und Arbeitnehmer um die Bezahlung und die Ausgestaltung der Arbeit streiten, leidet letztlich vor allem die Arbeit selber darunter. Schließlich wollen die Arbeitnehmer möglichst viel Geld für ihre Arbeit erhalten und die Arbeitgeber wollen möglichst wenig Lohn für die Arbeit zahlen.

Zudem ist bei der Aufteilung in Arbeitgeber und Arbeitnehmer die Arbeit für den Arbeitgeber ein Fremdkörper im eigenen Leben, und der Arbeitnehmer ist für den Arbeitgeber nur ein Objekt in seiner Fabrik – „Humankapital" …

- Dasselbe gilt auch für Mieter und Vermieter – unter den verschiedenen Bestrebungen dieser beiden Parteien leidet vor allem die Wohnung selber. Der Mieter will möglichst wenig zahlen und der Vermieter will möglichst viel erhalten. Die Wohnung ist für den Vermieter letztlich nur ein Mittel, um Geld zu erhalten.

  Wenn der Vermieter eine Wohnung für sich selber bauen lässt, wird er andere Maßstäbe anlegen als wenn er eine Wohnung für einen Mieter bauen lässt.

- Es ist generell notwendig, die Geld-Fixierung zugunsten einer Sach-Zentrierung aufzulösen – denn unter der Geld-Fixierung leiden vor allem die Produkte. Das Geld hat die Dynamik, den Blick von der Sache selber abzulenken: Alle wollen erst einmal viel Geld haben, um sich dann alles leisten zu können. Das führt dazu, dass der Blick ständig von der Arbeit und der Produktion zu dem Geld hin abgelenkt wird – und es sollte doch eigentlich darum gehen, effektiv und menschenwürdig arbeiten zu können.

  Weiterhin kann man mit Geldgeschäften deutlich mehr verdienen als mit Arbeit, die tatsächlich etwas produziert. Das bedeutet, dass diejenigen, die Geldgeschäfte machen, ein deutlich größeres Stück von dem Kuchen abbekommen als diejenigen, die den Kuchen tatsächlich mit ihrer Arbeit herstellen.

  Einnahmen aus Geldgeschäften sind im Grunde eine Form des intensiven Schmarotzertums.

- Wenn bei allen Maschinen das „LEGO"-Prinzip angewendet wird und daher viele der Bauteile der Maschine nach dem Ende ihrer Benutzung wiederverwendet werden können, spart das viel Material und Arbeit.

- Diese hier dargestellte Sachlichkeit und Sachbezogenheit hat auch eine sehr direkte Auswirkung auf die Effektivität. Wenn man z.B. mit einem Hersteller den Vertrag abschließt, dass der Hersteller immer für genügend Licht im eigenen Haus sorgt und er dafür monatlich einen bestimmten Betrag erhält, wird der Hersteller bemüht sein, die Lampen in diesem Haus möglichst haltbar und energiesparend zu konstruieren, da das seine Kosten verringert und folglich seinen Gewinn erhöht.

- Bei den heute üblichen Verträgen, bei denen man Lampen und Glühbirnen kauft, erhöht es hingegen den Gewinn der Hersteller, wenn die Glühbirnen nicht lange halten und der Kunde schon bald neue Glühbirnen nachkaufen muss.

Der Ansatz „Licht statt Lampen" führt also zu der Entwicklung und Herstellung von ökologisch sinnvollen Lampen und Glühbirnen.

Dies ist nur eine Auswahl der Auswirkung einer konsequenten Sachlichkeit. Sie führt automatisch auch zu einem ökologisch sinnvollen Verhalten.

Weiterhin führt diese Sachlichkeit auch zu einer deutlich verringerten Zeit, die jeder pro Woche arbeiten muss.

Wenn zudem auch noch alle darauf achten, was sie wirklich brauchen, wird sich auch das Maß an produzierten Waren verringern, was wiederum dazu führt, dass weniger Rohstoffe verbraucht werden und die Freizeit der Menschen noch grösser wird.

Letztlich wird aus diesen Ansätzen ein ganz neuer Blick auf die Wirtschaft entstehen: Das Wirtschaftswachstum wird nicht mehr das „goldene Kalb" der Ökonomen sein, sondern die sinnvolle Produktion, die genau das zur Verfügung stellt, was wirklich gebraucht wird – und das auf eine ökologisch sinnvolle und menschenwürdige Weise macht.

Der zehnte Baustein der neuen Gesellschaftsordnung ist die Sachlichkeit, die dazu führt, dass nur noch die wirklich benötigten Produkte hergestellt werden – und das auf ökologische Weise.

Nach den drei „Bausteinen" des ersten Dreischritts, die sich auf den Einzelnen bezogen, den drei „Bausteinen" des zweiten Dreischritts, die sich auf den Einzelnen in der Gemeinschaft bezogen, und den drei „Bausteinen" des dritten Dreischritts, die sich auf die Beziehungen der Gemeinschaften untereinander bezogen, hat nun die Betrachtung des gesamten Systems begonnen. Der erste Baustein ist hier die „Sachlichkeit", durch die man die Dinge so sehen kann, wie sie tatsächlich sind – und durch die man zu einem sachbezogenen Handeln zurückkehrt.

Die zwölf Bausteine			
	erschaffen	*ausgestalten*	*nutzen*
Land	Sachlichkeit		
Wege	Kooperation	Einsicht	Entscheidungen
Haus	Gemeinschaft	Selbsttreue	Arbeit
Fundament	Überleben	Besitz	Vielfalt

11. Gesamtentwurf

≈

Als nächstes werden Gesamtbetrachtungen benötigt, die das gesamte System transparent werden lassen und die auch die großen Zusammenhänge deutlich werden lassen. Dieser Überblick ist das, was letztlich den Willen zur Kooperation effektiv werden lässt.

Es werden „Glasperlenspiele" gebraucht, wie Hermann Hesse solche Gesamtdarstellungen eines Themas genannt hat, die sich über mehrere Tage erstrecken können. Als Hilfsmittel können dabei solche universellen Strukturen wie der kabbalistische Lebensbaum, das chinesische Ba Gua, das indische Vastu Purusha, der Tierkreis (wie in dieser Buch-Reihe) und ähnliche Grundstrukturen verwendet werden. Dadurch können Entwicklungen, Vernetzungen und der Aufbau von Systemen ausreichend deutlich werden und dann als Grundlage für langfristig sinnvolle Entscheidungen dienen.

Diese Einsicht in die Gesamtzusammenhänge ermöglichen eine schnellere Orientierung in seiner Situation. Wenn man die allgemeinen Dynamiken wie z.B. Grenzwerte, Wechselwirkungen und zentrale Größen, die das ganze lenken, verstanden hat, wird es einfacher, eine Situation zu analysieren und zutreffende Vorhersagen für die Folgen der verschiedenen Handlungsmöglichkeiten zu machen.

Dabei wird danach gestrebt, möglichst schlichte und zugleich allgemeingültige Aussagen über das Gesamtsystem zu finden – also letztlich die „Weltformel" zu finden.

Die Fortschritte bei dieser Suche nach den allgemeingültigen Aussagen und der „Weltformel" werden dann ihrerseits auch die Darstellungen von Gesamtzusammenhängen durch „Glasperlenspiele" deutlicher und leichter verständlich machen. Auch die universellen Strukturen wie der bereits genannte Lebensbaum, das Ba Gua oder

der Tierkreis werden durch die Verwendung in diesen „Glasperlenspielen" deutlicher werden, wodurch sich ihr Gebrauch auch im Alltag einbürgern wird.

Der elfte Baustein der neuen Gesellschaftsordnung
ist das Begreifen des Gesamtsystems.

Dies ist der zweite „Baustein", aus dem das Gesamtsystem besteht. Die Sachlichkeit des vorigen „Bausteins" ermöglicht es, das Gesamtsystem zu begreifen, also den zweiten „Baustein" herzustellen.

Die zwölf Bausteine			
	erschaffen	*ausgestalten*	*nutzen*
Land	Sachlichkeit	Gesamtsystem	
Wege	Kooperation	Einsicht	Entscheidungen
Haus	Gemeinschaft	Selbsttreue	Arbeit
Fundament	Überleben	Besitz	Vielfalt

12. Menschheit

♓

Die Betrachtung, Erforschung und Beschreibung des Gesamtsystems in dem vorigen Schritt führt auch dazu, dass man nicht nur die materiellen Abläufe sieht, sondern auch das Bewusstsein.

Das wiederum hat zur Folge, dass spätestens jetzt auch die Religion, die Meditation und die Magie in das neue Gesellschaftssystem miteinbezogen werden. Dabei wird mit diesen drei Bewusstseinsbereichen jedoch genauso wie mit einer Erfahrungswissenschaft, also mit einer Naturwissenschaft umgegangen, d.h. es wird experimentiert, betrachtet, allgemeingültig formuliert und dann angewendet.

Dadurch ergeben sich neue Möglichkeiten der Kooperation oder genauer gesagt, des „Lenkens des Zufalls". Man kann sich etwas wünschen, darüber meditieren oder eine Gottheit um etwas bitten – und der „sinnvolle Zufall" führt es dann zu einem. Man könnte auch sagen, dass man sich in das kollektive Unterbewusstsein einschwingt und dass dieses kollektive Unterbewusstsein dann die „sinnvollen Zufälle" bewirkt.

Dass so etwas möglich ist, weiß man natürlich erst dann, wenn man solche „sinnvollen Zufälle" mehrfach erlebt hat.

Dieses Lenken des Warenflusses mithilfe des Wünschens, der Telepathie und des Gebets klingt möglicherweise etwas ungewohnt, aber innerhalb eines kleinen Rahmens kann das durchaus schon heute zu einer wesentlichen Hilfe im Alltag werden.

Das kollektive Unterbewusstsein ist gewissermaßen eine nicht-materielle Variante des Internets, über das ebenfalls der Warenfluss gelenkt werden kann – insbesondere über „amazon" und „E-bay". Das kollektive Unterbewusstsein ist insbesondere bei Warenflüssen vor Ort und bei der Suche nach besonders ausgefallenen Dingen sehr hilfreich.

144

Dazu ist es notwendig, das Wünschen zu üben – so wie man bei amazon und Ebay im Internet sucht, kann man auch sich hinsetzen und sich etwas wünschen und sich schon mal drauf freuen, dass es kommen wird. Das ist natürlich kein verkrampfter Vorgang, sondern etwas Entspanntes, Unspektakuläres.

Dieses Wünschen gehört zu den Dingen, die man erst wirklich verstehen kann, wenn man sie mehrmals erlebt hat. Dieses Wünschen ähnelt dem Gefühl, das man hat, wenn man von jemandem von hinten angestarrt wird und man sich dann umdreht, um zu sehen, wer das ist. Dieses Spüren des Angestarrtwerdens ist die „passive Variante" derselben Fähigkeit, von der das Wünschen die „aktive Variante" ist.

Dieser Ansatz, bei dem Bewusstsein und Materie als gleichermaßen als real erkannt worden sind, wird auch zu einer ganzheitlichen Heilkunst führen, die auch alternative Heilweisen, die Psyche und das soziale Umfeld miteinbezieht.

Der zwölfte Baustein der neuen Gesellschaftsordnung
ist die Einbeziehung des Bewusstseins und seiner Wirkungsmöglichkeiten.

Dieser dritte „Baustein" des vierten Dreischritts verbindet schließlich die Einzelnen wirklich zu einer umfassenden, globalen Gemeinschaft. Der Einzelne wird nun von dem Ganzen in Vertrauen getragen und der Einzelne trägt auch das Ganze in Verant-wortung.

- - -

Das „Land" der neuen Gesellschaftsordnung ist nun fertig erschaffen worden und die Menschen in diesem „Land" sind nun zu „Eltern der Erde" geworden.

Die zwölf Bausteine			
	erschaffen	*ausgestalten*	*nutzen*
Land	Sachlichkeit	Gesamtsystem	Bewußtheit
Wege	Kooperation	Einsicht	Entscheidungen
Haus	Gemeinschaft	Selbsttreue	Arbeit
Fundament	Überleben	Besitz	Vielfalt

Diese 12 Bausteine entsprechen den 12 Tierkreiszeichen – in jedem der 12 Kapitel dieses Buches ist aus der Qualität jedes dieser 12 Tierkreiszeichen einer der 12 Bausteine des neuen Gesellschaftssystems erschaffen worden.

Die zwölf Bausteine (der Tierkreis)			
	erschaffen	*ausgestalten*	*nutzen*
Land (Erde)	♑ Sachlichkeit	♒ Gesamtsystem	♓ Bewußtheit
Wege (Luft)	♎ Kooperation	♏ Einsicht	♐ Entscheidungen
Haus (Wasser)	♋ Gemeinschaft	♌ Selbsttreue	♍ Arbeit
Fundament (Feuer)	♈ Überleben	♉ Besitz	♊ Vielfalt

Die 12 Tore zur Sophikratie

Entwürfe für die Zukunft – Band 27

Inhaltsübersicht

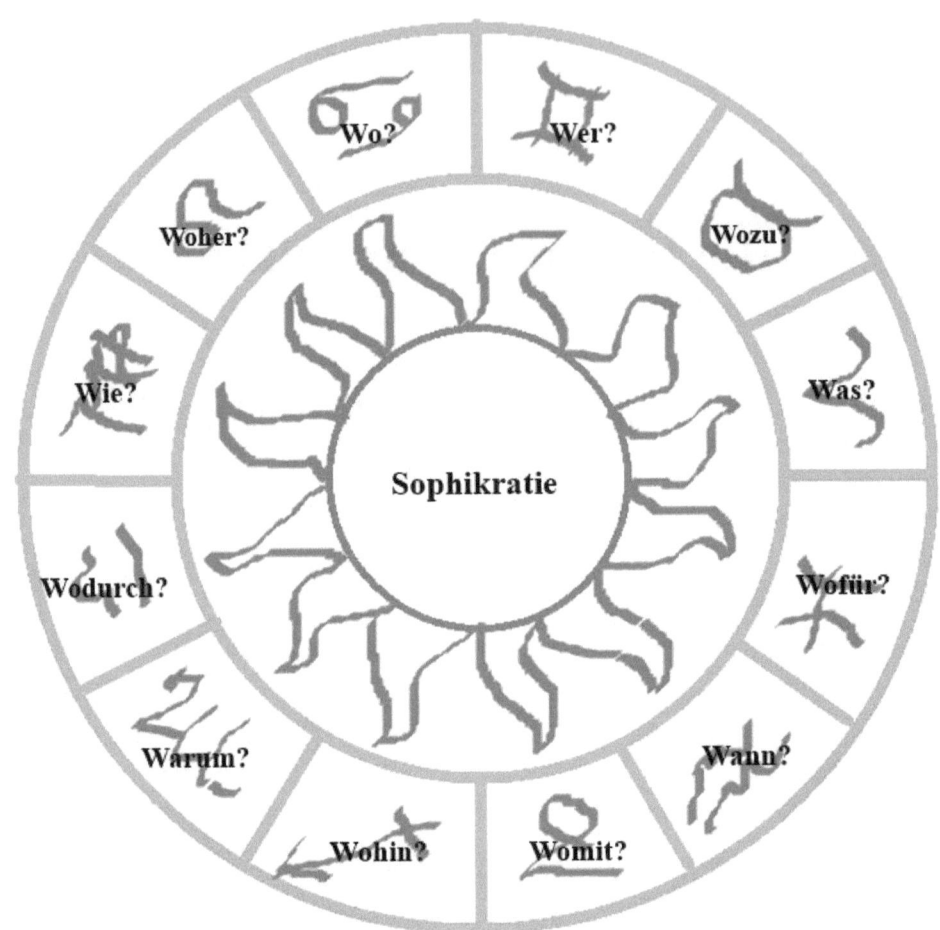

1. Was?

♈

Ich: „Hi! Wer bist Du?"

Widder: „Der Widder. Was willst Du?"

Ich: „Ich hab Dich gerade um die Ecke kommen sehen – da hab ich Dich einfach mal angesprochen. Ich versuche was zu erreichen – kannst Du mir dabei helfen?"

Widder: „Was hab ich denn damit zu tun, was Du machen willst?"

Ich: „Ich denke schon, dass das auch mit Dir zu tun hat. Schließlich leben wir alle auf derselben Erde."

Widder: „Sag endlich, was los ist und vergeude nicht meine Zeit!"

Ich: „Ich sehe überall Krisen und Gefahren und will …"

Widder: „Mit Weltverbesserern habe ich nichts am Hut. Tschüss!"

Ich: „Willst Du nicht auf einer Erde ohne Krieg leben?"

Widder: „Wer sollte das nicht wollen? Zeitverschwender!"

Ich: „Ist es Zeitverschwendung, den Klimawandel rückgängig zu machen? Die Atombomben abzuschaffen? Die Rohstoffvergeudung zu stoppen? Die Umweltzerstörung zu beenden? Die …"

Widder: „Jetzt fährst Du aber dicke Geschosse auf!"

Ich: „Schön, dass Du mir zustimmst, dass das dicke Themen sind. Wenn wir die nicht in den Griff bekommen, wird's uns bald ziemlich schlecht gehen."

Widder: „Jetzt mach mal halblang!"

Ich: „Glaubst Du denn, dass sich diese Schwierigkeiten von selber regeln?"

Widder: „Die Welt geht so oder so vor die Hunde … Da änderst Du nichts dran und da ändere ich nichts dran."

Ich: „Du hast also schon aufgegeben? Und ertrinkst jetzt einfach ohne zu versuchen, ob Du schwimmen kannst?"

Widder: „Jetzt hör aber mal endlich auf! Du verdirbst mir den ganzen Tag!"

Ich: „Ja, das stimmt wohl. Aber ich verderbe lieber mir und Dir den ganzen Tag als dass ich nichts tue und uns dadurch das ganze weitere Leben verderbe."

Widder: „Hm ... Trotzdem – das ist vollkommen unrealistisch, daran irgendetwas ändern zu wollen. Ich bin nur ein kleines Licht – die Macht haben die da oben. Die Reichen."

Ich: „Ja, Du bist ein kleines Licht und ich bin auch ein kleines Licht – aber zusammen sind wir schon zwei kleine Lichter."

Widder: „Hahaha! Was kommt nun? Etwa 'Proletarier aller Länder, vereinigt euch!'? Oder 'Ökos aller Länder, vereinigt euch!'? So naiv kann doch niemand sein, dass er glaubt, dass das was bringt?"

Ich: „An den Spruch habe ich noch nicht gedacht ... Aber, ja – im Prinzip denke ich das ... Zumindest werde ich nicht einfach dasitzen und zusehen, wie die Welt zerstört wird, in der dann meine Kinder leben müssen."

Widder: „Jetzt drückst Du aber auf die Tränendrüse!"

Ich: „Ich liebe meine Kinder."

Widder: „Ehm ... das meinst Du jetzt ernst, oder?"

Ich: „Ja – hast Du keine Kinder?"

Widder: „Doch ... Und ja – ich will auch, dass sie in einer Welt leben, in der kein Krieg um die letzten Wasserstellen herrscht und in der es noch Reiher und Schmetterlinge gibt. Aber wie sollen wir das denn ändern? Wir können doch das, wie's heute überall läuft, nicht einfach anders machen!"

Ich: „Ich habe nicht die perfekte Lösung und schon gar nicht die einfache Lösung. Aber gar nichts tun, kann auch nicht."

Widder: „Und was willst Du tun? Was hast Du schon getan?"

Ich: „Ich habe nachgedacht und mich gefragt, wie es aussehen müsste, damit es besser läuft mit uns Menschen auf der Erde."

Widder: „Und?"

Ich: „Wir benehmen und wie Halbstarke, wie Jugendliche in ihrer Pubertät."

Widder: „Das stimmt – und was anderes werden wir auch nie sein! Das kannst Du an allen Ecken und Enden sehen!"

Ich: „Na, ja ... ich verstehe, dass man das so sehen kann. Aber gibt es nicht auch eine Chance, dass wir nicht nur als Einzelne älter und einsichtiger werden und vom Jugendlichen zum Erwachsenen werden? Könnten wir nicht auch kollektiv erwachsen werden?"

Widder: „Als Menschheit erwachsen werden? Wie soll das denn gehen?"

Ich: „Weiß ich noch nicht so genau. Aber kannst Du sehen, dass es das wäre, was wir brauchen?"

Widder: „Eine erwachsene Menschheit? ... Ja, das wäre schon was ...“

Ich: „Ganz einfach die mittelfristigen und die langfristigen Folgen des eigenen Handelns beachten. Das wäre doch schon mal was.“

Widder: „Hm ...“

Ich: „Und wie in einer Familie zu sehen, dass es notwendig ist, dass alle einigermaßen zufrieden sind, da es sonst einfach keinen Frieden gibt ... und schon gar nicht solche Dinge geben wird wie Lachen und Liebe und Freundschaft ...“

Widder: „Nun sei mal nicht so pathetisch! Jeder denkt erst mal an sich selber.“

Ich: „Ich dachte, Dir seien Deine Kinder auch wichtig?“

Widder: „Ja, gut ... das stimmt ...“

Ich: „Und das Thema, über das wir gerade reden, scheint Dir auch wichtig zu sein, denn sonst würdest ja nicht mehr hier stehen.“

Widder: „Ja, gut ... Aber wie willst Du es denn schaffen, dass die Menschheit erwachsen wird? Derzeit haben wir noch Kriege und eine Menge Egozentriker in den Regierungen.“

Ich: „Das ist schon wahr. Ich suche ja auch noch nach Lösung.“

Widder: „Und wie willst Du sie finden, diese ... diese Erwachsenen-Herrschaft?“

Ich: „Indem ich mit Dir und mit anderen rede und schaue, was wir finden können, wo wir anfangen können.

Widder: „Wo wir anfangen können? Wenn Du was erreichen willst, braucht das Kind einen Namen.“

Ich: „Ehm ... die ‚Erwachsenen-Herrschaft‘, die Du gerade vorgeschlagen hast?“

Widder: „Quatsch! So ein Name muss kurz und knackig sein, sonst klappt das schon wegen dem Namen nicht. Und man muss ihn verstehen können. ... Fällt Dir da was ein?“

Ich: „Hm ... Gaiakratie?“

Widder: „Was?“

Ich: „Na, ja – Gaia ist die Erdgöttin und die ist doch inzwischen auch ein bisschen zu einem Symbol für die Erde als Lebewesen und für ein ökologisches Verhalten geworden.“

Widder: „Ich finde, 'Gaiakratie' klingt eher wie 'Herrschaft der Erdgöttin' oder wie 'Herr der Erde' oder so was in der Art.

Ich: „Na, gut ... Aber was dann? ... Vielleicht 'Kooperkratie'?“

Widder: „Was soll denn das sein?“

Ich: „Erkennt man das nicht? 'Herrschaft der Kooperation'.“

Widder: „Viel zu lang, das Wort.“

Ich: „Puh – das ist ja gar nicht so einfach, da ein passendes Wort zu finden.“

Widder: „Wir brauchen aber was Knackiges, sonst kannst Du's gleich vergessen.“

Ich: „Vielleicht 'Cognikratie'? Also 'Herrschaft des Verstandes und der Vernunft'?“

Widder: „Klingt sehr verkopft. Und es geht doch um die Liebe zu den eigenen Kindern und zum Leben … Zumindest klingt das bei Dir so.“

Ich: „Ja, Du hast recht … und 'Solidarikratie'? Also 'Herrschaft der Solidarität'?“

Widder: „So wird das nichts. Was sollen diese Erwachsenen denn machen? Also die erwachsene Menschheit?“

Ich: „Also – 'Adultokratie' fände ich doof … also 'Erwachsenenherrschaft'. … Im Grunde soll die neue Form doch ganz einfach weise sein … Weise! Das ist es! 'Sophikratie'!“

Widder: „'Sophikratie' … das hat einen guten Klang … Ja – und Weisheit ist das, was wir brauchen.“

Ich: „Also eine Herrschaftsform oder besser noch eine Selbstverwaltungsform der Menschheit, die auf Weisheit beruht. … Ja, das ist das, was wir brauchen. … gut – also wir brauchen eine Sophikratie.“

Widder: „Und nun? Nun haben wir einen Namen für das, was wir suchen.“

Ich: „Und wir wissen, dass das, was wir suchen, das Verhalten von erwachsenen und am besten auch noch weisen Menschen ist.“

Widder: „Und was bringt uns das nun? Nichts.“

Ich: „Das stimmt ja nicht so ganz. Wir wissen, wo wir hinwollen und wir haben dem Ziel einen Namen gegeben, der nun so eine Art Samenkorn, eine Mitte, ein Zentrum sein kann.“

Widder: „Aber das macht uns noch nicht klüger und das bringt uns auch noch nicht weiter.“

Ich: „Ja – aber wir fangen ja auch gerade erst an. Wir sagen, was wir wollen und wir denken jetzt schon beide darüber nach.“

Widder: „Worte bringen nichts. Wir brauchen Taten!“

Ich: „Letztlich ja. Das sehe ich auch so. Aber wäre es nicht erstrebenswert, ein Bild von dem zu haben, was wir anstreben?“

Widder: „Ein Bild?“

Ich: „Ja – eine Vorstellung davon, wie das, wir wollen, aussehen könnte. Wie das funktionieren könnte, wie das aufgebaut sein könnte, wie die Schritte dahin aussehen könnten."

Widder: „Worte haben noch nie etwas geändert.

Ich: „Nein – dafür muss man konkrete Schritte gehen. Aber Worte können die Richtung klären, in der man losgehen will."

Widder: „Ja, gut … und Du glaubst, dass Du herausfinden wirst, wie die bessere Zukunft aufgebaut sein muss?"

Ich: „Nein – nicht ich alleine … ganz bestimmt nicht. Aber wenn ich nicht meinen Teil dazu tue – wenn nicht jeder seinen kleinen Teil dazu tut, wird gar nichts passieren. Also tue ich lieber meinen kleinen Teil dazu als nichts zu tun."

Widder: „Auch wieder wahr …"

Ich: „Und mir scheint, dass das am wirkungsvollsten ist, wenn jeder an der Stelle etwas zu der Entwicklung zu einer erwachsen gewordenen Menschheit dazutut, wo er die größten Talente und Fähigkeiten hat. Dann ist seine Förderung dieser Entwicklung am größten."

Widder: „Und was ist Dein Talent?"

Ich: „Ich glaube, das ist die Forschung. Und Deins?"

Widder: „Einfach mal anfangen. Einfach mal laut brüllen und alle aufwecken."

Ich: „Das könnte ich nicht – laut brüllen, meine ich. Gut, das wir alle so verschiedene Talente haben."

Widder: „Dann werde ich jetzt mal laut brüllen … Ich hoffe, das hilft …"

Ich: „Und ich versuche, diese Sophikratie konkreter zu bekommen … also ein möglichst lebendiges Bild davon zu entwerfen, dass die Menschen wirklich überzeugen kann."

Widder: „Mach mal … Das ist nichts für mich. Ich muss anpacken können. Etwas von da nach dort bringen oder ein Brücke bauen oder eine Mauer einreißen – so was in der Art."

Ich: „Dazu wird es sicherlich noch reichlich Gelegenheit geben …"

Widder: „Dann bis bald mal! Da kommt auch gerade jemand, der Dich sprechen will. Ciao!"

Ich: „Ciao!"

2. Wozu?

♉

Ich: „Hallo!"

Stier: „Einen wunderschönen Tag wünsche ich Ihnen."

Ich: „Möge auch Ihr Tag wunderschön werden! Darf ich fragen, wie ich zu der Ehre dieser Begegnung komme?"

Stier: „Ich bin der Stier. Ich habe Ihr Gespräch mit dem Widder mitgehört – sie haben ja nicht gerade leise gesprochen."

Ich: „Das ist wohl wahr … Aber es waren ja auch keine Geheimnisse, über die wir gesprochen haben …"

Stier: „Das klingt gut – das mit der erwachsenen Menschheit und der Sophikratie."

Ich: „Danke."

Stier: „Aber die Menschen sind träge – die arbeiten nicht gern … Und verändern tun sie schon gar nicht gerne was."

Ich: „Das habe ich auch schon bemerkt. Wisst Ihr denn, was die Menschen dazu bewegen kann, etwas zu tun oder gar zu ändern?"

Stier: „Da gibt es nur zwei Dinge: Ausreichend großer Schmerz oder ausreichend große Lust. Wir Menschen meiden den Schmerz und suchen die Lust … Wir sind Genießer …"

Ich: „Hm … dann müssten die Menschen also klar genug sehen, was sie Gutes erreichen könnten und was sie an Gefährlichem meiden könnten. Sie brauchen also offene Augen und ein bisschen Weitsicht?"

Stier: „Ja – wenn sie die Pfirsiche am Baum nicht sehen und auch die Krokodile im Fluss nicht sehen, tun sie nichts."

Ich: „Dann wäre der nächste Schritt also, ihnen zu zeigen, welche Möglichkeiten wir haben und welche Gefahren uns drohen?"

Stier: „Wir Menschen haben ein großes Talent, unsere Augen fest zu verschließen, wenn wir sonst etwas Unbequemes sehen würden … die 'Vogel Strauß'-Taktik …"

Ich: „Die 'Vogel Strauß'-Technik? … Ach, ja … 'Was sich nicht sehe, ist auch nicht da.' … Da fällt mir ein alte Spruch ein: 'Wer heute den Kopf in den Sand steckt, knirscht morgen mit den Zähnen.'"

Stier: „Sprüche sind nett, aber sie motivieren nicht."

Ich: „Nein, da stimme ich Ihnen zu. Aber immerhin können sie manchmal einen komplexen Zusammenhang auf den Punkt bringen. ... Also: Die Frage ist demnach, wie die Menschen zu der Motivation kommen, etwas ändern zu wollen."

Stier: „Lust und Leid – sonst nichts ..."

Ich: „Hm ... Damit wären wir schon wieder bei der Weitsicht, bei der Einsicht, bei der Weisheit ..."

Stier: „Ja – man muss die guten und die schlechten Möglichkeiten sehen ... und sie auch sehen wollen. Sonst wird man nichts entscheiden können – oder überhaupt nur etwas entscheiden wollen."

Ich: „Hm ..."

Stier: „Und da die Menschen egoistisch sind, schauen sie lieber auf den Apfel in ihrer Hand, den sie jetzt essen wollen als auf die Bäckerei in der Ferne ... oder auf den Panzer an der Grenze ... Das ist jetzt bildhaft gemeint."

Ich: „Ja, das habe ich verstanden. ... Dann ist also der Egoismus das Problem ... der kurzsichtige Egoismus."

Stier: „Der kurzsichtige Egoismus?"

Ich: „Ja. Nichts kann existieren, das nicht egoistisch ist, denn sonst könnte es sich nicht selber am Leben erhalten und wäre folglich schon nach Kurzem raus aus dem Spiel. Das gilt für Menschen, für Staaten, für Tiere, für Pflanzen – selbst ein Molekül existiert nur dann weiter, wenn es egoistisch ist, d.h. wenn es sich selber erhalten kann, also stabil genug ist. Sonst löst es sich einfach wieder in seine Atome auf ..."

Stier: „Das ist leicht einzusehen. Egoismus muss also sein, weil man sonst sterben würde. Es kann also nur das geben, was ausreichend egoistisch ist. ... Und die Kurzsichtigkeit des Egoismus?"

Ich: „Damit meine ich, dass wir oft nur das sehen und bedenken, was gleich vor unseren Füßen liegt, aber nicht das, was zwanzig Schritte weit entfernt liegt. Dadurch bekommen wir den kleinen Vorteil gleich vor uns, aber auch den großen Nachteil, der dann anschließend zwanzig Schritte weiter kommt. Auf diese Weise haben wir durch einen kurzsichtigen Egoismus etwas getan, was uns selber schadet. Das ist ein kindliches Verhalten – kein erwachsenes Verhalten."

Stier: „Ja, das verstehe ich ... Es wäre jetzt noch recht kostengünstig, die Klimaerwärmung zu vermeiden, statt dann später die horrenden Kosten der Klimaerwärmung, die eingetroffen ist, zu tragen. Aber es ist unbequem, jetzt auf etwas zu verzichten oder sich für etwas anzustrengen – die großen Probleme dieser Untätigkeit kommen ja erst später ... Ja – das ist wirklich ein kindliches Verhalten ... Man könnte das geradezu als ein 'kindisches Verhalten' bezeichnen, da wir ja individuell durchaus

Erwachsene sind."

Ich: „Ja – aber nicht kollektiv …"

Stier: „Leider nicht … Und nun? Die Wissenschaftler erklären uns diese Zusammenhänge ja schon seit 50 Jahren und keiner hört wirklich auf sie … oder wir hören ihnen schon meistens zu, aber tun nicht so viel, wie nötig wäre …"

Ich: „Schildern die das nicht drastisch genug? Die Folgen unserer Trägheit, unseres Nichts-Tuns?"

Stier: „Menschen sind nicht gerade Wesen, die ganz von ihrer Einsicht gesteuert werden – sondern eher von Lust und Leid. Und Leid, das noch Jahre entfernt ist, ist nur ein Schemen, das man beiseiteschieben kann, während die Lust, die nur zwei Schritte entfernt ist, viel greifbarer ist. Der Flug in den Urlaub in zwei Wochen ist konkret – die Beschleunigung der Klimaerwärmung durch diesen Flug liegt irgendwo diffus in der Zukunft … und es wird schon nicht so schlimm werden, wie die anderen erzählen …"

Ich: „Diese mangelnde Weitsicht, also dieser kurzsichtige Egoismus ist wirklich ein Problem … Da waren die Naturvölker weitsichtiger … Da gab es die Regel, dass niemand etwas tun soll, was den nächsten zehn Generationen der Gemeinschaft schaden könnte …"

Stier: „Warum haben die das sehen und entsprechend handeln können und wir nicht?"

Ich: „Hm … Ich glaube, das liegt daran, dass sie sich als Teil der Natur gesehen haben und die Natur sozusagen ein erweiterter Teil ihres eigenen Leibes war – dann will man auch die Natur so erhalten, dass man gut in ihr leben kann."

Stier: „Und wann haben wir das verloren? Diese Weisheit und diesen weitsichtigen Egoismus?"

Ich: „Das ging wohl in vielen Schritten vonstatten … Als wir in der Jungsteinzeit mit Ackerbau und Viehzucht begonnen haben, haben wir angefangen, die Erde umzugestalten. Das wurde dann im Königtum noch viel mehr: 'Machet euch die Erde untertan.' Das war dann schon eine ganz andere Haltung. Und im Materialismus ist die Erde nur noch etwas, das man nach Belieben nutzt und benutzt. Doch diese Haltung funktioniert heute nicht mehr – mit dieser Haltung würden wir uns in absehbarer Zeit selber zerstören."

Stier: „In absehbarer Zeit … ja … unsere Kinder und Enkel werden das ausbaden müssen … Die Folgen sind gar nicht mehr so fern … Aber wie können wir das ändern?"

Ich: „Im Grunde müssen wir uns wieder als Teil der Natur begreifen, als Teil der Menschheit, als Teil der Lebewesen, als Teil der Erde …"

Stier: „Ja ... aber wie kann das über eine Natur-Romantik hinausgehen? Wie kann das die Menschen zum Handeln bewegen? Das geht doch nur, wenn sie ganz klar den Schaden und den Nutzen sehen."

Ich: „Das sehe ich auch so. ... Aber die warnenden Worte der Wissenschaftler verhallen nun schon seit 50 Jahren weitgehend ungehört."

Stier: „Warnende Worte reichen nicht. Schädliches Verhalten muss mit Strafen belegt werden."

Ich: „Tja ... solange die Ökos nur Dosenpfand verordnen, machen ja noch alle mit, aber wenn sie eine ernsthafte Ökosteuer erheben würden, die auf jedes Produkt alle durch die Herstellung dieses Produktes entstehenden Folgekosten aufschlagen würde, dann würden die Ökos ganz schnell abgewählt werden ... dann wären sie sie schließlich unbequem ..."

Stier: „Weitsichtiger Egoismus lässt sich offensichtlich nicht verordnen, sondern nur allmählich entwickeln ..."

Ich: „Aber wie?"

Stier: „Wenn ich das nur wüsste ... Dann hätte ich eine Chance auf den Nobelpreis ..."

Ich: „Vermutlich ..."

Stier: „Ich glaube, das musst Du mit jemand anderem klären. Da geht es um Einsicht, um klare Wahrnehmung, um Beweglichkeit und dergleichen ... Ich kenne da jemanden – den werde ich zu Dir schicken."

Ich: „Das ist wirklich nett von Dir. Vielen Dank!"

Stier: „Das ist ja ganz in meinem Interesse – und fördert meinen Nutzen. ... Das entspringt jetzt meinem Egoismus, der gerade ein wenig weitsichtiger geworden ist."

Ich: „Danke! Auf Wiedersehen!"

Stier: „Auf Wiedersehen."

3. Wer?

♊

Ich: „Hallo!“

Zwilling: „Hi! Ich bin der Zwilling. Der Stier hat mich zu Dir geschickt. Er meinte, Du hättest ein paar Fragen an mich.“

Ich: „Ehm – ja … So könnte man das nennen.“

Zwilling: „Er hat mir schon kurz erzählt, worum's geht. Du willst ein neues Regierungssystem erschaffen, um die Welt zu retten.“

Ich: „Na, ja … wenn Du das so sagst, klingt das so groß. Ich will einfach nur das, was ich kann, dazu tun, damit wir eine Lösung für die aktuellen Probleme finden …“

Zwilling: „Also Sophikratie. Klingt hübsch.“

Ich: „Nun, ja – ich dachte, dass wir Weitsicht und Weisheit brauchen werden … Und so ein Art Gesamtentwurf …“

Zwilling: „Ich seh' schon – ein ganz bescheidenes, kleines Projekt … Du willst so was wie ‚Das Kapital‘ von Karl Marx schreiben, der die Lösung in der Solidarität der Gemeinschaft gesehen hat. Oder vielleicht eher so was wie ‚Gott und Staat‘ von Miachail Bakunin, der die Lösung in der vollkommenen Freiheit jedes Einzelnen gesucht hat … Oder steht Dir der Sinn mehr nach so etwas wie dem ‚Der Gottesstaat‘ von Kirchenvater Augustinus oder gar nach eine aktuellen Version von Platos ‚Kritias‘, in der er Atlantis als den idealen Staat beschreibt?“

Ich: „Wenn Du das so darstellst, traue ich mich ja kaum noch etwas zu sagen …“

Zwilling: „Nicht so schüchtern. Wenn Du gute Ideen hast, dann bring sie unters Volk!“

Ich: „Ich bin da ein bisschen ratlos, wie ich das tun soll …“

Zwilling: „Du brauchst vor allem Werbung, Marketing … Karls Marx wäre ohne Friedrich Engels nicht weit gekommen …“

Ich: „Und – kannst Du das übernehmen?“

Zwilling: „Ich werbe nur für das, was wirklich einen Inhalt hat. … Obwohl man mit ausreichender Werbung natürlich auch völlig schwachsinnige Dinge verkaufen kann.“

Ich: „Und – hast Du den Eindruck, dass meinen Gedanken lohnend sind?“

Zwilling: „Völlig unausgereift – aber das Überleben der Menschen auf diesem Planeten ist für uns Menschen natürlich eine durchaus lohnende Angelegenheit."

Ich: „Ehm, ja …"

Zwilling: „Ich helfe Dir gerne, das Tor zu öffnen, damit sich das rumspricht …"

Ich: „Danke."

Zwilling: „Du willst also Weisheit lehren? Den weitsichtigen Egoismus propagieren? Einsicht vermitteln? … Kurz gesagt also das erreichen, was die Politiker so gut wie noch nie geschafft haben?"

Ich: „Äh …"

Zwilling: „'Äh' ist schon mal ein guter Anfang … Du weißt, dass Du nichts weißt … Das stammt übrigens von Sokrates, dem Vater der Philosophie … Der ist ja sozusagen der Pate Deiner Sophikratie, da die Philosophen die 'Weisheits-Liebenden' sind und Du eine 'Weisheits-Herrschaft' errichten willst."

Ich: „Ehm …"

Zwilling: „Also Einsicht, weitsichtiger Egoismus und Weisheit – glaubst Du wirklich, dass die in dem Wesen der Menschen verankert sind?"

Ich: „Na, ja – ich hoffe, dass es zumindest nicht unmöglich ist – und der Stier meinte, dass die Menschen, wenn sie ihren Vorteil in einem weisen Handeln sehe, auch weise handeln werden …"

Zwilling: „Ja – das sehe ich auch so."

Ich: „Aber wie fangen wir das an?"

Zwilling: „Du musst was haben, was sie neugierig macht, was sie hoffen lässt, was sie ermutigt, was ihnen zeigt, dass es sich lohnt, dass der Weg gar nicht so schwer ist, dass es durchaus machbar ist, dass nur kleine Schritte nötig sind, dass es nicht schwer ist … Und dafür brauchst Du eine Vision, eine Utopie, die überzeugend ist, die lockt, die anzieht, die begeistert. … Und dafür muss sie neu sein, Gehalt haben, schlicht sein, griffig, überzeugend – eben so, wie gute Werbung ist …"

Ich: „Hm …"

Zwilling: „Und Du musst ein guter Redner werden."

Ich: „Was?"

Zwilling: „Du musst das darstellen können, was Du willst – und Du musst es kurz und knackig und trotzdem gut gegründet darstellen können. Der Name 'Sophikratie' ist schon mal ein Anfang. Dann haben wir die 'erwachsene Menschheit' als Schlagwort und auch den 'weitsichtigen Egoismus' als Schlagworte. Noch was?"

Ich: „Ehm … diese Art zu denken, ist mir etwas ungewohnt …"

Zwilling: „Aber sie ist zur Verwirklichung notwendig. Also: Was noch?"

Ich: „Überleben?"

Zwilling: „Das ist zu hart – das stimmt zwar, aber das sollte nur am Rande erscheinen, sonst laufen Dir die Zuhörer weg."

Ich: „Hm …"

Zwilling: „Es wäre gut, wenn Du etwas mehr Inhalt hättest. Es reicht nicht zu sagen, was das Problem ist und welche Haltung die Lösung ist, Du musst auch konkrete Schritte dahin aufzeigen – und zwar Schritte, die die Menschen auch zu gehen bereit sind. Wenn Du einfach nur sagst, dass alle Steuern um 10% erhöht werden, um damit all die notwendigen ökologischen Projekte zu finanzieren, wird Dir niemand mehr zuhören und jede Partei, die auch nur Deinen Namen erwähnt, wird sofort aus dem Parlament fliegen."

Ich: „Es ist also nicht nur wichtig, dass man es sagt, sondern auch, wie man es sagt. Und dass man nicht nur den Finger in die Wunde legt, sondern auch ein konkretes Heilmittel vorschlägt."

Zwilling: „Ich sehe, Du hast es begriffen. … Konkrete Vorschläge?"

Ich: „Wo könnte man denn da ansetzen? … Ich habe ja schon des Öfteren anderen erzählt, was für ein Unfug unsere Wegwerf-Gesellschaft ist. Wenn wir wieder wie früher wirklich langlebige Produkte herstellen würden, würden wir vielleicht doppelt so viel Material und doppelt so viel Arbeitszeit dafür brauchen, aber wenn die Produkte dann zehnmal oder noch länger halten … Dann brauchen wir insgesamt nur die Hälfte oder vielleicht nur noch ein Viertel des Materials und der Arbeitszeit … Diese drastische Arbeitszeitverkürzung dürfte doch ziehen, oder?"

Zwilling: „Das ist ein gutes Argument. Du musst Deine Reden von den Vorteilen her aufbauen, die Dein System bringen würde. Und es sollten drastische Vorteile sein."

Ich: „Das muss man also den Leuten klarmachen …"

Zwilling: „Ja … Hast Du noch mehr Ideen?"

Ich: „Hm – es wäre auch eine Möglichkeit, die Menschen zu fragen, was sie eigentlich wirklich in ihrem Leben brauchen. Ich meine, welche Gegenstände sie wirklich brauchen … So könnte man die Produktion, die Arbeitszeit und die verwendeten Rohstoffe noch einmal deutlich reduzieren."

Zwilling: „Da hast Du zwar recht, aber das wird als Argument nicht ziehen … Das sieht nach Verzicht aus – und ein großer Teil der Menschen lebt im Mangel und ist gierig … Diese Art von Argumenten hebst Du Dir besser für später auf, wenn das Grundsätzliche beschlossen ist und es um die Feinheiten geht. Davon mal abgesehen, kannst Du einem Gierigen nicht Verzicht verordnen – das funktioniert nicht … da hilft nur das Heilen seines Mangelgefühls."

Ich: „Das wird ja immer komplizierter! Und die richtige Reihenfolge des Vorgehens muss man auch noch beachten …"

Zwilling: „Ja – die Sache ist ja auch durchaus anspruchsvoll …"

Ich: „Hm … was haben wir denn dann bisher? … Also: die Sophikratie als Namen und Grundidee … dann den weitsichtigen Egoismus … dann die erwachsene Menschheit … die Reduzierung der Arbeitszeit durch langlebige Produkte …"

Zwilling: „Das ist schon mal ein Anfang, aber Du brauchst auf jeden Fall noch mehr – aber das ist nicht mein Metier, da noch weitere Möglichkeiten zu finden."

Ich: „Und Du findest, das Überleben der Menschen auf diesem Planeten ist kein gutes Argument?"

Zwilling: „Ein besseres Argument gibt es überhaupt nicht, aber es ist ein Argument, das in den Menschen Angst auslöst – und da gehen viele Menschen schnell weg und hören Dir lieber nicht mehr weiter zu."

Ich: „Hm …"

Zwilling: „Du kannst den Menschen nicht einfach die Wahrheit vor den Kopf knallen – das halten sie nicht aus. Du musst taktisch vorgehen, Du musst ein Menschenfänger werden."

Ich: „Das gefällt mir aber gar nicht. Ich will kein Menschenfänger sein. Ich will nur zeigen, was notwendig ist."

Zwilling: „Das ist ja auch richtig, aber Du musst es so tun, dass es eine Wirkung hat. Und wenn Du Deine Erkenntnisse so vorträgst, dass alle nur erschrocken sind und sofort erst mal gegen Dich sind, kommst Du nicht weit …"

Ich: „Ja … ich muss also wie ein Kindergärtner vorgehen?"

Zwilling: „Oder wie ein Lehrer …"

Ich: „Hm … das leuchtet ein … Wenn ich gleich damit anfange, dass wir die Menschheit von 8 Milliarden Menschen auf 1 oder 2 Milliarden Menschen reduzieren müssen und dass deshalb drei bis vier Generationen lang die 1-Kind-Familie notwendig ist, dann habe ich zwar Recht, aber das hat dann keine Wirkung … Dann habe ich sofort sowohl den Sexualtrieb als auch den Familiensinn aller Menschen gegen mich – und die Chancen, dass man mir zuhört, gehen gegen Null …"

Zwilling: „Genau. Du scheinst es begriffen zu haben."

Ich: „Ich wollte nie Politiker oder auch nur Rhetoriker werden …"

Zwilling: „Musst Du ja auch nicht. Da gibt's andere, die das besser können. Aber angesichts der Tatsache, dass Du Deine Erkenntnisse anderen Menschen vermitteln willst, solltest Du Dir auch klar machen, wie Du Menschen erreichen kannst und wie sie das, was Du zu sagen hast, auch verstehen und annehmen können. Und am besten erreichst Du so viele Menschen wie möglich …"

Ich: „Puh! Du hast recht, aber das macht das alles nicht gerade einfacher …"

Zwilling: „Nein – nicht einfacher, aber wirkungsvoller. Und darauf kommt es bei diesem Thema doch an, oder? Wenn's letztlich um's Überleben der Menschheit auf der Erde geht …"

Ich: „Du hast schon recht …"

Zwilling: „An dieser Stelle reichen Worte allerdings nicht mehr aus. Da brauchen wir eine Bilder-Expertin."

Ich: „Was meinst Du damit?"

Zwilling: „Wirst Du schon sehen. Ich schicke sie zu Dir."

Ich: „Ehm … ja … Danke."

Zwilling: „Nichts zu danken – es geht ja auch um mein eigenes Überleben …"

4. Wo?

♋

Ich: „Hallo – bist Du die, die der Zwilling zu mir schicken wollte?"

Krebs: „Hallo … Ja, er sagte, dass Du ein wenig Rat brauchen könntest."

Ich: „Ja – sehr gerne."

Krebs: „Er hat mir schon kurz erzählt, worum es geht. Um ein Bild für die Sophikratie."

Ich: „Ja – wobei ich noch nicht ganz verstanden habe, was er damit gemeint hat."

Krebs: „Wir Menschen reagieren viel stärker auf Berührungen, Düfte und Bilder und sogar mehr auf Melodien als auf Worte."

Ich: „Ist das so? … Ja, ich glaube schon … Bei Worten muss man ja erst mal denken, um sie zu verstehen … bei Bildern, Melodien, Düften und Berührungen ist das ja nicht so – die versteht man sofort. Und deshalb braucht die Sophikratie ein Bild?"

Krebs: „Ja – ein Bild, das ausdrückt, was Du willst. Ein Bild, das allen sofort verständlich macht, worum es geht."

Ich: „Das wäre schon hilfreich …"

Krebs: „Worum geht es denn? Der Zwilling hat mir gesagt, dass es um das Überleben auf der Erde geht – aber kannst Du das noch ein bisschen weiter ausführen?"

Ich: „Ja … weitsichtiger Egoismus … eine erwachsene Menschheit … die Verringerung der Arbeitszeit durch langlebige Produkte … ja, und auch um Frieden auf Erden …"

Krebs: „Nicht gerade wenig …"

Ich: „Nein – wenig ist das nicht … aber nötig und erstrebenswert …"

Krebs: „Und welche Fähigkeiten sind dafür notwendig?"

Ich: „Fähigkeiten?"

Krebs: „Ja – welche Haltung ist dafür nötig? Welches Bild, das die Menschen von sich selber haben? Von sich in der Welt?"

Ich: „Hm … Einsicht … Weisheit … Kooperation miteinander … ein Teil der Erde sein … ein Teil eines lebendigen Organismus sein …"

Krebs: „Das hilft schon mal weiter. Es geht also um Gemeinschaft, um die Menschheit als große Familie, um die Erhaltung der Erde, um uns als Teil der Erde … ja … da sollte dann ein Bild der Erde im Zentrum stehen – ein Foto der Erde, das vom Weltall aus aufgenommen worden ist …"

Ich: „Das gefällt mir … das zeigt, dass es um ums alle auf der Erde und um die Erde selber geht … Und das Bild ist rund, was ja immer harmonisch und einheitlich und organisch wirkt …"

Krebs: „Du verstehst anscheinend auch ein wenig von Bildern."

Ich: „Ein wenig."

Krebs: „Das Bild muss den Betrachter berühren und ihn mit einbeziehen und ihn am besten auch noch auf sanfte Weise betroffen machen … Wie wäre es mit einem Kreis von stilisierten Menschen mit verschiedenen Hautfarben, die rings um die Erde im Kreis auf ihr stehen und die sich an der Hand halten?"

Ich: „Das gefällt mir."

Krebs: „Du sagtest, dass diese Menschen erwachsen sein sollten, dass die Menschheit erwachsen werden muss … Sie sollte also wie ein große Familie handeln und dadurch die Erde erhalten und beschützen … Wir Menschen sind inzwischen so mächtig geworden, dass wir zumindest die Oberfläche der Erde zerstören könnten … Wir sollten aber wie Erwachsene handeln … wie Eltern … ja …"

Ich: „Wie kann man das denn in ein Bild bringen?"

Krebs: „Es kann ja auch Schrift zu dem Bild geben – aber nur sehr wenig Schrift … Also die Erdkugel, der Kreis von Menschen rings um die Kugel, darüber die Schrift 'Sophikratie' und darunter die Schrift 'Eltern der Erde'."

Ich: „Das gefällt mir!"

Krebs: „Das könnte Dein Emblem sein, Dein Plakat, Dein Symbol … Aber es reicht nicht, nur ein Bild zu haben und ein paar Schlagworte."

Ich: „Ich weiß – ich brauche noch viel mehr Details, eine Bauanleitung, ein System …"

Krebs: „Das stimmt natürlich, aber das meine ich nicht."

Ich: „Was denn dann?"

Krebs: „Du brauchst ein Lebensgefühl, ein Gemeinschaftsgefühl, eine Nestwärme, eine lebendige Gaia-Gemeinschaft … und das brauchst Du nicht nur in deiner Vorstellung, sondern Du musst dieses Gefühl auch ausstrahlen. Das muss in Dir leben, in Dir lebendig sein – dann wirst Du dieses Gefühl, dieses Bild auch ausstrahlen, dann wirst Du andere wirklich erreichen können. Du musst ein Vorbild sein – Du musst wirklich ein Vater, eine Mutter werden. Und das mit dem Gefühl und dem Bild in Dir, das Du dann ausstrahlst … Das meine ich ganz konkret – wirklich als Telepathie. Nur ein Mensch mit Ausstrahlung kann etwas bewirken. Die Menschen hören zwar auch Worten zu, aber Worte, die durch das Lebensgefühl des Redners ganz mit Leben erfüllt sind, mit Lebenskraft erfüllt sind, wirken weit mehr als theoretische Erläuterungen."

Ich: „Ja … ja … das verstehe ich … das habe ich auch schon so erlebt …"

Krebs: „Du musst Dich wirklich wie einer dieser stilisierten Menschen in dem Kreis rings um die Erde fühlen – Du musst wirklich das Gefühl dieses Bildes, dieser Sophikratie in Dir spüren, davon erfüllt sein. Dann kannst Du etwas bewirken. Und da muss Überzeugung in Dir sein, Freundlichkeit und ein Lächeln – Freude über das, was Du in Dir als dieses Bild der Erde mit dem Kreis der Menschen siehst. Du kannst Lebende nur mit Lebenskraft überzeugen und ihnen helfen, ihr Leben lebendiger zu machen."

Ich: „Ja … ich verstehe, was Du sagst … und irgendwie berührt mich das …

Krebs: „Dann scheint das Bild der Erde mit dem Menschenkreis und den Worten 'Sophikratie' und 'Eltern der Erde' ja das zu treffen, was Du erreichen willst."

Ich: „Ja – das trifft es …"

Krebs: „Versuch mal, dieses Lebensgefühl zu beschrieben."

Ich: „Dieses Lebensgefühl in mir, was da durch dieses Bild und diese Worte Ausdruck findet?"

Krebs: „Ja."

Ich: „Da ist Lebendigkeit … die Natur … die Lebenskraft … Freunde und Freundinnen … ich bin ein Teil des Ganzen … das ist keine harte Abgrenzung, auch wenn ich natürlich mich von anderen unterscheiden kann … und weil ich Teil des Ganzen bin, ist da Vertrauen: das Ganze trägt mich … und deshalb ist da auch Verantwortung: ich trage das Ganze … … … und da ist so eine stilles, grundloses Glück, wenn ich das spüre …"

Krebs: „Allmählich wird das immer reichhaltiger, was dieses Bild ausdrückt … Ich fasse das noch mal zusammen: … Sophikratie … Einsicht … weitsichtiger Egoismus … Weisheit … Kooperation … eine erwachsene Menschheit … Eltern der Erde … Vertrauen und Verantwortung … kürzere Arbeitszeit durch langlebige Produkte … Frieden auf Erden …"

Ich: „Das klingt schon nach ziemlich viel – nach einer Riesenaufgabe … Aber es stimmt, das sind alles Dinge sind, die meiner Ansicht nach zu dem kollektiven erwachsenen Verhalten von uns Menschen gehört, das ich anstrebe."

Krebs: „Versuch nicht, das alleine zu erreichen."

Ich: „Ja … das geht auch gar nicht … das geht nur als Gemeinschaft … Oder zumindest zusammen mit vielen anderen Menschen, von denen jeder an seinem Ort in dieselbe Richtung strebt …"

Krebs: „Das stimmt schon, was Du sagst … Aber eine Untersuchung in den USA um ca. 1980 hat mal festgestellt, dass fast die Hälfte der Amerikaner sich um Ökologie sorgen, spirituelle Interessen haben, sich ökologisch engagieren, sich künstlerisch betätigen – und alle dachten, dass sie ganz allein damit sind, dass es kaum andere gibt, die auch so denken, fühlen und leben … Daher hat sich das nie zu einer großen Bewegung zusammenfügen können. Die, die nach einem gemeinsamen Ziel streben, müssen auch voneinander wissen, sie müssen sich begegnen, sie müssen eine Gemeinschaft bilden, sie müssen ihre Gemeinschaft spüren können, sie müssen sich als Familie erleben können – erst dann kann sich ihre ganze Kraft entfalten, erst dann können sie wirklich wirksam werden."

Ich: „Ja, das verstehe ich … Aber mittlerweile ist ja schon ein bisschen Gemeinschaft unter diesen Menschen entstanden: die Grünen, Greenpeace, Fridays for Future, die Letzte Generation und noch viele andere …"

Krebs: „Reicht das schon?

Ich: „Wie meinst Du das?"

Krebs: „Ist das schon so viel Gemeinschaft, so viel Bewusstheit über die eigene Gemeinschaft, soviel Erleben dieser Gemeinschaft, dass es das Gefühle einer großen Familie hervorruft? Du willst doch das Gefühl einer Menschheits-Familie erschaffen – die 'Eltern der Erde'. Diese Eltern der Erde sind doch eine Familie. Das muss wirklich empfunden, gefühlt und erlebt werden – das reicht nicht, das nur zu denken."

Ich: „Wie soll ich das denn erschaffen können? Das klingt so gar nicht nach dem, wozu ich ein Talent hätte …"

Krebs: „Du musst doch all diese Menschen gar nicht alle selber kennenlernen – da reichen ein paar Menschen, die wieder ein paar andere kennen. Du musst nur wissen, dass es diese vielen Menschen gibt und Du brauchst nur in diesem Gemeinschafts-gefühl zu leben."

Ich: „Wie macht man das?"

Krebs: „Setzt Dich hin und denk an all die Menschen, von denen Du weißt, dass sie auch solche Ziele und Vorstellungen und Ideen haben wie Du. Stell Dir Lebenskraft-schnüre aus milchig-weißem Licht zu ihnen vor. Dann stell Dir die vielen anderen Menschen vor, die es auch noch überall gibt und die auch dieselben oder sehr ähnliche Ziele anstreben wie Du. Sende auch zu ihnen diese Lebenskraftschnüre aus. Mach das einfach mal und dann spüre dieses große Lebenskraft-Netz, das diese Gemeinschaft miteinander verbindet. Sende durch dieses Netz die Fragen aus, die Du noch hast; sende Durch diese Netz die Erkenntnisse aus, die Du hast; spüre die Gemeinschaft in diesem Netz. Lass Dich von diesem Netz tragen."

Ich: „Das soll ich imaginieren?"

Krebs: „Versuchs doch einfach mal. Du musst ja nicht glauben, dass das eine Wirkung hat. Aber wenn Du's ausprobierst, erlebst Du ja vielleicht etwas … und vielleicht ist das, was Du dann erlebst, wertvoll für Dich und bringt Dich ein Stück weiter auf dem Weg zu Deinem Ziel …"

Ich: „Ja … ich werde es ausprobieren."

Krebs: „Das mit diesen Lebenskraft-Schnüren ist auch nicht unbedingt nötig, um Verbindungen und eine Gemeinschaft zu schaffen – aber es ist förderlich."

Ich: „Ja – das kann ich mir vorstellen."

Krebs: „Ich glaube, dass mein Teil jetzt auch zu Ende ist … Geh mal zu dem da drüben – zu dem Mann da mit den goldgelben Haaren."

Ich: „Meinst Du? Der sieht so königlich aus …"

Krebs: „Sei mal mutig – er wird schon nicht beißen."

Ich: „Na, wenn Du meist. Vielen Dank!"

Krebs: „Bitte – ich hab's ja auch für mich selber getan. Schließlich bin ich ja auch ein Teil dieser Gemeinschaft, zu der auch Du gehörst."

Ich: „Ehm … ja … natürlich … Alles Gute!

Krebs: „Dir auch alles Gute!"

5. Woher?

♌

Ich: „Hallo."

Löwe: „Hallo. Was führt Dich zu mir?"

Ich: „Die Krebs-Frau, dort hinten hat mich zu Dir geschickt."

Löwe: „Weise von ihr."

Ich: „Ehm – inwieweit kannst Du mir denn weiterhelfen?"

Löwe: „Ich werde Dir schon helfen können. Aber wobei denn?"

Ich: „Schlicht gesagt, will ich die Welt verbessern."

Löwe: „Ich nehme an, es geht um Klimaerwärmung, Kriege, Artensterben und dergleichen?"

Ich: „Ja – woher weißt Du das?"

Löwe: „Geht's derzeit nicht ständig darum?"

Ich: „Auch wieder wahr."

Löwe: „Was willst Du denn konkret von mir? Wie kann ich Dir helfen?"

Ich: „Das weiß ich noch nicht. Bislang kann ich sehen, dass wir eine Herrschaft der Weisheit brauchen – eine 'Sophikratie' – dass wir zu Eltern der Erde werden müssen, Einsichtigkeit und weitsichtigen Egoismus und Kooperation brauchen, dass wir als Menschheit kollektiv erwachsen werden müssen und dass dabei Vertrauen und Verantwortung wichtig sind … und dass wir Frieden auf Erden brauchen … Und ich habe ein Bild dafür: Ein Foto der Erde mit einem Kreis von stilisierten Menschen ringsum, die sich an den Händen halten. Ja, und ich habe die Wichtigkeit begriffen, dass wir alle eine Gemeinschaft, eine Familie bilden müssen und daß wir uns auch als solche erleben."

Löwe: „Dann fehlt ja noch das Wichtigste."

Ich: „Das Wichtigste fehlt noch?"

Löwe: „Ja – Deine Gemeinschaft besteht aus einzelnen Menschen, es sind Menschen, die erwachsen und zu Eltern werden sollen, es sind Menschen, die die Sophikratie aufbauen und in Vertrauen und Verantwortung leben sollen."

Ich: „Das stimmt."

Löwe: „Also müssen die einzelnen Menschen dazu auch in der Lage sein."

Ich: „Ehm … ja …"

Löwe: „Das sind sie aber nicht."

Ich: „Warum?"

Löwe: „Zwei Drittel von ihnen sind leidlich gesund und mit sich selber in Frieden, aber das dritte Drittel ist mehr oder weniger schwer krank und gestört. Ein Teil von ihnen lebt in Mangel, ein weiterer Teil in Angst und noch ein Teil in Selbstzweifeln. Die Hälfte von ihnen, also ein Sechstel der Menschen ist zu laut – da werden die Mangel-Menschen zu Süchtigen, die Angst-Menschen zu Tätern und die Selbstzweifel-Menschen zu Angebern. Das andere Sechstel sind zu leise – da werden die Mangel-Menschen zu Verzichtenden, die Angst-Menschen zu Opfern und die Selbstzweifel-Menschen zu den Schüchternen."

Ich: „Diese Aufteilung kenne ich."

Löwe: „Dann siehst Du ja sicherlich auch, dass das viele Probleme geben wird, wenn Du den Menschen zeigen willst, wie sie sich ändern müssen."

Ich: „Ja …"

Löwe: „Die Süchtigen werden gegen jede Einschränkung sein, die Täter werden um ihre Freiheit fürchten, die Angeber haben Angst, dass Du ihnen die Show stiehlst, die Verzichtenden werden sagen, dass strengere Gesetze gebraucht werden, die Opfer werden sagen, dass andere für sie sorgen sollen, und die Schüchternen werden gar nicht mehr wissen, was sie tun sollen …"

Ich: „Ja – ich kann sehen, was Du meinst … Aber was schlägst Du denn da vor?"

Löwe: „Heilung."

Ich: „Heilung?"

Löwe: „Heilung, Selbsterkenntnis, Selbstvertrauen, Selbstliebe, Selbstausdruck, Selbsttreue … Ganz das klassische 'Erkenne Dich selbst.' der alten Mysterien …"

Ich: „Oje … das wird ja immer größer, dieses Projekt 'Sophikratie' …"

Löwe: „Du willst Doch gründlich sein, oder?"

Ich: „Ja … aber das ist mehr, als ich anfangs geahnt habe …"

Löwe: „Das ist so. Das ist alles notwendig. Woher soll denn die Einsicht kommen, die die Menschen dazu bewegt, weitsichtige Entscheidungen zu treffen? Jugendliche in der Pubertät können das nicht – und wir verhalten uns kollektiv noch immer wie pubertierende Halbstarke."

Ich: „Und wie können wir das ändern?"

Löwe: „Wie endet denn die Pubertät, wenn es ein gutes Ende der Pubertät ist? …

169

Sie endet mit der Selbsterkenntnis. Wenn die Jugendlichen erkannt haben, wer sie sind und was sie wollen, dann können sie selbsttreu werden, dann können sie erwachsen werden. Die Mysterien stehen am Übergang von der Pubertät zum Erwachsensein. Daher brauchen wir moderne Mysterien, die genau diese Wirkung haben – dass die pubertäre Menschheit zu einer erwachsenen Menschheit wird."

Ich: „Oje …"

Löwe: „Und dafür brauchen wir deutlich mehr Therapien, Meditation, Selbsterfahrung, Schwitzhüten, Feuerläufe, Traumreisen zur eigenen Seele – alles, was dabei helfen kann, sich selber zu erkennen und dadurch erwachsen zu werden."

Ich: „Ja – ich kann sehen, dass Du recht hast. Die Menschheit als 'Eltern der Erde' ist nicht durch eine einzelne Maßnahme erreichbar, sondern muss wohl an vielen Stellen begonnen werden …"

Löwe: „Ja. Mein Teil daran sind die Selbsterkenntnis, die Meditation und die Mysterien. Andere übernehmen andere Aufgaben."

Ich: „Ja … und ich die Forschung."

Löwe: „Wenn die Menschen wissen, was sie wollen, können sie auch weitsichtig entscheiden, planen und handeln. Solange ein zu großer Teil der Menschheit noch immer in Mangel, Angst und Selbstzweifeln gefangen ist, werden sie von ihren inneren Bildern gebannt – und wer auf seine inneren Bilder der Sucht und des Verzichts, des Angriffs und der Flucht, der Angeberei und der Scham blickt, der kann nicht weit voraus schauen und schon gar nicht weitsichtig handeln."

Ich: „Also fängt es mit der Selbsterkenntnis an."

Löwe: „Nein – es fängt überall an. Es beginnt an allen Stellen gleichzeitig: Selbsterkenntnis, Abrüstung, Verhinderung der Klimaerwärmung, Verringerung der Zahl der Menschen auf der Erde, ein umfassendes Recycling, eine andere Wirtschaftsform, eine andere Regierungsform … Jeder, der an einer Stelle etwas voranbringt, fördert zugleich auch alle anderen Bereiche."

Ich: „Also eine Graswurzel-Revolution."

Löwe: „Nein – eine Weiterentwicklung auf breiter Front. Aber da viele an vielen Stellen etwas weiterentwickeln, kann man es notfalls auch als 'Graswurzel-Revolution' bezeichnen … obwohl es ja eher eine Evolution ist …"

Ich: „Ja, gut … also Heilung der Mangelgefühle, der Ängste und der Selbstzweifel der Menschen … gibt es da noch mehr?"

Löwe: „Ja. Wir müssen die Menschheit als einen Gesamtorganismus begreifen. Und wir müssen das gesamte Leben auf der Erde als einen Gesamtorganismus betrachten. Schließlich wirkt alles auf alles andere und jede kleine Änderung verschiebt die Gleichgewichte in dem Ganzen."

Ich: „Meinst Du das Bild der Gaia?"

Löwe: „Du kannst es so nennen, wenn Du das Richtige darunter verstehst. Wir sind alle voneinander abhängig. Und die Menschen sind auch von allen Tier- und Pflanzenarten abhängig. Die Lebenskraft fließt zwischen uns hin und her und wir haben ein gemeinsames Unterbewusstsein – wir Menschen, aber auch alle Lebewesen auf der Erde und auch die Erde mit allen Lebewesen auf ihr. Das ist das, was C.G. Jung das kollektive Unterbewusstsein genannt hat. Mit dem müssen wir zusammenarbeiten."

Ich: „Wie soll das gehen?"

Löwe: „Handlungen, die von weitsichtigem Egoismus geprägt sind, lassen Bilder von weitsichtigem Egoismus im kollektiven Unterbewusstsein entstehen und verbinden sich dort nach und nach zu einem Urbild, das dann irgendwann selber genügend Kraft hat, um zu wirken."

Ich: „So wie die Sache mit dem 100. Affen? Als damals die Affen auf der einen Insel gelernt haben, Süßkartoffeln vor dem Essen im Wasser zu waschen – und plötzlich auch die Affen auf den anderen Inseln alle ihre Kartoffeln gewaschen haben, obwohl sie keinen Kontakt zu der Insel hatten, auf der die ersten Affen das Süßkartoffel-Waschen entdeckt hatten?"

Löwe: „Ja – das ist die Wirkung, wenn ein Bild im kollektiven Unterbewusstsein stark genug wird. Dann endet die ‚nur Aufbau'-Phase des Bildes und das Bild beginnt auch seinerseits zu wirken."

Ich: „Also jeder macht an seinem Platz das, was er kann und was sinnvoll ist."

Löwe: „Ja. Und wenn manche etwas Größeres machen, was viele wahrnehmen – ein Buch schreiben, einen Film machen, einen Erfindung machen, eine Rede halten, ein Unternehmen gründen, eine NGO gründen und dergleichen mehr – dann kann das natürlich auch eine größere Wirkung haben und kann dann dieses angestrebte Bild des erwachsenen Verhaltens der Menschheit sehr stark fördern und die Entwicklung deutlich voran bringen."

Ich: „Hm … kann das nicht den Einzelnen Stress machen? Dass sie denken, sie müssten etwas Großes erschaffen?"

Löwe: „Niemand muss etwas Großes erschaffen. Jeder Einzelne braucht nur sich selber zu erkennen und dann das zu sein und zu leben, was er ist. Manche Taten fallen mehr auf als andere, aber sie sind deshalb nicht wichtiger. Selbsterkenntnis, Selbstliebe und Selbstreue sind das, was zählt. Der Drang, etwas Großes zu vollbringen, ist fast immer ein getarnter Selbstzweifel, ein Mangel an Selbstsicherheit, an Selbstliebe, an Selbsttreue."

Ich: „Ja … ich kann sehen, was Du meinst …"

Löwe: „Gut, dann geh jetzt mal zur Jungfrau. Die nächste Stufe ist nun, den Weg zu Deinem Ziel in einzelne konkrete Schritte zu zerlegen und für jeden Schritt einen ganz konkreten Plan zu entwerfen, wie er erreicht werden kann. Und dafür ist die Jungfrau zuständig – das kann sie gut."

Ich: „Ja, gut … dann ist das jetzt das Nächste. Vielen Dank!

Löwe: „Bitte. Ich tue das aus weitsichtigem Egoismus."

Ich: „Äh … ja … Alles Gute!"

Löwe: „Viel Erfolg!"

6. Wie?

♍

Ich: „Ich bin ...“

Jungfrau: „Ich weiß schon Bescheid – der Löwe hat mir eine Nachricht geschickt. Du willst die Welt verändern, aber weißt nicht, wie. Da müssen wir analytisch vorgehen – aber nicht nur. Wir wissen, dass das neue System einer Familie gleichen muss – also können wir auch daraus Schlussfolgerungen für die Konstruktion ziehen. Was ist da wichtig? Vor allem Politik und Wirtschaft, aber auch die Bildung als Grundlage – und natürlich die Heilung der Einzelnen. Da ist ...“

Ich: „Ehm – ich ...“

Jungfrau: „Stören Sie mich nicht! Sie wollen doch Hilfe haben, oder?“

Ich: „Ja, aber ...“

Jungfrau: „Dann lassen Sie mich denken! Also: zuerst die Politik. Da können sich die Menschen immer am wenigsten vorstellen, wie es anders sein könnte. Da haben wir zur Zeit das übliche pubertäre System: Parteien, Wettbewerb, Konkurrenz, der Sieger bestimmt alles, der Sieger bekommt alles. Wirklich pubertär, dieses System. Gut – wir brauchen ein erwachsenes System, das offensichtlich auf der Kooperation beruhen muss. Was haben wir da?“

Ich: „Einsicht, weitsichtiger Egoismus, Weisheit ...“

Jungfrau: „Ich weiß! Der Löwe hat mir eine Nachricht geschickt! Das war eine rhetorische Frage von mir!“

Ich: „Oh ... Pardon ...“

Jungfrau: „Weiter. Was brauchen wir? Strukturen, ein System, Regelkreise, Absicherungen, Korrekturmechanismen, Kontrollen ... Und das Ziel ist Kooperation und daher auch Effektivität, denn auf Dauer kann sich niemand diese Ineffektivität leisten, die die Demokratie und die freie Marktwirtschaft hat. Der Kommunismus war ein idealistischer Ansatz, aber er hat nicht funktioniert. Und Autokratien und Diktaturen sind nur ein Rückfall in das Königtum – alle Macht bei einem. Dafür sind die Menschen noch immer anfällig, wenn's schwierig wird. Der starke Mann soll's richten ... eben der Vater ...“

Ich: „Aber wie soll das gehen?“

Jungfrau: „Erst die Analyse des Problems, dann die Formulierung des Ziels – und

173

erst am Schluss die Entwicklung des neuen Systems. Klar?"

Ich: „Ehm … ja, gut …"

Jungfrau: „In der Familie … da kann nur sinnvoll gehandelt werden, wenn alle wichtigen Daten auf dem Tisch liegen: Wer in welcher Situation ist, wer was braucht, wie viel Geld da ist, welche Möglichkeiten es gibt wie z.B umzuziehen, einen zusätzlichen Job annehmen usw. Wir brauchen also auch kollektiv ein System, bei dem alle wichtigen Daten auf dem Tisch liegen und für alle zugänglich sind. Da macht das Internet schon einiges, aber das wird noch nicht reichen … Aber das gehört wohl mehr zu der Betrachtung der Wirtschaft – das kommt als zweites dran."

Ich: „Und die Politik."

Jungfrau: „Kommt ja schon! … Drei Punkte sind schon mal offensichtlich:

1. Wir brauchen ein Globalrecht, das für alle Staaten verbindlich ist und das dafür sorgt, dass wir weder die Erde z.B. durch die Klimaerwärmung zerstören noch uns selber z.B. durch einen Atomkrieg. Und dieses Globalrecht sollte auch Vorschriften für den Umgang mit den Rohstoffen enthalten – also nachwachsende Rohstoffe, Recycling, möglichst viele genormte Bauteile, die wiederverwendet werden können, also das LEGO-Prinzip … Da gibt's noch vieles mehr, aber es geht ja jetzt um die grundlegende Konstruktion eines auf Weisheit basierenden politischen Systems – einer Sophikratie.

2. Es muß notwendigerweise das Prinzip der Ursachenlösungen bezüglich aller Probleme – auch der großen Probleme wie Kriege und Klimaerwärmung – eingeführt werden. In einer Familie würde man einsehen, dass die Symptom-Bekämpfungen nicht weit führen – nun, ja … das gilt zumindest für intakte Familien. Also nicht mehr nur die Grenzen gegen Migranten dicht machen, sondern dafür sorgen, dass die Migranten erst gar nicht ihr Land verlassen wollen. Das erfordert ein differenziertes Verhalten in der Übergangszeit, bis die Einsicht groß genug geworden und zu konkreten Taten und Ergebnissen geführt hat – diese Phase wird schwierig werden. Das ist wie das Gründen einer Familie, in der sich Mann und Frau auch erst mal zusammenraufen und auf die neue Lebenssituation einstellen müssen – vor allem, wenn dann auch noch ein Kind da ist.

3. Dann brauchen wir noch einen organischen Aufbau, damit man in abgestufter Weise die für alle verbindlichen Notwendigkeiten mit der individuellen Freiheit koordinieren kann – also eine Art 'differenzierte Selbstbestimmung'. Das wären dann die allgemeinen Regeln der UNO, die das Überleben der Menschen sichert; dann die staatliche Regelungen, die regionale Regelungen, die örtliche Regelungen und schließlich sie selbstbestimmten individuelle Regelungen."

Ich: „Das ist aber noch nichts besonders Neues …"

Jungfrau: „Ich stecke ja auch erst den Rahmen ab, in dem wir uns bewegen – das ist nötig, um Orientierung zu bekommen."

Ich: „Ah ... verstehe ..."

Jungfrau: „Dann gibt es noch eine weitere notwendige Grundlage:

4. Die Notwendigkeit der Einsicht in Zusammenhänge wird nicht vom Himmel fallen, sondern sollte in der Schule gelehrt werden – ebenso der weitsichtige Egoismus ... Das wird wohl eine Weile dauern, bis sich das etabliert haben wird – aber wir suchen ja gerade nur das Grundkonzept und noch nicht das Vorgehen bei der Umsetzung.

Wir brauchen das Konzept des mündigen Volkes statt 'das Volk muss vor sich selber geschützt werden'. Da ist das Abschreckungs-Argument stets, das das Volk als Ganzes für die Wiedereinführung der Todesstrafe stimmen würde. Aber ohne ein mündiges Volk kann es keine Kooperation geben. Also muss etwas dafür getan werden, dass möglichst alle in der Lage sind, Zusammenhänge zu erkennen und die nächsten zehn Konsequenzen, die sich aus ihren Entscheidungen ergeben, zu überschauen."

Ich: „Das klingt schon mal gut: 1. Globalrecht, 2. Ursachenlösungen, 3. organischer Aufbau, 4. Lehren von Weitsicht ... Aber ein neues System kann ich noch nicht erkennen."

Jungfrau: „Da bin ich ja auch noch nicht! Sei nicht so ungeduldig. Das Entwickeln von Neuem erfordert Sorgfalt!"

Ich: „Ja ... gut ..."

Jungfrau: „Das System braucht einen Rahmen ... Was kann dieser Rahmen sein? ... Was soll dieser Rahmen leisten? ... Er muss das Überleben sichern und dafür sorgen, dass weitsichtige Entscheidungen, also langfristig für alle sinnvolle Entscheidungen getroffen werden ... Woraus besteht dieser Rahmen? ... Das können nur Werte sein ... Wer entscheidet, was dieser Rahmen ist? Wer legt diese Werte fest? ... Das können nur alle gemeinsam tun, da sie für alle gelten. ... diese Werte sind dann für alle verbindlich.

Aber das darf keine Sieger/Verlierer-Abstimmung sein, sondern das muss eine Synthese aus allen Werten, die eine bestimmte Mindestanzahl von Stimmen erhalten haben, sein. Das wäre dann der bestmögliche Kompromiss.

Da gibt es dann natürlich das Problem, dass jeder möglichst große Ansprüche stellt ... aber das kann man ja regeln – z.B. das für die verschiedenen Ziele entsprechend der Stimmen für dieses Ziel das zur Verfügung stehende Geld und die zur Verfügung stehende Arbeit zugeteilt wird. Oder wenn 70% für etwas sind und 30% dagegen, dann wird zwar das 'dafür' umgesetzt, aber mit Einschränkungen. Es muss immer der Willen von allen berücksichtigt werden."

Ich: „Das klingt interessant – das ist ein 'sowohl als auch'-Verfahren statt des demokratischen 'entweder oder'-Verfahrens. Aber kann das funktionieren?"

Jungfrau: „Das ist doch gerade nur ein erster Entwurf! Das sind grundsätzliche Überlegungen und noch lange nicht der Feinschliff!"

Ich: „Stimmt natürlich …"

Jungfrau: „Das System muss stabil sein – das sind die Grundwerte. Die dürfen nicht durch Launen oder kurzfristige Krisen ins Wanken kommen. Wie kann man das erreichen? … Ja – man könnte alle Menschen alle sechs Jahre über diese Grundwerte abstimmen lassen. Vorher müssten Vorschläge eingereicht werden, die eine Mindestzahl von Stimmen brauchen. Da braucht es noch eine zusätzliche Staffelung: Details können in dem allgemeinverbindlichen Wertesystem gleich geändert werden; über mittelgroße Dinge muss nach einen Jahr noch einmal abgestimmt werden – diese Änderungen werden erst übernommen, wenn sie zweimal nacheinander eine Mehrheit erreichen; und grundlegenden müssen dreimal im Abstand von jeweils einem Jahr die Zustimmung erhalten.

Ob das jetzt schon wirklich ausgereift ist, weiß ich nicht … Auch bei den Werten müssen auf jeden Fall auch immer alle Stimmen berücksichtigt werden – es muss also das 'sowohl als auch'-Prinzip gelten und nicht das 'entweder oder'-Prinzip. Das 'the winner takes it all'-Verfahren ist die Grundschwäche der Demokratie …"

Ich: „Eine ungewohnte Blickweise, aber verständlich … In einer Familie setzt sich ja auch nicht ein Sieger durch … wenn da einer alles bestimmt und alles bekommt, kann die Familie nicht gedeihen und wird wahrscheinlich früher oder später auseinanderbrechen …"

Jungfrau: „Es müssten auch Petition möglich sein – also Abstimmungen über ein bestimmtes Thema. Auch da gelten die beiden Prinzip der mehrfachen Wahl und des 'sowohl als auch' Verfahrens."

Ich: „An diese Art des Denkens – also dass immer alle Wünsche und Meinungen anteilsmäßig berücksichtigt werden – muss ich mich noch gewöhnen …"

Jungfrau: „Die Regierung ist dann an diese Werte gebunden – sie muss ihnen entsprechend handeln. Sie könnte weiterhin alle vier Jahre gewählt werden – aber möglichst in einem anderen Rhythmus als die Grundwerte-Wahlen."

Ich: „Das müsste aber noch im Detail ausgearbeitet werden."

Jungfrau: „Das soll hier ja auch keine Rechts-Text werden, sondern die Suche nach einem politischen System, das auf der Kooperation beruht!"

Ich: „Ja, ja – schon gut …"

Jungfrau: „Gut – noch ein paar Gedanken dazu:

1. Vor Entscheidungen sollte stets die Anhörung von verschiedenen Fachleuten über Ursachen und langfristigen Wirkungen stehen.

2. Alle Werte und Meinungen müssen beim Regieren anteilsmäßig berücksichtigt

werden – auch die, die sich widersprechen. Es gibt also nicht den Sieg des Stärksten bzw. der Mehrheit, sondern eine ausgewogene Richtung, die alle Qualitäten berücksichtigt. Das ist das 'Eltern-Prinzip' anstelle des demokratischen 'Sieger-Prinzips'.

3. Zu der anteilsmäßigen Umsetzung der Werte und Meinungen gehört auch die Verteilung der Finanzen nach diesem Verhältnis. Es muss dafür gesorgt werden, dass ein einzelner Minister nicht die anteilsmäßige Umsetzung blockieren kann.

4. Einzelne können gegen nachweislich schädliche Entscheidungen klagen.

5. Der Kanzler o.ä. ist an die anteilsmäßige Umsetzung der Werte und Meinungen gebunden.

6. Bei schwierigen Fällen in Bezug auf die anteilsmäßige Umsetzung ist die genaue Betrachtung der langfristigen Auswirkungen besonders wichtig.

7. Dieses System wird nicht ohne innere Spannungen sein, aber es ist immerhin schon mal auf Kooperation ausgerichtet."

Ich: „Das klingt schon ganz gut ... Das Eltern-Prinzip des 'sowohl als auch' anstelle des Sieger-Prinzips des 'entweder oder' ... Das bringt eine ganz neue Dynamik in die Politik ..."

Jungfrau: „Die Regierungen der einzelnen Staaten sind an allgemeingültige Werte der UNO gebunden, deren Werte ebenfalls durch Wahlen festgelegt und weiterentwickelt werden – dadurch erhält die UNO mehr Autorität. Auch hier gilt das 'sowohl als auch'-Prinzip, nach dem alle Werte und nicht nur der Wert der Mehrheit berücksichtigt werden muss.

Ich: „Diese Finden einer Synthese aus allen Meinungen scheint mir recht anspruchsvoll zu sein."

Jungfrau: „Neu und ungewohnt – aber nicht unbedingt schwierig. In funktionierenden Familien wird das schon so gemacht. Und es hat den großen Vorteil, dass am Ende fast alle hinter den Beschlüssen stehen und nicht nur die Sieger."

Ich: „Das klingt ein wenig wie das Konsens-Prinzip."

Jungfrau: „Nein! Beim Konsens-Prinzip sind am Ende alle einer Meinung. Bei dem 'Eltern'-Prinzip werden hingegen alle unterschiedlichen Meinungen berücksichtigt und jeder erhält einen Teil seiner Wünsche erfüllt. Beim Konsens-Prinzip müssen sich alle einig werden – beim Eltern-Prinzip müssen nur alle anteilsmäßig berücksichtigt werden. Dadurch ist das Eltern-Prinzip leichter anwendbar: Es müssen sich nicht alle darüber einig werden, was das Beste ist, sondern sie müssen sich nur einig darüber sein, dass alle im Rahmen des Möglichen und im Rahmen der Erhaltung der Gemeinschaft berücksichtigt worden sind. Das ist etwas anderes als eine Konsens-Bildung."

Ich: „Ja, gut ... das kann ich sehen ... Aber wie kann solch ein System denn durchgesetzt werden?"

Jungfrau: „Das wird wohl nicht sofort funktionieren, sondern muss weiterentwickelt werden. Vermutlich kann es auch nicht gegründet, sondern nur entwickelt werden ... doch das ist mir noch nicht ganz klar. Mit scheint jedoch eine allmähliche Entwicklung wahrscheinlicher, in der es auch einige kleinere Schritte geben kann, die eher Gründungen sind. Auf jeden Fall scheint mir eine Revolution als Weg zu eine solchen Sophikratie, in der nach dem Eltern-Prinzip entschieden wird, sehr unwahrscheinlich."

Ich: „Warum?"

Jungfrau: „Was ist eine Revolution? Ein Aufstand gegen die bestehenden Formen. Das entspricht dem Beginn der Pubertät, in der sich die Jugendlichen gegen ihre Eltern auflehnen – Selbstbestimmung statt Königtum. Daher gehören Revolutionen hauptsächlich zu der Epoche zwischen Königtum und Materialismus. Der Übergang von der Pubertät zum Erwachsensein ist hingegen von Selbsterkenntnis, Einsichten, Festlegungen, Zusammenarbeit und ähnlichem geprägt."

Ich: „Also keine Revolution ... das beruhigt mich, denn das ist das Letzte, was ich anstrebe ... Ich will einen friedlichen Übergang zu einem sinnvolleren System und keinen Bürgerkrieg ..."

Jungfrau: „Der zentrale Punkt wird es sein, eine Sachkenntnis dazu zu entwickeln, wie die Synthese der Meinungen gefunden werden kann, in der alle Meinungen anteilsmäßig berücksichtigt werden. Es dürfen keine Blockaden durch Einzelne möglich sein ...

Vermutlich ist auch so eine Art Werte-Kontrollinstanz notwendig, die aber nicht einen festgelegten Wert wie den Islam bei den Revolutionswächtern im Iran vertritt, sondern die eben die Einhaltung des allgemeingültigen Wertesystems der UNO und das ihm untergeordnete Wertesystem des eigenen Staates überwacht. Das ist dann so was Ähnliches wie das Verfassungsgericht, das an das Grundgesetz gebunden ist – nur das diese Werte-Kontrollinstanz auch noch an die UNO-Werte gebunden ist. Alle diese Werte können auch weiterentwickelt werden – das ist notwendig, um auf veränderte Situationen eingehen zu können."

Ich: „Aber wie bringt man die Staaten dazu, mitzumachen? Wie bringt man sie dazu, sich an die UNO-Werte zu halten, die das Überleben der Menschen auf der Erde absichern sollen?"

Jungfrau: „Das wird nicht einfach – aber das ist in keinem System einfach. Es gibt ja auch in Familien und allen Arten von Gruppen solche, die das ganze System zerstören oder die das größte Stück Kuchen haben wollen. Das lässt sich nicht vermeiden, aber die Solidarität der Staaten, die sich an diese Regeln halten und die die anderen Staaten, die sich nicht an sie halten, isolieren, wird auf Dauer einen Druck aufbauen können, der groß genug ist, um alle Staaten dazu zu bringen, sich an die Grundwerte der UNO zu halten."

Ich: „Ob das funktioniert?"

Jungfrau: „Das wird sicherlich noch eine ganze Weile recht holperig werden, aber wenn fast alle Staaten zusammenhalten, wird das einen ausreichend großen Druck bewirken."

Ich: „Ja – bei dem russischen Angriffskrieg gegen die Ukraine haben ja China, Indien und Nordkorea den Handel mit Russland nicht eingeschränkt, wodurch Russland den Boykott durch die übrigen Staaten einigermaßen kompensieren kann. Damit das neue Sophikratie-System funktionieren kann, ist also eine weitestgehende Einigkeit zwischen den Staaten über dieses System notwendig."

Jungfrau: „Ja – es ist eben ein Kooperationssystem und erhält seine Kraft eben genau durch diese Kooperation."

Ich: „Das war's dann?"

Jungfrau: „Nein – da ist doch auch noch das Wirtschaftssystem. Das muss ebenfalls zu einem Kooperationssystem umgebaut werden."

Ich: „Wie soll das aussehen?"

Jungfrau: „Zunächst müssen die Nachteile deutlich werden:

1. In dem derzeitigen Konkurrenz-System, also in dem Wettbewerb-System werden nicht die bestmöglichen und haltbarsten Produkte hergestellt, sondern die, die am meisten Gewinn versprechen. Das muss geändert werden.

2. Es werden viele Produkte hergestellt, die sich nur wenig unterscheiden, aber die alle entwickelt, designt und vermarktet werden – was eine unnötige Mehrfacharbeit ist. Das muss geändert werden.

3. Es werden viele Produkte hergestellt, die nicht oder nur schwer recycelt werden können. Das muss geändert werden.

4. Es werden viele Produkte hergestellt, die man als Ganzes wegwerfen muss, wenn sie kaputt sind, da ihre Bestandteile nicht wiederverwendet werden können, da sie keine einheitlichen Normen haben und nicht nach dem LEGO-Prinzip entworfen sind. Das muss geändert werden.

5. Es werden viele Produkte hergestellt, die ihre Hersteller nicht selber nutzen wollen würden – wie z.B. Wohnungen. Das muss geändert werden.

6. Es werden viele Produkte hergestellt, deren Preise sehr viel höher wären, wenn immer das Verursacherprinzip befolgt werden würde und alle Folgekosten – auch die für die Umwelt – auf den Verkaufspreis aufgeschlagen und an den Staat abgeführt werden würden. Das muss geändert werden.

7. In diesem System werden Reiche immer reicher und die Armen tendenziell auch immer ärmer. Das wird durch die Sozialgesetzgebung bereits abgefedert, aber auch

das könnte noch verbessert werden."

Ich: „Das sind ja ziemlich viele Nachteile … Eigentlich ist das seltsam, dass die nicht allen bewusst sind …"

Jungfrau: „Einiges davon lässt sich durch Gesetze regeln:

1. Produkte, die nachweislich eine gewollt kurze Haltbarkeit haben, könnten mit Straf-Steuern belegt werden, die so hoch sind, dass es sich nicht mehr lohnt, solche Produkte zu produzieren und zu verkaufen."

Ich: „Da könnte es heftige Proteste geben … 'Freiheit der Wirtschaft' und so …"

Jungfrau: „Ja, natürlich – schließlich geht es ja darum, an die Stelle der Freiheit, also der Konkurrenz, die Kooperation zu installieren. Und die Kooperation dient allen, während die Konkurrenz nur dem Stärksten dient. Also werden sich die Stärksten gegen die Einführung des Kooperations-Prinzips wehren."

Ich: „Ja … das ist abzusehen …"

Jungfrau: „2. Die Herstellung vieler Produkte, die sich kaum unterscheiden, ist kaum sinnvoll. Daher sollte das jeweils sinnvollste Verfahren allgemein angewandt werden. Dazu wird eine Neuordnung des Patent-Verfahrens notwendig sein."

Ich: „Das klingt auch nicht gerade einfach – und sieht nach einem großen Potential für Konflikte aus …"

Jungfrau: „Ja – aber es geht ja schließlich darum, dass wir als Menschheit insgesamt sinnvoll handeln. Und wenn wir z.B. durch die Herstellung haltbarer Produkte letztlich weniger Rohstoffe brauchen und wir insgesamt weniger arbeiten müssen, ist das doch ein großer Vorteil."

Ich: „Schon – aber es gibt ja auch die Gierigen und die Machtsüchtigen und die Angeber …"

Jungfrau: „Deshalb ist es wichtig, auch die Heilung von psychischen Problemen allgemein zugänglich zu machen. Nur wenn die deutliche Mehrheit der Menschen weitgehend ohne Traumata ist und sich selber erkannt hat und sich selber treu ist, kann dieses Erwachsenen-Prinzip, diese Sophikratie funktionieren."

Ich: „Das sieht nach viel Arbeit aus, bevor wir bei einer funktionierenden Sophikratie angekommen sein werden …"

Jungfrau: „Ja – aber das ist der Weg. Niemand hat gesagt, dass er einfach ist. Erwachsenwerden ist für einen Pubertierenden auch nicht einfach."

Ich: „Ja … gut … und weiter?"

Jungfrau: „3. Die Herstellung von Produkten, die nicht recycelt werden können, lässt sich durch Gesetze verhindern, denn rein technisch gesehen kann man sehr viele nachwachsende Rohstoffe verwenden und durch den Aufbau der Produkte das

Recycling erleichtern.

4. Dasselbe gilt für das LEGO-Prinzip, das man auch verordnen kann. Dazu müssten für alle Bereiche DIN-Vorschriften erlassen werden, sodass es für einen bestimmten Zweck immer nur so viele Varianten gibt, wie technisch notwendig sind – z.B. Stecker, Schrauben, aber auch Akkus und größere Bauteile. Das würde die Wiederverwendung vieler Bauteile eines Apparates, der als Ganzes nicht mehr funktioniert, sehr erleichtern. Und es würde auch die Reparatur dieses Apparates deutlich erleichtern."

Ich: „Das sind zwei Punkte, die schon vielen aufgefallen sind … vor allem das mit der Reparatur …"

Jungfrau: „5. Die Herstellung von Produkten, die die Hersteller selber nicht nutzen wollen würden – z.B. Wohnungen – lässt sich durch das Verursacher-Prinzip vermeiden. Die Bauherren eines Wohnsilos müssen anschließend auch ein Jahr lang in ihrem Wohnsilo wohnen …

6. Auch die Einrechnung der Folgekosten in den Preis eines Produktes in Form einer Strafsteuer o.ä. lässt sich per Gesetz durchführen."

Ich: „Die Kooperation in der Wirtschaft kann offenbar durch die Politik eingeführt werden."

Jungfrau: „Ja – aber die Kooperation in der Wirtschaft wird erst dann stabil werden, wenn alle ganz deutlich die großen Vorteile dieser Kooperation erleben."

Ich: „Werden die Produzenten und auch die Käufer nicht fürchten, dass die Vielfalt der Produkte verloren geht?"

Jungfrau: „Sie können ja weiterhin vielfältig sein – nur ihre Bestandteile sind genormt und recycelbar und lange haltbar. Vielfalt ist noch immer möglich und die künstlerische Ausgestaltung ebenso. Es geht um die Grundlagen."

Ich: „Das stimmt natürlich …"

Jungfrau: „7. Schließlich wird noch eine Überlebensabsicherung für alle benötigt – auch in einer Familie lässt man ja niemanden verhungern oder sieht tatenlos zum, wie er an einer Krankheit, die behandelt werden könnte, stirbt.

Hier wird ein System gebraucht, dass sowohl das Einkommen absichert, als auch einen Anreiz zur Eigeninitiative bietet – zum Beispiel durch eine anfänglich hohe, aber dann allmählich sinkende Versorgung durch den Staat.

Weiterhin sollte es eine allgemein zugängliche Krankenversorgung geben. Die hohen Kosten könnten durch alternative Heilweisen teilweise gesenkt werden. Einige von ihnen wie die Akupunktur werden ja auch schon von den Krankenkassen finanziert. Andere Maßnahmen wie Vorsorge und Reha-Sport können ebenfalls die Krankenkassenkosten deutlich senken."

Ich: „Hm … sind das schon alle Elemente, die eine kooperative Wirtschaft ausmachen?"

Jungfrau: „Nein. In einer Familie erhalten alle so viel, dass letztlich alle ungefähr gleich zufrieden sind – zumindest so zufrieden, dass sie in der Familie bleiben. Das gilt natürlich nur für funktionierende Familien. Es könnte daher möglich sein, so etwas wie Gewinnobergrenzen und Einkommensobergrenzen einzuführen – evtl. in Form von sehr stark steigenden Steuern in den oberen Gewinn- und Einkommenssteuerbereichen. Das ist derzeit noch ein heikler Punkt, da die Gesetze in der Regel von Menschen beschlossen werden, die selber reich sind … Daher hat auch Trump, als er Präsident der USA wurde, die Einkommensteuer für Unternehmen von 35% auf 21% gesenkt – und will sie, wenn er wiedergewählt wird, noch weiter auf 15% senken. Das kommt schließlich auch ihm selber zugute …"

Ich: „Was kann man da tun?"

Jungfrau: „Eine Offenlegung aller Finanzen – sowohl die von Unternehmen als auch die privaten Finanzen – würde weiterhelfen. Dann wüssten alle, wer wie viel Geld hat und wer wie viel verdient. Auch alle Wirtschaftsvorgänge sollten durchsichtig sein und ebenso der Wohlstand bzw. die Armut in den verschiedenen Ländern."

Ich: „Diese Durchsichtigkeit ist ja das genaue Gegenteil des Schutzes der Privatsphäre, die zur Zeit das Maß der Dinge ist."

Jungfrau: „Wie willst Du eine Kooperation erreichen, wenn die Daten des Bereiches, in dem kooperiert werden soll, nicht auf dem Tisch liegen?"

Ich: „Auch wieder wahr … Aber wenn alle alles über alle wissen …"

Jungfrau: „Nicht alles – nur die relevanten Daten. Also Dein Einkommen, Dein Kapital – aber nicht die Namen all Deiner Freundinnen oder die Farbe Deiner Unterhose oder der Name Deines Lieblings-Musikers und auch nicht Deine Adresse."

Ich: „Und das ändert etwas?"

Jungfrau: „Es ändert erst einmal nichts, aber die Situation wird klarer. Auch in einer Familie gibt es Dinge, die alle wissen, und ebenso Dinge, die privat bleiben."

Ich: „Gut … die Durchsichtigkeit und die Grenzauflösung sind ja Dinge, die in einem System, das auf der Kooperation basiert und in der sich eine Gemeinschaft als Ganzes organisiert, zwangsläufig eine Voraussetzung sind … Da ist dann wohl ein Umdenken notwendig …"

Jungfrau: „Ja – ist es. Dann gibt es noch drei Punkte."

Ich: „Welche? Ich dachte, wir wären am Ende angekommen."

Jungfrau: „Nein – sind wir nicht.

1. Da gibt es die Kooperation im Kleinen und im Großen im Alltag: Nachbarschaftshilfe, Kisten mit 'zu verschenken' rausstellen, lokale Nachbarschafts-Web-

seiten, Carsharing, Secondhand-Läden, Sozialkaufhäuser, Flohmärkte und ähnliches mehr. Das ließe sich durchaus noch ausbauen.

2. Dann gibt es da eine ausgesprochen wichtige Frage: 'Was brauche ich wirklich um glücklich zu leben?' Wenn man da aufrichtig ist, wird man feststellen, dass das recht wenige materielle Dinge sind und sehr viel mehr im Bereich von Liebe, Freundschaften, Erlebnissen, Meditation, Abenteuer, Kunst und dergleichen."

Ich: „Ja … das kann ich mir gut vorstellen … Eine wirklich gründliche Klarheit in diesem Punkt würde das Bruttosozialprodukt und auch die Arbeitszeit vermutlich um ein Drittel verringern – und alle hätten mehr Zeit für die wesentlichen Dinge …"

Jungfrau: „ Und noch ein Letztes, das in eine ganz andere Kategorie gehört:

3. Wir können und als Menschheit und die Wirtschaftsvorgänge auch durch Telepathie koordinieren."

Ich: „Wie meinst Du das?"

Jungfrau: „Fast jeder kennt das, dass man sich etwas wünscht und das dann auch eintrifft – oder man fürchtet etwas und es tritt ein – oder man denkt an jemanden und der Betreffende ruft einen Augenblick später an. Dieses telepathische Wünschen kann zu einer allgemeinen Koordination von Wünschen und Möglichkeiten führen. Vieles in dieser Art wird heute über das Internet geregelt, aber die Weiterentwicklung der Telepathie, also der 'Wünsche an das Universum', wie der Titel eines Buches zu diesen Thema lautet, kann diese Koordination noch einmal einen großen Schub geben. Dafür ist es wieder förderlich, wenn die Einzelnen ihre grundlegenden psychischen Probleme gelöst haben, denn ein Trauma kann diese Form des Wünschens, diese Telepathie recht wirksam blockieren.

Wenn da eine Heilung erreicht wird, wird – da das kollektive Unterbewusstsein, das ja durch die telepathische Koordination der Unterbewusstseine der einzelnen Menschen entsteht – zusammen mit dem Internet die Koordination der Einzelnen zu einer Gemeinschaft bewirken. Dann wird der 'sinnvolle Zufall', also die Telepathie und das kollektive Unterbewusstsein, vieles koordinieren."

Ich: „Das war's jetzt?"

Jungfrau: „Fast. Es gibt da noch das grundlegende und sehr unbeliebte Thema der Überbevölkerung der Erde. Zu einer gut funktionierenden Familie gehört auch die Empfängnisverhütung, also die absichtliche Planung der Familiengröße. Dasselbe gilt auch für die Menschheit: die Überbevölkerungsverhütung. Es leben bereits zu viele Menschen auf der Erde – die derzeitigen 8 Milliarden Menschen sollten am besten durch 2-3 Generationen der 1-Kind-Familie auf 1-2 Milliarden Menschen reduziert werden. Das kann durch die Förderung von 1 Kind, der Neutralität bei 2 Kindern und Strafabgaben bei mehr Kindern bewirkt werden. Vermutlich sind da aber auch noch weitergehende Maßnahmen nötig."

Ich: „Das wird sehr unbeliebt sein.“

Jungfrau: „Nicht, wenn vorher die Einsichtsfähigkeit gefördert wird.“

Ich: „Hm …“

Jungfrau: „Weniger Menschen – weniger Produktion – weniger Abgase – weniger Klimaerwärmung – mehr Wald – mehr Sauerstoff …

Und in den 200 Jahren seit 1800 hat sich die Zahl der Menschen auf der Erde nicht nur um die Hälfte vergrößert, sondern sie hat sich vervierfacht – von 2 Milliarden auf 8 Milliarden. Stell Dir vor, wir vervierfachen das in den nächsten 200 Jahren bis 2400 noch mal – das wären dann 32 Milliarden statt der heutigen 8 Milliarden. Siehst Du das Problem? Es wird alles zusammenbrechen, wenn wir nichts tun!“

Ich: „Klingt leider schon sehr einleuchtend … aber die Begrenzung auf die 1-Kind-Familie wird wohl trotzdem nicht auf Begeisterung stoßen …“

Jungfrau: „Sicherlich nicht – aber das ändert nichts an ihrer Notwendigkeit.“

Ich: „Das war der letzte Punkt?“

Jungfrau: „Ja. Allerdings solltest Du noch etwas beachten.“

Ich: „Was denn?“

Jungfrau: „Es gibt keine Form, die nicht unterwandert und zerstört werden könnte. Es gibt nicht die gegen alles geschützte 'rettende Form'. Die Form – mag sie nun unsinnig oder sinnvoll sein – ist letztlich immer nur ein Übereinkunft, eine Absprache zwischen den Menschen.“

Ich: „Ja … aber sinnvolle Absprachen sind doch, auch wenn sie zerstörbar sind, doch trotzdem – nun, ja – eben sinnvoll …“

Jungfrau: „Natürlich. Ich will nur vermeiden, dass Du denkst, dass es eine Ordnung gibt, die sich selber erhält, die euch trägt – und die ihr selber nicht tragen und erhalten müsst.“

Ich: „Ja – die Sehnsucht nach solch einer 'tragenden Ordnung' ist wohl die Sehnsucht nach den Eltern … Aber derzeit muss die Menschheit erwachsen werden und selber zu 'Eltern der Erde' werden, also selber das System erhalten und bewahren … Das ist schon eine arge Umgewöhnung, die da ansteht …“

Jungfrau: „Ja – eine große Umstellung – aber eine unvermeidbare Umstellung, wenn ihr Menschen erwachsen werden wollt …“

Ich: „Ja … da hast Du recht … … … Das war's dann jetzt?“

Jungfrau: „Ja – aber fass das noch mal zusammen.“

Ich: „Ja gut … lass mich nachdenken … Das Wesentliche ist das Beenden des Sieger-Prinzips und der Übergang zum Eltern-Prinzip. Das macht die Sophikratie aus.“

Es werden alle Wünsche und Meinung anteilig berücksichtigt und auf diese Weise ein Kooperationssystem aufgebaut – primär in der Politik und sekundär auch in der Wirtschaft. Das Prinzip der Selbsterhaltung und des weitsichtigen Egoismus bestimmt das Handeln. ... Ja – das ist das Grundprinzip."

Jungfrau: „Recht knapp zusammengefasst ... aber, ja – das ist das Grundprinzip."

Ich: „Gut, dann weiß ich jetzt auch, wie die Sophikratie in technischer Hinsicht umgesetzt werden kann."

Jungfrau: „Nein ... Du kennst nun die Grundprinzipien, aber Dir fehlt noch viel, um das umsetzen zu können."

Ich: „Was fehlt mir da noch?"

Jungfrau: „Als nächstes musst Du die Zusammenhänge zwischen all den verschiedenen Prinzipien verstehen, die Du bisher schon gefunden hast."

Ich: „Welche sind das? ... Das Eltern-Prinzip des 'sowohl als auch', also die anteilige Berücksichtigung der Wünsche und Meinungen ... weitsichtiger Egoismus ... Sophikratie, also Handeln mit Weisheit ... Einsicht ... Kooperation ... Koordination ... Selbsterkenntnis und psychische Heilung ... das Bild der Erde mit dem Kreis der Menschen ringsum sie ... das warme Nest-Gefühl in der Menschheit ... Vertrauen und Verantwortung ..."

Jungfrau: „Und die Durchsichtigkeit der Finanzen und der Wirtschaft ... die allmähliche Weiterentwicklung der Werte ... der organische Aufbau der Bestimmungen, also 'UNO – Staat – Region – Ort – Individuum' ... materielle und gesundheitliche Absicherung aller Menschen ... alternative Heilweisen ... Frieden auf Erden ..."

Ich: „Das ist aber schon recht viel inzwischen ..."

Jungfrau: „Ja – das sind 17 Elemente ... und es gibt noch mehr. Deshalb ist es wichtig, dass Du die Zusammenhänge zwischen diesen Elementen verstehst, dass Du sie alle zusammen als lebendige Einheit erkennen und erleben kannst, denn sonst hast Du einen Berg voll Einzelheiten und kein organisches, lebendiges System, das leicht zu fassen ist."

Ich: „Ja – diese zwanzig Elemente oder so sind ein bisschen zu viel, um sie gleichzeitig im Bewusstsein halten zu können."

Jungfrau: „Da kann Dir die Waage weiterhelfen. Geh zu ihr rüber – sie wartet schon da drüben auf Dich."

Ich: „Ja, gut ... vielen Dank, Jungfrau!"

Jungfrau: „Bitte."

7. Wodurch?

♎

Ich: „Hallo!"

Waage: „Herzlich willkommen!"

Ich: „Bist Du die Waage?"

Waage: „Ja … Was kann ich für Dich tun?"

Ich: „Ich suche nach einem Entwurf für ein kollektives Verhalten der Menschen, das auf weitsichtigem Egoismus beruht. Ich habe es 'Sophikratie' genannt."

Waage: „Ah – 'Herrschaft der Weisheit' … Ja, ein sehr wünschenswertes Konzept …"

Ich: „Der Widder hat mir geholfen, meine Absicht auf den Punkt zu bringen; der Stier hat mir geholfen, die Nützlichkeit der Sophikratie deutlich zu machen, der Zwilling hat mir Wege zur Verbreitung gezeigt; der Krebs hat diese Gedanken zu einem Bild und zu einem Lebensgefühl weiterentwickelt; der Löwe hat mir die Notwendigkeit der Selbsterkenntnis gezeigt; und die Jungfrau hat mir konkrete Konzepte und Vorgehensweise erläutert. Und mir scheint, dass Du mir den nächsten Schritt zeigen kannst."

Waage: „Ja – ich kann Wissenschaft zu Kunst machen und Wissen zu Lyrik."

Ich: „Das klingt gut. Wie machst Du das?"

Waage: „Lass uns als erstes mal inhaltliche Reime machen."

Ich: „Was ist das?"

Waage: „Das ist die älteste Reimform, die Du zum Beispiel bei den Ägyptern und den Sumerern, aber auch noch in den germanischen Zaubersprüchen finden kannst."

Ich: „Und die hilft uns jetzt weiter?"

Waage: „Ja. Sag mir die Themen und ich mache Dir einen inhaltlichen Reim dazu."

Ich: „Na, gut … ich kann mir das zwar noch nicht so ganz vorstellen … Also: Das Erste ist das Eltern-Prinzip, also das 'sowohl als auch', die anteilige Berücksichtigung der Wünsche und Meinungen …

Waage: „Eltern blicken auf das Gedeihen der ganzen Familie;

Eltern der Erde blicken auf das Gedeihen der ganzen Erde."

Ich: „ Das Zweite ist der weitsichtiger Egoismus."

Waage: „Eltern brauchen einen weitsichtigen Egoismus, um die Familie zu erhalten;

Eltern der Erde brauchen den weitsichtigen Egoismus, um die Erde zu erhalten."

Ich: „Das Dritte ist die Sophikratie, also das Handeln mit Weisheit."

Waage: „Wenn Eltern weise sind, gedeiht die Familie;

wenn die Eltern der Erde weise sind, gedeiht die Erde."

Ich: „Das Vierte ist die Einsicht."

Waage: „Eltern brauchen die Einsicht, um sinnvolle Entscheidungen für die Familie treffen zu können;

Eltern der Erde brauchen die Einsicht, um sinnvolle Entscheidungen für die Menschheit treffen zu können."

Ich: „Das Fünfte ist die Kooperation."

Waage: „Die Familie gedeiht am besten, wenn alle gemäß ihren Fähigkeiten Hand in Hand arbeiten;

die Menschheit gedeiht am besten, wenn alle gemäß ihren Fähigkeiten Hand in Hand arbeiten."

Ich: „Das Sechste ist die Koordination."

Waage: „Koordination bringt die Bedürfnisse und die Fähigkeiten in einer Familie auf sinnvolle Weise zusammen;

Koordination bringt die Notwendigkeiten und die Möglichkeiten auf der Erde auf sinnvolle Weise zusammen."

Ich: „Das Siebte ist die Selbsterkenntnis."

Waage: „Eine Familie von Menschen, die sich selber kennen, kann sich am besten entfalten;

187

Eine Menschheit, in der sich alle selber kennen, kann sich am besten gegenseitig fördern."

Ich: „Das Achte ist die psychische Heilung."

Waage: „Die Heilung der psychischen Probleme eines Familienmitglieds ist eine große Erleichterung für die ganze Familie;
die Heilung der kollektiven Traumata der Menschheit oder eines Volkes ist eine Befreiung für alle Menschen auf der Erde."

Ich: „Das Neunte ist das Bild der Erde mit dem Kreis der Menschen ringsum sie."

Waage: „Die Familienmitglieder sitzen beim Mahl rings um den Tisch;
die Menschen leben gemeinsam überall auf der Erde."

Ich: „Das Zehnte ist das warme Nest-Gefühl in der Menschheit."

Waage: „Die Geborgenheit in der Familie lässt das kleine Kind gedeihen;
das Gefühl der Sicherheit auf der Erde hilft dem Einzelnen, sich frei zu entfalten."

Ich: „Das Elfte ist das Vertrauen."

Waage: „Vertrauen zueinander hält Einzelne als Familie zusammen;
Vertrauen zueinander macht die einzelnen Menschen zur Menschheit."

Ich: „Das Zwölfte ist die Verantwortung."

Waage: „Verantwortung gibt der Familie Beständigkeit;
Verantwortung sichert der Menschheit das Überleben."

Ich: „Das Dreizehnte ist die Durchsichtigkeit der Finanzen."

Waage: „Die Kenntnis des Einkommens ermöglicht die sinnvolle Verwendung des Geldes in der Familie;
die Kenntnis des Finanzströme ermöglicht die sinnvolle Lenkung des Kapitals in der Menschheit."

Ich: „Das Vierzehnte ist die Durchsichtigkeit der Wirtschaft."

Waage: „Wenn die Tätigkeiten in der Familie allen bekannt sind, können sie von
allen verbessert werden und alle können zusammenwirken;
wenn die Produktion in der Volkswirtschaft allen bekannt ist, kann sie von
allen verbessert werden und alle können zusammenwirken."

Ich: „Das Fünfzehnte ist die allmähliche Weiterentwicklung der Werte."
Waage: „Eine Familie braucht verlässliche Werte, die nur gemeinsam
weiterentwickelt werden;
die Menschheit braucht das Leben erhaltende Werte, die nur gemeinsam
weiterentwickelt werden."

Ich: „Das Sechzehnte ist der organische Aufbau der Bestimmungen, also 'UNO –
Staat – Region – Ort – Individuum'."
Waage: „In der Familie wird eine organische Strukturierung gebraucht, um die
Entscheidungen an den richtigen Stellen treffen zu können und um die
verbindlichen Regeln und die persönliche Freiheit in einem sinnvollen
Verhältnis miteinander zu halten;
in der Menschheit wird eine organische Strukturierung gebraucht, um die
Entscheidungen an den sinnvollen Stellen zu treffen und um die
verbindlichen Regeln und die persönliche Freiheit in einem sinnvollen
Verhältnis zu halten."

Ich: „Das Siebzehnte ist die materielle Absicherung aller Menschen."
Waage: „Die Familie bricht auseinander, wenn nicht alle in etwa gleich viel haben;
in der Menschheit kommt es zu Aufständen, wenn Reich und Arm zu weit
auseinander klaffen."

Ich: „Das Achtzehnte ist die gesundheitliche Absicherung aller Menschen."
Waage: „Die Familie sorgt gemeinsam für die, die krank sind;
die Menschheit sorgt gemeinsam für die, die krank sind."

Ich: „Das Neunzehnte sind die alternative Heilweisen."

Waage: „Die Familie kann auch alternative Heilweisen nutzen, die manchmal deutlich billiger und ebenfalls effektiv sind:

die Menschheit kann durch die alternativen Heilweisen oft Kosten sparen und trotzdem effektiv heilen."

Ich: „Das Zwanzigste ist der Frieden auf Erden."

Waage: „Streit zerstört auf Dauer jede Familie;

Krieg zerstört auf Dauer die Menschheit."

Ich: „Das war zwar ein bisschen langatmig, aber es hat mir das Gleichnis zwischen den Eltern in einer Familie und dem Verhalten der Menschheit in einer Sophikratie als 'Eltern der Erde' tatsächlich noch einmal ein gutes Stück deutlicher gemacht."

Waage: „Dann sind diese zwanzig Punkte für Dich jetzt ja schon etwas mehr zu einer Einheit geworden …"

Ich: „Ja … das stimmt … wobei ich die 'Lyrik des Wissens' noch nicht entdeckt habe."

Waage: „Das ist das Gleichnis zwischen den Strukturen und Dynamiken in der Familie und in einer Sophikratie."

Ich: „Das Gleichnis ist deutlich, ja …"

Waage: „Und Lyrik ist immer ein Gleichnis zwischen den Bestandteilen des Ganzen: Reime, Versmaß, gleichlange Strophen, gleiche Anzahl von Versen in einer Strophe …"

Ich: „So gesehen ist das natürlich eine 'Lyrik des Wissens', was Du mir da gerade gezeigt hast …"

Waage: „Gut. Jetzt sollten wir betrachten, in welcher Weise diese zwanzig Elemente sich gegenseitig beeinflussen. Da es da 20·20=400 Möglichkeiten gibt, werde ich nur ein paar dieser Möglichkeiten beschreiben."

Ich: „Ja – das würde sonst wirklich zu lang werden …"

Waage: „Dieses Prinzip der Regelkreise, Fließgleichgewichte, Rückkopplungen usw. hat ja schon 1972 der 'Club of Rome' in dem Buch 'Die Grenzen des Wachstums' deutlich beschrieben. Dasselbe Verfahren kann man auch anwenden, um zu sehen, wie sich verschiedenen Verhaltensweisen – also die zwanzig Elemente – sich gegenseitig stabilisieren und tragen."

Ich: „Das leuchtet mir ein …"

Waage: „Dann fange ich mal mit der Beschreibung von einigen dieser Wechselwirkungen an."

Ich: „Ich bin gespannt."

Waage: „Weitsichtiger Egoismus steigert die Effektivität in der Produktion.

Eine effektivere Produktion verringert die Arbeitszeit der Einzelnen.

Mehr Freizeit ermöglicht mehr Zeit für psychische Heilung.

Psychische Heilung klärt die tatsächlichen Bedürfnisse.

Weniger Bedürfnisse verringern die benötigte Produktion.

Weniger Produktion ermöglicht das Leben einer größeren Zahl von Menschen auf der Erde.

Eine größere Zahl von Menschen auf der Erde verkürzt die Phase der 1-Kind-Familie, die die Bevölkerung auf der Erde wieder schrumpfen lässt.

Eine kürzere Phase der 1-Kind-Familie führt schneller zu einem stabilen Zustand auf der Erde.

Ein stabiler Zustand auf der Erde erleichtert die Bewahrung des Friedens.

Die Bewahrung des Friedens reduziert die Waffenproduktion.

Die Reduzierung der Waffenproduktion setzt Arbeitskräfte frei.

Die freigesetzten Arbeitskräfte können nachwachsende Rohstoffe erforschen.

Die Verwendung neuer nachwachsender Rohstoffe macht die Produktion flexibler.

Eine flexiblere Produktion fördert das Vertrauen in die Menschheit.

Das Vertrauen in die Menschheit bringt uns dem Erde/Menschenkreis-Bild näher.

Die Annäherung an das Erde/Menschenkreis-Bild erschafft das warme Nest-Gefühl.

Das warme Nest-Gefühl fördert die Selbsterkenntnis.

Die Selbsterkenntnis fördert die Ausrichtung auf die eigentlichen Bedürfnisse.

Die Ausrichtung auf die eigentlichen Bedürfnisse reduziert die Arbeitszeit.

Die reduzierte Arbeitszeit ermöglicht die Erforschung alternativer Heilweisen.

Die alternativen Heilweisen erleichtern die Gesundheits-Versorgung der Menschen.

Die einfachere Gesundheitsversorgung der Menschen ermöglicht ein längeres Leben.

Ein längeres Leben ermöglicht die Entwicklung von mehr Weisheit.

Mehr Weisheit ermöglicht mehr Einsicht.

Mehr Einsicht ermöglicht mehr Kooperation.

Mehr Kooperation ermöglicht mehr Koordination.

Mehr Koordination macht das Tragen von Verantwortung einfacher.

Mehr Verantwortung fördert die Sophikratie – das Handeln in Weisheit.

Mehr Weisheit ermöglicht das Handeln nach dem Eltern-Prinzip, das immer alle berücksichtigt.

Das Eltern-Prinzip entwickelt die Werte allmählich weiter.

Die allmähliche Weiterentwicklung der Werte führt zu einer organischen Strukturierung der Menschheit.

Die organische Strukturierung der Menschheit führt zu dem Gemeinschaftsgefühl.

Das Gemeinschaftsgefühl fühlt zu einer Durchsichtigkeit der Finanzen.

Die Durchsichtigkeit der Finanzen führt zu einer Durchsichtigkeit der Wirtschaft.

Die Durchsichtigkeit der Wirtschaft führt zu einem effektiveren Wirtschaften.

Das effektivere Wirtschaften führt zu einer besseren materiellen Absicherung.

Das ließe sich jetzt noch lange fortführen, aber es müssen ja nicht alle einzelnen Zusammenhänge beschrieben werden – man muss nur ein Gefühl für das System bekommen, für seine Grundqualität, für seine Grundhaltung – und man muss dann die einzelnen Elemente immer vor diesem Hintergrund sehen können."

Ich: „Ja – das Gefühl für das System ist deutlicher geworden – und auch die Art der Orientierung und die Art, Entscheidungen zu treffen. Aber gibt es nicht trotzdem so etwas wie zentrale Punkte, also Elemente, die besonders wichtig sind, die großen Einfluss haben, die von vielem beeinflusst werden und die ihrerseits wieder vieles beeinflussen."

Waage: „Diese Punkte gibt es. Es sind nicht alle Elemente gleich wichtig, auch wenn sie alle ein notwendiger Teil des Ganzen sind und nicht vernachlässigt werden dürfen."

Ich: „So wie der Motor ein zentraler Teil des Autos ist, aber z.B. auch der Scheibenwischer nicht vergessen werden darf?"

Waage: „Ja, so in der Art."

Ich: „Welche Elemente sind denn dann die zentralen Elemente?"

Waage: „Vermutlich wird da jeder andere Elemente für zentral halten. Ich selber würde sagen, dass die zentralen Elemente die Aufhebung der Überbevölkerung sind, der Frieden, die Selbsterkenntnis, die Koordination und das Eltern-Prinzip."

Ich: „Die wichtigste Orientierung ist wohl wirklich das Gleichnis zwischen dem

Übergang vom Materialismus zu der Epoche der Globalisierung, also zur Sophikratie, und dem Übergang vom Jugendlichen zum Erwachsenen, also zum Vater bzw. zur Mutter, die eine Familie gründen. Das, was man da individuell leisten muss, wenn man erwachsen wird, müssen wir heute auch kollektiv lernen, um zu einer Sophikratie zu gelangen."

Waage: „Das sehe ich auch so – deshalb das ausführliche Gleichnis zwischen Eltern und Menschheit bei den zwanzig Elementen."

Ich: „Ja … ich vermute, dass wir nun mit der Betrachtung fertig sind?"

Waage: „Ja."

Ich: „Vielen Dank! Es wird tatsächlich jedes Mal noch ein Stück klarer, wenn ich mit einem von euch Tierkreiszeichen rede."

Waage: „Das freut mich. Auf Wiedersehen!"

Ich: „Auf Wiedersehen."

8. Warum?

♏

Ich: „Hallo! Wer bist Du?"

Skorpion: „Der Skorpion. Was willst Du?"

Ich: „Ich suche nach einer Form für die Menschen, wie sie als Gemeinschaft wie Erwachsene leben können."

Skorpion: „Da kannst Du lange suchen! Menschen sind bestenfalls wie Pubertierende, schlimmstenfalls wie wilde Tiere. Gib's auf."

Ich: „Ehm ... Sollte man es nicht wenigstens versuchen?"

Skorpion: „Wenn Dir nichts Besseres einfällt, was Du mit Deiner Zeit machen kannst ... Hast Du jemals erlebt, dass sich Menschen aus Einsicht bewegen? Das gibt's nicht! Die Menschen bewegen sich kollektiv nur, wenn es wirklich sehr eng wird wie damals, als Karl Marx das Leid der Arbeiter zu beenden versprochen hat, oder wenn es ihnen jemand befiehlt wie damals in China, das die 1-Kind-Familie befohlen hat. ... Aber Menschen und Einsicht? Vergiss es!"

Ich: „Es gibt natürlich immer welche, die nicht weitsichtig sind, die auf eine plumpe Weise egoistisch sind, die Macht suchen, die das System verändern wollen – ja, aber das sollte die anderen doch nicht davon abhalten, trotzdem das Richtige, also das Sinnvolle zu tun!"

Skorpion: „Du redest da so, als ob es ganz viele Weise und nur ein paar Spinner gäbe! Das ist ein vollkommen unbegründeter Optimismus! Schau Dich doch mal um! Kriege! Klimaerwärmung! Rohstoffverschwendung! Tausende Tonnen an Plastik im Meer! Und Du willst auf die Weisheit der Menschen bauen? Glaubst Du im Ernst, dass das funktioniert? Bist Du wirklich so naïv?"

Ich: „Bleibt uns denn was anderes übrig, als etwas zu finden, das funktioniert? Ich gebe nicht kampflos auf."

Skorpion: „Zu kämpfen ist schon richtig – schon, um sich selber durchzusetzen. Aber Hoffnung? Das ist Kinderkram!"

Ich: „Ja – Hoffnung ist Kinderkram ... aber anders als Du das gemeint hast. Ich hoffe für meine Kinder. Ich will, dass sie auf einer Erde leben, auf der man noch leben kann, die nicht zu einer wasserlosen Wüste geworden ist, auf der es noch Tiere und Pflanzen gibt ... Ich will, dass meine Kinder glücklich leben!"

Skorpion: „Ja … kämpfen, auch wenn es aussichtslos ist … So wie Albert Camus das über Tantalus erzählt … Was können wir tun als kämpfen und uns selber treu sein, auch wenn es vollkommen aussichtslos ist, Erfolg zu haben?"

Ich: „Ja – uns bleibt ja gar nichts anders übrig als optimistisch zu sein."

Skorpion: „Ich habe doch gerade gesagt, dass es keine Chance auf Erfolg gibt! Optimismus ist unrealistisch! Pessimismus ist die einzige realistische Haltung."

Ich: „Nein! Auch wenn es aussichtslos scheint, muss man optimistisch bleiben!"

Skorpion: „Und warum, wenn ich fragen darf? Damit es nach der Niederlage noch ein bisschen mehr weh tut?"

Ich: „Natürlich nicht! Aber das, worauf man ausgerichtet ist, ist auch das, was man anzieht, herbeiruft, erschafft. Die ganze Geistheilung, die ganze Magie, die ganzen Wunder der Heiligen und Sufis und Yogis und Schamanen funktionieren so! Du richtest Dich auf das aus, was Du willst, Du imaginierst es, Du malst es Dir aus, Du spürst das Gefühl, das entstehen wird, wenn Du das Ziel erreicht hast, Du wirst völlig einsgerichtet auf das, was Du erreichen willst! Dann hast Du die Kraft, wirklich etwas zu verändern!"

Skorpion: „Das ist natürlich wahr, wenn man es von der Seite der Lebenskraft, von der Seite des Bewusstseins aus betrachtet … Aber auf was willst Du Dich da ausrichten?"

Ich: „Auf ein erwachsenes Verhalten der Menschheit, auf ihre Einsicht, auf sinnvolles Handeln."

Skorpion: „Das wird niemals funktionieren – auch nicht, wenn Du darauf einsgerichtet bist! Die Menschen bewegen sich nur durch Gefühle!"

Ich: „Aber da gibt es doch Gefühle! Es geht doch letztlich nur um den weitsichtigen Egoismus! Und die Menschen wollen viel: leben, genießen, Sex, Urlaub, Kinder, ein Haus, leckeres Essen … Und wenn sie sehen, dass das nur noch realistisch ist, wenn sie aufhören, nur kurzfristig zu denken oder bestenfalls auch mal mittelfristig – wenn sie sehen, dass sie durch ein langfristiges Denken zum Ziel kommen können, dann werden sie sich das auch angewöhnen."

Skorpion: „Und wie sollen sie das lernen? Willst Du von Haustür zu Haustür gehen und das allen erklären?"

Ich: „Natürlich nicht. Das muss in den Schulen gelehrt werden: Zusammenhänge, Konsequenzen, Rückkopplungen, Regelkreise, Grenzwerte … all diese Dinge."

Skorpion: „Schule! Als wenn man da in diesem Dressurverein etwas lernen könnte!"

Ich: „Ja, gut … die Schulen sind noch nicht so ganz das, was sie sein könnte … Und die Horte der Weisheit sind sie auch nicht unbedingt … Aber es gibt doch durchaus engagierte Lehrer!"

Skorpion: „Und was können die bewirken? Nichts!"

Ich: „Nicht viel – ja. Aber nichts? Das stimmt auch nicht. Aber so lange die Schulen nur eine Vorbereitung auf den Konkurrenzkampf im Beruf sind ... so lange wird es da mit der Weisheit nicht weit her sein ..."

Skorpion: „Da sind wir mal einer Meinung."

Ich: „Aber wenn man das ändern könnte, wenn Schulen vor allem der Förderung der Schüler dienen würde? Wenn ihnen nicht nur Wissen vermittelt würde, sondern wenn sie angeregt werden würden, Fragen zu stellen? Dann könnten sie Weisheit finden und Einsicht und auch den Vorteil eines weitsichtigen Egoismus erkennen."

Skorpion: „Wenn, wenn, wenn! Aber so was haben wir nicht! Nirgendwo! Selbst in so gut wie allen Weisheits-Schulen, Meditations-Schulen, Religions-Schulen, Magier-Orden, Yogi-Ashrams ist davon nur selten etwas zu finden."

Ich: „Ja ... wahrscheinlich ... Aber wie sollen wir weiterkommen, wenn wir nicht ein Bild von dem entwerfen, was wir wollen? Wir sollen wir nach etwas streben können, wenn wir das Ziel nicht kennen? Wie sollen wir es umsetzen können, wenn wir nicht schon halbwegs klare Vorstellungen davon haben, wie es funktionieren könnte?"

Skorpion: „Du bist einfach viel zu optimistisch!"

Ich: „Nein, das ist kein naïver Optimismus. Nenn es von mir aus Zweck-Optimismus, Wünsche an das Universum, Magie, Gebet oder sonst etwas in der Art. Ich sehe die Widerstände, die Hindernisse, die Trägheit der Menschen, die Kurzsichtigkeit der Menschen, den fast blinden Egoismus – ja, die sehe ich. Die sind leider weit verbreitet. Aber muss ich da deshalb mitmachen? Nein! Ich verhalte mich so, dass ich das fördere, was ich erreichen will! Ich verhalte mich so, wie es mir richtig erscheint! Ich verhalte mich so, dass ich meinem Ziel näher komme!"

Skorpion: „Das ist Kants kategorischer Imperativ: Verhalte Dich stets so, dass Du ein Vorbild für alle sein könntest. ... Aber glaubst Du wirklich, dass das was bringt?"

Ich: „Soll ich die Richtung laufen, die dahin führt, wo ich nicht hin will?"

Skorpion: „Auch wieder wahr ... Aber das macht die Erfolgschancen auch nicht größer."

Ich: „Aber auch nicht kleiner – und eine Rest-Chance auf Erfolg besteht immer, solange wir nicht alle tot sind."

Skorpion: „Und wie soll das Ganze funktionieren?"

Ich: „Das ist ein komplexes System mit vielen Elementen ..."

Skorpion: „Verschone mich mit den Einzelheiten! Erzähl mir, was die Kraft dahinter ist, was die Motivation ist, was der Hebel ist, mit dem Du unser derzeitiges System aus den Fugen heben willst. Das ist das Wichtige!"

Ich: „Die Kraft und die Motivation ist das Überleben-wollen und das Leben-wollen. Und ich hoffe, dass die Menschen das noch früh genug erkennen, um die völlige Katastrophe zu vermeiden!"

Skorpion: „Das ist nichts als unbegründeter Optimismus!"

Ich: „Sie fangen ja schon an, es zu sehen."

Skorpion: „Sehen? Ja. Etwas tun? Nein."

Ich: „Nein stimmt auch nicht – sie tun viel zu wenig, aber angefangen haben sie ja schon."

Skorpion: „Aber das reicht nicht!"

Ich: „Da stimme ich Dir zu. Und der Hebel ist Kooperation."

Skorpion: „Was soll das heißen?"

Ich: „In unser Politik und unserer Wirtschaft geht es immer um Kampf und um Sieg oder Niederlage: bei Wahlen und im Wettbewerb im Verkauf. Und auch zwischen Arbeitgebern und Arbeitnehmern gibt es diesen Kampf und auch zwischen Vermietern und Mietern."

Skorpion: „Das ist die natürliche Ordnung der Dinge. Die Selektion – nur die Stärksten überleben."

Ich: „Nein – nicht die Stärksten, sondern die, die am besten an die Lebensumstände angepasst sind. So hat es Darwin formuliert. Das mit den 'Stärksten' stammt von Diktatoren, die damit ihren Imperialismus rechtfertigen wollten."

Skorpion: „Ja, gut … aber egal, wie Du's formulierst, bleibt es dabei, dass der Stärkere siegt."

Ich: „Nein! Eben nicht! Diejenigen werden siegen, die am sinnvollsten handeln!"

Skorpion: „Gut … das kann man so sagen. Das ist allgemeiner formuliert … und das lässt auch Platz für erfolgreiche Listen …"

Ich: „Das meine ich nicht! Ich meine Einsicht in die eigene Lage, in die kollektive Lage! Man kann Menschen durchaus dazu bringen, etwas Sinnvolles zu tun, wenn man es ihnen auf die richtige Weise erklärt! Wenn sie die Konsequenzen ihres Handelns sehen können!"

Skorpion: „Ja … Einsicht soll schon mal vorgekommen sein … Sonst gäbe es dieses Wort ja auch gar nicht … Aber baust Du da nicht auf Sand?"

Ich: „Ich baue auf unser kollektives Überleben, auf das Erhalten des Lebens auf der Erde … Kann es ein festeres Fundament für eine Motivation geben?"

Skorpion: „Wenn Du das so herum drehst … dann stimmt das natürlich …"

Ich: „Ich suche doch nicht den einfachen Weg! Ich suche den besten Weg zu unserer kollektiven Weiterentwicklung! Und ich suche auch nicht etwas, das schon da ist, ich versuche etwas zu erschaffen! Die Einsicht in unsere Lage habe ich und die Motivation habe ich auch. Und jetzt brauche ich ein Bild, konkrete Vorschläge, einen Gesamtentwurf, die Prüfung, ob das alles so Sinn macht, was ich mir da vorstelle … Verstehst Du? Ich will etwas erschaffen, die Lage verbessern … Und das will ich nicht allein, sondern zusammen mit anderen. Ich will einfach nur meinen Teil zu dieser Entwicklung beisteuern, die ich alleine niemals bewältigen könnte."

Skorpion: „Du bist wirklich ein unverbesserlicher Optimist …"

Ich: „Nein – ich bin nur mir selber treu und gehe in die Richtung, die mir sinnvoll erscheint … ganz egal, was da an Hindernissen vor mir liegt …"

Skorpion: „Das klingt jetzt aber sehr skorpionisch … und ich dachte, ich bin hier der Skorpion …"

Ich: „Der bist Du auch … und dafür bin ich Dir auch dankbar. Denn ohne Deine Kritik könnte ich niemals so fühlen, so denken, so reden wie jetzt gerade …"

Skorpion: „Dann habe ich Dir also geholfen dadurch, dass ich mich Dir in den Weg gestellt und Dich kritisiert habe …"

Ich: „Ja."

Skorpion: „Du hast mich als also in die Rolle des Advocatus diavoli gedrängt …"

Ich: „Nein, das habe ich nicht … Du bist, wer Du bist, und deshalb ist unser Gespräch so verlaufen, wie es verlaufen ist."

Skorpion: „Du hast eine freundliche Art, die Dinge darzustellen."

Ich: „Hm … mag sein … Auf jeden Fall vielen Dank für Deine Hilfe."

Skorpion: „Nun, wenn das eine Hilfe für Dich gewesen ist, soll's mir recht sein. Dann einen guten Weg!"

Ich: „Danke. Dir auch."

9. Wohin?

♐

Ich: „Hallo!"

Schütze: „Hi! Ich habe gesehen, dass Du beim Skorpion gewesen bist und dass Du schließlich weitergegangen bist. Du musst also ein Projekt haben, dass schon recht weit gediehen ist."

Ich: „Ist das so? Das war mir nicht so recht deutlich … Du weißt, was ich vorhabe?"

Schütze: „Ich Kreis der Tierkreiszeichen gibt es keine Geheimnisse – alles schwingt gemeinsam."

Ich: „Tja … das ist in etwa das, was ich suche: Kooperation."

Schütze: „Das ist noch etwas anderes – aber es ist das Passende für die Menschen zu Beginn der Epoche der Globalisierung."

Ich: „Kannst Du mir dabei helfen?"

Schütze: „Bei Deinem Projekt? Sicher. Ich bin Fachmann für Werbung, Marketing und Projektgestaltung."

Ich: „Das klingt aber sehr danach, als ob ich etwas verkaufen wollte."

Schütze: „Dann siehst Du diese Begriffe ein wenig zu eng."

Ich: „Erklär mal."

Schütze: „Wenn Du eine gute Idee hast und niemand außer Dir kennt sie, was geschieht dann?"

Ich: „Hm … sehr wenig … fast nichts …"

Schütze: „Genau. Du musst alles – und sei es noch so gut – auch bekannt machen, damit es eine Wirkung bekommt. Du musst andere für Deine Idee begeistern. Oder jemanden für Deine Idee begeistern, der andere für Deine Idee begeistern kann."

Ich: „Begeisterung klingt schon besser als Werbung. Das ist eine Form der Überzeugung, der sachlichen Information und Auseinandersetzung, die dazu führt, dass jemand ein Ziel als so erstrebenswert ansieht, dass er sich in Bewegung setzt und etwas dafür tut, dass dieses Ziel auch erreicht wird."

Schütze: „Ja, so ist es. Du musst das Ziel deutlich machen und Du musst den Weg dorthin deutlich machen und Du musst zeigen, dass das Ziel erreichbar ist. Diese drei

Dinge sind nötig, damit jemand zu handeln beginnt. Natürlich vorausgesetzt, das dieser jemand das Ziel in ausreichendem Maße erstrebenswert findet. Und Du musst selber den ersten Schritt tun – egal wie groß oder klein dieser Schritt ist."

Ich: „Hm ... ich versuche das mal mit anderen Worten auszudrücken, um zu sehen ob wir dasselbe meinen."

Schütze: „Mach mal."

Ich: „Ich tue nur etwas, wenn mir ein Leid zu groß wird oder wenn die Aussicht auf eine mögliche Lust groß genug wird. Dann darf ich beides auch nicht verdrängen, sondern muss sehen, dass ich leide, dass ich Lust gewinnen könnte. Als drittes muss ich das Vertrauen haben, dass das Ziel erreichbar ist. Und als viertes muss ich einen der Schritt machen, von denen ich sehen kann, dass sie in die richtige Richtung führen – und danach den zweiten Schritt machen, den ich dann sehen kann. Und zusätzlich sollte ich mir immer wieder diese Folge, diesen inneren Aufbau deutlich machen."

Schütze: „Ja, das ist dasselbe, was ich gesagt habe. Wobei Du, wenn Du andere begeistern willst, einen möglichen Weg zumindest skizzenhaft zeigen können solltest, da Du sonst nur wenige für Dein Projekt begeistern wirst. Es sind nicht alle so mutig, dass sie einen Weg zu einem Ziel einschlagen, wenn sie nicht einigermaßen deutlich sehen, was ihnen auf diesem Weg alles begegnen wird."

Ich: „Ja – das wäre hilfreich ... nicht nur eine Vision zu haben, sondern auch einen Weg zu diesem Ziel anbieten zu können."

Schütze: „Und? Was ist Dein Weg?"

Ich: „Ehm ... ich weiß nicht, ob das mein Anteil an dem Ganzen ist ... Ich bin eher der, der eine Vision entwirft und ihre innere Struktur und ihre Funktionsweise ergründet und beschreibt."

Schütze: „Versuch's mal."

Ich: „Ja, gut ... als erstes brauche ich andere Menschen mit anderen Fähigkeiten – also Menschen, die ähnliche Ziele, aber andere Fähigkeiten haben und die mitmachen wollen bzw. bei denen ich mitmachen kann."

Schütze: „Also Kooperation. Das ist schon mal ein guter Anfang. Und weiter?"

Ich: „Wahrscheinlich bekommt das Projekt dann eine Eigendynamik, die nicht mehr nur von mir abhängt."

Schütze: „Vermutlich. Aber was ist als nächstes notwendig?"

Ich: „Die Vision sollte ergänzt, ausgebaut, präzisiert, verfeinert werden ..."

Schütze: „Das ist gut, aber das reicht noch nicht."

Ich: „Es braucht ein einprägsames Bild, knackige Begriffe ... und, ja, auch eine schlichte Beschreibung des vorgeschlagenen Weges, den jeder sofort erfassen kann."

Schütze: „Gut. Und wie klingt dieser Satz, der den Weg beschreibt?"

Ich: „Tja ... das, was mir bisher eingefallen ist, klingt alles noch bisschen unausgegoren und platt ..."

Schütze: „Sag's trotzdem mal. Wir schauen dann weiter."

Ich: „Ehm ... ja, gut ... Also:

'Ökos aller Länder, vereinigt euch!' ... Na, ja – sehr platt und außerdem von Marx und Engels geklaut ...

'Sophikratie für Gaia!' ... Das sind zu viele Fremdworte, das versteht niemand ...

'Kinder der Erde! Werdet zu Eltern der Erde!' ... Ich weiß, das sind zwar keine Fremdworte, aber verstehen kann man das auch nur mit einer Erläuterung ..."

Schütze: „Das schätzt Du richtig ein. Offensichtlich bist Du Dir über den Weg noch nicht klar genug. Wo willst Du anfangen?"

Ich: „Damit, diese Idee durch Bücher bekannter zu machen."

Schütze: „Das ist hilfreich, aber das setzt noch keine Bewegung in Gang."

Ich: „Ja ... ich weiß ... Also der Weg ... was kann das sein? ... Wir tun etwas für unsere Zukunft, für die Zukunft unserer Kinder ... da fällt mir ein alter Öko-Spruch ein: 'Wir haben die Erde nur von unseren Kindern geborgt.'"

Schütze: „Der beschreibt die Ausrichtung, die Motivation: Wir wollen, dass auch unsere Kinder noch eine bewohnbare Erde haben. Aber das beschreibt noch nicht den Weg."

Ich: „Ja ... Die Motivation ist die Einsicht, dass wir die Erde unbewohnbar machen, wenn wir einfach so weitermachen wie bisher. Wir müssen also etwas anders machen ... darum geht es ja bei diesem ganzen Projekt ... Aber Du fragst nach dem konkreten Weg. Der ist letztlich immer die Kooperation – in allen Bereichen."

Schütze: „Also muss der Weg als Kooperation beschrieben werden."

Ich: „Aber 'Kooperation statt Konkurrenz' ist auch noch nicht besonders leicht verständlich und daher auch nicht sonderlich griffig ..."

Schütze: „Aber Du näherst Dich einer Beschreibung des Weges an. Mach mal weiter."

Ich: „Hm ... Ich glaube, ich muss mir erst noch mal etwas anders klarmachen. Ich bin ja nicht alleine mit dem Projekt – da sind ja noch viele andere, die dieselben Ziele verfolgen. Sie haben andere Ansätze und andere Vorgehensweisen, aber dieselben Ziele. Es gibt viele, die nach Kooperation und nach einer friedlichen Welt mit einem intakten Öko-System streben.

201

Da sind die Grünen und ihre Wähler, da ist die UNO, Greenpeace, Fridays for Future, die Letzte Generation, die SHA-NGO und viele andere NGOs, da sind teilweise auch einige Vertreter der Religionen wie z.B. der Dalai Lama, da ist auch das Rote Kreuz, Ärzte ohne Grenzen, die EU … Das sind eigentlich ziemlich viele Menschen, die auch tatsächlich was tun – jeder auf seine Art und in seinem Bereich … Die sind nicht alle bei Greenpeace oder beim Roten Kreuz oder beim Dalai Lama im Tibetischen Buddhismus … aber sie streben alle in dieselbe Richtung … das fördert sich gegenseitig."

Schütze: „Du fängst endlich an, zielgerichtet zu denken wie ein Projektplaner! … Und weiter?"

Ich: „Ich muss also den Weg zu dem Teil dieses Gesamtzieles deutlich machen, zu dem ich etwas beisteuern möchte – und hoffentlich beisteuern kann."

Schütze: „Ja. Diese Klarheit ist notwendig, um einen klaren Satz zu finden, der den von Dir vorgeschlagenen Weg deutlich macht."

Ich: „Puh! Es ist wirklich einfacher, mit platten Sprüchen auf den Gefühlen der Menschen Klavier zu spielen als eine Notwendigkeit, einen Inhalt und einen Weg klar und leicht verständlich zu formulieren.

Ich meine solche Sprüche wie 'Ausländer raus!' oder 'Freie Fahrt für freie Bürger!' Kurzsichtiger kann man gar nicht mehr argumentieren – falls man das überhaupt noch 'argumentieren' nennen kann. Solche Sprüche grenzen ja schon an Propaganda …"

Schütze: „Dann mach's besser. Was schlägst Du vor?"

Ich: „Hm … 'Kooperation statt Konkurrenz' war ja inhaltlich schon mal ganz gut, aber eben nicht griffig genug … Und es muss die Zukunft unserer Kinder mit in dem Spruch sein … Aber 'Wir haben die Erde nur von unseren Kindern geborgt' reicht noch nicht, weil da kein Weg, sondern nur die Notwendigkeit eines Weges beschrieben ist."

Schütze: „So allmählich bekommt das Kontur, was Du sagen willst, Du kreist es ein, Du sammelst die Bausteine … Mach weiter."

Ich: „Hm … 'Durch Kooperation die Zukunft unserer Kinder sichern' … Nein – zwar richtig, aber zu unverständlich …

'Gemeinsam die Zukunft unserer Kinder sichern' … da fehlt der Weg – das 'gemeinsam' zeigt das nicht deutlich genug …

'Helft einander – dann wird die Welt besser werden!' … na, ja … das geht in die richtige Richtung …

Was macht denn die Kooperation? Sie beendet den Kampf und das Gegeneinander, das Streben nach Sieg … Also: 'Wollt ihr der Beste sein oder wollt ihr gemeinsam das Gute für alle erreichen?' … Schon besser, aber auch noch nicht gut …

Hilf mir doch noch mal!"

Schütze: „Welche Begriffe müssen in dem Spruch, der den Weg beschreibt, stehen?"

Ich: „Welche Begriffe … nun: Kinder, Kooperation, gute Zukunft … Ja, das wären die drei Begriffe – oder andere Begriffe mit ähnlichem Inhalt …"

Schütze: „Dann mach jetzt einen Satz daraus."

Ich: „Na, gut … ehm … 'Durch Kooperation zu einer guten Zukunft für unsere Kinder' … Klingt ein bisschen nüchtern – wie eine Aufbau-Anleitung von IKEA für einen Schrank … Damit haut man niemanden vom Hocker …"

Schütze: „Nein, tut man nicht. Aber Du hast jetzt einen kurzen Satz – und die meisten schaffen es auch ohne viel Nachdenken, drei Begriffe assoziativ miteinander zu kombinieren. Und das ist es, worauf es ankommt: Du hörst den Satz oder liest ihn und hast sofort eine Vorstellung, ein Bild in Deinem Kopf. Wenn dieser Satz dann noch in Kombination mit einem Bild wie Deinem Vorschlag von dem Foto der Erde mit dem Kreis von Menschen ringsum, die sich an den Händen halten, steht, dann ist die Botschaft klar.

Also versuch mal, dieses Satz etwas peppiger zu gestalten."

Ich: „Gut – ich versuch's mal … Was war doch gleich der Satz? … Ach, ja: 'Durch Kooperation zu einer guten Zukunft für unsere Kinder.' … Wie kann ich den abändern? …

Hm – 'Solidarität' statt 'Kooperation'? Ist nicht ganz das Gleiche und viel deutlicher ist es auch nicht …

An 'Zukunft' und 'Kinder' kann ich ja eigentlich nicht viel ändern …

'Zusammenarbeit' statt 'Kooperation' macht's auch nicht besser …

Und wenn ich das 'durch Kooperation' durch was anderes ersetze? Vielleicht durch 'Hände reichen' oder so was in der Art? Was wird denn dann daraus? … 'Laßt uns die Hände reichen für die Zukunft unserer Kinder!' … hm …

Oder: 'Reicht euch die Hände für die Zukunft eurer Kinder!' … Nein, das klingt zu oberlehrerhaft – so als würde ich die anderen auffordern, das zu tun, was ich für richtig halte … das geht gar nicht …

'Laßt uns für die Zukunft unserer Kinder zusammenarbeiten!' … Hm – das Wort 'Arbeit' ruft bestimmt bei niemandem Begeisterung hervor …"

Schütze: „Wie haben die das denn bei dem platten, aber einprägsamen Spruch 'Freie Fahrt für freie Bürger' gemacht?"

Ich: „Wie die das angegangen sind?"

Schütze: „Ja."

Ich: „Hm … der Satz ist kurz … da werden 'Freie Fahrt' und 'freie Bürger' gleichgesetzt. Da alle frei sein wollen, wird hier suggeriert, dass alle, die frei sein wollen, auch kein Tempolimit auf Autobahnen haben wollen. Und es wird suggeriert, dass die, die nicht die freie Fahrt wollen, auch nicht frei sein wollen. Und es stehen nur positive Begriffe in dem Satz – also nicht das Wort 'Geschwindigkeitsbegrenzung' oder 'Verbot' oder dergleichen … Und der Satz ist ein Stabreim – drei Worte beginnen mit 'f' – und Stabreime lassen alles überzeugender klingen als es ohne diesen Stabreim wäre … Und wirksame Stabreime brauchen mindestens dreimal denselben Anfangsbuchstaben wie hier das 'f' … Und der Satz ist eine Forderung, ein Kampfschrei, eine Aufforderung, der viele nur zu gern nachkommen werden …"

Schütze: „Du siehst, dass dieser Slogan geschickt konstruiert worden ist … mach das doch auch mal auf diese oder ähnliche Weise."

Ich: „Puh! … Ich versuch's mal … Inhaltlich war ich bei 'Lasst uns die Hände reichen für die Zukunft unserer Kinder!' angekommen … Hm …

„Gemeinsam für die Zukunft unserer Kinder!' … Oder vielleicht 'Zusammen für die Zukunft unserer Kinder!' … Das könnte sich auch auf die Gründung einer selbstverwalteten Schulinitiative beziehen … Und das sagt eigentlich nicht viel mehr aus als 'Wir haben die Erde nur von unseren Kindern geborgt' …"

Schütze: „Gib nicht auf! Such weiter!"

Ich: „Ja, gut … 'Miteinander statt gegeneinander – so schaffen wir unsere Zukunft!' … Das ist noch ein bisschen blass …

'Miteinander statt gegeneinander für die Zukunft unserer Kinder.' … Das gefällt mir bisher noch am besten …"

Schütze: „Und was fehlt Dir da noch?

Ich: „Man sieht nicht, dass sich das auch auf Politik und Wirtschaft bezieht, auf eine Sophikratie und eine Kooperations-Wirtschaftsform."

Schütze: „Das passt auch unmöglich alles in einen einzigen Satz."

Ich: „Die Autofahrer-Freiheits-Lobby hat's doch auch geschafft!"

Schütze: „Die hatten's auch einfach. Die waren lediglich gegen Geschwindigkeitsbegrenzungen – das ist ein schlichtes, einfaches Ziel. Du dagegen versuchst ein neues Gesellschaftssystem bekannt zu machen. Das ist weitaus schwieriger. Ich finde, Du kannst den Satz 'Miteinander statt gegeneinander für die Zukunft unserer Kinder.' durchaus benutzen. Wer sich dadurch angesprochen fühlt, wird dann schon nach den Details nachfragen."

Ich: „Das werden aber nur die sein, die schon über solche Dinge nach gedacht haben."

Schütze: „Natürlich werden das die sein – und andere wirst Du zunächst mal auch nicht erreichen. Das kommt dann später dran. Zunächst geht es mal darum, die zu finden, die etwas Ähnliches anstreben wie Du. Dann könnt ihr schauen, in welcher Form ihr euch gegenseitig in euren jeweiligen Bestrebungen unterstützen könnt."

Ich: „Ja, das ist wohl wahr … Eine Art Verankerung wäre noch gut …"

Schütze: „Was meinst Du damit?"

Ich: „Einen Anschluss an eine Gruppe oder Ähnliches, die schon in diese Richtung streben – da können sich diese Ideen leichter verbreiten und weiterentwickelt werden. Ich glaube ja nicht, dass ich schon die Lösung habe – ich versuche sie nur zu erkennen und sie so gut ich kann zu beschreiben."

Schütze: „Da bist Du aber recht bescheiden."

Ich: „Realistisch."

Schütze: „Nun, gut, wenn Du das meinst … Aber für den Realismus ist der Steinbock zuständig. Da musst Du jetzt wieder eins weiterwandern und Dich mal mit dem Steinbock unterhalten."

Ich: „Ja, gut. Vielen Dank für Deine Hilfe!"

Schütze: „Bitte – ich solchen Projekten gebe ich gerne Schützenhilfe."

Ich: „Danke."

Schütze: „Viel Erfolg!"

Ich: „Ja – Dir auch!"

10. Womit?

♑

Ich: „Hallo.“

Steinbock: „Guten Tag. Sie wünschen?“

Ich: „Hilfe bei dem Versuch, etwas zur Weiterentwicklung des Umgangs der Menschen miteinander und mit der Erde beizusteuern.“

Steinbock: „Keine kleine Aufgabe, möchte man meinen. An was haben Sie denn da gedacht?“

Ich: „Das ist mir noch nicht ganz klar. Ich habe schon mit neun Sternzeichen gesprochen und jeder hat mir etwas ganz Eigenes gezeigt – und ich habe nicht vorhersehen können, was ich von ihnen jeweils geschenkt erhalte. … Vielleicht eine Steinbock-Weisheit?“

Steinbock: „Eine Weisheit. So, so. Das ist ja nicht das Kleinste, worum man bitten kann. Aber ich werde schauen, was sich machen lässt.“

Ich: „Danke.“

Steinbock: „Vieles kannst Du durch Gesetze regeln – aber es ist nicht leicht, eine Mehrheit für vernünftige Gesetze zu bekommen, da sich alle mehr um die eigene Macht streiten.“

Ich: „Genau das ist eines der Dinge, die ich ändern will!“

Steinbock: „Hast Du aber noch nicht. Wir stehen da, wo wir gerade stehen und müssen von dort ausgehen und den nächsten Schritt machen. Derzeit werden noch Mehrheiten gebraucht, um Gesetze zu erlassen. Und die Parteien richten sich nach ihren Wählern. Folglich können die Wähler – also alle – etwas ändern, wenn sie einsichtig sind. Sie können sogar neue Parteien gründen.“

Ich: „Soll ich etwa eine neue Partei gründen?“

Steinbock: „Nein! Hör doch erst einmal zu! Nicht so hastig – damit kommst Du nur langsamer ans Ziel.“

Ich: „Ja, gut …“

Steinbock: „Die Wähler brauchen Einsicht. Und die Menschen lernen durch Vorbilder. Also brauchen sie einsichtige Vorbilder.“

Ich: „Vorbilder?“

Steinbock: „Ja – so wie Martin Luther King, Mahatma Gandhi, Michail Gorbatschow, Barak Obama, Bertha von Suttner, Albert Schweizer, Greta Thunberg, Nelson Mandela, Desmond Tutu, Franz Alt, George Orwell, der Dalai Lama … die Liste kann man noch länger fortsetzen.“

Ich: „Ich bin nicht so berühmt … und das will ich auch gar nicht sein …“

Steinbock: „Hör doch erst mal zu! Sei nicht so ungeduldig! Herrgottnochmal!“

Ich: „Ich versuch's.“

Steinbock: „Nein – tu's! Also: Die Menschen brauchen Vorbilder – am besten echte, lebendige Vorbilder. Aber oft werden diese Vorbilder auch durch Bücher und Filme erschaffen – zum Beispiel Pippi Langstrumpf, die die Eigenständigkeit von Mädchen verkörpert. Oder im 'Herr der Ringe' die Gemeinschaft des Zauberers Gandalf, der beiden Menschen Aragorn und Boromir, dem Elf Legolas, dem Zwerg Gimli und den vier Hobbits Frodo, Sam, Merry und Pippin – da wurde das erste Mal gezeigt, wie Verschiedene sich gegenseitig ergänzen und etwas erreichen können, was sie als Einzelne nicht erreicht hätten.

Verstehst Du, was ich meine?“

Ich: „Ja – ich glaube schon … Diese 'Gemeinschaft von Verschiedenen' wird ja auch in den Avengers-Filmen von MCU deutlich dargestellt: Iron Man, Captain America, Black Widow, Hawkeye, Thor, Hulk … Ist es das, was Du meinst? Daß diese Gemeinschaften Vorbilder für die Sophikratie sein können?“

Steinbock: „Nein, natürlich nicht! Es sind einfach Beispiele für Vorbilder, die von vielen anderen Autoren, Filmen und Video-Spielen aufgegriffen worden sind. Das waren Vorbilder, die gewirkt haben. Doch Du brauchst andere Vorbilder, denn die Gemeinschaft im 'Herr der Ringe', in 'Harry Potter' und in den Avengers-Filmen kämpfen gegen einen Feind – und das ist immer noch die alte 'Gut gegen Böse'-Geschichte. Da geht es noch immer um Sieger und Verlierer. Da sind das 'wir' noch immer die Guten und das 'ihr' sind die Bösen. Das ist nur eine interne Integration: Die eigene Gruppe besteht aus unterschiedlichen Gestalten und wird zu einer Handlungs-Einheit. Doch sie kämpft gegen andere Einheiten, die ebenfalls oft recht bunt zusammengewürfelt sind … aber die eben als 'böse' dargestellt werden.

Und schau Dir nur z.B. Tanos in den Avengers-Filmen: Er hat das Problem der Überbevölkerung richtig erkannt und versucht es zu beheben – allerdings auf brutale Weise. Und was machen die Avengers? Sie kämpfen gegen ihn anstatt sich mit ihm zusammenzusetzen und gemeinsam mit ihm nach Lösungen zu suchen, die nicht so brutal sind wie das Auslöschen der Hälfte aller Lebewesen.

Verstehst Du? Wir brauchen neue Geschichten! Neue Heldengeschichten! Neue Vorbild-Geschichten! Das sind Geschichten ohne Sieger und Verlierer – das sind Problemlösungs-Geschichten.

Begreifst Du den Unterschied?!"

Ich: „Ja … ja … das verstehe ich … Neue Geschichten mit einer neuen Art von Helden und Heldinnen … Aber wo kommen diese Geschichten her?"

Steinbock: „Schreib eine Geschichte … schreib einen Roman …"

Ich: „Ich bin schon dabei … mein 'Maran'-Roman …"

Steinbock: „Und andere werden auch damit beginnen, solche Geschichten zu schreiben. Es muss nur erst mal wirklich klar werden, dass neue Geschichten gebraucht werden – und welche Art von Geschichten das sein muss.

Natürlich wird es auch in diesen Geschichten Kämpfe geben, aber sie sind nicht der Kern der Geschichten und auch nicht die Rahmenhandlung. Es wird immer Menschen geben, die brutal sind, die nach Macht streben, die süchtig sind – und gegen die man sich wehren muss. In dem Streben nach einem friedlichen Leben sind die Hobbits und Harry Potter mit seinen Freuden am weitesten gekommen – aber die Rahmenhandlung ist noch immer 'gut gegen böse'. Es braucht eine andere Rahmenhandlung, die ihre Spannung aus etwas anderem als dem Kampf bezieht, die nicht auf den Sieg des 'Guten' über das 'Böse' aus ist.

Wenn zwei Heere gegeneinander kämpfen, halten sich beide Heere für die Guten. Immerhin da hat es schon angefangen, deutlich zu werden, dass das mit dem 'Gut und Böse' ein Irrtum ist."

Ich: „Wie meinst Du das?"

Steinbock: „Zum Beispiel fragt sich Frodo im 'Herrn der Ringe' einmal, als er einen toten Krieger der feindlichen Armee vor sich liegen sieht, ob dieser Krieger nicht viel lieber daheim bei seiner Frau und seinen Kindern geblieben wäre. Das ist ein Ansatz in die richtige Richtung: Es geht primär nicht darum, den Krieg zu gewinnen – auch wenn das im Krieg wichtig ist – sondern es geht darum, alle Kriege zu beenden. Schreibe eine Geschichte, die die Lösung für das Beenden der Kriege findet, die Feinde versöhnt, die zu einer allgemeinen Kooperation führt …"

Ich: „So wie sich Harry Potter und Draco Malfoy in ' Harry Potter and the Cursed Child' zusammenschließen?"

Steinbock: „Ja – das ist auch so ein Ansatz."

Ich: „Also nicht 'Neue Männer braucht das Land!' sondern 'Neue Helden braucht das Land!' oder besser noch 'Neue Geschichten braucht das Land!'"

Steinbock: „Ja. Geschichten, in denen nicht Kraft oder Magie oder das längere Schwert siegen, sondern die Einsicht, die Kooperation und Weisheit – und wo es am Ende allen gut geht – und nicht nur den 'Guten', weil alle 'Bösen' tot sind."

Ich: „Eine große Aufgabe … Man könnte auch Romane über Menschen mit einem erfüllten Leben schreiben – wobei es da gar nicht um große Taten oder gewaltige

Siege geht, sondern um Alltags-Weisheit, Selbsterkenntnis, Gemeinschaft und ähnliches."

Steinbock: „Ja – Du hast es offenbar allmählich verstanden. Diese Geschichten sind Vorbilder, sie zeigen Möglichkeiten, sie beschrieben ganz konkrete Verhaltensweisen, die ein Problem aus dem Weg geräumt haben. Das sind friedliche Helden, Friedens-Helden, Weisheits-Helden, Friedensstifter, Problemlöser, Berater, Vernunft-Manager, Lösungs-Organisatoren, erleuchtende Redner, begeisternde Lehrer, Wegbereiter …

Verstehst Du, welche Art von Männern und Frauen und Kindern ich meine?"

Ich: „Ja – das wird immer deutlicher …"

Steinbock: „Schön."

Ich: „Der Schütze hat mir geraten, Slogans für den Weg zur Sophikratie zu suchen, aber Du hast mir jetzt gezeigt, dass das nicht ausreicht – es werden auch ganze, detailreiche Geschichten gebraucht, die die Menschen und ihr Leben beschreiben, die sich an diese Slogans halten, die aus ihrem Herzen heraus sich so verhalten wie Menschen in einer erwachsenen Menschheit … was ich mithilfe des Widders als 'Sophikratie' bezeichnet habe."

Steinbock: „Eine kurze Formel für das, was Du willst, ist gut und nützlich, aber Du brauchst auch eine Geschichte dazu, wie das konkret und im Detail aussieht. Und man muss anhand dieser Geschichte erkennen können, dass das Ziel des neuen Verhaltens, des neuen Weltbildes, der neuen Gesellschaftsform wirklich realisierbar ist. Es darf kein Hirngespinst bleiben – es muss ganz konkret machbar sein."

Ich: „Ja … wenn ich von einen anderen über solch eine neue Form des Umgangs miteinander hören würde, würde ich auch als erstes fragen, ob das denn überhaupt funktionieren kann. Und da wäre mir ein konkretes Beispiel aus dem Alltag natürlich am liebsten – aber eine Geschichte, die das anschaulich beschreibt, würde mir auch schon weiterhelfen."

Steinbock: „Und bedenke: Menschen lernen durch Vorbilder – vor allem Kinder und Jugendliche. Sie hängen sich die Bilder ihrer Ideale an die Wand und kleiden sich wie sie. Was wäre, wenn es Geschichten in Büchern und Filmen gäbe, die solche Sophikratie-Helden darstellen und die Kinder und Jugendlichen sie begeistert nachzuahmen versuchen würden?"

Ich: „Das wäre wirklich gut. Aber der Begriff 'Sophikratie-Helden' gefällt mir nicht. Das klingt so wie damals in der DDR die Bezeichnung 'Held der Arbeit'. Mir geht um die Weisheit, um die Einsicht, um ein Handeln aus dem eigenen Herzen heraus, aus weitsichtigen Egoismus heraus. Mir geht es um die einzelnen Menschen, um ihr Leben, um die Welt, in der sie leben. Wie die Regierungsform und die Wirtschaftsform, die die dann haben, heißt, ist mir egal."

Steinbock: „Das ist ja auch die Basis – aber auf der baut auch ein politisches System auf, eine Gesetzgebung und ein Wirtschaftssystem. Ohne das geht es nicht."

Ich: „Ja, gut … wenn darüber der Einzelne nicht vergessen wird … wenn der Einzelne weiterhin im Mittelpunkt steht …"

Steinbock: „Da es sich bei der Sophikratie um ein auf Weisheit gegründetes System handelt, kommst Du gar nicht ohne die Einzelnen aus … um die Weisheit der Einzelnen …"

Ich: „Ja, gut … Vielen Dank! … War es das, was Du mir zu sagen hast?"

Steinbock: „Ja. Schreibe neue Geschichten, mache sie bekannt – das wird dann Nachahmer finden und die Gestalten Deiner Geschichten und auch die Gestalten der Geschichten der anderen werden zu Vorbildern werden. Das wird dann ein neues Verhalten nach sich ziehen und schließlich auch zu neuen Gesetzen führen."

Ich: „Hm … sind denn nicht auch konkrete Projekte wie Greenpeace oder die Erfindung von Solaranlagen wichtig?"

Steinbock: „Alle diese Dinge sind wichtig – sie erden Deine Geschichten. Das ist das Ziel dieser Geschichten: Die Menschen anregen, sich anders zu verhalten und sinnvolle Dinge zu tun. Und wenn es diese Dinge dann zu kaufen gibt oder wenn man diese Vorbilder dann nachahmen kann, dann entsteht allmählich die Sophikratie."

Ich: „Die Geschichten helfen also, eine Ideal so konkret zu machen, dass es zum Ziel und zum Vorbild werden kann. Und dadurch, dass sich Menschen dann so verhalten, werden sie zu lebendigen Vorbildern. Und durch das, was sie tun und erfinden und erschaffen, wird das Ideal allmählich zur Realität."

Steinbock: „So ist es. So werden Dinge erschaffen."

Ich: „Danke! Vielen Dank! Das war wieder ein großer Schritt weiter!"

Steinbock: „Bitte. Stets zu Diensten!

11. Wann?

≋

Ich: „Hallo!"

Wassermann: „Hallöchen! Was führt Dich zu mir?"

Ich: „Die Suche nach einer Utopie."

Wassermann: „Da bist Du hier genau richtig. Du hast die vorigen zehn Schritte schon durchlaufen?"

Ich: „Ja."

Wassermann: „Kannst Du sie aufzählen?"

Ich: „Ehm … ich denk schon:

der schlichte Kerngedanke des Widders,
der Nutzen des Stiers,
die Beweglichkeit des Zwillings,
das emotionale Bild des Krebses,
die Selbstheilung des Löwen,
die Details der Jungfrau,
das Eltern/Sophikratie-Gleichnis der Waage,
die Kritik des Skorpions,
der Slogan des Schützen, und
die neue Vorbild-Geschichte des Steinbocks."

Wassermann: „Richtig. Was Dir jetzt noch fehlt, ist die Ausarbeitung eines schlüssigen und sicheren Gesamtsystems."

Ich: „Wie kann man das erreichen?"

Wassermann: „Das Erreichen von Sicherheit ist zwar relativ einfach, aber nicht leicht zu realisieren. Ein System erreicht seine Stabilität durch die Solidarität seiner Mitglieder. Im Fall Deiner Sophikratie ist dies die Solidarität aller Einsichtigen miteinander – dann haben die, die das System stören oder zerstören wollen, keine großen Chancen mehr. Leider genügt schon eine kleine Zahl von Abweichlern, um Boykotts und ähnliches deutlich unwirksamer zu machen."

Ich: „Und wie erreicht man die Schlüssigkeit eines Systems?"

Wassermann: „Durch eine Werte- und Prozess-Pyramide."

211

Ich: „Das kenne ich nicht. Was ist das?"

Wassermann: „Was ist der oberste Wert, den Du anstrebst? Also die Spitze der Pyramide?"

Ich: „Eine gute Zukunft für meine Kinder auf dieser Erde. Und natürlich auch für alle anderen Kinder."

Wassermann: „Also ein stabiles, lebensfähiges System auf der Erde, das nicht von den Tätigkeiten der Menschen gestört oder gar zerstört wird."

Ich: „Ja."

Wassermann: „Gibt es Unterpunkte zu diesen Zielen?"

Ich: „Hm ... ja ... die materielle und gesundheitliche Absicherung aller Menschen sowie Frieden auf Erden."

Wassermann: „Was sind die Eigenschaften des Systems, das Du errichten willst?"

Ich: „Das sind ... ja ... die Einsicht, der weitsichtige Egoismus, Vertrauen und Verantwortung sowie das warme Nest-Gefühl, also die Geborgenheit."

Wassermann: „Gut. Dann die Methoden."

Ich: „Ja ... das sind das Eltern-Prinzip, also das 'sowohl als auch', d.h. die anteilige Berücksichtigung der Wünsche; dann allgemein die Sophikratie, d.h. das Handeln mit Weisheit; weiterhin die Kooperation und die Koordination; zwei bis drei Generationen der 1-Kind-Familie; und schließlich noch der organische Aufbau der Regelungen und Bestimmungen, d.h. die Abstufung 'UNO – Staat – Region – Ort – Individuum'. Das war's."

Wassermann: „Was sind die primären Hilfsmittel?"

Ich: „Was ist damit gemeint?"

Wassermann: „Die Hilfsmittel, die das System wesentlich prägen."

Ich: „Ach so. ... Das wären dann die Selbsterkenntnis, die psychische Heilung, die Reduzierung auf die tatsächlichen Bedürfnisse, die Förderung nachwachsender Rohstoffe, das LEGO-Prinzip im Bau von Maschinen u.ä., und die Durchsichtigkeit der Finanzen und der Wirtschaft."

Wassermann: „Und schließlich noch die sekundären Hilfsmittel, die weniger wichtig sind, aber trotzdem noch Bedeutung haben."

Ich: „Gut ... Das sind das Bild der Erde mit dem Menschen-Kreis ringsum; das ist die allmähliche, vorsichtige Weiterentwicklung der Werte; und dann auch noch die alternativen Heilweisen."

Wassermann: „Gut. Dann haben wir die Werte- und Prozeß-Pyramide fertig:

   1. oberstes Ziel:

- gute Zukunft für unsere Kinder

2. Unterziele:
- materielle Absicherung aller Menschen
- gesundheitliche Absicherung aller Menschen
- Frieden auf Erden

3. Eigenschaften:
- Einsicht
- weitsichtiger Egoismus
- Vertrauen
- Verantwortung
- warmes Nest-Gefühl

4. Methoden:
- Eltern-Prinzip, ('sowohl als auch', anteilige Berücksichtigung der Wünsche)
- Sophikratie (Handeln mit Weisheit)
- Kooperation
- Koordination
- organische Aufbau der Bestimmungen (UNO – Staat – Region – Ort – Individuum)
- 2-3 Generationen der 1-Kind-Familie

5. primäre Hilfsmittel:
- Selbsterkenntnis
- psychische Heilung
- Reduzierung auf die tatsächlichen Bedürfnisse
- Förderung nachwachsender Rohstoffe
- LEGO-Prinzip im Bau von Maschinen u.ä.
- Durchsichtigkeit der Finanzen
- Durchsichtigkeit der Wirtschaft

6. sekundäre Hilfsmittel:
- Bild (Erde mit Menschen-Kreis ringsum)
- allmähliche Weiterentwicklung der Werte
- alternative Heilweisen

Das ist jetzt Deine theoretische Grundlage und Dein Prozess-Plan."

Ich: „Hm … der ist aber vermutlich noch nicht vollständig … Das ist doch bestenfalls ein erster Entwurf, eine erste Skizze …"

Wassermann: „Das ist egal. Du brauchst zunächst einmal Klarheit über Deine Utopie. Sie muss eine Form annehmen, geordnet sein, anschaulich und übersichtlich sein. Damit kannst Du dann anfangen zu arbeiten.

Dann kommen natürlich noch Adresslisten von allen, die sich mit Dir solidarisiert haben, Zeitpläne, Anforderungs-Listen, Ablauf-Reihenfolgen und dergleichen mehr … Aber das ist Schritt 2. Wir sind erst bei Schritt 1. – das ist die grundsätzliche Übersicht. Diese Pyramide soll Dir – und natürlich auch den anderen – den nötigen Überblick verschaffen, damit die anderen überhaupt dazu inspiriert werden, sich mit Dir solidarisch zu erklären. Du brauchst Mitstreiter – alleine schaffst Du das nicht. Und solch eine Pyramide ist leichter zu verstehen als eine Liste mit zwanzig Schlagworten.“

Ich: „Mir ist auch wichtig, dass das ein offenes System bleibt.“

Wassermann: „Wie meinst Du das?“

Ich: „Ich meine, es soll niemand glauben, dass das schon die Lösung ist. Es ist ein Ansatz, aber wir brauchen viele verschiedene Ansätze, damit das funktionieren kann.“

Wassermann: „Aber stell auch nicht Dein Licht unter den Scheffel! Du trägst auch zu dem Gelingen bei! Du machst auch einen der Schritte, die die Menschheit zu diesem Ziel hin machen muss. Und wie willst Du andere begeistern und überzeugen, wenn Du selber nicht begeistert und überzeugt bist?“

Ich: „Das verstehe ich ja, aber ich will mich nicht über die Sache selber stellen. Es geht nicht um mich oder gar meinen Ruhm – es geht um meine Kinder, um unsere Kinder!“

Wassermann: „Ja … das ist gut, dass Du das klar unterscheiden kannst.“

Ich: „Es ist nicht eine Theorie, aus der heraus ich was tun will, sondern ein Gefühl! Ein Gefühl für mich selber, für mich auf der Erde, für die Zukunft meiner Kinder, für die Zukunft aller Lebewesen auf der Erde!“

Wassermann: „Ja … Gefühle … die gibt es natürlich auch noch … Aber das ist nicht mein Fachgebiet – das musst Du den Fisch fragen …“

Ich: „Den Fisch?“

Wassermann: „Ja – da drüben wartet er schon. Geh mal zu ihm hinüber und grüß ihn von mir.“

Ich: „Ja, gut … mach ich … Vielen Dank!“

Wassermann: „Bitte. Ernsthaft Interessierte sind mir immer willkommen.“

12. Wofür?

H

Ich: „Hallo!"

Fische: „Hi! Na, wie geht's?"

Ich: „Ehm … gut … Ich komme gut voran."

Fische: „Ja – Du bist ja auch am Ende des Tierkreises angekommen …"

Ich: „Was kannst Du denn noch zu meinen Forschungen, zu meinem Projekt dazutun?"

Fische: „Ach – da wird sich schon was finden lassen. Wo stehst Du denn grad mit der ganzen Sache?"

Ich: „Ich war bei dem Lebensgefühl angekommen, bei dem Wunsch, meinen Kindern eine heile Welt zu hinterlassen, bei meiner Verbundenheit mit dem ganzen Leben auf der Erde …"

Fische: „Ja, ja … das ist das Wichtigste … Mein Großonkel Alfred sagt immer, dass man nur vernünftig bleiben kann, wenn man jeden Tag wenigstens eine Stunde irgendwo still in der Natur sitzt. Da hat er recht, der alte Alfred … Ja, und da hat der Wassermann Dich zu mir geschickt? Ja, ja – mit Gefühlen kann der nicht so viel anfangen … der ist mehr im Kopf und in der Zukunft …"

Ich: „Das war auch mein Eindruck."

Fische: „Weißt Du, letztens – da bin ich ins Dorf gegangen und hab so nebenbei gedacht, dass es nett wäre, wieder ein Fahrrad zu haben – meins ist ja letztens kaputt gegangen – Achsenbruch – und es war ja auch schon uralt, das Rad … und als ich im Dorf ankam, da rief mir der Walter zu, der von der Schlosserei, und fragt mich, ob ich nicht sein altes Rad haben will, der hatte sich nämlich ein neues gekauft … und da hatte ich auf einmal das Rad, das ich mir kurz zuvor gewünscht hatte … So einfach ist das! Hast Du das bedacht, bei Deinem … wie hast Du das doch gleich genannt? … Ach, ja – bei Deinen Forschungen und bei Deinem Projekt … Hast Du das da mitbedacht?"

Ich: „Ehm … nein … wie sollte ich das da mitbedenken?"

Fische: „Na, ja … das gibt doch diese sinnvollen Zufälle, diese Telepathie … die bringt doch die richtigen Leute zusammen … man trifft doch immer wieder die Wütenden, solange man sich noch vor Wut fürchtet … und wenn man sich was

215

wünscht, also so ein 'ja'-Wunsch, kein 'ja, aber'-Wunsch ... so ein Wunsch aus ganzem Herzen oder frisch von der Leber weg, wie man so sagt ... ja, wenn man so wünscht, dann kommen die Sachen ja auch ... Das kann doch alles in einen guten Fluss bringen, oder?"

Ich: „Hm ... das klingt nach einer ganz praktischen Anwendung des kollektiven Unterbewusstseins, wie C.G. Jung das genannt hat."

Fische: „Wie das heißt, ist mir egal ... ich finde das einfach praktisch ... das macht das Leben viel einfacher – aber wem sage ich das? Das kennst Du doch sicher auch ... Meine Großtante Amalie – das ist die Schwester vom alten Alfred – die kann das so richtig gut ... die lacht einfach dabei und freut sich schon darauf, dass ihre Wünsche in Erfüllung gehen ... Ich glaub, wenn ich das so gut könnte wie die, dann würde ich nicht mehr arbeiten gehen ... Ach, Unsinn, dann wär mir ja langweilig! Ich tue doch gern was! Aber ich rede und rede und lass Dich gar nicht Wort kommen ..."

Ich: „Du erzählst da was ganz Spannendes! Daran habe ich noch gar nicht wirklich gründlich nachgedacht. Wir organisieren einen Teil bewusst, schaffen ein politisches System, ein Wirtschaftssystem – und nebenher läuft auch noch ganz viel durch den sinnvollen Zufall ab, da wird ganz viel durch Telepathie koordiniert – hauptsächlich durch unbewusste Telepathie."

Fische: „Ja, das kenn ich gut! Früher, da habe ich immer Angst vor Mangel gehabt, aber dann war ich ein paarmal in einer Schwitzhütte und habe da die Fülle erlebt ... die Geborgenheit ... und dann war meine Angst vor Mangel auf einmal weg – und seitdem ist das mit dem Wünschen viel einfacher geworden – da hängt jetzt an meinem 'ja' kein 'aber' mehr hintendran ... da habe ich keine heimliche Angst mehr vor der Erfüllung meiner Wünsche ..."

Ich: „Ja, das kenn ich auch. Wenn man eine Beziehung will, aber gleichzeitig Angst hat, dass das wieder wie beim vorigen Mal ein endloser Streit wird, dann findet man entweder vorsichtshalber erst gar keine neue Beziehung mehr oder es wird tatsächlich wieder dasselbe Drama."

Fische: „Ja, ja ... so ist das. Da hilft nur Heilung – ganz egal, wie die zu Dir kommt ... durch einen Freund, einen Psycho-Doc oder eine Schwitzhütte oder sonstwas."

Ich: „Ja, das sehe ich auch so ... der sinnvolle Zufall funktioniert nur, wenn man einen 'ja'-Wunsch ohne eine da dran hängende 'aber'-Angst hat ... Denn sonst bekommt man zwar das 'ja' erfüllt, aber genauso auch das 'aber'. Die erfüllen einem immer das ganze Bild zu einem Thema, nicht nur den Teil des Bildes, das man gerne hätte ... also z.B. das ganze eigene Beziehungsbild und nicht nur den Wunschbild-Anteil."

Fische: „Du kennst Dich ja doch ein bisschen damit aus, sehe ich ..."

Ich: „Ja, ein bisschen – es reicht so für den Hausgebrauch ... Aber sag, wie kann man das denn für das neue System nutzen, für die Sophikratie?"

Fische: „Das ist doch nichts zum Nutzen! Du musst das doch nicht erst erschaffen! Das ist doch alles schon da … überall und immer … Du musst es nur zulassen und am besten selber möglichst heil werden … Das Außen spiegelt Dir immer Dein Innen … also: innen heil = außen heil … Ganz einfach. Das sagt meine Großtante Amalie auch immer. … Wirklich – das ist ganz einfach … Du musst nur innerlich heil werden. Keine Theorien, keine Konzepte, nix von solchem Kram … Ne, Danke! Einfach fließen … das ist alles …"

Ich: „Hm … ja, wahrscheinlich hast Du da recht …"

Fische: „Wer redet denn schon im Alltag über so'n Zeug wie Utopien und Konzepte und so was? Niemand! Da hast Du ein paar Bilder in Dir, Du hast das Vertrauen, Du siehst zu, dass Du immer heiler wirst – und schon gedeiht Dein Leben … Ich seh ja schon ein, dass sich auch Leute ums Regieren und Wirtschaften kümmern müssen, aber das ist nicht meine Sache. Ich helfe, wo ich helfen kann und ich bekomme auch immer Hilfe, wenn ich sie brauche …"

Ich: „Das gefällt mir."

Fische: „Und der alte Alfred sagt immer … ach, nein – das war ja meine Tante Dorothea – die sagt immer, Geld muss fließen, halt es bloß nicht fest, denn dann mag es Dich nicht mehr – Geld will frei sein … und alles andere übrigens auch. Wenn Du was nicht ganz dringend brauchst und das fehlt einem anderen gerade, dann gib's ihm einfach. Dir tut's nicht weh und der andere freut sich. So einfach entsteht Freude und auch Vertrauen – und dann lächeln alle … Ganz einfach, das alles."

Ich: „Ja, ich sehe, dass all meine Gedanken in den Alltag kommen müssen – und auch diese erwachsene Haltung, die mir das Fundament zu sein scheint …"

Fische: „Aber diese Erwachsenen dürfen keine herabhängenden Mundwinkel und keine Magengeschwüre haben! Die lächeln, die haben Vertrauen, die helfen, die lassen es sich gut gehen, die haben einen Blick auf alles ringsherum … und die arbeiten nicht zu viel, sondern nur das, was nötig und sinnvoll ist …"

Ich: „Ich habe den Eindruck, dass Du auf eine ganz schlichte Art weise bist …"

Fische: „Weise? Das hat noch nie jemand zu mir gesagt. Lass diese großen Worte beiseite und tu einfach das, was Dir und den anderen gut tut."

Ich: „Ja … da hast Du wohl recht …"

Fische: „Ich weiß – manche Leute reden gern und viel und immer so'n abstraktes Zeugs … dabei reicht es völlig, im Alltag mit dem Leben zu fließen – dann wird alles ganz einfach. Und wir wollen doch eigentlich auch alle dieselben Dinge: dass die Blumen auf der Wiese blühen und die Schmetterlinge tanzen, das es im Winter kalt und im Sommer warm ist, dass wir Freunde und Geliebte und Kinder und Enkel haben und dass wir uns mit unseren Nachbarn gut verstehen … das ist doch alles ganz einfach …"

Ich: „Hm … aber müssen nicht auch die anderen elf Tierkreiszeichen mitwirken?"

Fische: „Na klar müssen sie das – sonst ist der Kreis doch nicht rund! Ich erzähl Dir nur meinen Teil davon – und den vom alten Alfred, von Großtante Amalie und von Tante Dorothea … na, ja – und die Geschichten von all den anderen, die auch mit dem Leben fließen …"

Ich: „Das sollte man wohl nicht vergessen, das man nicht nur das Ganze in Verantwortung trägt, sondern dass man sich auch von dem Ganzen in Vertrauen tragen lassen kann …"

Fische: „Ja … das sollte man nicht vergessen … sonst war's das mit dem Fließen …"

Ich: „Wir erschaffen das kollektive Unterbewusstsein, wir gestalten es mit – und es hilft uns und beschenkt uns, wenn wir uns drauf einlassen … Unsere Bilder und Geschichten und Handlungen prägen das kollektive Unterbewusstsein und dieses kollektive Unterbewusstsein prägt dann wiederum unser Leben durch solche Bilder, Geschichten und Handlungen wie die, die wir in das das kollektive Unterbewusstsein hineingegeben haben."

Fische: „Ich sag ja: mit dem Leben fließen … das Tao, wie der alte Lao-Tse das genannt hat …"

Ich: „Ja … das Tao ist wohl so etwas wie der Atem der Gaia …"

Fische: „Ah – das klingt jetzt schon mehr nach dem, wie ich das erlebe …"

Ich: „Das freut mich … dann beginne ich Dich wohl so langsam zu verstehen …"

Fische: „Und weißt Du, was jetzt kommt?"

Ich: „Nein … was denn?"

Fische: „Na, Du gehst weiter zu dem Widder und tust was, gründest was, machst was, fängst was an …"

Ich: „Was? Noch 'ne Runde?"

Fische: „Na, ja – wie willst Du sonst in einem Kreis fließen? Kreise haben keinen Anfang und kein Ende … Das hörst Du nie auf solange Du lebst … da machst Du immer wieder den nächsten Schritt … So ist das Leben ..."

Ich: „Oh, oh … Und ich dachte, ich wäre jetzt nach dem zwölften Zeichen fertig …"

Fische: „Fertig mit dieser Runde, ja – und Du bist ja auch nicht mehr da, wo Du am Anfang warst."

Ich: „Nein, da bin ich wirklich nicht mehr. Ich bin viel weiter gekommen."

Fische: „Und hast Du nicht Lust, noch weiter zu gehen?"

Ich: „Doch … hab ich …"

Fische: „Na, dann … Eine gute Wanderung wünsch ich Dir!"

Ich: „Danke! Vielen Dank!"

Die 12 Pfade zum Frieden

Entwürfe für die Zukunft – Band 28

Inhaltsübersicht

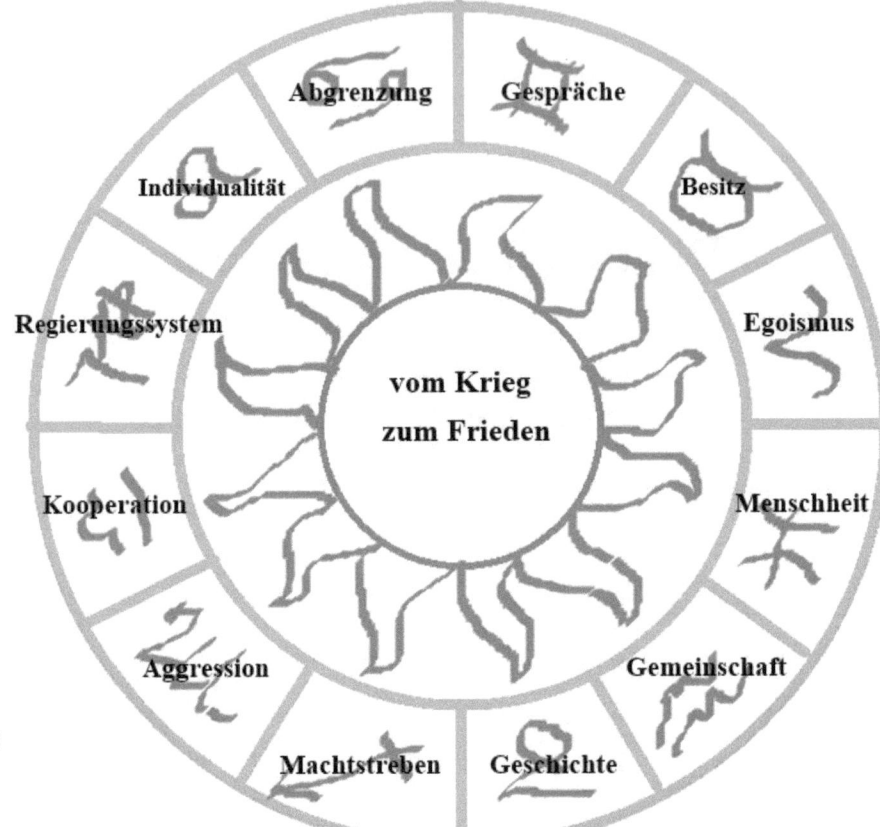

vom Krieg
zum Frieden

Abgrenzung

Gespräche

Besitz

Egoismus

Menschheit

Gemeinschaft

Geschichte

Machtstreben

Aggression

Kooperation

Regierungssystem

Individualität

1. Egoismus

♈

Was ist die Grundlage für Aggression? Natürlich ist es der Streit, die verschiedenen Meinungen, die Wut, der Neid – aber was ist die tiefste Wurzel der Aggression?

Die Aggression, das Kämpfen, das Siegenwollen ist ein Aspekt der Selbst-erhaltung, also des fundamentalen Egoismus. Was nicht die Fähigkeit zur Selbsterhaltung hat, wird sich nicht selbst erhalten können und zu existieren aufhören. Daher ist der Egoismus nicht nur eine unvermeidbare, sondern sogar eine notwendige Eigenschaft von allem, was existiert – einschließlich des Menschen. Und in Konkurrenz-Situationen wird dieser Egoismus schnell zu Streit.

Es ist auch auffällig, wie selten Demokratien Kriege beginnen – es sind in der Regel autokratische Herrscher oder Diktatoren, die einen Krieg anfangen. Demokratien mit einer starken Stellung des Präsidenten wie in den USA oder in Frankreich stehen in der Häufigkeit der Kriegseröffnung zwischen Diktatoren und Demokratien. Die Demokratie mit ihrer Ausrichtung auf die Gemeinschaft, den Konsens und die Solidarität ist also friedlicher als die Diktatur mit ihrer Ausrichtung auf den Diktator, die Macht und den Egoismus.

Der fundamentale Egoismus und die sich von ihm ableitende Selbsterhaltung sind natürlich etwas, das man niemandem vorwerfen kann – selbst die Rechtsprechung gesteht jedem die Selbstverteidigung, also das Handeln aus Notwehr zu. In derselben Weise wird jedem Volk die Verteidigung gegen einen angreifenden Staat zugestanden.

Da der Verteidiger in der öffentlichen Meinung eine weitaus bessere Stellung hat als der Angreifer, strebt jeder in einen Krieg verwickelte Staatsführer stets danach, sich als den Verteidiger und den anderen als den Angreifer darzustellen – als „wir sind die Guten" und „die anderen sind die Bösen".

Dieses Vorgehen ist sowohl nach innen auf die eigene Bevölkerung hin als auch nach außen zu den anderen Staaten hin wichtig. Wenn Putin seinen Angriff auf die Ukraine nicht nach innen hin als einen Kampf gegen das „Nazi-Regime" in der Ukraine und als eine notwendige Fortführung des Zweiten Weltkrieges darstellen würde – und dies nicht sogar in den Schulbüchern so verankern ließe – wäre die Bevölkerung Russlands gegen diesen Krieg. Andererseits ist dieser Krieg so offensichtlich ein russischer Angriffskrieg, dass die Staatengemeinschaft zu der Ukraine hält und sie unterstützt.

Diejenigen, die prinzipiell gegen Krieg sind, haben zwar recht, aber auch ein großes Problem. Wehrdienstverweigerer in der BRD haben oft den Satz „Es lohnt sich dafür zu kämpfen, nicht kämpfen zu müssen. " zu hören bekommen. Damit war gemeint, dass es sich lohnt, die BRD mit der Waffe in der Hand zu verteidigen, weil in der BRD niemand gezwungen werden darf, als Soldat zu dienen.

Das ist gegenüber einem Pazifisten eine zwar fast schon zynische Aussage, aber sie hat leider auch einen wahren Kern. Was soll man tun – individuell und kollektiv – wenn man angegriffen wird und im drastischsten Fall Sklaverei oder Tod drohen? Die klassische Argumentation der Wehrdienstverweigerer war (mich einbeschlossen) war, dass man die Ursachen der Kriege – also vor allem die materielle Not – auflösen muss bevor überhaupt ein Krieg ausbricht. Das ist zwar auch wieder richtig, aber es ist fraglich, ob das ausreicht.

Schließlich gibt es nicht nur Kriege, die aus einer materiellen Not heraus begonnen werden, sondern auch Kriege, deren Ursache konkurrierende Weltanschauungen, Wirtschaftssysteme und Religionen sind – oder ganz einfach der Machthunger des Staatsführers.

Das Bestreben, durch die Auflösung ihrer materiellen Ursachen alle Kriege zu verhindern, wird folglich die Anzahl der Kriege zwar reduzieren, aber nicht vollständig verhindern können.

Was tun?

Es liegt nahe, das Waffenarsenal der Staaten drastisch zu reduzieren, aber ein restloser Abbau aller Waffen würde es einem aggressiven Staat, der heimlich aufgerüstet hat, leicht machen, im Extremfall zum Weltherrscher zu werden.

Die Abschaffung der Wehrpflicht ist ein Schritt, der den Pazifisten entgegenkommt, aber der das Problem des Krieges leider nur dann lösen würde, wenn alle Menschen Pazifisten werden würden. Dazu gab es auch mal einen Spruch: „Stell Dir vor, es ist Krieg, und keiner geht hin …" Leider sind wir kollektiv noch nicht so weit, dass sich alle Menschen geschlossen weigern würden, in den Krieg zu ziehen.

Ein anderer Ansatz zur Lösung dieses Problems findet sich bei den Buddhisten – in den tibetischen Klöstern und in China in den Shaolin-Klöstern. In den tibetischen Klöstern wird die Verteidigung mit Stöcken gelehrt und in den Shaolin-Klöstern die Verteidigung mit Hand und Fuß. In beiden Fällen können sich die Buddhisten trotz ihrer Friedfertigkeit verteidigen, aber fügen dem Angreifer keinen dauerhaften Schaden zu. Leider funktioniert diese Methode nur im Nahkampf gegen einen Einzelnen, der zudem keine Schusswaffe benutzt. Gegen Schusswaffen, gegen ein Heer oder gar ein Flugzeug, das eine Bombe fallen lässt, ist diese Methode ungeeignet.

Schließlich gibt es noch die Christus-Methode: „Wenn Dich jemand auf Deine rechte Backe schlägt, halte ihm auch noch die andere hin." In der Begegnung mit einem einzelnen Aggressor funktioniert diese Methode – man kann einen Angreifer dadurch völlig Verwirrung und wieder zur Besinnung bringen, indem man nach dem ersten Schlag einfach ruhig stehen bleibt und den Angreifer gelassen anschaut – das beruht auf eigener Erfahrung. Gegen eine Gruppe von Angreifern ist die Methode schon weitaus schwieriger durchzuführen und bei Kämpfen zwischen zwei Gruppen oder in einem Krieg ist sie fast aussichtslos.

Allerdings hat z.B. der zypriotische Heiler Daskalos während der Zypern-Krise, als 1974 die türkische Armee Zypern erobern wollte, in der Hauptstadt Nikosia, in der er für die Verteidigung eines Stadtteils zuständig war, mit dem türkischen Anführer in diesem Stadtteil einen eigenmächtigen Waffenstillstand abgeschlossen, sodass in diesem Teil der zypriotischen Hauptstadt kein einziger Mensch in diesem Krieg gestorben ist.

Es ist allerdings fraglich, dass dieses Verfahren überall angewendet werden kann, da dafür zwei Heerführer notwendig sind, die sehr eigenständig und couragiert sind und denen die Menschenleben deutlich wichtiger als die Befehle ihrer Vorgesetzten sind.

Ist das Vermeiden von Kriegen somit weitgehend aussichtslos?

Nicht ganz. Da die Kriege auf Aggression beruhen und die Aggression letztlich ein Ausdruck des Egoismus sind, der das eigene Überleben sichert, kann man diesen Egoismus als Ansatz für die Friedenssicherung benutzen.

Da ein Krieg immer auch den Tod von vielen Menschen bedeutet, muss jeder Heerführer den von ihm geführten Krieg als eine überlebensnotwendige Form der Selbstverteidigung darstellen. Gegen eine solche Indoktrination hilft eine möglichst gute

Informiertheit, das Gespräch mit anderen und letztlich ein weitsichtiger Egoismus, der die wirklichen Ursachen und Folgen eines drohenden Krieges erkennt. Langfristiger Egoismus meidet Krieg ...

Diese Möglichkeit ist auch den Heerführern bewusst. Daher werden Befehlsverweigerer und Fahnenflüchtige, also Deserteure meist standrechtlich, d.h. nach Militärrecht verurteilt – was in vielen Fällen den Tod bedeutet.

Es gibt beim Militär durch aus auch die Ansicht, dass die Soldaten, um immer zu gehorchen, den eigenen Vorgesetzten mehr fürchten müssen als den Feind.

Der Krieg ist eine existentielle Bedrohung – und die Gegenwehr gegen das Entstehen eines Krieges wird in den meisten Fällen genauso existentiell sein ...

Diejenigen, die einen Krieg führen wollen, streben als erstes immer danach, das eigene Heer folgsam zu machen – denn warum sollte man sein eigenes Leben im Krieg für die Ziele irgendeines Staatsführers opfern?

2. Besitz

♉

Es ist allgemein bekannt, dass ein zu großer Unterschied zwischen Armut und Reichtum Unruhen hervorruft, dass dann die Armen letztlich einen Aufstand beginnen. Beispiele sind dafür die Französische Revolution, die sich auch gegen den Reichtum der Könige richtete, die Aufstände der Arbeiter gegen die Unternehmer gegen Ende der Industrialisierung, ein Teil der heutigen Migration – dafür gibt es viele Beispiele. Dieser Konflikt zwischen verschiedenen sozialen Schichten ist das, was früher als „Klassenkampf" bezeichnet worden ist und was die Hauptursache für die meisten Bürgerkriege gewesen ist.

Es liegt also im Eigeninteresse der Reichen, den Abstand zwischen Arm und Reich nicht zu groß werden zu lassen, da die Reichen sonst Gefahr laufen, ihren Reichtum durch einen Bürgerkrieg zu verlieren.

So lange solche Ungleichheiten nicht zu groß sind und nur sehr wenige betreffen, wird nicht viel geschehen, doch wenn Staatsoberhäupter nach mehr Land streben (wie derzeit Putin), nach der Eroberung von Gebieten mit reichen Bodenschätzen (wie während der Kolonialzeit), oder nach der Absicherung des Zugangs zu wichtigen Ressourcen (wie während des Irakkrieges der USA), dann kommt es zu Kriegen um den Besitz von Land.

Derartige Interessenkonflikte, deren Thema die Erhaltung oder die Steigerung des Wohlstandes des eigenen Landes oder der Reichen in diesem Land ist, sind die Ursachen vieler Kriege. Man könnte sie wohlmeinend noch als den kollektiven Egoismus eines Landes ansehen, doch bei genauerer Betrachtung sie doch eher eine Folge des Egoismus der Reichsten eines Landes.

Hier liegt ein größeres Problem. Wer wird reich? Vor allem diejenigen, die all ihre

Energie in das Erlangen von Reichtum stecken. Wer wird das tun? Vor allem diejenigen, die eine tiefsitzende Angst vor der Armut haben – sie werden auch den größten Neid und die größte Gier entwickeln. Es sind oft auch die Reichen und nicht der Mittelstand, der die größte Angst vor Armut hat.

Daher ist es eine kollektive Notwendigkeit, den Mangel als Grundlebensgefühl, unter dem viele Menschen leiden, zu heilen.

Insbesondere bei Kriegen zwischen Staaten, bei dem der eine Staat Teile des anderen Staates für sich beansprucht, wird häufig die Gerechtigkeit als Kriegsgrund angeführt. Dafür sollen die „ursprünglichen Grenzen", die es einst vor einem früheren Krieg gegeben hat, wiederhergestellt werden. Die betreffenden Gebiete hat der andere Staat „geraubt" und sich „widerrechtlich" einverleibt. Der Krieg soll also nur die „natürliche Ordnung" wiederherstellen.

Diese Sicht ist allerdings sehr willkürlich. Wie oft hat ein Ort schon zu verschiedenen Staaten gehört? Zur BRD, davor zu Frankreich, davor zu Belgien, davor zum Karolingerreich, davor zum römischen Reich, davor zu einem germanischen Fürstentum, davor zu zum Reich eines Keltenfürsten, davor zu dem Reich eines Fürsten der Megalithkultur. Was ist hier „ursprünglich" oder gar „natürlich"?

Diese revisionistische Sicht, die stets von einem früheren, größeren Reich träumt, hat nur die eigene Macht im Blick, aber nicht das Wohlergehen der Menschen in den beiden betroffenen Ländern.

Wer strebt nach Macht? Jemand der Angst hat – und Menschen, deren Grundlebensgefühl Angst ist, werden entweder zu Tätern oder zu Opfern.

Daher ist es eine kollektive Notwendigkeit, auch die Angst als Grundlebensgefühl, unter dem viele Menschen leiden, zu heilen.

Eine weitere Möglichkeit ist der Größenwahn eines Staatsführers, die sich des öfteren beobachten lässt – von Alexander dem Großen und Cäsar über Hitler und Mussolini bis hin zu Putin und Trump. Hier ist das zugrundeliegende Gefühl der Selbstzweifel, der die innere Selbstgewissheit und Selbstliebe durch äußere Größe und Ruhm ersetzen will. Selbstzweifel zeigen sich entweder als Schüchternheit oder als Angeberei. Der Narzissmus ist bei den Staatsoberhäuptern, die sich selber in die Mitte stellen, die sich für den Größten halten und die dafür bereit sind, die Armen weiter verhungern zu lassen und die Soldaten sterben zu lassen, wirklich nicht schwer zu erkennen.

Daher ist es eine kollektive Notwendigkeit, als drittes neben Mangel und Angst auch noch die Selbstzweifel als Grundlebensgefühl, unter dem viele Menschen leiden, zu heilen.

In der Regel werden diese drei Gefühle entweder gemeinsam als Sucht, Aggression und Angeberei auftreten oder als deren Gegenpol, der aus Verzicht, Flucht und Schüchternheit besteht.

Wenn diese Gefühle in einem Staat oder in einer Kultur weit verbreitet sind, können Zielkonflikte und Interessengegensätze schnell zu gewaltsamen Auseinandersetzungen bis hin zu Kriegen führen, da dann nicht genügend Menschen in der Lage sind, gelassen in sich ruhend die Lage zu betrachten und nach vernünftigen und sinnvollen Lösungen zu suchen.

Wenn es genügend Menschen gibt, die in innerer Fülle, Kraft und Selbstliebe verankert sind, haben sie eine Chance, die Kriegsbestrebungen von denen, die in Mangel, Angst und Selbstzweifeln gefangen sind, zu bremsen und den Krieg zu verhindern.

Leider sind unsere Kulturen derzeit noch nicht so weit.

Generell kann man natürlich auch den Standpunkt vertreten, dass die gleichmäßigere Verteilung des Wohlstandes und die Reduzierung der Militärausgaben sowie ihre Verwendung zur Behebung der eigentlichen Kriegsursachen der beste Weg ist.

Das ist zwar eine durchaus sinnvolle Maßnahme, aber sie alleine wird wahrscheinlich nicht den Frieden sichern können. Dazu muss noch die Heilung der individuellen Probleme der Menschen kommen, die dazu führt, dass sie Kriege beginnen.

Ein Aspekt der Kriege, der oft nicht beachtet wird, sind die Kosten eines Krieges und auch schon der Aufrüstung zur Vermeidung eines Krieges: die Toten, die zerstörten Häuser, Straßen und Brücken, das Geld für die Waffen, die Arbeitszeit, die auf die Aufrüstung verwendet wird, die Lebenszeit, die in Angst verbracht wird, die Rachegefühle, die noch jahrzehntelang nach einem Krieg weiterbestehen, die psychischen Probleme vieler Soldaten, die im Krieg getötet haben. Diese Liste ließe sich noch lange fortführen.

Bereits die Militärstrategen im Alten China haben schon vor über 2.000 Jahren erkannt, dass der einzige Krieg, der sich überhaupt lohnt, der ist, bei dem ein schneller Sieg errungen wird, die Städte des Feindes unversehrt bleiben und die Bevölkerung geschont wird. Doch welcher Krieg entspricht schon dieser ökonomischen Abwägung, wann sich ein Krieg rentiert und wann nicht?

Man wird in den Geschichtsbüchern lange nach solch einem Krieg suchen müssen …

Es ist also ausgesprochen unvernünftig, wenn man zur Vermehrung des eigenen Wohlstandes einen Krieg beginnt – es sei denn, man selber sitzt sicher daheim und kassiert den Gewinn und lässt die Bevölkerung die Kosten tragen.

Es ist daher nicht verwunderlich, dass Kriege nicht von der Gesamtbevölkerung gewollt, sondern stets von den Herrschenden befohlen werden. Es drängt sich der berechtigte Anfangsverdacht auf, dass die bisherigen Regierungsformen, in denen so etwas möglich ist, noch nicht das sind, was wir eigentlich brauchen, um in Frieden leben zu können.

3. Gespräche

Ⅱ

Was haben Gespräche mit den Kriegen und dem Frieden zu tun?

Es gibt mindestens zwei grundsätzlich verschiedene Arten von Gesprächen: die „Friedens-Gespräche" und die „Kriegs-Gespräche".

Bei den friedlichen Gesprächen steht man sozusagen nebeneinander und betrachtet eine Sache und versucht sie gemeinsam zu verstehen. Bei dieser Art von Gesprächen geht es um Forschung, um Begreifen, um Wahrheitsfindung, weshalb beide so gut und genau wie möglich das beschreiben, was sie sehen. Das ist die Art von Gespräch, die Freunde und Wissenschaftler miteinander führen – in ihnen geht es um Erkenntnis. Das sind die typischen Gespräche zwischen Menschen, die in Fülle, Kraft und Selbstliebe ruhen.

Bei den kriegerischen Gesprächen steht man sich hingegen gegenüber und hat ein Ziel, das man durch Worte zu erreichen versucht. Dabei geht es darum, dass man durch die eigenen Worte in dem anderen ein Bild erzeugt, das dazu führt, dass der andere genau das tut, was der Sprecher will. Das ist die Art von Gesprächen, die Politiker, Diplomaten, Heerführer, Intriganten und ähnliche führen – in ihnen geht um die Lenkung des anderen. Das sind die typischen Gespräche zwischen Menschen, die von Mangel, Angst und Selbstzweifeln getrieben werden.

Offensichtlich ist das dominante Täuschen des anderen ein wesentliches Element des Krieges: Man muss dem eigenen Heer suggerieren, dass es die eigene Freiheit und das Leben von allen, die den Soldaten wichtig sind, verteidigt. Wenn dies nicht gelingt, werden die Soldaten nicht wirklich kämpfen wollen.

Weiterhin muss das feindliche Heer ständig getäuscht werden, damit es sich so verhält, dass es in eine Falle läuft und besiegt werden kann. Zudem muss die eigene Überlegenheit vorgetäuscht werden, damit das feindliche Heer den Mut verliert und kapituliert. Man kann auch durch Fake-News dafür sorgen, dass in einem Staat, der mit dem feindlichen Land verbündet ist, jemand zum Präsidenten gewählt wird, der diese Unterstützung des Gegners beendet, so dass man leichter siegen kann.

231

Die Informations-Kriegsführung hat viele Seiten: Spione, Hacker, Desinformation, Propaganda, Bücherverbrennungen, Berufsverbote für Menschen mit anderen Ansichten, Menschen mit anderen Meinungen als feindliche Agenten verhaften lassen, Beeinflussung von Massenmedien, Erpressung … Hier gibt es für den kreativen Kopf fast unbegrenzte Möglichkeiten.

Andererseits kann ein kühler Kopf auch Katastrophen verhindern. Für diesen Zweck gibt es Diplomaten und für die Extremfälle das „Rote Telefon" zwischen den USA und Russland, durch das ein drohender Atomkrieg zwischen den beiden größten Atommächten durch ein direktes Telefonat zwischen dem Präsidenten der USA und dem Präsidenten der Russischen Föderation noch im letzten Augenblick verhindert werden könnte.

Es hat bereits mehrere solcher beinahe-Atomkriege gegeben:

- Am 5.10. 1960 wurde den USA durch einen Computerfehler in einer Radaranlage ein Angriff von sowjetischen Raketen über Grönland gemeldet, der gerade noch als Irrtum erkannt werden konnte.

- Am 23.5.1967 fielen gleichzeitig drei arktische Radaranlagen des US-Frühwarnsystems aus, was zunächst für eine Sabotageaktion der UdSSR gehalten wurde, die auf einen direkt bevorstehenden Angriff hinwies.

- Am 9.11.1979 löste ein Übungstonband, das versehentlich auf den Lautsprechern des Kontrollraums erklang, beinahe einen Atomkrieg aus.

- Am 3.6.1980 zeigte ein Computer den Angriff von 200 sowjetischen Raketen an, der jedoch nicht durch die Frühwarnsatelliten bestätigt wurde. Drei Tage später, am 12.11.1979, wiederholte sich der Vorgang. Die Ursache war ein defekter Computerchip.

- Am 26.9.1983 wurde in der UdSSR ein Alarm ausgelöst, da ein Satellit Sonnenstrahlen für die Flammen des Raketenantriebs gehalten hat. Der zuständige Offizier gab den Alarm nur deshalb nicht an seine Vorgesetzten weiter, weil er es für unwahrscheinlich hielt, nur mit 5 statt 5400 Raketen angegriffen zu werden.
- Vom 7. bis 11.11.1983 wurde ein NATO-Manöver von der UdSSR als tatsächlicher Angriff eingeschätzt. Dieser Vorfall führte letztlich zu dem Ende des Kalten Krieges, da alle eingesehen hatten, dass die

Gefahr eines versehentlich begonnen Atomkrieges einfach viel zu groß war.

- Am 10.1.1884 wurde durch einen Computerfehler beinahe eine Minuteman-Rakete gestartet, die noch gerade durch die Blockade des Raketensilos verhindert werden konnte.

- Am 25.1.1995 hielten die Radartechniker der UdSSR eine norwegisch-amerikanische Rakete, die der Beobachtung des Wetters von der Stratosphäre aus dienen sollte, für eine Trident-Atomrakete. Boris Jelzin hatte bereits die Verbindungen zu seinen höchstens Mitarbeitern aktiviert, als der Irrtum deutlich wurde.

- Alleine zwischen 1950 und 1968 hat es 1200 solcher mehr oder weniger ernster Vorfälle gegeben. In den meisten dieser Fälle musste die richtige Entscheidung in weniger als 10 Minuten getroffen werden …

Es ist offensichtlich, wie wichtig der Dialog zwischen den Staaten geworden ist, seit es Atombomben gibt. Die Abrüstungs-Gespräche – die zur Zeit leider ausgesetzt worden sind – sind eine existentiell wichtige Grundlage nicht nur für den Frieden auf der Erde, sondern für das Überleben allen Lebens auf der Erde. Schließlich könnten die heute existierenden Atombomben die gesamte Erdoberfläche zu Glas zerschmelzen und was dabei mit der Erd-Atmosphäre geschehen würde, ist möglicherweise noch gar nicht gründlich untersucht worden. Die hohe Radioaktivität würde alles Leben, das möglicherweise tief in den Ozeanen überlebt hätte, sehr schnell ebenfalls töten.

Die Zerstörungskraft der Atombomben gleicht heute 2500-mal der gesamten Zerstörung, die im Zweiten Weltkrieg angerichtet worden ist. 1985 war sie vor dem Beginn der Abrüstung sogar 6000-mal so groß.

Es ist offensichtlich, dass alle Foren, in denen wie in der UNO zwischenstaatliche Gespräche stattfinden, die einen Atomkrieg verhindern könnten, existentiell wichtig sind. Auch Zusammenschlüsse von Staaten wie die EU oder die NATO haben dazu geführt, dass zwischen den beteiligten Staaten keine Kriege mehr ausgebrochen sind.

Es gibt – auch wenn die heutige Lage noch immer alles andere als sicher ist – trotzdem Hoffnung, dass es weitere produktive Friedens-Gespräche und Friedens-Projekte geben wird.

Es ist auch nicht nur das Vorhandensein derart zerstörerischer Waffen eine große Gefahr, sondern bereits die Entwicklung solcher Waffen. Als Robert Oppenheimer mit seinen Kollegen am 16. Juli 1945 in New Mexico bei ihren Experimenten die erste größere Atombombe gezündet hatte, waren sich die meisten dieser Physiker darüber bewußt, das sie eben nicht wußten, ob die extreme Hitze einer Atombombe möglicherweise die gesamte Atmosphäre der Erde in Brand setzen und damit schlagartig alles Leben auslöschen würde.

Sie haben die Bombe trotzdem gezündet ...

Dasselbe wie für die Atombombe gilt auch für die Entwicklung von chemischen und biologischen Waffen.

4. Abgrenzung

♋

Es gibt die Tendenz, die eigene Eigenart gegen die Eigenarten der anderen abzugrenzen, um die eigene Identität klarer herauszustellen. Wenn nun diese Abgrenzung oder diese Eigenart angegriffen wird, entsteht ein hohes Stresslevel, weil die eigene Identität – oder das, was man dafür hält – in Gefahr ist. Solche Stress-Situationen gibt es sowohl individuell als auch kollektiv.

Manchmal fühlt sich ein Einzelner, eine Gruppe oder eine Kultur auch schon durch die bloße Existenz einer anderen Person, Gruppe oder Kultur mit anderen Werten bedroht und angegriffen, was zu einer Verteidigungshaltung führt, die eigentlich ein Angriff auf den oder die anderen ist.

Solche Konflikte entstehen vor allem dann, wenn der Einzelne oder die Gruppe Werte mit einem Absolutheitsanspruch hat, was dann schnell zu einem aggressiven „wir oder ihr" führen kann. Diese unterschiedlichen Werte können aus der Religion stammen, aber sie können auch auf der Herkunft, auf der Kultur oder dem Wirtschaftssystem oder dem politischen System beruhen.

Aus solchen Konflikten – die in den meisten Fällen Langzeitkonflikte sind – entstehen dann solche Grausamkeiten wie ethnische Säuberungen, Judenverfolgung, Kreuzzüge, der Islamische Staat, die Indianerkriege, die Sklaverei und dergleichen mehr.

Es gibt zwar mittlerweile durchaus die Einsicht, dass verschiedene Kulturen auch nebeneinander existieren können („Multi-Kulti"), aber dass dieses Nebeneinander schon eine solide Reife erlangt hätte, kann man noch nicht behaupten.

Immerhin rufen selbst einige Religionsführer wie der Papst zum Einhalten des Friedens auf und der Dalai Lama hat in einem seiner Bücher sogar erklärt, dass Ethik wichtiger als Religion sei.

Der Kultur-Gegensatz oder Religions-Gegensatz wird allerdings oft auch ganz gezielt gefördert, da man ihn als die Ursache für alle Probleme darstellen kann. Solch ein „Fremdvolk"-Sündenbock kann gut von den eigenen Fehlern ablenken und zudem auch das „eigene Volk" aufwerten, zusammenschweißen und gleichschalten. Diese Strategie kann man an dem Vorgehen der NSdAP im „3. Reich" ausführlich studieren.

Das, was hier gebraucht wird, ist eine Weiterentwicklung der Werte – oder zumindest die Unterscheidung, was für einen selber das Richtige und „einzig Wahre" ist, und was für die anderen das jeweils Richtige ist – was sich möglicherweise deutlich unterscheidet.

Dabei ist der Anspruch, dass nur die eigene Religion, Abstammung, Kultur, Wertesystem, Parteipolitik usw. das einzige Richtige und Gute ist, das größte Problem, da es aus einer Überzeugung Fanatismus werden lässt.

Solange man überzeugt ist, dass das, was die Religion sagt, wortwörtlich die Wahrheit ist, oder dass die Worte in dem Heiligen Buch von Gott stammen oder das nur in dem eigenen Parteibuch die Lösung aller Probleme zu finden ist, wird es schwierig sein, zu einer allgemeinen Toleranz zu gelangen.

Dabei ist es vollkommen in Ordnung, wenn es zwischen den verschiedenen Werten, Ansichten und Systemen eine Konkurrenz gibt, doch das ist nur solange förderlich, wie alle danach schauen, welches Vorgehen die besten Resultate bringt – und niemand auf die Idee kommt, die eigene Ansicht mit Gewalt allgemeinverbindlich zu machen.

Möglicherweise wäre es eine Hilfe – so wie es der Dalai Lama vorgeschlagen hat – die Übereinstimmungen zwischen den vielen Religionen deutlicher herauszuarbeiten. Am besten sollte man dann auch die Namen „Jahwe", „Gott", „Allah" usw. nicht als den tatsächlichen Namen Gottes ansehen, sondern als ein Wort aus der Sprache eines Volkes, mit dem dieses Volk Gott bezeichnet.

Auch solche Ansichten wie z.B., dass Allah arabisch spricht und dass man deshalb den Koran nur im arabischen Original verstehen kann, machen eine Religions-Verständigung nicht gerade einfacher. Ähnliches gilt für die Ansicht, dass das Hebräische eine heilige Schrift sei oder dass Jesus alles, was im Neuen Testament steht, wirklich wortwörtlich so gesagt hat.

Das ist nicht nur ein religiöses Problem. So haben z.B. die Republikaner in den USA (und in Deutschland die FDP) die Freiheit als oberstes Prinzip, von dem her alle

Probleme gelöst werden müssen. Dem stehen in den USA die Demokraten (und in Deutschland die SPD) entgegen, deren oberstes Prinzip das Gemeinwohl ist. Das Problem dabei ist nicht, dass diese beiden Werte nichts taugen würden – sie sind beide wertvoll – sondern dass sie von einer Gruppe für das einzige Allheilmittel gehalten werden.

Im Königtum bestimmt der König alles; im Monotheismus gibt es den Einen-Einzigen-Alles Gott, der Gut und Böse festgelegt; und in der Philosophie wird alles von einem einzigen Grundprinzip her abgeleitet.

Die meisten heutigen Religionen leben weltanschaulich gesehen noch immer im Königtum: Jahwe/Gott/Allah bestimmt alles. Auch die Demokratie lebt noch immer im Königtum: Die siegreiche Partei bestimmt alles. Das ist ein ernsthaftes Problem, da diese (meist vollkommen unbewusste) Ein-Prinzip-Weltanschauung effektiv fast jegliche Toleranz und Kooperation verhindert.

Um die Kriege zu beenden, wird hingegen eine Einsicht in die Subjektivität aller Ansichten gebraucht und außerdem auch noch die Einsicht in die Notwendigkeit, verschiedene Prinzipien zu kombinieren und in ein Gleichgewicht miteinander zu bringen – z.B. Freiheit und Gemeinwohl.

Möglicherweise kann dabei der Tierkreis eine Hilfe sein, da er zwölf verschiedene Möglichkeiten, sich selber, das Leben und die Welt zu sehen, beschreibt. Um diese Vielfalt darzustellen, die jedoch nicht nur Unterschiede darstellt, sondern auch eine organische Einheit bildet, sind alle Bücher dieser Reihe in zwölf Kapitel gegliedert worden, die das jeweilige Thema aus der Perspektive dieser zwölf Tierkreiszeichen beleuchten.

Es ist manchmal erstaunlich, wie schnell ein System polarisiert werden kann. Dazu braucht man nur zu vergleichen, wie der Demokrat Barak Obama, der 2008 Präsident der USA wurde, und sein republikanischer Konkurrent John McCain miteinander umgegangen sind und wie acht Jahre später das Verhältnis zwischen Joe Biden und Donald Trump ausgesehen hat.

Barak Obama und John McCain haben sich gegenseitig trotz aller politischen Differenzen sehr geschätzt und sich regelmäßig im Oval Office getroffen und gemeinsam über Politik, aber auch über ihre Familien gesprochen. Diese gegenseitige Wertschätzung war so groß, das John McCain Barak Obama gebeten hat, nach John McCains Tod die Grabrede für ihn zu halten.

Es ist also durchaus möglich, auf eine zivilisierte Weise Demokratie zu betreiben, also trotz aller Gegensätze und Konkurrenz stets das Wohlergehen des Landes im Auge zu behalten und zur Kooperation bereit zu sein.

John Lennon von den Beatles hat das Problem der Polarisierung und des Fanatismus, das die eigenen Ansichten zu etwas Absolutem erhebt, schon 1969 in dem Lied „Give Peace a Chance" beschrieben, in dem er die Begriffe aufreiht, die mit „-ismus" enden und die immer etwas bezeichnen, das ein Prinzip als das einzig Wichtige ansieht. Solche Begriffe sind Kommunismus, Kapitalismus, Faschismus, Militarismus, Rassismus, Absolutismus, Fanatismus, Liberalismus, Sozialismus und so weiter.

Diese Art von Begriffen und die Identifizierung mit der betreffenden Weltanschauung hat schon oft zu Kriegen geführt.

5. Individualität

♌

Kein Krieg kann ohne Soldaten oder Söldner stattfinden. Wie kommt es, dass diese Männer bereit sind, in den Krieg zu ziehen? Schließlich will niemand sterben.

Die beiden wichtigsten Gründe sind zum einen staatlicher Zwang und zum anderen eine ausreichend große individuelle Gewaltbereitschaft. Als drittes kommt noch die Aussicht auf eine ausreichend große Überlebenschance und eine ebenfalls hohe Verdienstmöglichkeit hinzu.

Kriege lassen sich nicht durch die Aggressionsbereitschaft der Einzelnen erklären, aber ohne eine Reduzierung dieser Gewaltbereitschaft der Einzelnen lassen sich auch keine Kriege verhindern. Es ist folglich notwendig, auch den Einzelnen zu betrachten, der im Krieg kämpft.

Viele wollen sich durchsetzen, aber fast niemand will im Krieg sein und niemand will im Krieg sterben. Es werden also diejenigen freiwillig als Söldner in den Krieg ziehen, die sich eine gute Überlebenschance ausrechnen – und einen guten Verdienst. Das ist tendenziell der Teil der Menschen, die aufgrund eines Angst-Problems zu Tätern geworden sind.

Leider ist es so, dass von den Menschen, die in einem größeren Ausmaß Schwierig-keiten mit den drei Grund-Problemen Mangel, Angst und Selbstzweifel haben, nur die drei „zu leisen" Formen – also Asket, Opfer und Schüchterner – Hilfe bei einer professionellen Beratung suchen. Die drei „zu lauten" Formen – also Süchtiger, Täter und Angeber – sehen in der Suche nach Hilfe eine Schwäche, die nicht in ihr Selbstbild passt.

Daher ist kollektiv gesehen die Heilung der „zu leisen" Asketen, Opfer und Schüchternen weitaus einfacher als die Heilung der „zu lauten" Süchtigen, Täter und Angeber.

Natürlich wäre es schon einmal ein sehr großer Fortschritt, wenn es kaum noch

Asketen, Opfer und Schüchterne gäbe – aber ausreichen würde das noch nicht. Da ausreichend gut bekannt ist, dass man niemand ohne seinen Willen und seine Mithilfe von einem psychischen Problem – also Mangel, Angst und Selbstzweifel – heilen kann, steht man hier vor einem vertrackten kollektiven Problem.

Der wahrscheinlich erfolgversprechendste Ansatz ist vermutlich das Erlernen eines konstruktiven Umgangs mit Konflikten schon in der Kinderzeit – daheim, in den Kindergärten und in den Schulen. Doch davon, diese Aufgabe erfüllen zu können, sind die Eltern, Kindergärtnerinnen und Lehrer derzeit noch ziemlich weit entfernt.

Immerhin haben die verschiedenen Psychotherapien mittlerweile deutlich an Ansehen gewonnen. Vor 50 Jahren konnte man so etwas wie eine Therapie nur ganz heimlich machen, wenn man nicht jegliches Ansehen verlieren wollte. Wurde das dennoch entdeckt, wurde man oft als „jemand aus der Klapsmühle" angesehen.

Es besteht also durchaus Hoffnung, dass sich die verschiedenen Methoden der Selbsterkenntnis und der psychischen Heilung noch weiter durchsetzen werden und auch noch an Vielfalt zunehmen werden. Vor allem der „positive Ansatz", bei dem ein Gesunder Methoden der Selbsterkenntnis benutzt, um sich selber in seiner ganzen Tiefe zu erkennen und dann ein Leben in Selbsttreue führen zu können, ist bislang noch kaum entwickelt worden, obwohl es viele traditionelle Methoden wie die Schwitzhütte, die Visionssuche, die Herzmeditation u.ä. gibt. Aber eine Ausweitung des „negativen Ansatzes", bei dem bereits vorhandene Störungen geheilt werden, ist auch schon sehr willkommen.

So ganz nebenbei wäre dies auch für die Therapeuten eine sehr angenehme Ergänzung, ihre Patienten nicht nur aus dem Minus-Bereich bis auf „0" bringen zu können, sondern sie noch weiter in den Plus-Bereich begleiten zu können.

Das solideste Fundament einer Gesellschaft, in der das Ausbrechen von Kriegen sehr unwahrscheinlich ist, hat zwei Teile: zum einen Menschen, die einen gesunden Umgang mit Aggression gefunden haben und die ihre innere Fülle, ihre Kraft und ihre Selbstsicherheit daher konstruktiv und kreativ einsetzen, um Konflikte zu lösen – und zum anderen eine Weiterentwicklung der Regierungssysteme, die dazu führt, dass die zwischenstaatliche Kooperation deutlich größer wird und der Nutzen von Kriegen im Vergleich dazu verschwindend gering ausfällt.

Dieser Ansatz, der die Eigenständigkeit der Einzelnen fördert und das Verhalten der Regierungen weiterentwickelt, strebt nach der Entwicklung des „mündigen Bürgers" mit einer gut fundierten eigenen Meinung.

Durch diese beiden Ansätze wird aus dem „negativen Frieden" – der nur daraus besteht, dass aktuell keine Gewalt angewendet wird – nach und nach ein „positiver Frieden" – der aus der Wertschätzung der sozialen Gerechtigkeit und der Friedfertigkeit der Kultur besteht. Das wohl lebendigste Urbild für diese Haltung eines „positiven Friedens" ist sicherlich die Lebensweise der Hobbits in den Geschichten von J.R.R. Tolkien.

Dieser Übergang von einem negativen Frieden zu einem positiven Frieden ist eine Analogie zu dem Übergang in der Therapie von dem negativen Ansatz (Heilung von Problemen) zu dem positiven Ansatz (Selbsterkenntnis). Es besteht dabei nicht nur eine Analogie zwischen beidem, sondern auch ein direkter Zusammenhang:

o Solange bei den Einzelnen noch der Mangel, die Angst und die Selbstzweifel geheilt müssen, kann es kollektiv auch nur einen negativen und somit auch labilen Frieden geben.

o Wenn die Einzelnen ihre psychischen Wunden geheilt haben und daher zu dem positiven Ansatz übergehen können und ihre Selbsterkenntnis, ihre Selbsttreue und ihren Selbstausdruck fördern und vertiefen können, kann es auch kollektiv einen positiven und somit auch stabilen Frieden geben.

Angesichts dieses Zusammenhangs ist jede Weiterentwicklung der Therapien und Selbsterkenntnis-Methoden auch aus der Sicht der Friedenserhaltung und der Friedenssicherung ausgesprochen wertvoll. Bei diesem Bestreben können neue Methoden angewendet werden, aber es kann auch auf viele traditionelle Methoden zurückgegriffen werden. Am gründlichsten sind bisher vermutlich die Meditation und die Familienaufstellungen in die heutige westliche Kultur integriert worden.

Dabei ist es anscheinend förderlich, den alten Methoden neue Namen zu geben: So gehen die Familienaufstellungen auf den südafrikanischen Schamanismus und den dortigen Ahnenkult zurück.

6. Regierungssystem

♍

Kriege werden mit Soldaten geführt – das ist zumindest die weitverbreitete Ansicht, die ja auch weitgehend zutrifft. Doch schon seit eh und je spielen auch Söldnerheere eine große Rolle, also Gruppen von unbeteiligten Männern aus anderen Ländern, die für den Meistbietenden in Kämpfe eingreifen. Diese Söldnerheere wurden schon immer angeheuert, um Kriege zu gewinnen – unabhängig davon, ab das betreffende Land ein Königtum, eine Demokratie, ein kommunistischer Staat oder eine Diktatur war.

Zum einen konnte man auf diese Weise die Größe des eigenen Heeres aufstocken und zum anderen wird der Tod eines ausländischen Söldners im eigenen Land als weniger wichtig angesehen als der Tod eines inländischen Soldaten. Das sind gleich zwei wichtige Vorteile für einen Staatschef, um den Krieg gewinnen zu können und sich dabei möglichst wenig Widerstand aus der Bevölkerung gegen den Krieg auseinandersetzen zu müssen.

Solche Söldnerheere – die heute eher „private Militärfirmen" genannt werden, sind: die Skythen im antiken Griechenland; die Kelten in Karthago; die Wikinger in Konstantinopel; die Gurkhas in Nepal; die internationale Fremdenlegion; Blackwater, CACI Systems, DynCorp und Triple Canopy in den USA; Sandline, Aegis Defense Services und Armor in Großbritannien; Asgaard German Security Guards in Deutschland; Wagner in Russland; Hisbollah im Libanon, die Moslem-Bruderschaft in Ägypten; Executive Outcomes in Sierra Leone; Boko Haram in Nord-Nigeria; Al-Shabaab in Somalia; FARC in Kolumbien; Saracen in Südafrika; Omega Support in Hong Kong; und viele mehr.

Für die Söldner selber ist das ein sehr riskanter Beruf, bei dem sie viel Geld verdienen, aber auch sterben können. Sie sind zwar von der Genfer Konvention verboten worden, aber da sie sich aus praktischer Sicht in einer rechtlichen Grauzone befinden, kommt es nur selten zu Anklagen gegen ihr meist äußerst brutales Vorgehen. Und die wenigen Verurteilten werden oft von den Staatschefs, die sie angeheuert haben, begnadigt, da diese Staatschefs ja weiterhin auf ihre Dienste angewiesen sind. So hat z.B. Donald Trump einige Männer der Söldner-Firma CACI nach deren Verurteilung begnadigt.

Die „Kriegs-Unternehmer" selber verdienen sehr gut an ihrem Geschäft – dieser Geschäfts-Typ ist ähnlich lukrativ wie Drogenhandel, Frauenhandel und Waffenhandel. Während des 30-jährigen Krieges war der Kriegs-Unternehmer Albrecht von Wallenstein der damals reichste Mann in Europa.

Diese Söldnerheere sind keineswegs kleine Ergänzungen zu dem Soldatenheer, sondern bestehen manchmal aus 50.000 Mann – Ex-Soldaten, Ex-Polizisten, freigelassene Kriminelle u.a. In manchen Kriegen kämpften mehr Söldner als Soldaten.

Dadurch wird das Gewaltmonopol des Staates untergraben, der die oft ungehemmte Kriminalität dieser Söldnerheere duldet, da sie die Ziele dessen, der sie angeheuert hat, durchsetzen. Somit wird der Krieg privatisiert. Darauf spielt Iron Man zu Beginn des MCU-Films „Iron Man II" mit seinem Statement „Ich habe erfolgreich den Weltfrieden privatisiert!" ironisch an.

Es hat auch Völker gegeben, die Raub als Geschäftsmodell betrieben haben wie z.B. die Wikinger. Deren Raubzüge sind jedoch nicht mit den Söldnerheeren vergleichbar, da die Wikinger diese Raubzüge, die für sie eine wichtige Lebensgrundlage waren, selber durchgeführt haben. Sie betrieben die Plünderungen sozusagen als Staatsraison.

Drogenhandel, Frauenhandel, Waffenhandel und Söldnerhandel sind die vier Geschäftsmodelle, die sich auf die am tiefsten sitzenden Instinkte der Menschen beziehen: Sucht, Sex, Gewalt und Macht. Zumindest sind das die vier Bereiche, mit denen sich schnelles Geld machen lässt. Lediglich der Sport, insbesondere der Fußball, kann ähnlich lukrativ sein – aber dort hat sich bisher noch kein kriminelles Geschäftsmodell entwickelt.

Das Problem mit den Söldnerheeren ist, dass es sie solange weitergeben wird, wie sie von Staaten angeheuert werden – und da ist bisher kein Ende abzusehen. Sie sind ein fester Bestandteil des bisherigen Kriegssystems: gemietete Gewalt.

Die Söldnerheere sind nicht das einzige „technische Problem" bei dem Streben nach einem allgemeinen Frieden. Auch die ständige Neuentwicklung von Waffen wie z.B. den Drohnen führt zu immer neuen Formen der Kriegsführung. An dieser Entwicklung wird sich auch nichts ändern, solange die Politik zu einem guten Teil auch von Sucht, Angst und Selbstzweifeln bestimmt ist – oder zumindest die Politiker noch von diesen drei Grundproblemen belastet sind.

Leider ist es ja so, dass nur selten die Idealisten (wie z.B. Michail Gorbatschow) bis an die Spitze eines Staates gelangen, sondern sehr oft diejenigen, die eine besonders große Gier nach Reichtum, ein besonders großes Machtstreben oder eine besonders große Geltungssucht haben. Dies sind drei Formen der „lauten" Versionen der drei Grundprobleme des Mangels, der Angst und der Selbstzweifel. Daraus folgt dann leider auch, dass diese Staatenlenker dann nicht das Wohlergehen des gesamten Staates fest im Blick haben – was eigentlich ihre Aufgabe wäre – sondern eben von ihrer Gier nach Reichtum, Macht und Anerkennung gelenkt werden.

Hier wird als Lösung offensichtlich ein Regierungssystem gebraucht, das nicht die Machtgierigen, sondern die Weisen fördert und an die Regierung bringt.

Lange Zeit wurde der Krieg als ganz normaler Bestandteil des Lebens angesehen – was eine ziemlich pubertäre Einstellung ist. So hat 1812 der bekannteste Kriegstheoretiker – Carl von Clausewitz – gesagt: „Der Krieg ist die bloße Fortsetzung der Politik mit anderen Mitteln."

Das ist zwar rein technisch gesehen richtig, doch für die beteiligten Soldaten und für die beteiligten Völker insgesamt sind Krieg und Frieden ein sehr großer Unterschied.

Aus der Sicht mancher Politiker ist der Krieg lediglich eine notwendige Randerscheinung. Diese Ansicht konnte man lange Zeit vertreten – auch wenn diese Ansicht grausam war – aber seit der Existenz der Atombomben gefährdet diese Sicht auf die Kriege die Weiterexistenz der Menschen als Ganzes.

Es bleibt jedoch das Problem, dass selbst dann, wenn fast alle der derzeit 194 Staaten auf der Erde friedlich sind, die wenigen, die sich aggressiv verhalten, die anderen in einen kriegerischen Modus zwingen können. Es bleibt somit stets eine Restgefahr, dass ein Krieg ausbricht.

Es gibt noch einen Aspekt des Krieges und des Friedens, der oft gar nicht bemerkt wird: Mord ist das am stärksten bestrafte Verbrechen, das ein Mensch begehen kann – aber der Staat darf Mord, Hinrichtungen, Sabotage, Anschläge und Kriege befehlen, d.h. der Richter und der Verteidigungsminister darf töten …

Der Staat verbietet im Inneren das Töten, aber er kann das Töten nach außen hin befehlen – und sogar standrechtlich den erschießen, der sich zu töten weigert. Der

Staat verbietet also Aggression im Innen, aber erlaubt sie im Außen.

Der Staat hat die Macht, dem Einzelnen innerhalb seines Bereiches verbindliche Vorschriften zu machen – nach außen hin gibt es zwar Versuche, allgemein Regeln für den Umgang der Staaten miteinander festzulegen (UNO u.ä.), doch letztlich gilt zwischen den Staaten nur das Recht des Stärkeren – es gibt keine machtvollere übergeordnete Instanz, die zwei Staaten vom Kriegführen abhalten könnte …

Das kann man deutlich am Verhalten des amerikanischen Präsidenten Donald Trump in seiner zweiten Amtszeit sehen.

7. Kooperation

♎︎

Es sollte eigentlich für erwachsene Menschen möglich sein, Probleme kooperativ anzugehen und gemeinsam nach Lösungen zu suchen, doch man muss nicht erst mühsam suchen, um auch Fälle zu finden, in denen sich die Menschen auch in der Politik noch immer auf pubertäre Weise gegen andere durchsetzen wollen.

Diese Konflikte finden sich auch in der Demokratie, da jede Partei zunächst einmal die Wahlen gewinnen muss, um dann regieren zu können. Es gibt also den Kampf zwischen den Parteien, der nicht immer nur mit sachlichen Argumenten ausgetragen wird. Die Parteienkonflikte in der Demokratie sind also systemimmanent – sie lassen sich in diesem System gar nicht vermeiden. Wenn dieser Parteien-Egoismus größer wird als die Wertschätzung des Wohlergehens des gesamten Staates, kommt es zu solchen Vorgängen wie der Erstürmung des Kapitols durch die gewaltbereiten Trump-Anhänger in den USA.

Die Demokratie funktioniert nur so lange, wie der weitaus größte Teil der Bevölkerung die Spielregeln der Demokratie für wichtiger erachtet als die eigene Macht. Ist dies nicht mehr der Fall – so wie bei Trump, der seine Wahlniederlage konsequent leugnet – kann es zum Bürgerkrieg kommen.

Wie kann man nun zu einer Kultur der Kooperation gelangen, die das Streben der Durchsetzung der eigenen Ansichten zügelt und das Streben nach dominanter Kontrolle von allen abwehrt?

Natürlich liegen hier Deeskalation, Kommunikation, gegenseitiges Verstehen und die gemeinsame Suche nach Lösungen nahe – doch das Demokratie-System beruht auf der Konkurrenz zwischen den Parteien, dem Sieg der einen Partei und der Machtlosigkeit der unterlegenen Partei. Das ist ganz offensichtlich kein Kooperations-basiertes Herrschafts-System.

Der wesentliche Punkt bei der Kooperation ist, dass die Wünsche und Ansichten aller Beteiligten berücksichtigt werden – ähnlich dem Vorgehen in einer Familie, in der auch nicht einer alles und die anderen nichts bekommen.

Es wäre schon ein Fortschritt, wenn es z.B. eine Abstimmung darüber gäbe, was die drei wichtigsten Werte oder Themen sind, die in den nächsten vier Jahren gefördert werden sollen. Anschließend könnte man z.B. die Finanzen im Verhältnis zu diesen gewählten Wichtigkeiten einsetzen. Dann gäbe es verschiedene Themen, die gefördert werden und für jedes Thema gäbe es auch eine Partei, für die dieses Thema wichtig ist. In einem solchen System bliebe keine Partei außen vor, sondern jede Partei hätte gemäß ihren Werten einen politischen Arbeitsbereich und einen Gestaltungsspielraum.

Natürlich würde dieser Ansatz noch nicht sofort alle Probleme lösen – schließlich bestehen die unterschiedlichen Ansätze ja weiterhin – aber die Kooperation würde zumindest die Konkurrenz in kreativere Bahnen lenken als das derzeit bei der Demokratie der Fall ist. Es wären alle Parteien anteilig an der Regierung beteiligt.

Damit dieses Kooperations-Prinzip funktionieren kann, müsste es auch in den Familien und den Unternehmen und auch zwischen den Staaten angewandt werden – wobei es in den Familien und in der UNO vermutlich schon am weitesten gediehen ist.

Wenn sich dieses Denken in Kooperations-Strukturen und Kooperations-Verfahren allgemein durchsetzen würde, würde sich nicht nur die Kriegsgefahr deutlich verringern, sondern es würde auch die ungleiche Verteilung des Wohlstands sowohl innerhalb eines Staates als auch zwischen verschiedenen Staaten abgebaut werden.

Wie bei allen neuen Systemen kann man davon ausgehen, dass es eine Weile dauern würde, bis ein solches Kooperations-System so weit ausgereift und in allen Aspekten ausgefeilt worden ist, dass es weitgehend reibungslos funktioniert.

Bei der Entwicklung dieses auf der Kooperation statt auf der Konkurrenz basierenden Regierungssystems wird vermutlich das Verhalten innerhalb einer Familie das wichtigste Vorbild sein.

8. Aggression

♏

Wenn man einen allgemeinen und dauerhaften Frieden anstrebt, stellt sich die Frage, wie man mit dem Thema „Aggression" umgehen sollte.

Zunächst einmal ist es vermutlich sinnvoll, dieses Thema auf individueller Ebene zu klären, da sich die kollektive Ebene schließlich aus dem Zusammenwirken der Individuen ergibt. Ein einzelner Mensch kann aus verschiedenen Gründen aggressiv werden: Man wird angegriffen; man hat Rachegefühle; man will etwas, was ein anderer hat; Eifersucht; Neid; Angst; man fühlt sich beleidigt. Letztlich kommt man auch hier wieder zu den drei Grundproblemen Mangel, Angst und Selbstzweifel.

Wenn solche Gefühle nicht frühzeitig geheilt werden, kann eine Aggressions-Gewohnheit entstehen, die dazu führt, dass man bei dem geringsten Anlass extrem heftig reagiert und den anderen beleidigt oder kurzerhand einfach zuschlägt. Das kann auf diesem ganz schlichten Niveau bleiben, aber auch zu einer „Kultur der Bosheit" weiterentwickelt werden, die eine absolute Macht anstrebt. Eine sehr detaillierte Analyse eines solchen Charakters und seines Weges dorthin schildert J.K. Rowling in ihrem „Harry Potter"-Roman anhand des Schwarzmagiers Tom Riddle alias Voldemort.

Solche Charaktere können sich auch zu einer Gruppe zusammenschließen, wobei diese Gruppe stets streng hierarchisch sein wird und einen Diktator an ihrer Spitze hat – siehe Hitler, Stalin, Mussolini oder den eben bereits angeführten fiktiven Charakter Voldemort.

Allerdings können aggressive Verhaltensweisen auch aus schlichter Not heraus entstehen – z.B. durch ein großes Arm/Reich-Gefälle, ungleiche Machtverteilung, soziale Spannungen oder Unterdrückung und Ausbeutung. In diesem Fall geht die Aggression nicht wie bei den Gewohnheits-Aggressoren von den drei „lauten" Varianten – also Süchtiger, Täter und Angeber – aus, sondern von den drei „leisen" Varianten – d.h. Asketen, Opfer und Schüchterne – die jedoch soweit in die Enge getrieben worden sind, dass sie aus ihrem bloßen Überlebenswillen heraus schließlich selber „laut" werden und einen Aufstand machen.

Die „lauten" Menschen, die die „leisen" Menschen unterdrücken, fürchten daher die ganze Zeit diejenigen der „leisen" Menschen, für die schließlich die Unterdrückung zu schlimm wird und die dann zu „lauten" Menschen werden und die Gier, die Macht und den Größenwahn der „lauten" Unterdrücker beenden wollen. Das führt dann je nach der politischen Situation entweder zu einem Bürgerkrieg oder zu einem Krieg.

Man kann daher nicht sagen, dass jeder, der einen Bürgerkrieg oder einen Krieg beginnt, „böse" ist und „schuld" hat – manchmal geht es um das schlichte eigene Überleben. Aber natürlich sollte jeder Bürgerkrieg und jeder Krieg vermieden werden, da er auf jeden Fall viel Tod, Leid und Zerstörung erschafft. Doch dazu reicht ein moralisches oder durch die Polizei durchgesetztes Aggressions-Verbot nicht aus.

Der erste Schritt besteht in der Heilung von individuellen und kollektiven Traumas. Ein Trauma besteht aus der Erinnerung an ein existentielles früheres Erlebnis, das bewusst, aber auch unbewusst sein kann. In dieser Erinnerung sind nach wie vor die damaligen Gefühle eingesperrt, d.h. daß sich die Erinnerung nie hat entspannen können.

Das Hauptproblem, das sich aus Traumas ergibt, besteht darin, das von ihnen ein innerer Zwang zu einer bestimmten Verhaltensweise ausgeht: Bei dem von einem Trauma besetzten Thema ist der Betreffende weitgehend in seinen bewussten Entscheidungen und in seinem Lenken des eigenen Verhaltens eingeschränkt. Er ist bei diesem Thema unfrei, da die Assoziation zu der Erinnerung und die in dieser Erinnerung noch immer gefangenen Gefühle diese Gefühle auf die ähnliche augenblickliche Situation überträgt und sie dadurch für den Betroffenen zu einer existentiellen Situation macht, in der er um sein Überleben kämpft.

Dabei ist es ziemlich unbedeutend, wie wichtig die auslösende Situation einem außenstehenden Betrachter erscheinen mag. Für den Traumatisierten ist diese Situation durch die Assoziation zu seinem früheren Erlebnis existentiell – was dazu führt, dass man mit ihm kaum noch reden kann und er sozusagen nur noch verzweifelt um sich schlägt. Das macht eine Kooperation in einer Konfliktsituation natürlich nahezu unmöglich. Daher ist es notwendig, zuerst das Trauma zu lösen bevor es überhaupt zu einer Kooperation bei dem Trauma-belasteten Thema kommen kann. Leider ist das den Betroffenen nur in den seltensten Fällen klar. Sie verhalten sich aus ihrer eigenen Sicht heraus schließlich vollkommen logisch und vernünftig.

Dasselbe Problem gibt es auch kollektiv – z.B. durch die Vernichtung von 96% der 6 Millionen Indianer, die um 1500 in Amerika lebten, auf nur noch 237.000 Indianer um 1900; die 40 Millionen Afrikaner, die aus Afrika nach Amerika entführt und als Sklaven gehalten wurden und von denen nur 10 Millionen lebend in Amerika ankamen; oder durch die Vergasung von 66% der damals 9 Millionen in Europa lebenden Juden durch die Nazis.

Solche Traumata sitzen tief und sind nur schwer heilbar. Es ist daher nicht verwunderlich, dass die Juden in Israel im Dauerstress leben und über ein hochgerüstetes Militär und Atombomben verfügen.

Die Lage der Indianer in den USA ist nach wie vor schlecht, aber sie scheinen sich weniger von Traumas geprägt verhalten zu können – doch vielleicht liegt das auch daran, dass man in den Nachrichten weit mehr über Israel als über Indianer-Reservate hört.

Die Heilung eines kollektiven Traumas ist sehr mühsam, da sie nur über die Trauma-Heilung der Einzelnen erfolgen kann. Ob es jemals wirkungsvolle Methoden der kollektiven Trauma-Heilung geben wird, ist sehr ungewiss.

9. Machtstreben

♐

Ein weiteres Problem, das schon angeschnitten worden ist, ist das Machtstreben Einzelner, das unter Umständen das kollektive Streben nach Wohlstand untergraben und behindern kann. Das Streben nach Einfluss und Macht und der Drang, sich durchzusetzen, führt diese Menschen in der Regel in gehobene Positionen in der Politik, der Wirtschaft, dem Militär oder in der organisierten Kriminalität.

Dabei wird die eigene Dominanz als Ideal gesehen und entweder in legalen Machtstrukturen wie Parteien oder Unternehmen, in halblegalen Grauzonen wie den Söldnerheeren, oder in illegalen Strukturen wie der Mafia angestrebt.

Eine beliebte Absicherung von Diktatoren ist nach innen hin die Gleichschaltung und nach außen hin die militärische Aufrüstung – Atombomben sind die wirksamste Lebensversicherung der Diktatoren.

Wie kann man solchen Entwicklungen entgegenwirken? Wenn erst einmal eine diktatorische oder autokratische Struktur entstanden ist, ist es schwer, sie wieder zu verändern. In den meisten Fällen endet sie erst durch einen verlorenen Krieg, den der Diktator begonnen hat – manchmal auch durch eine Revolution im eigenen Staat.

Die Entwicklung muss also aufgehalten werden bevor sie feste Strukturen ausgebildet hat. Das Effektivste ist zunächst einmal die individuelle und die kollektive Trauma-Auflösung. Der nächste Schritt ist der zivile Ungehorsam, der auch schon einige autokratische Staatschefs zum Aufgeben zwingen konnte. Leider bedeutet das Abtreten eines Autokraten oder Diktators noch nicht, dass sich anschließend automatisch deutlich bessere politische Strukturen bilden.

Es ist also wieder eine Kultur und eine Regierungsform notwendig, die durch die Kooperation zwischen allen Beteiligten dazu führt, dass private und öffentliche Lebensformen entstehen, die die Wünsche und Meinungen von allen Beteiligten berücksichtigen und nicht nur die Wünsche und Meinungen der Mehrheit.

Dazu ist wiederum erst einmal ein politisches System notwendig, dass diese Kooperation fördert und die Gemeinschaft zu Gedeihen und Wohlstand sowie zu einer „weltanschaulichen Zufriedenheit" führt, da die Anliegen von allen anteilsmäßig berücksichtigt werden.

Möglicherweise wäre es auch ein Ansatz, die verschiedenen Lebensweisen auf verschiedene Länder, Gebiete und Städte aufzuteilen. Allerdings ergäbe sich daraus die Notwendigkeit der friedlichen Kooperation dieser einzelnen Bereiche miteinander sowie die Möglichkeit des freien Wechsels zwischen diesen Bereichen. Dieser Ansatz würde allerdings nur für Menschen interessant sein, die ihre Weltanschauung über ihre Familie, ihren Wohnort, ihren Arbeitsplatz usw. stellen.

Die Entwicklung eines politischen Systems, das auf der Kooperation beruht, scheint daher zunächst einmal erfolgversprechender zu sein.

Wie bei den meisten Neuerungen ist auch hier sowohl eine allmähliche Entwicklung der neuen Formen als auch eine Revolution möglich. Da es hier um Kooperation geht, scheint das „kooperative Vorgehen", also die allmähliche Entwicklung wahrscheinlicher zu sein. Wie in solchen Fällen üblich, wird die neue Form vermutlich zunächst in kleinen Gemeinschaften erprobt werden, bevor sie auf einen ganzen Staat übertragen wird.

Immerhin sind die Grundzüge einer solchen Kooperation den meisten durch die eigene Familie oder durch die Herkunftsfamilie bekannt – wobei es natürlich auch in Familien autokratische Machtstrukturen und Tyrannen geben kann.

Ein weiteres Experimentierfeld, in denen nach der besten Form der Selbstorganisation als Gruppe gesucht wird, sind die Kooperativen, die sich vor allem im alternativen Bereich wie Bioläden, anthroposophischen Unternehmen, Kommunen u.ä. finden. Dort hat sich zwar bereits einiges an Sachkenntnis herausgebildet, aber es ist noch kein überzeugendes System sichtbar geworden. Das Hauptproblem dabei ist das Streben Einzelner nach Macht. Wie kann es verhindert werden, dass dieses Machtstreben letztlich die kooperativen Formen auflöst und das Unternehmen wieder zu einem von einer einzelnen Person geführten Struktur macht?

Vermutlich ist vor allem die allgemeine Heilung des Mangels, der Angst und der Selbstzweifel der Schlüssel zu einer gut funktionierenden Kooperation: Einen Menschen, der in Fülle, Kraft und Selbstliebe ruht, kann man nicht so einfach manipulieren.

10. Geschichte

VS

In aller Regel wird die Situation in der Gegenwart besser verständlich, wenn man die Entwicklung in der Vergangenheit, die zur heutigen Lage geführt hat, betrachtet. Das gilt auch für die Aggressionen.

In der **Altsteinzeit** war die Situation recht schlicht und eindeutig: Man brauchte die Aggression, um die Tiere zu erlegen, die man anschließend verspeisen wollte. Da auch Mammuts zu diesen Beutetieren zählten, erforderte dies viel Mut, Kraft und Geschick, also eine hochentwickelte und niveauvolle Aggression. Andererseits waren auch die Menschen durch Bisons, Panther, Löwen und dergleichen in ständiger Lebensgefahr. Es wurde also auch eine große Verteidigungsfähigkeit benötigt. Dadurch hatte die Aggression ihren Platz im Leben, wo sie gebraucht wurde und wo sie existentiell wichtig war.

In der **Jungsteinzeit**, in der die Jagd nur noch eine sehr geringe Rolle spielte und stattdessen Ackerbau und Viehzucht die Ernährungsgrundlage bildeten, veränderte sich die Funktion der Aggression: Während die Hirten noch weitgehend im Kampf-Modus blieben, um die Herden zusammenzuhalten und sie vor Viehdieben und Raubtieren zu schützen, mussten die Ackerbauern ihre Aggression in Arbeit verwandeln. Das bedeutete ein deutlich höheres Maß an Selbstdisziplin und den Verlust des Lebensbereiches, in dem die Aggression eine wesentliche Grundlage für das Überleben und den Erfolg war.

Im **Königtum** kam noch hinzu, dass nun der König und seine Verwaltung bestimmten, was wer machte, während bisher jeder weitgehend frei entschieden hatte, was er tat – wobei sich diese Entscheidungen ziemlich direkt aus der Jagd, der Viehzucht und dem Ackerbau ergeben hatten. Aber es macht einen großen Unterschied, ob man aus der Sache heraus durch Einsicht in die Umstände eben das Notwendige tut, oder ob man befohlen bekommt, was

253

man tun soll. Durch diese Veränderung kam es das erste Mal in größerem Umfang auch zu einer Verdrängung von Aggressionen – schließlich hatte man keine Möglichkeit, sich gegen den König zu wehren.

Das Alte Ägypten war das erste Königreich, das eine große Fläche umfasste und nicht nur eine einzige Stadt. Ägypten war von seiner Gründung um 3250 v.Chr. an ungefähr 1000 Jahre lang das einzige Königreich. Erst danach gab es mit dem Hethiterreich und Babylonien zwei weitere Königreiche, sodass es auch erst zu dieser Zeit die ersten Kriege gab. In diesem Zusammenhang ist der erste Friedensvertrag aufschlussreich, der am 10.11.1259 v.Chr. zwischen dem ägyptischen Pharao Ramses dem II und Hethiter-König Hattušilli abgeschlossen wurde, weil beide eingesehen hatten, dass der Krieg zwischen ihnen sie beide soweit schwächen würde, dass sie anschließend beide von den Babyloniern besiegt werden würden.

Eine Kopie dieses ältesten bekanntesten Friedensvertrages befindet sich in dem UN-Gebäude in New York.

Die Notwendigkeit, den im Alltag verdrängten Aggressionen zur Wahrung des Friedens im Reich eine Ausdrucksmöglichkeit zu geben, haben als Erste die Römer wirklich klar erkannt und daher die Gladiatorenkämpfe im Zirkus eingeführt: „Brot und Spiele".

Im **Materialismus** gab es kaum noch einen Raum für direkte Aggression, sondern nur noch die Arbeit, also „domestizierte Aggression" – abgesehen von den Kriegen, die jedoch auch aus der Sicht der Soldaten und Söldner keine eigenständige Aggressionen aus eigenem Antrieb mehr war, sondern das Befolgen von Befehlen.

In der heutigen **Epoche der Globalisierung** gibt es ebenfalls keine Möglichkeiten für die direkte und spontane Aggression mehr. Der Ersatz dafür sind u.a. die Fußballspiele.

Wenn man nun schaut, wie die heutigen Lebensumstände aussehen, dann zeigt es sich, dass nicht nur die Möglichkeit fehlt, Aggressionen auf sinnvolle und direkte Weise zu leben wie einst bei der Jagd, sondern dass es außerdem die Überbevölkerung, die Klimaerwärmung, die humanitären Katastrophen, die Migration, die Hungersnöte, die sehr ungleiche Verteilung des Wohlstandes und noch einiges mehr gibt, was zu einer berechtigten Aggression führt.

Weiterhin hat das heutige Waffenarsenal und seine Entwicklung den Aggressionen von Einzelnen und auch von Staaten eine Vernichtungsgefahr gegeben, die alles, was in früheren Epochen möglich gewesen ist, bei weitem übertrifft.

Ein zentrales Problem ist daher, Möglichkeiten für eine direkte und trotzdem konstruktive Aggression zu erschaffen. In der Regel sind heute alle Maßnahmen, die das Problem der destruktiven Aggression angehen, darauf ausgerichtet, nicht aggressiv zu sein anstatt auf konstruktive Weise aggressiv zu sein – was sehr viel gesünder und förderlicher wäre.

Hier gibt es noch sehr viel Bedarf an Forschung und an Kreativität.

11. Gemeinschaft

≈

Auch wenn letztlich das solideste Fundament einer friedlichen Gesellschaft von der Heilung der psychischen Einzelnen ausgeht, wird auch ein kollektiver Umgang mit Aggressoren benötigt.

Da die beiden Hauptgründe für Kriege und Unterdrückung zum einen die Gier nach Reichtum und nach Macht und zum anderen unterschiedliche Weltanschauungen sind, die einen Absolutheits-Anspruch haben, muss

1. der Wohlstand einigermaßen gleichmäßig verteilt werden,

2. die Macht von einzelnen Personen, Unternehmen und Staaten kontrolliert und begrenzt werden, und

3. eine Kultur der gegenseitigen Toleranz entwickelt werden.

Die individuelle Heilung ist das Fundament, aber die kollektive Friedenserhaltung als der Aufbau auf diesem Fundament ist ebenfalls unverzichtbar, um zu einem stabilen System zu gelangen.

Ein spezielles Problem ist die asymmetrische, also ungleiche Kriegsführung, die vor allem aus Terrorismus besteht. Bei der asymmetrischen Kriegsführung wird durch eine meist eher kleine Gruppe mit extremen Ansichten eine große Gruppe vor allem durch Anschläge in ständige Unruhe versetzt. Durch diese Guerilla-Taktik des „touch and go" können sehr viele Polizisten und Soldaten durch einige wenige Angreifer gebunden werden. Die Anschläge an das World Trade Center in New York sind das bekannteste Beispiel für solch einen Anschlag. In der Regel kommt es denen, die diese Anschläge durchführen, vor allem auf die große öffentliche Wirkung an, also um das Erzeugen eines kollektiven Traumas – was ihnen bei den Anschlägen auf das World Trade Center mit Sicherheit gelungen ist.

Hier wird das Erzeugen von kollektiven Traumas als Kampf gegen ein System verwendet, das zerstört werden soll. Das hat allerdings in der Regel nicht den gewünschten Erfolg, aber ist nach wie vor beliebt. Manchmal sollen solche Anschläge auch dazu dienen, potentielle Verbünde mit in den Kampf zu ziehen, die sich bisher aus dem Konflikt herausgehalten haben. Vor allem rings um den Nahost-Konflikt ist diese Strategie schon des öfteren zu beobachten gewesen. Das Ziel dabei ist ein größerer Krieg, in dem der Gegner – in dem Nahost-Beispiel Israel – durch die vereinten Kräfte der potentiellen Gegner vernichtet wird.

Die Strategie der Traumatisierung des Gegners zielt also auf eine Polarisierung des Konfliktes ab, mit der die Hoffnung verbunden ist, dass dann alle moderaten Staaten gezwungen werden, Partei zu ergreifen und ihre weitgehende Neutralität aufzugeben und in den Vernichtungskampf gegen den Feind einzugreifen.

Die Staatengemeinschaft hat die Möglichkeit, Staaten, die einen anderen angreifen, durch ihre Solidarität mit dem Angegriffenen zu unterstützen, indem sie den Angreifer ausgrenzen, ihn in allen Bereichen boykottieren und ihn mit einem Handelsembargo belegen.

Das Problem bei dieser „friedlichen Gegenwehr" ist es, dass diese Methode nur dann wirklich wirksam ist, wenn fast alle Staaten an diesem Boykott mitwirken. Wenn jedoch z.B. Russland nach seinem Angriff auf die Ukraine weiterhin von Indien, China und Nordkorea unterstützt wird und über diese drei Staaten alle notwendigen Güter erhält und an sie die eigenen Güter verkaufen kann, ist dieses Embargo nicht mehr besonders wirksam.

Wenn sich die Staaten jedoch einig wären, dass die Erhaltung des Friedens wichtiger ist, als die Handelsvorteile mit dem Aggressor-Staat, würden solche Handelsembargos wesentlich wirksamer sein. Solange jedoch der eigene Vorteil durch den Handel als wichtiger angesehen wird oder solange auch die eigene Wiederwahl von dem Wohlstand im eigenen Land abhängt, wird es auch immer Staatschefs geben, die einen solchen Boykott nicht mittragen.

Es müsste also deutlich werden, dass mittelfristig und langfristig die Wahrung des Friedens wichtiger ist als der eigene kurzfristige wirtschaftliche oder politische Vorteil. Davon sind wir leider noch ein gutes Stück entfernt. Genau dasselbe Problem gibt es auch bei der Klimaerwärmung und generell beim Umweltschutz: Der kurzfristige Vorteil wird oft für wichtiger erachtet als der mittelfristige und langfristige Nachteil – obwohl diese Nachteile um ein Vielfaches größer sind als die kurzfristigen Vorteile.

Es gibt bereits das Völkerrecht und es gibt auch die UNO, aber das hindert Aggressoren keineswegs daran, andere Staaten anzugreifen.

Manchmal sind Katastrophen notwendig, um die Menschen aufzuwecken und die Bereitschaft zu Veränderungen entstehen zu lassen, doch manchmal helfen auch Überschwemmungen, Waldbrände, Trockenheiten, Wirbelstürme, der Anstieg des Meeresspiegels usw. noch nicht dafür aus, endlich langfristig zu denken. Dasselbe gilt auch generell für die Politik, da in den Demokratien die nächste Wahl die alles prägende Perspektive ist und in den Autokratien und Diktaturen alles von dem Willen des Herrschers bestimmt wird.

Es hängt also vermutlich alles davon ab, ob es einer Kultur gelingt, in den Familien, in den Kindergärten, in den Schulen und in den Universitäten den jungen Menschen die großen Vorteile des langfristigen Denkens beizubringen. Dieses langfristige Denken und Handeln ist einst bei den sogenannten „Wilden", also bei den Naturvölkern, allgemein üblich gewesen ist: „Niemand sollte etwas tun, was einem anderen in den nächsten zehn Generationen schaden könnte."

Wenn man im Vergleich dazu die Perspektive der heutigen Politiker nimmt, deren Blick nur auf ihre Wiederwahl in vier und fünf Jahren ausgerichtet ist, wird deutlich, dass wir ein Gesamtsystem brauchen, das von einem weitsichtigen Egoismus geprägt ist, also von einem Denken, Fühlen und Wollen, das langfristig ausgerichtet ist.

Wenn das erreicht worden ist, wird es auch kein Problem mehr sein, eine vollständige Solidarität gegen einen angreifenden Staat zu erreichen. Wenn es endlich soweit ist und jeder Staat das auch weiß, wird auch kein Staat mehr einen Krieg beginnen, weil er weiß, dass er ihn mit sehr großer Wahrscheinlichkeit nicht gewinnen kann.

12. Menschheit

H

Insgesamt sollte man auch sehen, dass wir seit ungefähr dem Ende des zweiten Weltkrieges am Anfang einer neuen Epoche stehen.

Immanuel Kant hat 1795 in seinem Buch „Zum ewigen Frieden" das erste Mal die Vision eines dauerhaften friedlichen Zusammenlebens aller Menschen beschrieben.

Aus der Weltanschauung der Aufklärung (1650-1800) entstanden dann die ersten Friedensbewegungen, die jedoch zunächst ohne größere Wirkung blieben.

Die beiden Haager Friedenskonferenzen 1899 und 1907 scheiterten vor allem daran, dass sich das Deutsche Reich weigerte, eine internationale Schiedsgerichtsbarkeit anzuerkennen.

1920 wurde nach den Schrecken des Ersten Weltkrieges der Völkerbund gegründet. In ihm waren 45 Staaten zusammengeschlossen, die das Ziel hatten, den Frieden in der Welt zu wahren. Wie die Geschichte gezeigt hat, wurde dieses Ziel jedoch verfehlt – nur 19 Jahre später brach der zweite Weltkrieg aus.

1945 wurde der Völkerbund in die UNO umgewandelt, der mittlerweile so gut wie alle Staaten angehören, und die nicht mehr wie der Völkerbund nur einstimmig, sondern mit einer Mehrheit Beschlüsse fassen kann.

Die UNO hat allerdings nach wie vor nicht die Macht, Kriege zu verhindern – aber sie ist immerhin ein Gremium, in dem diskutiert wird und in dem sich die Kriegsparteien begegnen und deren Beschlüsse auch nicht ganz ohne Wirkung sind. Der Weg bis zu einer UNO, die ein effektives Mittel zur Kriegsvermeidung sein kann, ist allerdings noch lang.

Doch immerhin gibt es die UNO schon einmal als Gremium, in dem ein allgemeiner Boykott eines angreifenden Staates beschlossen werden kann.

Die UNO ist auch das wichtigste Gremium, in dem die Kooperation über die Konkurrenz gestellt wird, und die daher sozusagen der Experimentierbereich für eine erwachsenere, konstruktivere Weltordnung ist.

Ähnliche Strukturen gibt es bisher nur recht wenig – am ehesten zählt dazu noch die EU und in geringerem Maße auch die NATO.

Man sollte bei diesem Thema auch bedenken, dass sich die Menschheit gerade am Übergang von dem pubertären Weltordnung des Materialismus zu der erwachsenen Epoche der Globalisierung befindet. An diesem Übergang muss der Blick aufs Ganze entwickelt werden, hier müssen Neid, Gier, Fremdenhass, kurzsichtige Egozentrik und ähnliches geheilt werden. Der Übergang vom Einzelstaat zur Globalisierung ist ein kollektiver Entwicklungsschritt, der möglich, aber nicht einfach ist.

Es geht nicht mehr wie zuvor in der Demokratie und in der Marktwirtschaft um Konkurrenz, also ganz schlicht um Sieg oder Niederlage, sondern um Kooperation und um Frieden durch Konfliktlösung – und Konfliktlösung ist immer ein Evolutionsschritt.

Eine dauerhafte Vermeidung von Konflikten ist sehr wahrscheinlich unmöglich, aber ein neuer Umgang mit Konflikten ist sowohl möglich als auch notwendig – und er beginnt damit, dass man sich selber heilt und in sich selber die Fülle, die Kraft und die Selbstliebe wiederfindet.

Die 12 Säulen des Naturrechts

Entwürfe für die Zukunft – Band 29

Inhaltsübersicht

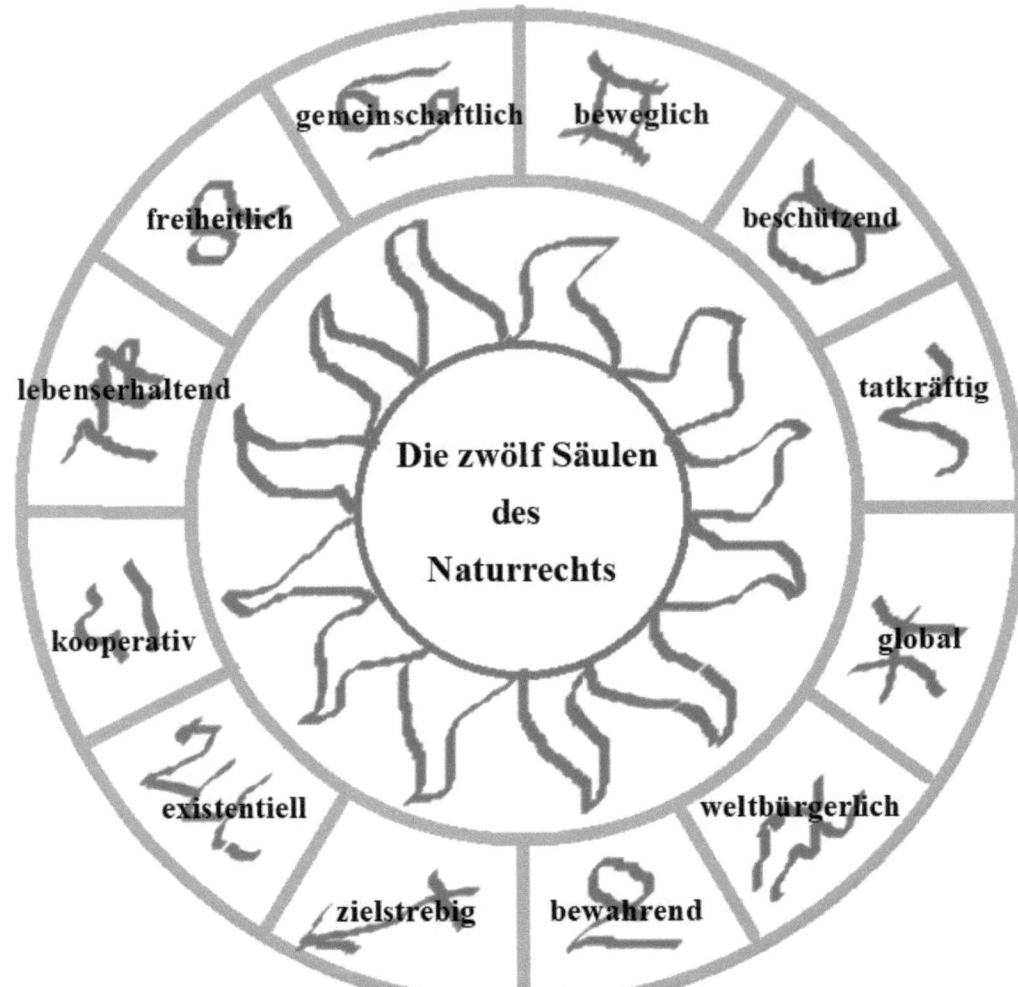

1. Tatkräftig

♈

Ohne Tatkraft geschieht nichts. Also: Freiheit für die Tatkraft!
Doch Freiheit in einem geregelten Rahmen.

§ 1.1

Was ist Recht?

Es gibt die Ansicht, dass Recht lediglich feststehende Regeln bündelt, die aufgrund ihrer Rigidität unmöglich dafür geeignet sein können, das Verhalten in einer konkreten Situation sinnvoll zu regeln. Das, was sinnvoll zu tun ist, ergibt sich dieser Ansicht nach nicht aus starren Vorschriften, sondern nur aus dem Eingehen auf die ganz konkrete Situation. Dieser Ansicht nach braucht es ein Augenblicks-Recht, d.h. im Grunde genommen das fähige und die Probleme lösende Urteilsvermögen aller Betroffenen. Durch dies kann in jeder Situation das Bestmögliche entschieden und getan werden.

Dies ist der Ansatz, der Raum für die eigene Tatkraft schafft.

§ 1.2

Ist das so richtig und vollständig?

Wenn Recht so gesehen wird – wie zum Beispiel von Teilen der FDP – ergibt sich daraus, dass es letztlich kein allgemeinverbindliches Recht gibt, keinen regelnden Staat, sondern nur noch den Einzelnen, der nach bestem Wissen und Gewissen entscheidet. Dies ist der Ansatz, der ganz auf das Urteilsvermögen und den Willen des Einzelnen baut und der den Einfluss des Staates auf den Einzelnen immer weiter zurückdrängt. Der Einzelne soll wieder souverän über sein Leben und in seinem Leben entscheiden können.

§ 1.3

Das ist ein durchaus nachvollziehbarer Wunsch.

Doch daraus ergibt sich auch ein Nachteil: Wenn jeder für sich selber entscheidet, gibt es keine Regeln mehr für den Umgang miteinander, was zwangsläufig zu einem Recht des Stärkeren führt. Dies wird zwar nicht bewusst angestrebt, ist in einem weitgehend rechtsfreien Raum, in dem nur die Eigeninitiative zählt, jedoch eine unvermeidbare Auswirkung.

§ 1.4

Folglich führt dieser Ansatz noch nicht zu einem idealen Zustand in der Gemeinschaft.

Außerdem kann es bei einer solchen Rechtsauffassung keinerlei Rechtssicherheit geben, die jedoch für alle größeren Unternehmungen und auch für jeden Einzelnen notwendig ist. Ohne diese Rechtssicherheit weiß niemand, welche Folgen das eigene Handeln haben wird.

§ 1.5

Es ist abzusehen, dass die Abläufe in der Gemeinschaft bei diesem Rechts-Ansatz unplanbar, chaotisch und daher nur wenig effektiv sein werden – was nicht im Sinne der Gemeinschaft ist – und sehr wahrscheinlich auch nicht im Sinne von denen, die diesen Ansatz verfolgen.

Daher ist es notwendig, zumindest ein Minimum an allgemeingültigen Regeln festzulegen, an die sich jeder halten muss, da die Tatkraft des Einzelnen sonst bestenfalls ein Machtstreben sein kann, dass wahrscheinlich auch nicht vor Gewalt zurückschrecken wird.

§ 1.6.

Das ideale Recht – das hier „Naturrecht" genannt wird – sollte daher Raum für die Tatkraft schaffen, aber zugleich auch einen Rahmen schaffen, in dem sich alle mit ausreichender Sicherheit bewegen können.

Ein Problem an dieser Stelle besteht darin, dass mittlerweile Recht nicht mehr nur von Staaten erschaffen wird, sondern auch von multinationalen Konzernen dadurch, dass sie Verträge mit Staaten abschließen und diese Verträge dann ein auf die multinationalen Konzerne zugeschnittenes Recht außerhalb des Staats-Rechts sind.

2. Beschützend

♉

Ohne Schutz gedeiht nichts. Also: Bau von Schutzmauern!
Doch diese Mauern dürfen nicht isolieren, sondern sollen nur den
notwendigen Schutz geben.

§ 2.1

Was ist Recht?

Es gibt die Ansicht, dass das Recht die Einzelnen schützen sollte. Dies ist zweifellos auch eine Aufgabe des Rechts. Nach dieser Ansicht schützt das Recht den Leib, die Psyche, die Gesundheit, den Besitz und das allgemeine Wohlergehen des Einzelnen und somit auch der Gemeinschaft. Und wer wollte diesen Schutz missen?

Dies ist der Ansatz, der durch den Schutz des Einzelnen und der Gemeinschaft erst das Gedeihen des Einzelnen und der Gemeinschaft ermöglicht.

§ 2.2

Ist das so richtig und vollständig?

Wenn Recht so gesehen wird – wie zum Beispiel von Teilen der AfD – ergibt sich daraus, dass im Grunde alles „Fremde" und jeder „Fremde" erst einmal als eine Bedrohung gesehen wird, dass das Eigene, der Besitz, die Tradition, die Kultur, die Weltanschauung, der Gen-Pool des eigenen Volkes geschützt, d.h. gegen alles Fremde abgegrenzt werden muss. Nur so lässt sich das Eigene „unverfälscht" und „echt" bewahren. Das ist ein Bestreben, das zu allen Zeiten und an vielen Orten beobachtet werden konnte.

§ 2.3

Das ist ein durchaus nachvollziehbarer Wunsch.

Doch daraus ergibt sich auch ein Nachteil: Wenn der Schutz des Eigenen oberste Priorität hat, entsteht eine Isolation. Das bedeutet zum einen, dass man weniger Ressourcen zur Verfügung hat, weniger Anregungen von außen erhält, die Weiterentwicklung verlangsamt wird und es im Extremfall zu einer leiblichen und psychischen Inzucht kommt.

§ 2.4

Folglich führt dieser Ansatz noch nicht zu einem idealen Zustand in der Gemeinschaft.

Außerdem ist dieser Ansatz kaum durchsetzbar, da die Klimaerwärmung, das Artensterben, die Umweltverschmutzung, Kriege, die atomare Bedrohung und so weiter stets alle betrifft. Eine vollständige Isolation ist also nicht durchführbar. Zudem ist eine Abriegelung gegen das „Fremde" auch nur so weit durchführbar, wie man über die dazu notwendige wirtschaftliche und militärische Macht verfügt.

Man kann sich auch einmal die Frage stellen, wie man sich selber als Flüchtling fühlen würde, wenn man gerade andere Flüchtlinge abweist – das ist eine Frage, die eine Antwort braucht, die die Ursachen für die Flucht der Menschen beseitigt.

§ 2.5

Es ist abzusehen, dass die Abläufe in der Gemeinschaft bei diesem Rechts-Ansatz von Stagnation, Mangel, Isolation, Entfremdung vom Rest der Welt und nur wenig Weiterentwicklung geprägt sein werden – was nicht im Sinne der Gemeinschaft ist – und sehr wahrscheinlich auch nicht im Sinne von denen, die diesen Ansatz verfolgen.

Daher ist es notwendig, den Schutz nicht als oberstes Prinzip zu setzen, da der Schutz sonst zur Isolation führt, und den Schutz auch nicht vollkommen aufzugeben, da dies zu der Auflösung der eigenen Identität führen würde. Stattdessen sollte eine rechtlich abgesicherte "semipermeable Membran" zu erschaffen – so wie jede Zelle sie als Schutzhaut besitzt. Diese semipermeable Membran, also diese „intelligente Grenze" lässt alles durch, was förderlich ist, und hält alles draußen, was schädlich ist. Durch diesen „gelenkten Austausch" mit dem Außen kann das Innen gedeihen.

§ 2.6

Das ideale Recht – das hier „Naturrecht" genannt wird – sollte daher für den notwendigen Schutz sorgen, aber zugleich auch den gezielten Austausch mit dem Außen fördern.

An dieser Stelle gibt es das Problem, dass das Eigentum in der heutigen Rechtsprechung sozusagen das „Goldene Kalb" ist. Das Eigentum ist deutlich stärker geschützt als das Gemeinwohl – es gibt z.B. keine soziale Verpflichtung, die sich juristisch aus großem Reichtum ergibt.

Weiterhin werden durch diese Blickweise Menschen nur noch als „Wesen, die Eigentum besitzen oder erwerben" gesehen, also als Arbeiter und als Käufer. Das führt u.a. dazu, dass Menschen als Einzelwesen und nicht mehr als Gemeinschaften mit sozialem Zusammenhalt betrachtet werden.

Auch der Markt als Kausalität bzw. „Gott" der Wirtschaftsprozesse, der Politik und des gesamten Lebens ist auf das Eigentum ausgerichtet, da der Markt eben der Austausch der Waren nach dem Prinzip des meistbietenden, also des Mächtigsten ist.

Diese Eigentums-Zentrierung fördert sowohl Mangel als auch Gier und reduziert den Altruismus und den Gemeinschaftsgeist. Die Polarisierung hat keine Begrenzung, sondern steigert sich stets immer weiter. Der „amerikanische Traum", also die Möglichkeit für jeden Menschen, den Aufstieg vom Tellerwäscher zum Millionär zu schaffen, ist lediglich die Illusion des Wechsels von der Masse zur Elite, die das Bild einer Gerechtigkeit vorspiegeln soll – denn wer schafft das schon? Und sind wenige Reiche und viele arme denn überhaupt der Idealzustand? Dasselbe gilt für die Chancengleichheit, die nun einmal aufgrund von Herkunft, Sprache, Hautfarbe, Vermögen der Eltern usw. eben nicht gleich ist.

3. Beweglich

♊

Ohne Beweglichkeit ist nichts möglich. Also: Freie Bahn für die Beweglichkeit!
Doch Beweglichkeit mit einer Anbindung an die Gemeinschaft.

§ 3.1

Was ist Recht?

Es gibt die Ansicht, dass das Recht für die vollkommene Freiheit des Einzelnen sorgen sollte, also für seine vollkommen selbstbestimmte Entscheidungsfreiheit, Handlungsfreiheit und Beweglichkeit. Das Recht sollte also freiheitliche – liberale, libertäre, anarchistische – Rahmenbedingungen schaffen. In diesem Rahmen kann sich der Einzelne dann frei bewegen und die Gemeinschaft wird lediglich in ganz grundlegenden Dingen geregelt: durch eine minimale Steuerbelastung, durch die dann zum Beispiel die Straßen gebaut werden, sowie durch eine minimale „Bevormundung" zum Beispiel durch eine Straßenverkehrsordnung – obwohl die Regeln im Straßenverkehr durchaus auch schon als eine Einschränkung der eigenen Freiheit empfunden werden können.

Dies ist der Ansatz, der die Beweglichkeit als höchstes Prinzip ansieht und durch diese Beweglichkeit die optimale Selbstentfaltung jedes Einzelnen zu erreichen trachtet.

§ 3.2

Ist das so richtig und vollständig?

Wenn Recht so gesehen wird – wie zum Beispiel von Teilen der Republikaner in den USA – ergibt sich daraus, dass von diesem Ansatz her jede Einschränkung der eigenen Wahl und der eigenen Bewegungsfreiheit abgelehnt wird, da sie ja den eigenen Selbstausdruck, die eigene Neugier, das eigene Erlebnispotential und die eigenen

Taten eingeschränkt.

§ 3.3

Das ist ein durchaus nachvollziehbarer Wunsch.

Doch daraus ergibt sich auch ein Nachteil: Wenn das Verfolgen des eigenen Weges das oberste Prinzip ist – also die vollkommene Ausrichtung auf die eigenen Ziele – ergibt sich daraus, dass es durchaus in Ordnung ist, einem Ertrinkenden kein rettendes Seil zuzuwerfen, weil man dann möglicherweise den Abschluss eines lukrativen Vertrages verpassen würde. Den Tatbestand der unterlassenen Hilfeleistung gäbe es in einem solchen Rechtssystem nicht.

§ 3.4

Folglich führt dieser Ansatz noch nicht zu einem idealen Zustand in der Gemeinschaft.

Außerdem wird eine extreme Betonung dieses Ansatzes dazu führen, dass die Einzelnen vereinsamen werden, da zwischenmenschliche Bindungen eben als „Bindungen" und somit als „Fesseln" angesehen werden. Die vollständige Beweglichkeit führt zur Bindungslosigkeit ... „Freie Fahrt für freie Bürger!"

§ 3.5

Es ist abzusehen, dass die Abläufe in der Gemeinschaft bei diesem Rechts-Ansatz zu Vereinzelung und zu Unberechenbarkeit und somit auch zu einem hohen Maß an Ineffektivität führen werden – was nicht im Sinne der Gemeinschaft ist – und sehr wahrscheinlich auch nicht im Sinne von denen, die diesen Ansatz verfolgen.

Daher ist es notwendig, zwar die freie Beweglichkeit und auch die Vielfalt zu fördern, aber gleichzeitig auch Grenzen zu setzen und ein Mindestmaß an Gemeinschaftssinn zu etablieren und rechtlich vorgeben – wie zum Beispiel gegenseitige Hilfe in Notlagen – da die freie Beweglichkeit sonst zu einem Zerfallen der Gemeinschaft führen würde.

§ 3.6

Das ideale Recht – das hier „Naturrecht" genannt wird – sollte daher Raum für die Beweglichkeit schaffen, aber zugleich auch für den Zusammenhalt der Gemeinschaft sorgen.

4. Gemeinschaftlich

♋

Ohne die Familie gibt es keinen Rückhalt. Also: Die Familie muss geschützt werden!
Doch dieser Schutz darf nicht zum Kerker für die Individualität werden.

§ 4.1

Was ist Recht?

Es gibt die Ansicht, dass die Familie, die Sippe und das Volk die drei traditionellen Schutzräume und die Heimat der Menschen sind und daher geschützt werden müssen. Auf dem Schutz der Familie – vorzugsweise vor einem traditionellen kulturellen Hintergrund – wird dann das ganze Weltbild und auch das politische Verhalten aufgebaut.

Dies ist der Ansatz, den die „Wir-Gruppe" als oberstes Prinzip ansieht. Dadurch wird die eigene Sippen-Identität und manchmal auch die Volks-Identität zu dem Halt in einer Welt, die als von Fremden und Feinden und verschiedenen Bedrohungen umgeben wahrgenommen wird. Dieser Ansatz führt oft zu einer gewissen Starre in der Weltanschauung und zu einem erhöhten Maß an Intoleranz gegenüber Andersdenken und Anderslebenden. Eine solche Haltung gab es zum Beispiel in Großbritannien während seiner Spätzeit als Kolonialmacht, in der diese Haltung als „splendid isolation" bezeichnet worden ist.

§ 4.2

Ist das so richtig und vollständig?

Wenn Recht so gesehen wird – wie zum Beispiel von Teilen der CDU/CSU und als Extremfall auch bei der früheren NSdAP – ergibt sich daraus, dass die Familie und das Volk der Anker im Trubel der als bedrohlich erlebten Vielfalt des Lebens sind.

§ 4.3

Das ist ein durchaus nachvollziehbarer Wunsch.

Doch daraus ergibt sich auch ein Nachteil: Zur Absicherung des Wir-Gefühls muss sich die Wir-Gruppe gegen die anderen schützen und muss im Extremfall die anderen sogar auslöschen – wie bei der Judenverfolgung in der Nazi-Zeit, in der das Volk und die Familie geradezu heiliggesprochen worden sind.

§ 4.4

Folglich führt dieser Ansatz noch nicht zu einem idealen Zustand in der Gemeinschaft.

Außerdem entsteht durch dieses Familien- und Volk-zentrierte Recht eine große Starre und Enge und ein festes Wertesystem, aus dem der Einzelne nicht mehr ausscheren kann und darf – und vielleicht auch gar nicht mehr will.

Im Extremfall führt das zur staatlichen Bevormundung bis hin zur „Gleichschaltung" wie im Dritten Reich oder zur völligen staatlichen Kontrolle wie z.B. in Nordkorea oder in dem Sozialkredit-System in China.

§ 4.5

Es ist abzusehen, dass die Abläufe in der Gemeinschaft bei diesem Rechts-Ansatz starr, geregelt, eng und in hohem Masse kontrolliert sein werden – was vielleicht eine Zeitlang von der Gemeinschaft geduldet werden wird, aber schließlich zu einem Aufstand führen wird. Dieser Ansatz ist nur im Sinne von denen, die diese Gesetze festlegen, und von denen, die von sich aus genau dasselbe Wertesystem und dasselbe Verhalten haben wie das, was in diesen Gesetzen vorgeschrieben wird.

Daher ist es notwendig, diese weltanschauliche Festlegung nicht zu rigide werden zu lassen, da das dadurch entstehende Gefühl der Geborgenheit in Familie, Sippe und Volk sonst zu einem Gefängnis wird, da dieses Geborgenheitsgefühl – das ein Grundbedürfnis fast aller Menschen ist – sonst durch die Starre und Enge und Ausschließlichkeit zerstört wird.

§ 4.6

Das ideale Recht – das hier „Naturrecht" genannt wird – sollte daher Raum für die Geborgenheit im Vertrauten schaffen, aber dabei zugleich auch Raum für andere Ansichten, Lebensformen und Kulturen bereitstellen und auch diese schützen.

5. Freiheitlich

♌

Ohne Egoismus geschieht nichts. Also: Freiheit für das Individuum!
Doch niemand lebt allein, weshalb auch die Gemeinschaft geschützt werden
muss.

§ 5.1

Was ist Recht?

Es gibt die Ansicht, dass die Freiheit des Individuums und seine freie Entfaltung ein naturgegebenes Recht ist. Dieses Recht wird in der Regel als selbstevident und nicht weiter begründbar angesehen. In den meisten Fällen wird es auch als über dem staatlichen Recht stehend betrachtet. Dieser Ansatz betont die Selbstverantwortung des Einzelnen, der in erste Linie zu seiner eigenen Überzeugung stehen muss und sich nicht anpasst.

Dies ist der Ansatz, der die Freiheit des Individuums und seine Selbstentfaltung über alles andere stellt und dadurch das optimale Wohlergehen aller Einzelnen zu erreichen trachtet.

§ 5.2

Ist das so richtig und vollständig?

Wenn Recht so gesehen wird – wie zum Beispiel von Teilen der sogenannten „Reichsbürger", aber auch vielen liberal eingestellten Parteien – ergibt sich daraus, dass der Staat nur eine „Nachtwächterfunktion" hat. Die sich daraus ergebende Wirtschaftsform ist die (vollkommen) Freie Marktwirtschaft.

§ 5.3

Das ist ein durchaus nachvollziehbarer Wunsch.

Doch daraus ergibt sich auch ein Nachteil: Wenn die Selbstverwirklichung das oberste Rechtsprinzip ist, kann sich der am besten selbstverwirklichen, der die meiste Macht erringen kann. Das führt zwangsläufig zur Monopolbildung, zu Diktaturen, Partei-diktaturen, real herrschendem Königtum, monotheistischen Religionen mit einem dominanten Machtanspruch und anderen Formen des Totalitarismus. Die hemmungs-lose Selbstverwirklichung führt somit dazu, dass letztlich nur ein einziger – eben der Mächtigste – sich selber verwirklichen kann und alle anderem ihm untergeordnet sind.

§ 5.4

Folglich führt dieser Ansatz noch nicht zu einem idealen Zustand in der Gemein-schaft.

Außerdem gibt es kaum Menschen, für die ein Leben in Einsamkeit oder nur mit Untergebenen wirklich die Erfüllung aller Wünsche ist. Zudem ist das Bestreben, diese Freiheit des Einzelnen gesetzlich zu regeln, absurd, denn dies kann nur in der Form von allgemeinen Menschenrechten geschehen, die dann jedoch nicht nur die Freiheit des Einzelnen, sondern eben auch die Freiheit aller anderen schützen und folglich den Einzelnen auch wieder einschränken.

Dieser Ansatz muss also die Menschenrechte vermeiden und ganz auf die eigene Macht setzen. Es stellt sich auch die Frage, bis wohin die Gesetze reduziert werden sollen, um nicht die Selbstentfaltung des Einzelnen einzuschränken: Keine Steuern? Keine Verbote? Gilt Diebstahl als Vergehen? Ist Sklaverei erlaubt? Ist Mord strafbar? Es wäre eine Rückkehr zur Wildnis und zum Recht des Stärkeren – oder zu der Form des Rechts, die von dem Mächtigsten festgelegt wird, sei dies nun ein König (Königs-Recht), ein Diktator (Autokratie) oder die Verkündigung einer monotheistischen Religion (religiöses Recht).

§ 5.5

Es ist abzusehen, dass die Abläufe in der Gemeinschaft bei diesem Rechts-Ansatz

Macht-bezogen, kämpferisch, kriegerisch und einsam sein werden – was nicht im Sinne der Gemeinschaft ist – und sehr wahrscheinlich auch nicht im Sinne von denen, die diesen Ansatz verfolgen.

Daher ist es nicht sinnvoll, die Gesetze und die individuelle Freiheit als einziges höchstes Rechtsgut festzulegen, da diese Freiheit sonst für die Gemeinschaft zerstörerisch wird. Somit sind die Menschenrechte notwendig, um für die Freiheit des Einzelnen eine Grenze gegenüber der Freiheit der anderen zu setzen, damit auch alle anderen ein Mindestmaß an Freiheit und Selbstbestimmung behalten. Diese Haltung führt in den meisten Fällen zu der Wirtschaftsform der Sozialen Marktwirtschaft.

§ 5.6

Das ideale Recht – das hier „Naturrecht" genannt wird – sollte daher Raum für die Selbstentfaltung sichern, aber zugleich auch einen Schutz für die Schwächeren schaffen, damit die Selbstentfaltung nicht zur Brutalität wird. Es wäre auch eine allgemeine Förderung der Selbsterkenntnis wünschenswert, damit ein erfülltes Leben nicht mit Allmacht verwechselt wird.

6. Lebenserhaltend

♍

Ohne Fortschritt wird nichts besser. Also: Wirtschaftswachstum!
Doch erst der Blick auf das Notwendige und die möglichen Folgen macht
Fortschritt sinnvoll.

§ 6.1

Was ist Recht?

Es gibt die Ansicht, dass das Anstreben des allgemeinen Wohlstandes die Grundlage der Gesetzgebung sein sollte. Dadurch würde das Wirtschaftswachstum angekurbelt, wovon letztlich alle profitieren. Das Ziel ist eine möglichst uneingeschränkte Konsum-Möglichkeit.

Dies ist der Ansatz, der auf die ungehemmte Produktion, also auf Wirtschaftswachstum ausgerichtet ist und dadurch den allgemeinen Wohlstand erhöhen will.

§ 6.2

Ist das so richtig und vollständig?

Wenn Recht so gesehen wird – wie zum Beispiel von Teilen der FDP und der CDU/CSU – ergibt sich daraus, dass der Staat vor allem die Unternehmer fördern sollte, um die Produktion von möglichst vielen Waren sicherzustellen, ohne die es nach dieser Ansicht keinen allgemeinen Wohlstand gibt.

§ 6.3

Das ist ein durchaus nachvollziehbarer Wunsch.

Doch daraus ergibt sich auch ein Nachteil: Der Wohlstand wird sehr ungleich verteilt, wenn es hier keine staatliche Regelung gibt, d.h. es gibt wenige Reiche und sehr viele

Arme. Das führte zu dem marxistischen Ansatz der Zentralen Planwirtschaft, die jedoch den Nachteil hat, dass in ihr die Eigeninitiative der Einzelnen kaum genutzt wird – die jedoch in einer Fabrik in der Freien Marktwirtschaft auch nicht viel Raum hat. Ein zweiter Punkt ist, dass ungehemmtes Wirtschaftswachstum auch zu der heutigen Überbevölkerung, der Umweltzerstörung und der Klimakrise geführt hat.

§ 6.4

Folglich führt dieser Ansatz noch nicht zu einem idealen Zustand in der Gemeinschaft.

Außerdem führt der Ansatz, der ein maximales Gesamtwohl der Bevölkerung anstrebt, auch zu Extremen: Würde man das Gemeinwohl zum obersten Prinzip erklären, müsste es rechtens sein, einen Gesunden zu töten und mit seinen Organen zwanzig Kranke zu retten, denn ein Toter ist besser als zwanzig Tote. Auch dieser Ansatz ist als Motivation notwendig, aber auch er darf nicht der einzige Maßstab für die Rechtsprechung sein.

§ 6.5

Es ist abzusehen, dass die Abläufe in der Gemeinschaft bei diesem Rechts-Ansatz – wenn er konsequent verfolgt wird – entweder nur die Unternehmer fördern oder das Gesamtwohl über alles andere stellen und die Individualität drastisch einschränken wird – was beides nicht im Sinne der Gemeinschaft ist – und sehr wahrscheinlich auch nicht im Sinne von denen, die diesen Ansatz verfolgen.

Daher muss der Blick auf den Wohlstand durch Sachkenntnis, die Analyse aller Möglichkeiten, die Forschung und die Berücksichtigung der Selbstbestimmung des Einzelnen ergänzt werden, da sonst die Produktion, die dem Wohlstand dienen soll, die Lebensgrundlage der Menschen zerstören würde …

§ 6.6

Das ideale Recht – das hier „Naturrecht" genannt wird – sollte daher Raum für die Produktion und den Fortschritt schaffen, aber zugleich auch die ökologischen und sozialen Notwendigkeiten berücksichtigen, da das ungehemmte und rücksichtslose

Wirtschaftswachstum sonst zur Zerstörung der Erde und der Menschheit führen würde anstatt lebensfördernd zu sein. Man ist im „Naturrecht" also ständig dazu gezwungen, mehrere Prinzipien und Ziele zu formulieren, deren Wichtigkeit in einem konkreten Fall dann beurteilt und abgewogen werden muss – womit ein stark individuelles Element in das Recht gelangt. Dies ist der schon seit langem bestehende Streit zwischen Liberalen und Sozialisten.

7. Kooperativ

♎

Ohne Gemeinschaft gelingt nichts. Also: Gleiches Recht für alle!
Doch ein allgemeines Gleichmachen wäre zerstörerisch.

§ 7.1

Was ist Recht?

Es gibt die Ansicht, dass alle gleich und gleichberechtigt und vor dem Recht gleich sind. Dieser Ansatz betrachtet den Mangel als Hauptursache von Kriegen, weshalb dieser Ansatz auch als das Mittel zum Beenden aller Kriege und als Garant für ewigen Frieden angesehen wird. Dieser Gleichheits-Ansatz impliziert auch die bekannte Maxime „Was Du nicht willst, das man Dir tu', das füg auch keinem anderen zu." Aus diesem Ansatz ergibt sich auch die Einsicht, dass die Kooperation effektiver ist als die Konkurrenz. Weiterhin ergibt sich aus diesem Ansatz auch die Suche nach einem auf der Kooperation beruhenden Wirtschaftssystem und ebenso nach einem auf Kooperation beruhendem Regierungssystem. Die Demokratie beruht jedoch auf der Konkurrenz zwischen den Parteien, die häufig zu einem heftigen Kampf zwischen den Parteien statt zu einer gemeinsamen Lösung der Probleme führt. Das hier vertretene Gleichheits-Prinzip beinhaltet auch die Einsicht, dass wir in der heutigen Lage auf der Erde „alle in einem Boot sitzen".

Dies ist der Ansatz, der die Förderung der Kooperation als oberstes Rechts-Prinzip ansieht – das aus sich heraus auch zwangsläufig ökologisch ist.

§ 7.2

Ist das so richtig und vollständig?

Wenn Recht so gesehen wird – wie zum Beispiel von Teilen der Grünen – ergibt sich daraus, dass der Erhaltung des Lebens auf der Erde durch das Einhalten von Grenzwerten, durch neue Technologien und durch internationale Kooperation alle anderen Werte und Ziele untergeordnet werden müssen.

§ 7.3

Das ist ein durchaus nachvollziehbarer Wunsch.

Doch daraus ergibt auch sich ein Nachteil: Die Freiheit des Einzelnen wird durch die Grenzwerte, durch die Verbote von schädlichen Technologien und evtl. auch durch die Umverteilung von extremem Reichtum stark eingeschränkt, was naturgemäß zu heftigem Widerstand führt. Es stellt sich auch die berechtigte Frage, wie lange eine allgemeine Gleichheit bestehen bleiben würde, wenn sie tatsächlich einmal hergestellt worden wäre.

§ 7.4

Folglich führt dieser Ansatz noch nicht zu einem idealen Zustand in der Gemeinschaft.

Außerdem gibt es derzeit noch – selbst dann, wenn eine rechtliche Gleichheit gesetzlich festgelegt ist – durch die sehr verschieden große Macht und den sehr unterschiedlichen Reichtum der Einzelnen de facto eine rechtliche Ungleichheit, da Reiche deutlich mehr Möglichkeiten haben, ihren Willen innerhalb des rechtlichen Rahmens oder notfalls auch gegen die Gesetze durchzusetzen.

§ 7.5

Es ist abzusehen, dass die Abläufe in der Gemeinschaft bei diesem Rechts-Ansatz, also bei der Durchsetzung der Gleichheit von allen einschließlich des gleichen Reichtums aus den verschiedensten Gründen zu heftigem Widerstand führen werden – was nicht im Sinne der Gemeinschaft ist – und sehr wahrscheinlich auch nicht im Sinne von denen, die diesen Ansatz verfolgen. Das, was hier am dringendsten gebraucht wird, ist die Einsicht in Zusammenhänge und in die Folgen des eigenen Handelns oder Nicht-Handelns – sowie der konsequenten Umsetzung der eigenen Einsichten. Man könnte dies einen „weitsichtigen Egoismus" nennen.

Daher muss die Gleichheit durch Individualität – also Freiheit – sowie durch Brüderlichkeit – also Kooperation – ergänzt werden, da sonst die erzwungene allgemeine Gleichheit zu einem Kerker werden würde.

§ 7.6

Das ideale Recht – das hier „Naturrecht" genannt wird – sollte daher Raum für eine grundlegende Gleichberechtigung und Gleichheit schaffen, aber zugleich auch Raum für Individualität lassen und die allgemeine Kooperation anregen.

8. Existentiell

♏

Das Notwendigste muss als Erstes getan werden. Also: Konsequenz!
Doch Konsequenz ohne Rücksichtnahme kann zur Grausamkeit werden.

§ 8.1

Was ist Recht?

Es gibt die Ansicht, dass Recht das Erreichen des allgemein Notwendigen sicherstellen soll. Bei der Befolgung dieses Ansatzes werden zukünftige Gefahren abgewehrt noch bevor sie zu ernsthaften Bedrohungen werden können. Dieser Ansatz erfordert Weitsicht und die Einsicht in die großen Zusammenhänge. Dieser Ansatz sorgt dafür, dass die, die diese Informationen und außerdem auch noch die nötige Einsicht und Weitsicht haben, auch die Macht haben müssen, entsprechend ihrer Einsicht für die gesamte Gemeinschaft zu handeln.

Dies ist der Ansatz, der die Einsicht von „Weisen" – in den meisten Fällen wahrscheinlich Wissenschaftler – in die existentiellen Notwendigkeiten als Grundlage für das sinnvolle Handeln nimmt und ihnen daher eine große rechtliche und finanzielle Macht gibt, um die anstehenden Probleme zu lösen. Dies kann zum Beispiel auch der bei Politikern beliebte Sachverständigen-Rat sein.

§ 8.2

Ist das so richtig und vollständig?

Wenn Recht so gesehen wird – wie zum Beispiel von Teilen der meisten demokratischen Parteien – ergibt sich daraus, dass die Wissenschaftler einen großen Einfluss haben und viele Entscheidungen maßgeblich mitbestimmen. Dies ist vor allem in Zeiten von unerwarteten Krisen der Fall – wie zum Beispiel während der Corona-Krise.

§ 8.3

Das ist ein durchaus nachvollziehbarer Wunsch.

Doch daraus ergibt sich auch ein Nachteil: Es wird fast immer zwischen verschiedenen Einschätzungen abgewogen werden müssen, da eine vollständige Einigkeit eher selten ist. Während dies bei der Einschätzung der Lage noch denkbar ist, besteht bei den als sinnvoll und notwendig erachteten Maßnahmen bei den Politikern nur sehr selten Einigkeit. Weiterhin erfordert das sinnvolle Verhalten in Krisenzeiten das Ideal eines Politikers, der das Notwendige und Sinnvolle über seinen eigenen Ruf stellt und der auch bereit ist, den Menschen auch die unangenehmen, aber notwendigen Neuorientierungen und Verwandlungen zuzumuten.

§ 8.4

Folglich führt dieser Ansatz noch nicht zu einem idealen Zustand in der Gemeinschaft.

Außerdem sind viele Probleme nicht durch einen Einzelnen, eine Organisation oder einen Staat lösbar, sondern nur gemeinsam von allen Menschen. Über die Existenz von kollektiven, globalen Problemen besteht jedoch keineswegs Einigkeit zwischen allen Staaten – und schon gar nicht über deren Wichtigkeit und Dringlichkeit oder gar über die zur Lösung notwendigen Maßnahmen. Ganz besonders schwierig sind Themen wie die Überbevölkerung, deren bloße Erwähnung die meisten Politiker schon strikt vermeiden. Über die Klimakrise wird zwar viel geredet, aber viel zu wenig getan. Und bis es zu einer Lösung der Probleme kommt, die die immer weiter wachsende Migration verursachen, wird es wohl noch einige Zeit dauern.

§ 8.5

Es ist abzusehen, dass die Abläufe in der Gemeinschaft bei diesem Rechts-Ansatz leider aufgrund der Trägheit der Allgemeinheit nur in totalitären Systemen eine Chance auf eine schnelle Umsetzung haben werden – was nicht im Sinne der Gemeinschaft ist – und sehr wahrscheinlich auch nicht im Sinne von denen, die diesen Ansatz verfolgen.

Daher wird die Ergänzung des „globalen Blicks" durch die Förderung der Einsicht bei der Allgemeinheit notwendig, da sonst die notwendigen Schritte von anderen Parteien oder Interessensgruppen blockiert werden.

§ 8.6

Das ideale Recht – das hier „Naturrecht" genannt wird – sollte daher Raum für die notwendigen Handlungen schaffen, aber zugleich diplomatisch vorgehen, da sonst das „Naturrecht" nicht zu einem von der großen Mehrheit befürworteten „Globalrecht" werden kann, das wirklich der Lösung globaler Krisen dient.

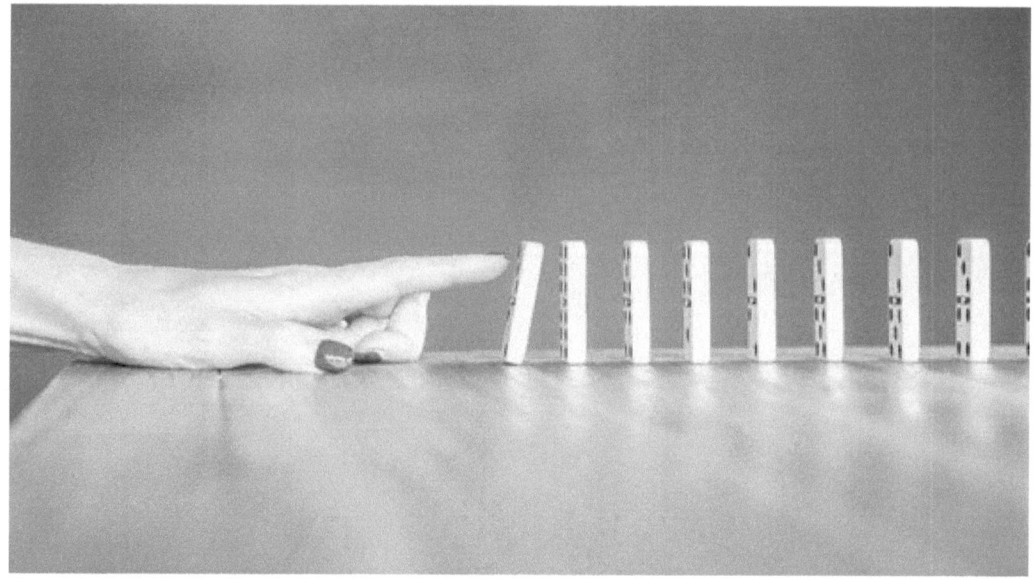

9. Zielstrebig

Ohne Ziele kommt keine Handlung in Gang. Also: Idealismus!
Doch sinnvoller Idealismus braucht tiefe Wurzeln in der Allgemeinheit.

§ 9.1

Was ist Recht?

Es gibt die Ansicht, dass das Recht das Gute für alle sichern soll. Dabei stellt sich natürlich die Frage, was dieses „Gute" ist. Darüber besteht in der Regel Uneinigkeit – und ebenso über die Schritte, die zum Erreichen dieses Zieles notwendig sind. Es ist also die Begeisterung einer Mehrheit für ein bestimmtes Ziel erforderlich.

Dies ist der Ansatz, der die Verwirklichung eines Ideals anstrebt. Das bedeutet, dass das Recht von diesem Ideal abgeleitet wird: Was das Erreichen dieses Ideals fördert, ist rechtens; was es behindert, ist unrecht und muss geändert werden; was es nicht beeinflusst, ist uninteressant und wird nicht weiter beachtet. Man könnte dies ein „zielorientiertes Recht" nennen. Dieses Recht ist im Grunde die Sicht der Exekutive und nicht die Sicht der Legislative und auch nicht der Judikative: Es soll etwas erreicht werden und die Gesetze sollen diesem Ziel angepasst werden.

§ 9.2

Ist das so richtig und vollständig?

Wenn Recht so gesehen wird – wie zum Beispiel von Teilen der Kanzler, Präsidenten, Parteivorsitzenden und ähnlichen – ergibt sich daraus, dass das Recht eigentlich nur ein Werkzeug zur Umsetzung der Ziele ist und manchmal auch zur Lenkung des Volkes. Der Extremfall dieser Art von Recht findet sich bei real herrschenden Königen und bei Diktatoren. Ziel und Charisma dieses Ansatzes liegen in der Handlungsfähigkeit und in der Problemlösung durch einen „Macher", durch einen „starken

Mann".

§ 9.3

Das ist ein durchaus nachvollziehbarer Wunsch.

Doch daraus ergibt sich auch ein Nachteil: Die Macht wird sehr stark in einer Person konzentriert, was bedeutet, dass alles von den Absichten und den Fähigkeiten dieser Person abhängt.

§ 9.4

Folglich führt dieser Ansatz noch nicht zu einem idealen Zustand in der Gemeinschaft.

Außerdem gelangen meistens die Menschen an die Macht, die nach Macht streben und die entweder ein Geschick mit der „Werbung für sich selber" haben oder die eine große Durchsetzungskraft besitzen. Das sind jedoch nicht unbedingt die Menschen, die das Gesamtwohl im Blick haben – und sie haben auch nicht unbedingt die Folgen für unsere Kinder, Enkel und Urenkel im Blick. Zudem könnte es sein, dass die derzeit anstehende globale Veränderung nicht von einem Einzelnen durchgeführt werden kann, sondern dass sie eine «Graswurzel-Revolution» ist.

§ 9.5

Es ist abzusehen, dass die Abläufe in der Gemeinschaft bei diesem Rechts-Ansatz bestenfalls sehr individuell und schlechtestenfalls sehr egozentrisch sein werden – was nicht im Sinne der Gemeinschaft ist – und sehr wahrscheinlich auch nicht im Sinne von denen, die diesen Ansatz verfolgen.

Daher muss dieses „Exekutive-orientierte Recht" durch Maßnahmen, die das Allgemeinwohl in den Vordergrund stellen, korrigiert werden können, da sonst der möglicherweise in Einzelfällen tatsächlich vorhandene Idealismus nicht zu Ergebnissen führen wird, die das Allgemeinwohl fördern.

§ 9.6

Das ideale Recht – das hier „Naturrecht" genannt wird – sollte daher Raum für idealistische Handlungen und tatkräftige Veränderungen schaffen, aber zugleich dafür sorgen, dass die angestrebten Ziele auch wirklich das Allgemeinwohl erhalten oder verbessern.

10. Bewahrend

VƷ

Ohne Beständigkeit gibt es nur den Verfall. Also: Das Wertvolle bewahren!
Doch die Beständigkeit darf nicht den notwendigen Wandel behindern.

§ 10.1

Was ist Recht?

Es gibt die Ansicht, dass das Recht die Tradition aufrechterhalten sollte. Eine nah verwandte Rechtsauffassung ist, dass sich das Recht auf sachliche Weise um Notwendigkeiten kümmern sollte, wie zum Beispiel die Einhaltung der Menschenrechte und der Grenzwerte und das Achten auf Nachhaltigkeit. Daraus ergibt sich in der Regel eine „Technokraten-Regierung", die sich um das Notwendige kümmert, aber keine größeren Veränderungen herbeiführt. In den meisten Fällen ist diese Rechtsauffassung sehr konservativ, d.h. sie ist darum bemüht, den Status Quo zu erhalten bzw. die Lage der Menschen innerhalb des beibehaltenen Systems zu verbessern.

Dies ist der Ansatz, der das bereits Bestehende als das bewährte Gute zu erhalten trachtet und der ein großes Maß an Beständigkeit in jeden Staat bringt.

§ 10.2

Ist das so richtig und vollständig?

Wenn Recht so gesehen wird – wie zum Beispiel von Teilen der Vertreter des englischen Gewohnheitsrechts oder der konservativen Parteien – ergibt sich daraus, dass es zunächst einmal um die Erhaltung des „bewährten Alten" geht und man allen Veränderungen zunächst einmal skeptisch gegenübersteht. Als Maximen dienen bei dieser Rechtsauffassung die Sätze „Führe keine unnötigen Veränderungen durch.", „Tue nichts, was die folgenden 10 Generationen belasten könnte." und „Prüfe, bewahre und nutze, was Dir Rückhalt gibt."

§ 10.3

Das ist ein durchaus nachvollziehbarer Wunsch.

Doch daraus ergibt sich auch ein Nachteil: Zum einen sind oft unangenehme Veränderungen notwendig, zum anderen besteht oft keine Einigkeit über das, was bewahrt und was ausgebaut oder vermindert werden soll, und zum dritten ist das Miteinander von Parteien und noch mehr das Miteinander der Staaten oft wie die „Harmonie" auf einem Schulhof ohne Aufsicht.

§ 10.4

Folglich führt dieser Ansatz noch nicht zu einem idealen Zustand in der Gemeinschaft.

Außerdem ist es schwierig, eine ganz bestimmte Regel, die sich aus der Haltung der „Bewahrung des Guten" ergibt, auch wirklich durchzusetzen: das Verursacherprinzip. Dieses Prinzip besagt ganz schlicht, dass derjenige, der einen Schaden anrichtet, ihn auch wieder beheben muss. Das ist schon innerhalb eines Staates zum Beispiel bei Industrie-Delikten schwierig, aber das Verursacherprinzip auch in globalen Zusammenhängen durchzusetzen, ist ein sehr großes Problem – schon weil auch hier in der Regel keine Einigkeit besteht. Weiterhin kann der Einfluss des Staates sehr groß werden, wenn die konservative Bewahrung des Althergebrachten ein zentraler Wert in der Rechtsprechung ist. Der Staat geht dann schnell über seine Aufsichtsfunktion hinaus und setzt sehr enge Grenzen bezüglich des Erlaubten,

§ 10.5

Es ist abzusehen, dass die Abläufe in der Gemeinschaft bei diesem Rechts-Ansatz sehr starr, bewahrend und zudem bei neuen Herausforderungen unflexibel bis hilflos sein werden – was nicht im Sinne der Gemeinschaft ist – und sehr wahrscheinlich auch nicht im Sinne von denen, die diesen Ansatz verfolgen.

Daher muss die Bewahrung des Alten durch die Betonung der Sachlichkeit ergänzt werden, da sonst die Bewahrung des Alten dazu führt, dass neuen Problemen nicht in der ihnen angemessenen Weise begegnet werden kann.

§ 10.6

Das ideale Recht – das hier „Naturrecht" genannt wird – sollte daher Raum für die konservative Grundhaltung schaffen, aber zugleich auch Platz für die notwendigen Neuerungen bieten.

11. Weltbürgerlich

Ohne Tatkraft geschieht nichts. Also: Freiheit für die Tatkraft!
Doch Freiheit in einem geregelten Rahmen.

§ 11.1

Was ist Recht?

Es gibt die Ansicht, dass kollektive Probleme nur durch neue kollektive Systeme bewältigt werden können. Dazu werden neue Gesellschaftsformen erforscht und proklamiert und danach gestrebt, sie auch in dem Recht der Staaten zu verankern. Zentrale Werte sind dabei „Nachhaltigkeit", „Menschenrechte" und „internationale Kooperation", und der zentrale Bezugspunkt ist bei diesen Bestrebungen oft die UNO oder andere multinationale Organisationen. Diese Weltsicht und die auf ihr beruhende angestrebte Rechtsform ist der Standpunkt des Weltenbürgers. Innerhalb dieser Weltsicht ist die UNO bzw. eine weiterentwickelte UNO mit erweiterten Kompetenzen das wichtigste und wirksamste Instrument für das Überleben der Menschen auf unserem Planeten.

Dies ist der Ansatz, der alle Schwierigkeiten von etwas Neuem her, das das gesamte Alte zu etwas Besserem verwandelt, angeht. Daher propagiert dieser Ansatz die Meinungsfreiheit, das Versammlungsrecht, das Recht auf Gemeinschaftsbildung, die Förderung von Erfindungen und Therapien, die Entwicklung neuer politischer Systeme und die Bildung von Netzwerken, in denen Universitäten, Forschungsinstitute und Top-Erfinder weltweit zusammenarbeiten.

§ 11.2

Ist das so richtig und vollständig?

Wenn Recht so gesehen wird – wie zum Beispiel von Teilen der Grünen, aber auch der FDP – ergibt sich daraus, dass globale Probleme durch globale Institutionen mit globaler Macht geregelt werden.

§ 11.3

Das ist ein durchaus nachvollziehbarer Wunsch.

Doch daraus ergibt sich auch ein Nachteil: Eine solche zentrale Institution – wie z.B. die UNO – hätte eine sehr große Macht, die nicht durch andere Institutionen kontrolliert werden kann. Es gäbe keine echte Gewaltenteilung mehr – zumindest besteht die Gefahr zu solch einer Entwicklung. Allerdings besteht diese Gefahr auch innerhalb eines jeden Staates und letztlich in jeder Art und Größe von Gemeinschaft.

§ 11.4

Folglich führt dieser Ansatz noch nicht zu einem idealen Zustand in der Gemeinschaft.

Außerdem erfordert dieser Ansatz das Finden eines Ausgleichs zwischen Individualität und Globalisierung – nicht nur zwischen dem Einzelnen und der Menschheit, sondern auch zwischen einzelnen Kulturen und der Menschheit. Der Verlust der eigenen Kultur ruft regelmäßig kollektive Identitätskrisen in dem betroffenen Volk hervor. Daher wird dringend ein funktionsfähiges, organisches Modell des Verhältnisses zwischen dem Individuum, der Familie, der Sippe, der Kultur, dem Volk, dem Staat und der Menschheit als Ganzes benötigt, das auch durch ein globales Recht abgesichert sein sollte. Sonst wird dieses „kollektive Globalrecht" nur bedingt effektiv wirksam sein können.

§ 11.5

Es ist abzusehen, dass die Abläufe in der Gemeinschaft bei diesem Rechts-Ansatz dominant, bevormundend und gleichmachend sein könnten – was nicht im Sinne der Gemeinschaft ist – und sehr wahrscheinlich auch nicht im Sinne von denen, die diesen Ansatz verfolgen.

Daher sollte jedes global gültige Recht so zugeschnitten werden, dass Raum für individuelle Lösungen und für die Bewahrung der kulturellen Eigenheiten berücksichtigt wird, da sonst die Ziele, die durch dieses Globalrecht erreicht werden sollen, so sehr behindert werden könnten, dass ein Erreichen dieser Ziele unmöglich wird.

§ 11.6

Das ideale Recht – das hier „Naturrecht" genannt wird – sollte daher Raum für die Bewältigung globaler Probleme schaffen, aber zugleich auch die Individualität der Einzelnen und der verschiedenen Kulturen berücksichtigen und sie schützen.

12. Global

H

Die Erde ist ein organisches Ganzes. Also: Rettet das Leben auf der Erde!
Doch über dem Blick auf das Ganze sollte der Blick auf das Detail nicht
vernachlässigt werden.

§ 12.1

Was ist Recht?

Es gibt die Ansicht, dass das Recht die lebendige Welt widerspiegeln und sie erhalten
sollte. Der Einzelne ist aus dieser Sicht mit allem verbunden und sollte daher auch auf
das Ganze bezogen handeln – der Einzelne erlebt sich als Teil des Ganzen. Er lässt
sich von dem Ganzen tragen: Vertrauen. Er trägt das Ganze: Verantwortung. Dieser
Rechts-Ansatz ergibt zwangsweise die Förderung eines ökologischen, nachhaltigen
Verhaltens in allen Bereichen. Ein implizites Ziel dieses Ansatzes ist das Erreichen
des Weltfriedens.

Dies ist auch der Ansatz, der die Erde als einen lebendigen Organismus („Gaia")
ansieht. Aus dieser Sicht heraus werden auch alternative Heilmethoden (Homöopathie, Akupunktur u.a.) erforscht. Innerhalb eines so geprägten Weltbildes sind auch
Religion, Glauben und Spiritualität sehr wesentlich, aber sie werden grundsätzlich als
Privatsache angesehen, also nichts, wozu man gezwungen werden könnte.

§ 12.2

Ist das so richtig und vollständig?

Wenn Recht so gesehen wird – wie zum Beispiel von Teilen der Grünen – ergibt sich
daraus, dass nach der Erhaltung der Erde als Ort für die Menschen, Tiere und
Pflanzen gestrebt wird. Die Erde mit allen Lebewesen auf ihr wird als unsere Heimat
angesehen, weshalb nach dem Wohlergehen von allen Lebewesen auf der Erde
gestrebt wird.

§ 12.3

Das ist ein durchaus nachvollziehbarer Wunsch.

Doch daraus ergibt sich auch ein Nachteil: Wenn man das Gemeinschaftswohl als ausschließliches oberstes Rechtsgut ansieht, ergibt sich daraus, dass sich alle dem Gesamtwohl unterordnen müssen. Solch eine Sicht könnte auch zu einer Öko-Diktatur führen. Natürlich ist dies zunächst einmal nur ein Schlagwort von Leugnern der Klimakrise und Gegnern von globalen Regelungen, aber jedes Prinzip, das zum alleinigen obersten Prinzip erhoben wird, wird zwangsläufig zu einem harten Zwang und somit zu einem Unrecht: „Summum ius summa iniuria."

§ 12.4

Folglich führt dieser Ansatz noch nicht zu einem idealen Zustand in der Gemeinschaft.

Außerdem ist es zwingend notwendig, das Erreichen der globalen Ziele durch detaillierte Maßnahmen zu ermöglichen, denn „Menschen stolpern nicht über Berge, sondern über Maulwurfshügel".

§ 12.5

Es ist abzusehen, dass die Abläufe in der Gemeinschaft bei diesem Rechts-Ansatz zu einer zentralen, einheitlichen und weltweit alles regelnden Organisation werden könnten – was nicht im Sinne der Gemeinschaft ist – und sehr wahrscheinlich auch nicht im Sinne von denen, die diesen Ansatz verfolgen.

Daher müssen diese globalen Ziele in ihrer Umsetzung den jeweiligen Staaten und Kulturen angepasst werden, da sonst das Erreichen dieser Ziele unwahrscheinlich wird.

§ 12.6

Das ideale Recht – das hier „Naturrecht" genannt wird – sollte daher Raum für globale Regelungen schaffen, aber zugleich auch die Individualität des Einzelnen, der Kultur und des einzelnen Staates achten und berücksichtigen.

Die 12 Spielfelder des Fußballs

Entwürfe für die Zukunft – Band 30

Inhaltsübersicht

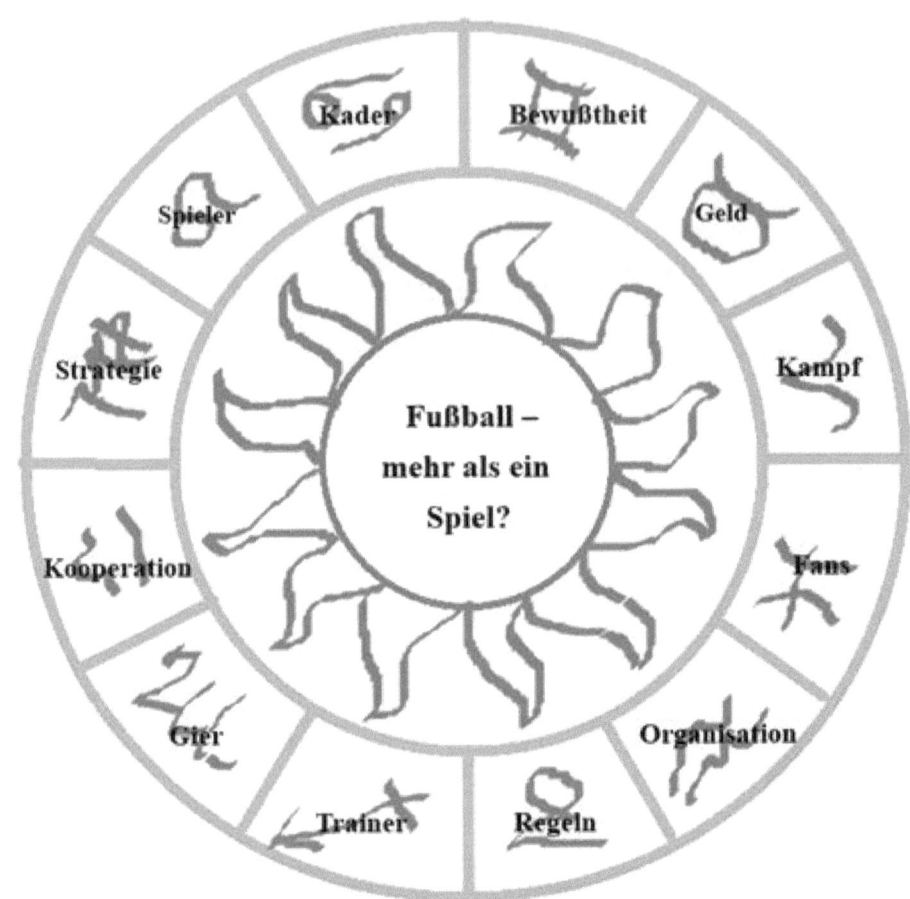

Vorwort

Fußball? Was hat der in einer Buch-Reihe wie dieser hier zu suchen? Hat der irgendetwas mit Gesundheit zu tun? Oder gar mit einer besseren Welt?

Hat er.

Fußball ist ein Wettkampf-Sport, also ein Streit, ein Kampf – und Streit, Kämpfe und Kriege sind schon seit mehr als 5.000 Jahren ein Grundproblem der Menschen. Vielleicht lässt sich ja vom Fußball etwas über eine konstruktive Streitkultur lernen … Oder wie man Konkurrenz in einen kooperativen Überbau einfügen kann …

Recht sicher lässt sich von ihm etwas darüber lernen, wie man siegen kann, d.h. wie man im Alltag das, was man erreichen will, auch tatsächlich erreichen kann.

Und es gibt noch einen dritten Grund: Über nichts wird so viel gestritten, wie über Religion, Politik und Fußball. Schon deshalb lohnt es sich, nicht nur Religion und Politik einmal genauer anzuschauen, sondern auch den Fußball.

Vermutlich lässt sich anhand des Themas „Fußball" also doch einiges lernen, was auch im Alltag nützlich ist – und was hilft, eine bessere Welt anzustreben und auch zu verwirklichen.

Fußball hat jetzt auch ganz offiziell etwas mit der Astrologie zu tun:

Auf der neuen Trophäe der FIFA für die Klub-Weltmeisterschaft ist zweimal die Planeten-Konstellation an dem Tag des Eröffnungsspiels 2025 eingraviert worden.

In der Mitte ist ein Fußball zu sehen, der für alle Fußballer natürlich die „Sonne" ist – und der hier auch an der Stelle der Sonne steht. Bei rituellen den Ballspielen der Mayas und anderer mittelamerikanischer Völker, die eine der Wurzeln des Fußballs sind, stellte der Ball die Sonne dar.

Der Merkur ist der kleine Kreis über der Sonne „Fußball).

Die Venus ist der mittelgroße Kreis unter der Sonne.

Die Erde ist links oben zu sehen. Rechts oben über ihr ist der Mond als kleiner Kreis abgebildet.

Der Mars ist unten in der Mitte als mittelgroßer Kreis unter der Venus zu sehen.

Der Jupiter ist der große Kreis rechts unten.

Der Saturn links oben ist der große Kreis rechts oben – er ist leicht an seinem Ring zu erkennen.

Der Uranus steht links unten.

Der Neptun ist ganz oben zu sehen.

1. Kampf

♈

Zunächst einmal ist Fußball ein Sport, also eine körperliche Betätigung. Daran besteht bei vielen Menschen in den heutigen Berufen eher ein Mangel – entweder weil es ein Büro-Job ist oder weil die körperliche Arbeit so einseitig ist, dass sie Beschwerden hervorruft.

Fußball sieht daher zumindest so aus wie die Art der Bewegung, die viele gerne können würden – wenn sie dazu körperlich in der Lage wären.

Dann ist Fußball auch ein Wettkampf – und der direkte körperliche Kampf ist etwas, was im Menschen zwar bereits auf Instinkt-Ebene angelegt ist (Jagd, Angriff, Flucht usw.), aber wozu wir in der heutigen Kultur nur wenig Verwendung haben.

Das Zuschauen beim Fußball könnte daher auch ein Ersatz für die vielen Situationen sein, bei denen man selber gerne kämpfen würde – z.B. wenn man auf seinen Vorgesetzten sauer ist. Fußball kann also auch ein Ventil für unterdrückte Aggressionen sein. Das würde auch die gelegentliche Gewaltbereitschaft und Destruktivität der Fans in den Stadien erklären.

Eine moderne Form von „Spiele" aus der römischen Politik-Maxime „Brot und Spiele"? Oder einfach die Erfüllung eines Grundbedürfnisses der Menschen?

Weiterhin ist Fußball auch ein Mannschaftssport – elf Männer (oder Frauen) auf dem Feld, die Einwechselspieler auf der Bank neben dem Spielfeld, der Trainer am Spielfeldrand und die gesamte Crew im Hintergrund.

Es ist nicht ausgeschlossen, dass sich viele Menschen wünschen, auch Teile einer solchen Gemeinschaft mit all ihrem Rückhalt zu sein … Wobei die extrem hohen Anforderungen an die Spieler dabei sicherlich nicht Teil dieses (vermuteten) Wunschtraumes sein werden.

Fußball ist auch ein Sport, bei dem die Spieler in der Bundesliga deutlich mehr Geld verdienen können als dies bei einem durchschnittlichen Allerwelts-Job möglich ist.

Es könnte daher auch sein, dass das hohe Einkommen der Top-Fußballer und ihr großer Reichtum eine gewisse Faszination ausübt oder zumindest zu dieser Faszination beiträgt.

Die Elite der Fußballer ist deutlich bekannter als die Elite der Politiker oder gar die Elite der Wissenschaftler.

Daher wird auch der Ruhm der „Créme de la Créme" auf den Fußballfeldern eine starke Anziehungskraft vor allem auf die ausüben, die einen der typischen „Underdog"-Jobs als Kassierer, als Busfahrer, am Fließband und dergleichen mehr haben.

Fußball ist eine Sportart, die viele Vereine einschließlich der Amateur-Vereine umfasst. Es gibt 18 Bundesliga-Vereine, 18 Vereine in der 2. Liga, 90 Vereine in den Regionalligen und außerdem noch 21.000 Amateur-Vereine – und weiterhin auch noch viele Bolzplätze und den Straßenfußball. Nach sehr grober Schätzung haben in Deutschland 80% aller Männer und 15% aller Frauen schon einmal in irgendeiner Weise Fußball gespielt.

Fußball ist somit etwas, wozu ein großer Teil der Bevölkerung auch durch eine aktive Teilnahme einen Bezug hat – was die Möglichkeit der Identifizierung mit dem eigenen Fußball-Idol noch einmal deutlich erhöht.

Schließlich hat der Fußball noch einen offensichtlichen, aber zugleich unauffälligen Aspekt: Fußball wird mit den Füßen gespielt.

Im normalen Alltag werden für fast alle Tätigkeiten die Hände benutzt – im Fußball jedoch die Füße. Das Bewusstsein wandert beim Fußball also von den Händen zu den Füßen hinunter. Das sollte zum einen eine gewisse „Erdung" der Spieler (und auch der Zuschauer?) bewirken und zum anderen auch eine Assoziation zum „Treten", also zu einer kindlich-kämpferischen Geste. Auf jeden Fall ist diese „Fußarbeit" eine Tätigkeit, die deutlich anders ist als die normalen Alltagstätig-keiten. Das ist beim Handball, beim Basketball, beim Volleyball usw. deutlich anders – bei diesen Sportarten benutzt man wie im Alltag und bei fast jeder Arbeit die Hände. Fußball ist also auch eine Art körperlicher Ausgleich zu den gewohnten körperlichen Betätigungen. Die Füße sind in gewisser Weise „vernachlässigte Körperteile". Das kann man deutlich spüren, wenn man wieder einmal barfuß läuft oder eine Fußmassage erhält.

Es finden sich also insgesamt immerhin sieben verschiedene Merkmale des Fußballs, die auf die Menschen ganz offensichtlich eine beachtliche Anziehungskraft ausüben:

- die körperliche Betätigung in einem Hochleistungssport – wobei die Zuschauer sich zumindest teilweise wünschen werden, auch so leistungsfähig zu sein;

- der Wettkampf – und die erhoffte Siegesfreude über den erhofften Sieg der „eigenen Mannschaft";
- die Faszination und der Wunsch, auch selber ein wichtiger Teil einer Mannschaft, eines Vereins und einer komplexen Organisation zu sein;
- die Faszination und der Wunsch, auch selber solch ein hohes Einkom-men und einen solchen Reichtum wie die Top-Spieler zu haben;
- die Faszination und der Wunsch, zumindest auch ein wenig berühmter zu sein – auch wenn der große, zum Teil sogar weltweite Ruhmes der Top-Spieler unerreichbar scheinen mag;
- die Verbundenheit mit dem Fußball durch das eigene (gelegentliche oder frühere) Fußballspielen;
- die vermutlich eher unbewusste Anziehungskraft der ungewöhnlichen Tätigkeit mit den Füßen.

Die Ursache dafür, dass der Fußball – wie im Vorwort erwähnt – neben der Religion und der Politik eines der am weitesten verbreiteten Streitthemen ist, liegt vermutlich ganz einfach daran, dass Fußball ein Mannschafts-Sport mit vielen Zuschauern ist. Diese Konstellation lässt leicht unbewusste Assoziationen zu einem Kampf des einen Heeres gegen das andere Heer aufkommen. Die Spieler und vermutlich in noch stär-kerem Maße die Fans haben beim Fußball also die Möglichkeit, Aggressionen, die sie sonst in ihrem Alltag brav zurückhalten, laut beim Anfeuern ihrer Mannschaft heraus-zubrüllen. Man kann Fußball also auch als eine therapeutische Maßnahme gegen Magengeschwüre ansehen, die dadurch entstehen, das man in der eigenen Familie und an seinem Arbeitsplatz viel zu viel „schlucken" muss und sich dort nicht adäquat wehren kann.

- - -

Fazit: Der Fußball ist in unserer Kultur also ein Raum, in denen die ansonsten weitgehend unterdrückten Aggressionen sowohl von den Spielern als auch von den Zuschauern ausgelebt werden können. Dabei sollte es natürlich nicht zu Verletzungen von anderen kommen. Diejenigen, die eine Neigung dazu haben, andere zu verletzen, wären in einem Kampfsportverein an einem passenderen Ort.

Fußball ist vermutlich zu einem großen Teil ein Ersatz für das körperliche Kämpfen, das in unserer Kultur kaum noch einen Platz hat. Fußball ist sozusagen ein „zivilisiertes Ausleben von ansonsten unerwünschten Aggressionen".

… übrigens: *„Der Ball ist rund."* (Sepp Herberger)

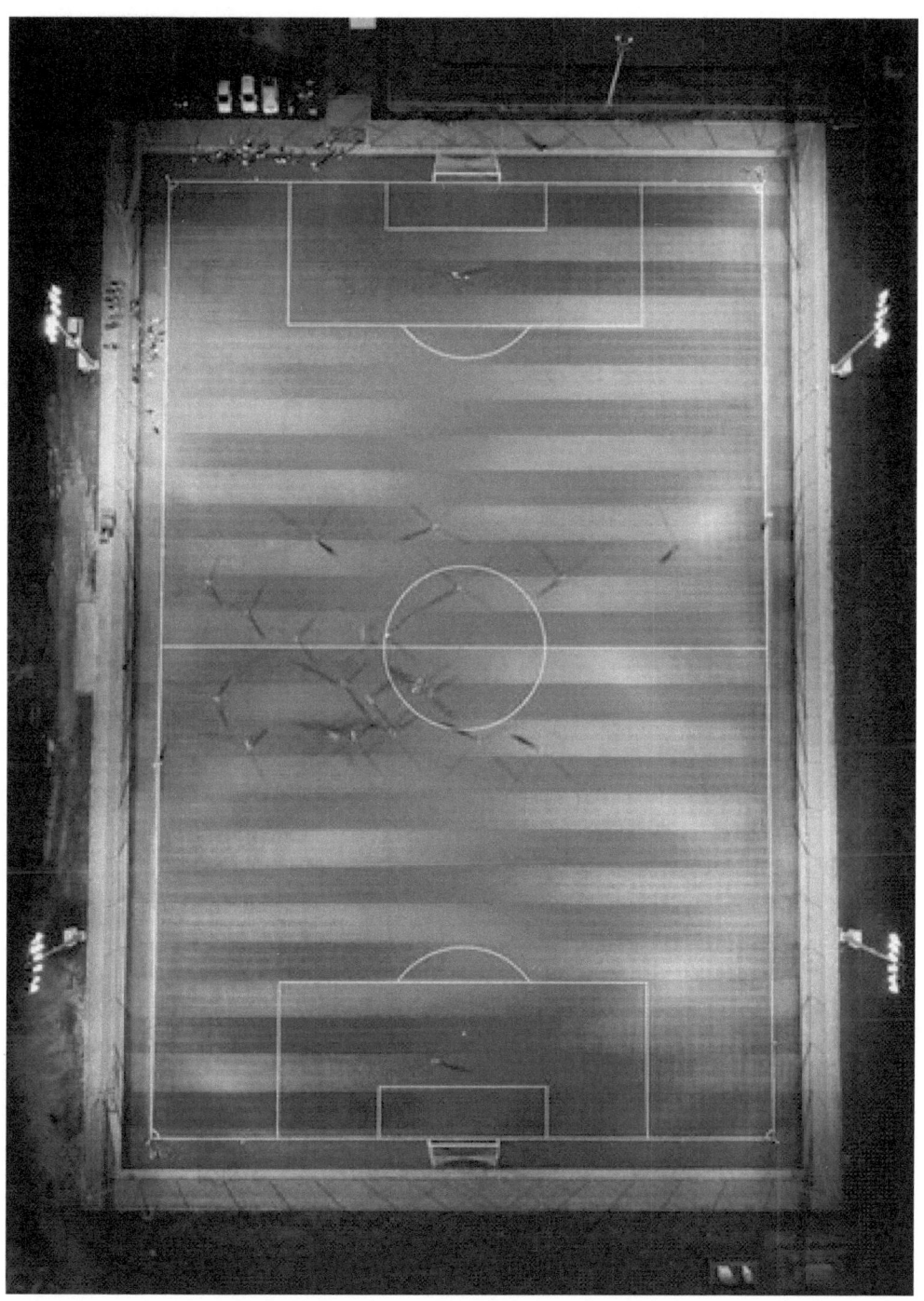

2. Geld

♉

Das liebe Geld … das hat natürlich auch im Fußball einen großen Einfluss.

Da wäre als erstes die bereits erwähnten beinahe unvorstellbar hohen Einkommen der Spieler und die ebenso horrenden Ablösesummen, die ein Verein für einen Spieler zahlen muss, wenn er ihn vor dem Ablauf von dessen Vertrag von seinem aktuellen Verein kaufen will.

Doch auch der Kontostand auf dem Vereinskonto ist wichtig, da er bestimmt, welche Spieler der Verein auf dem „Fußballer-Markt" überhaupt einkaufen kann. Je besser die Spieler, desto teurer sind sie. Die guten Spieler kommen folglich in der Regel zu den reichen Vereinen.

Das hat auch eine Eigendynamik: Ein Verein, der gut spielt, hat hohe Einnehmen durch die Eintrittsgelder der Zuschauer, die Fernseh-Verträge, die Werbe-Sponsoren usw. Mit viel Geld lassen sich bessere Spieler kaufen und mit besseren Spielern gibt es mehr Siege, was wiederum die Einnahmen erhöht. Wie in allen Vorgängen, die auf dem Konkurrenz-Prinzip beruhen, gibt es auch im Fußball die Tendenz zur Monopol-Bildung, d.h. zu der Ausbildung eines dominanten Vereins – wie in Deutschland dem FC Bayern München, der in den 59 Jahren, in denen er in der Bundesliga spielt, 33mal die Bundesliga und 20 Mal den Pokal gewonnen hat.

Die Jahres-Einkommen der Spieler sind extrem hoch – im Folgenden einige Vergleiche mit den Jahres-Einkommen von Vorstands-Vorsitzenden von deutschen DAX-notierten Unternehmen sowie einigen „normalen" Berufen:

Christiano Ronaldo (Saudi-Arabien)	200.000.000 €
Lionel Messi (Barcelona)	110.000.000 €
Dwayne „The Rock" Johnson (Schauspieler)	100.000.000 €
Kylian Mbappe (Paris St. Germain)	82.000.000 €
Kim Kardashian (Influenzerin)	80.000.000 €
Frenkie de Jong (Barcelona)	38.000.000 €
Robert Lewandowsky (Barcelona)	27.000.000 €
Harry Kane (Bayern München)	25.000.000 €
Manuel Neuer (Bayern München)	20.000.000 €
Joschua Kimmich (Bayern München)	20.000.000 €
Thomas Müller (Bayern München)	20.000.000 €
Leroy Sané (Bayern München)	20.000.000 €
Serge Gnabry (Bayern München)	19.000.000 €
David Raum (Red Bull)	19.000.000 €
Leon Goretzka (Bayern München)	18.000.000 €
Kingsley Coman (Bayern München)	18.000.000 €
Mattijs de Ligt (Bayern München)	17.000.000 €
Min-Jae Kim (Bayern München)	12.000.000 €
Timo Werner (Red Bull)	12.000.000 €
Alphonso Boyle Davies (Bayern München)	11.000.000 €
Nillas Süle (BVB)	11.000.000 €
Sébastien Haller (BVB)	11.000.000 €
Daniel Olvo Carvajal (Red Bull)	10.000.000 €
J.E. Maxim Choupu-Moting (Bayern München)	10.000.000 €
Dayot Upamecano (Bayern München)	10.000.000 €
Oliver Blume (Vorstand VW)	10.000.000 €
Conrad Laimer (Bayern München)	9.000.000 €
Alejandro Garcia (Bayer Leverkusen)	9.000.000 €
Bjørn Gulden (Vorstand Adidas)	9.000.000 €
Gregor Kobel (BVB)	9.000.000 €
Christian Seing (Vorstand Deutsche Bank)	9.000.000 €
Christina Klein (Vorstand SAP)	9.000.000 €
Julian Brandt (BVB)	8.000.000 €
Matts Hummels (BVB)	8.000.000 €
Marco Reuss (BVB)	8.000.000 €
Emre Can (BVB)	8.000.000 €
Noussair Mazraoui (Bayern München)	8.000.000 €

Raffaël Guereiro (Bayern München)	8.000.000 €
Matthias Ginter (Freiburg)	8.000.000 €
Patrik Schick (Bayer Leverkusen)	8.000.000 €
Marcel Sabitzer (BVB)	8.000.000 €
Thomas Meunier (BVB)	8.000.000 €
Roland Busch (Vorstand Siemens)	8.000.000 €
Bélen Garijo Lopez (Vorstand Merck)	8.000.000 €
Ola Källenius (Vorstand Mercedes-Benz)	8.000.000 €
Oliver Zipse (Vorstand BMW)	8.000.000 €
Oliver Bäte (Vorstand Allianz)	8.000.000 €
Timotheus Höttges (Vorstand Deutsche Telekom)	8.000.000 €
Emil Forsberg (Red Bull)	7.000.000 €
Yussuf Poulsen (Red Bull)	7.000.000 €
Willi Orban (Red Bull)	7.000.000 €
Theodor Weimer (Vorstand Deutsche Börse)	7.000.000 €
Carsten Knobel (Vorstand Henkel)	7.000.000 €
… … …	
Julian Nagelsmann (Bundestrainer)	5.000.000 €
… … …	
Christian Lindner (Minister; Nebentätigkeiten)	725.000 €
Olaf Scholz (Bundeskanzler)	362.000 €
Annalena Baerbock (Ministerin)	300.000 €
Oberarzt	120.000 €
Alexander Gerst (Astronaut)	110.000 €
Professor	80.000 €
Ingenieur	70.000 €
Zahnarzt	70.000 €
Berufssoldat	40.000 €
Maurer	38.000 €
Krankenschwester	38.000 €
Verkäuferin	29.000 €
Bäcker	27.000 €
Putzfrau	26.000 €
Zahnarzthelferin	17.000 €

Manuel Neuer vom FC Bayern München verdient also ca. 1.000-mal so viel wie eine Zahnarzthelferin, nur weil er gut Bälle fangen kann anstatt gut beim Heilen eines Zahnes helfen kann. Und Christiano Ronaldo verdient sogar 10.000-mal so viel wie sie ...

Die gut verdienenden Spieler beim FC Bayern München verdienen immer noch doppelt so viel wie die Vorstände der wichtigste deutschen Unternehmen – und man muss die Einkommen der 40 bestverdienenden Vorstände in Deutschland zusammenzählen, um ungefähr auf das Einkommen von Christiano Ronaldo zu kommen ...

Weiterhin sind 14 der 19 bestbezahlten Bundesliga-Spieler beim FC Bayern München. Diese Zahlen verdeutlichen ein wenig, welch eine Wirtschaftsmacht ein großer Fußballverein ist.

Auch der Bau eines Stadions kostet riesige Summen – die Baukosten z.B. der Allianz-Arena in München betrugen 340 Millionen €.

Zum Vergleich: Eine durchschnittliche Einfamilienwohnung (2 Erwachsene, 2 Kinder) ist ungefähr 100m² groß. Da jeder m² ungefähr 2000€ kostet, liegen die Baukosten für eine Einfamilienwohnung bei ca. 200.000€. Das bedeutet, dass man für das Geld, mit dem die Allianz-Arena des FC Bayern München errichtet worden ist, auch 1.700 Einfamilienwohnungen hätte bauen können. Diese Wohnungen wären – wenn man sie „auf's freie Feld" stellen würde – ein ganzes Dorf mit 6.800 Einwohnern ...

Der Jahresumsatz von FC Bayern München beträgt 817.000.000€ – das ist allerdings auch der dritthöchste Jahresumsatz weltweit nach dem spanischen Club Real Madrid und dem englischen Club Manchester United. Die Einnahmen setzten sich z.B. beim FC Bayern München wie folgt zusammen:

ca. 25% Spielbetrieb (Eintrittskarten)
ca. 25% Sponsoring (Adidas-Schuhe der Spieler; Firmen-Namen auf Trikot, Name der „Allianz-Arena" usw.)
ca. 20% Merchandising (Trikot-Verkauf u.ä.)
ca. 15% TV-Vermarktung
ca. 10% Transfers (Verkauf von Spielern)
ca. 5% sonstiges

Wie man sieht, geht es hier um riesige Beträge – alleine die Einnahmen aus dem Eintrittskarten-Verkauf beim FC Bayern München betragen ca. 200.000.000€ pro Jahr.

Die Eintrittspreise im Fußball sind je nach Spiel und Mannschaft gestaffelt:

Kreisliga:	ca. 3€
Bezirksliga:	ca. 5€
2. Liga:	ab 18€
Bundesliga:	ab 20€
Weltmeisterschaft:	ab 60€
Weltmeisterschaft-Finale, beste Plätze:	ca.1600€

Die Eintrittskarten beim deutschen Brachnen-Primus FC Bayern München sind jedoch etwas teurer: Bei einer Jahreseinnahme durch Eintrittskarten von 200.000.000€ pro Jahr, einem Fassungsvermögen des Stadions von 75.000 Zuschauer (meist ausverkauft) und ca. 45 Spielen pro Jahr (Bundesliga, Pokal u.a.) ergibt sich ein durchschnittlich gezahlter Preis für eine Eintrittskarte von ca. 60€.

Seine sehr soliden Finanzen verdankt der FC Bayern München zu einem sehr großen Teil dem Engagement des ehemaligen Bayern-Spielers Uli Hoeneß, der mit 28 Jahren die Führung des Vereins übernommen hat und seine Aufgabe wie das Management eines Wirtschaftsunternehmens begriffen hat. Er hat den Verein 39 Jahre lang geleitet, was im Fußball eine große Ausnahme ist.

In Deutschland gibt es die „50+1-Regel", die festlegt, dass Bundesliga-Vereine nicht von Investoren kontrolliert werden können. Die Lenkung eines Fußballvereins liegt daher immer in der Hand des Vereinsvorstandes und nicht in der Hand der Kapitalgeber.

Das ist jedoch nicht in allen Ländern so – der englische Fußballverein „Newcastles" gehört z.B. fast vollständig dem saudi-arabischen Kronprinzen Mohammed bin Salman und der französische Verein Paris Saint Germain gehört dem katarische

Geschäftsmann Nasser Al-Khelaifi, der der Vorsitzende der Qatar Sports Investments ist.

- - -

Fazit: Das Geld ist wie in fast allen Gesellschaftsbereichen auch im Fußball ein zentrales Element, das unter anderem darüber entscheidet, wie gut die Spieler sind, die dieser Verein einkaufen kann. Daher hängt es von dem Konto eines Vereins zum Teil, aber nicht vollständig ab, wo dieser Verein in der Fußball-Tabelle steht.

Die Beträge im Fußball sind für einen Normalverdiener meistens deutlich außerhalb der eigenen Vorstellungskraft.

… übrigens: *„Man darf jetzt nicht alles so schlecht reden, wie es war."* (Fredi Bobic)

3. Bewusstheit

♊

Fußball zählt zu den Spielen – es sollte also gespielt werden und nicht gekämpft werden. Angesichts der Millionen-Einkommen, des Erwartungsdrucks von Seiten der Vereinsleitung und der Fans, des Konkurrenzdrucks unter den Spieler, entsteht jedoch oft eine Verbissenheit, die das Spiel zum Kampf werden lässt.

Idealerweise sollten die Spieler – und auch die Fans – über dem Spiel stehen und nicht in ihm gefangen sein. Der Spieler sollte das Spiel spielen, aber nicht von dem Spiel gespielt werden. Doch das ist – verständlicherweise – nicht unbedingt der Regelfall.

Es gibt Spieler die durchaus engagiert und mit voller Kraft spielen können und dabei trotzdem bewusst bleiben können. Meistens sind das die Spieler mit Humor und mit einer guten Spielübersicht und Taktik wie z.B. Thomas Müller, der ja nicht nur für seine ungewöhnliche Spielweise, sondern auch für seine ständigen Scherze und für seine Bodenständigkeit bekannt ist. So hat er nach dem Gewinn der Weltmeisterschaft 2014 bei dem anschließenden TV-Interview erst mal Grüße an seine beiden Groß-mütter und seinen Großvater gesendet.

Ein anderer Fußballspieler, der sowohl für seine Taktik als auch für seinen Spiel-Überblick bekannt ist, ist der achtfache Weltfußballer Lionel Messi. Er ist auch bei den schlimmsten Fouls immer ruhig geblieben und hat sich nur dadurch gerächt, dass er noch ein Tor geschossen hat. Er hat auch stets gegnerischen Fußballern, die sich verletzt hatten, geholfen.

Auch der HSV-Stürmer Uwe Seeler ist sowohl für seine Übersicht als auch für seine Fairness bekannt gewesen.

Diese Fairness ergibt sich dadurch, dass der Spieler stets über dem Spiel steht und nicht Teil des Spieles und all der damit verbundenen Gefühle geworden wird. So hat z.B. der Weltmeisterschafts-Rekordschütze Miroslav Klose mehrmals eine Fairness-Medaille erhalten, weil er z.B. beim Schiedsrichter Einspruch erhoben hat, als dieser ein Tor von Klose gelten lassen wollte, das dieser jedoch versehentlich mit der Hand erzielt hatte.

Solche Spieler wie Thomas Müller, Lionel Messi oder Miroslav Klose sind im Fußball jedoch eher selten. Wie die Karriere dieser drei Fußballer zeigt, können bewusste, humorvolle, hilfsbereite und faire Spieler jedoch durchaus einen großen Erfolg haben.

Die hier am Beispiel von drei Fußballern beschriebene Bewusstheit ist ein wesentliches Element bei allem, was man in seinem Leben macht. Es macht einen sehr großen Unterschied, ob man auf einen Reiz sofort instinkthaft reagiert oder ob man bei einem Reiz kurz innehält, sich der Situation bewusst wird und erst dann reagiert.

Dieser kurze Augenblick des Innehaltens und des Bewusstwerdens ermöglicht eine bewusste Entscheidung – man bleibt derjenige, der die eigenen Handlungen lenkt. Wenn es einem nicht gelingt, diesen kurzen Augenblick des Innehaltens zwischen eine Wahrnehmung und eine Handlung einzuschieben, ermögliche man den anderen, einen selber zu manipulieren. Dann ist man nicht mehr in der Lage, effektiv zu handeln.

So hat sich z.B. der erfolgreiche Stürmer Erling Haaland nach einem Spiel gegen Bayern München gewundert, dass der Torwart Manuel Neuer die Nerven besitzt, solange still zu stehen, bis er sieht, wohin der Stürmer den Ball schießt – und nicht schon springt, bevor der Stürmer geschossen hat. Dies ist einer der vielen Aspekte, warum Manuel Neuer ein so guter Torwart ist.

Umgekehrt ist Lionel Messi dafür berühmt, dass er durch seine Bewegungen die Verteidiger und den Torwart so gut täuschen kann, dass diese genau die Bewegungen machen, die Messi braucht, um mühelos an ihnen vorbeizukommen. Ein anschauliches Beispiel ist sein Tor am 6.5.2015 beim Champions-League-Halbfinale Barcelona gegen Bayern München, bei dem Messi zuerst den Verteidiger Jerome Boateng so schwindelig spielte, dass dieser umstürzte – und anschließend dann ebenso mühelos den Torwart Manuel Neuer durch einen Lupfer austrickste.

Die Übersicht über das gesamte Spiel zu haben und alle Möglichkeiten zu erkennen ist eine seltene Gabe, die am stärksten bei Lionel Messi ausgeprägt ist – viele Beobachter finden, dass er sich so bewegt, als ob er das gesamte Spielfeld gleichzeitig auch von oben eher sehen könnte. Das bekannteste Beispiel für diese Fähigkeit ist vermutlich Messis Pass bei der Weltmeisterschaft 2022 in dem Spiel Niederlande gegen Argentinien. Dort schoss er einen Pass zu seinem Mitspieler Molina, der von allen Spielern (und Zuschauern) völlig unerwartet war und der es Molina ermöglichte, das Tor zum 1:0 für Argentinien zu schießen.

Noch ein Beispiel für eine weit überdurchschnittliche Orientierung auf dem Spielfeld ist das Tor von Zlantan Ibrahimovic in dem Spiel Schweden gegen England 2012, bei dem er aus 35m Entfernung den Ball nach einem hohen Sprung in die Luft mit einem Fallrückzieher ins Tor getroffen hat. Ibrahimovic, der zwölfmal als bester schwedischer Fußballer ausgezeichnet wurde, hat seine weit überdurchschnittliche Körperbeherrschung im Kampfsport erlernt – er hat den Schwarzen Gürtel im Taekwondo.

- - -

Fazit: Die hier beschriebene Bewusstheit ist für jeden Menschen in seinem Alltag förderlich. Sie wird vor allem in der Meditation und in ähnlichen „Geistes-Übungen" trainiert. Sie ist in allen anspruchsvolleren Berufen wie Manager, Löwendompteur oder Skiweitspringer von größter Bedeutung.

Fußballer sind nicht nur dann erfolgreich, wenn sie schnell und stark sind, sondern auch dann, wenn sie beweglich sind, eine gute Körperbeherrschung haben und zudem die Gesamtheit des Spiels und alle seine – oft verborgenen – Möglichkeiten sehen können.

… übrigens: *„So ist Fußball: Manchmal gewinnt der Bessere."* (Lukas Podolski)

4. Kader

♋

Fußball ist ein Mannschaftssport – und eine Mannschaft ist mehr als nur die Summe ihrer Teile. Die einzelnen Spieler müssen sich gegenseitig gut kennen, miteinander vertraut sein und wissen, welche Verhaltensmuster, Stärken und Schwächen die anderen haben. Nur dann können sie effektiv zusammenarbeiten. Das ist ähnlich wie bei zwei Artisten, die gemeinsam eine Zirkusnummer am Trapez aufführen – wenn sie nicht ganz genau wissen, was der andere tun wird, stürzen sie ab. Natürlich ist ein Fehlpass im Fußball nicht so spektakulär wie ein Absturz vom Trapez, aber das Zusammenwirken der Spieler ist trotzdem genauso wichtig.

Deshalb hat es im Fußball auch berühmte Stürmer-Duos gegeben – wobei die Stürmer-Doppelspitze aus taktischen Gründen weitgehend am Aussterben ist. Zu ihnen zählen Puskas und Stefano bei Real Madrid; Beckenbauer und Pele bei New York Cosmos; Gullit und Basten bei Mailand; Ronaldo und Beckham bei Real Madrid; Rooney und Ronaldo bei Manchester United; Zidane und Figo bei Real Madrid; Ronaldino und Messi bei Barcelona; Elber und Pizarro bei Bayern München; Klasnic und Klose bei Werder Bremen; Robben und Ribéry („Robbery") bei Bayern München; Lewandowski und Müller bei Bayern München; Mbappe und Neymar bei Paris Saint Germain; Kane und Sané bei Bayern München …

Das ist nur eine kleine Auswahl an erfolgreichen Fußball-Duos, von denen die meisten Stürmer-Duos sind – doch vermutlich sind erfolgreiche Stürmer-Duos einfach nur auffälliger als erfolgreiche Verteidiger-Duos …

Sturm-Trios sind schon deutlich seltener. Das bekannteste Beispiel sind vermutlich Messi, Suárez und Neymar bei Barcelona.

Dieser enge Zusammenhalt zwischen zwei oder mehr Spielern ermöglichen sowohl sichere Automatismen als auch eine auf ihnen aufbauende größere Kreativität. Diese Automatismen sind ein wesentliches Element bei einem erfolgreichen Spiel – sie sind sozusagen die Backsteine der zuverlässigen Abläufe, aus denen das Haus des erfolgreichen Spiels aufgebaut wird.

343

Nun sind Mannschaften ja keine statische Angelegenheit: Es kommen jedes Jahr neue Spieler hinzu, andere werden vorübergehend an andere Vereine verliehen oder werden verkauft und entlassen. Es gibt also ständig die „Alten", die sich schon gut kennen, und die „Neuen", die sich erst noch einfügen und die anderen sowie den Mannschafts-Stil erst noch kennenlernen müssen.

Diese Mischung aus „Alten" und „Neuen" fördert die Ausbildung von Gruppen, die sich gut kennen – so wie z.B. der Torwart Manuel Neuer und die beiden Verteidiger Phillip Lahm und Jerome Boateng, die sieben Jahre als das „letzte Bollwerk" des FC Bayern München zusammen spielten. Solche gut aufeinander eingespielten „funktionalen Kleingruppen" innerhalb einer Fußballmannschaft bringen eine große Stabilität in diese Mannschaft.

Beim Fußball lassen sich drei solche „Organe" der Mannschaft unterscheiden:

1. die Verteidigung (Torwart und 3-4 Verteidiger);

2. das Mittelfeld („Sechser", „Achter", Zehner") und

3. der Sturm (Mittelstürmer und 2 Flügelspieler).

Die Anzahl an Spielern in diesen drei „Organen" kann natürlich variieren und hängt von dem Spielstil der Mannschaft ab. Die Spieler sind auch nicht fest an ihre Position gebunden, sondern haben nur ihre Hauptaufgabe an ihrer Position. So können Verteidiger durchaus auch hin und wieder mal ein Tor schießen.

Die üblichen Bezeichnungen der einzelnen Spieler in einer Mannschaft sind:

- die „1": der Torwart
- die „2": linker Außenverteidiger
- die „3": rechter Außenverteidiger
- die „4": rechter Innenverteidiger
- die „5": linker Innenverteidiger
- die „6": zentraler Mittelfeldspieler vor den vier Verteidigern
- die „Doppel-6": zwei zentrale Mittelfeldspieler nebeneinander
- die „7": der rechte Außenstürmer (Flügelspieler)
- die „7": der linke Außenstürmer (Flügelspieler) (beide haben dieselbe „System-Zahl")

- die „8": der Verbindungsspieler in der Spielfeldmitte zwischen Verteidigung und Sturm

- die „9": Spieler zwischen Verbindungsspieler und Stürmern

- die „10": der Spielmacher zwischen Mittelfeld und Angriff

- die „11": der Mittelstürmer („Sturmspitze") ganz vorne

Dieser Aufbau kann in vielfältiger Weise variiert werden – z.B. mit fünf oder nur drei Verteidigern, zwei Mittelstürmern usw. Die Namen der Spielerpositionen werden dabei jedoch beibehalten.

Innerhalb der Mannschaft gibt es – wie in so gut wie jeder Gemeinschaft – jedoch auch bestimmte Typen, die noch eine inoffizielle Funktion innehaben, die genauso wichtig wie die offiziellen Rollen sein können:

- der Erfahrene, also der Mannschaftsälteste

- der Unerschütterliche und Verläßliche wie Toni Kroos

- der, der niemals aufgibt, wie Bastian Schweinsteiger

- der Antreiber wie Uwe Seeler

- der, der die Spieler zu einer Mannschaft zusammenfügt wie Thomas Müller

- der Empathische wie Lionel Messi

- der Spaßvogel wie z.B. Sepp Maier oder Lukas Podolski

Ein weiteres wichtiges Element eines Fußballvereins und einer Mannschaft ist die Nachwuchsabteilung – nicht nur, weil von dort Spieler in die Erste Mannschaft nachrücken, sondern auch, weil diese Spieler meistens der Mannschaft, in der sie gelernt haben, recht treu sind. Das derzeit wohl bekannteste Beispiel für diese Treue wird Thomas Müller beim FC Bayern München sein – er begann mit elf Jahren beim FC Bayern München und spielt dort inzwischen seit 25 Jahren, davon 17 Jahre in der Bundesliga-Mannschaft.

Das „externe" Gegenstück der „internen" Nachwuchsabteilung eines Vereins ist der Talent-Scout, der in anderen Mannschaften nach guten Spielern sucht und sie dann bei der Kader-Planung als neue Spieler vorschlägt.

Aus den hier dargestellten Zusammenhängen ergibt sich, dass die Kader-Planung einer Mannschaft eine anspruchsvolle und komplexe Angelegenheit ist. Dabei können natürlich zunächst jedoch immer nur die Fähigkeiten der einzelnen Spieler und ihre Kombination miteinander betrachtet werden – ob sich zwei Spieler persönlich sympathisch sind oder ob sie sich nicht leiden können, ist dann noch einmal eine ganz andere Frage.

Diese Frage ist jedoch keineswegs unwichtig, da es ja jedem bekannt sein dürfte, dass man mit manchen Menschen einfach viel leichter zusammenarbeiten kann als mit anderen – so verstanden sich z.B. Robert Lewandowski und Thomas Müller beim FC Bayern München „wie im Schlaf".

- - -

Fazit: Die hier beschrieben Rollen und Eigenschaften sind in jeder Familie, Sippe, Arbeitsgruppe und sonstiger Gemeinschaft zu finden. Die Suche nach der kreativen Zusammenarbeit in einer solchen Gruppe ist das tragende Thema in vielen Romanen und Filmen wie z.B. „Der Herr der Ringe" oder „Avengers".

Da Fußball ein Mannschaftssport ist, sind der Zusammenhalt innerhalb der Mannschaft und die im Training aufgebauten Automatismen eine wesentliche Grundlage für den Erfolg einer Mannschaft.

… übrigens: *„Elf Freunde müsst ihr sein."* (Sepp Herberger)

347

5. Spieler

♌

Schließlich gibt es die einzelnen Spieler, aus denen sich eine Mannschaft aufbaut. Jeder Spieler hat seinen Charakter, seine Talente, seine Neigungen und auch seine Schwächen. Der eine ist eher ein Verteidiger, der andere ein Stürmer; der eine kann besser auf der rechten Seite spielen, der andere auf der linken; der eine ist eher ein Team-Player, der andere ein Einzelkämpfer.

Hier kann man auch einmal auf die Sternzeichen der Fußballer schauen. Eine 2018 durchgeführte Untersuchung von 527 Bundesliga-Profis kam zu dem Ergebnis dass die Widder im Fußball am häufigsten sind und die Schützen am seltesten – dieser Anteil verändert sich auf den vorderen Plätzen von Jahr zu Jahr ein wenig, aber der Fußball ist bei den Schützen nach wie vor am unbeliebtesten. Vermutlich streben sie lieber Ziele im konkreten Alltag an …

Die folgenden Beispiele für die zwölf verschiedenen Spielertypen stammen zum größten Teil aus der Bundesliga. Die Zahl gibt die Anzahl z.B. an Widdern an, die 2018 in der Bundesliga gespielt haben.

Die Tierkreiszeichen in der folgenden Übersicht sind ihrer Häufigkeit bei den Spielern der Bundesliga nach geordnet. Die jeweils zwei Beispiele für Spieler mit dem betreffenden Sternzeichen stammen jedoch nicht alle aus der Bundesliga, sondern teilweise auch aus anderen Ländern.

Sternzeichen der Spieler	Anzahl in der Bundesliga	Spieler-Typ	Beispiele
Widder	63	der Stürmische	Sadio Mané, Benjamin Pavard
Krebs	58	der Teamplayer	Lionel Messi, Erling Haaland
Jungfrau	53	der Geschickte	Thomas Müller, Franz Beckenbauer
Fische	51	der Fließende	Seppp Maier, Jamal Musiala
Wassermann	48	der Pfiffige	Christiano Ronaldo, Leon Goretzka
Zwillinge	44	der Bewegliche	Miroslav Klose, Joshua Kimmich
Stier	42	der Beschützer	Johann Cruyff, Phillip Lahm
Löwe	42	der König	R. Lewandowski, B. Schweinsteiger
Steinbock	37	der Verlässliche	Toni Kroos, Matthias Ginter
Waage	33	der Künstler	Pelé, Zlatan Ibrahimovoc
Skorpion	33	der Stratege	Diego Maradona, Uwe Seeler
Schütze	24	der Weitblickende	Kylian Mbappé, Gregor Kobel

Eine große Rolle spielt natürlich auch der Aszendent des Horoskops, da das Sonnenzeichen sagt, was man will, und der Aszendent zeigt, wie man das dann macht. Das Folgende sind einige Beispiele für verschiedene Kombinationen von Sonnenzeichen („Sternzeichen") und Aszendent.

- Benjamin Pavard ist als **Widder** ganz im Augenblick und hat dabei durch seinen Krebs-Aszendenten aber seine Gemeinschaft, also seine Mannschaft im Blick.

- Phillip Lahm ist ein guter Verteidiger, weil er als **Stier** schützen will und dies auf die bissige Skorpion-Art seines Aszendenten macht.

- Miroslav Klose ist als **Zwilling** flink, offen und beweglich, aber dabei durch seinen Schütze-Aszendenten stets sehr zielgerichtet.

- Oliver Kahn ist als **Zwilling** sehr wach und reaktionsschnell und will dabei durch seinen Löwe-Aszendenten alles selber machen.

- Lionel Messi ist als **Krebs** ein Teamplayer und hat durch seinen Steinbock-Aszendenten in seinem Vorgehen eine große Sicherheit, Verlässlichkeit und Konstanz.

- Robert Lewandowski und Harry Kane sind beide als **Löwe** sehr eigenständig und können aber durch ihren Waage-Aszendenten auch gut mit anderen zusammenspielen.

- Franz Beckenbauer ist als **Jungfrau** ein guter Taktiker und durch seinen Zwillings-Aszendenten dazu auch noch gewitzt in seinem Vorgehen.

- Thomas Müller hat als **Jungfrau** einen sehr guten Überblick über die Spiel-Situation und kann durch seinen Skorpion-Aszendenten die taktischen Möglichkeiten erkennen, was er selber als „Raumdeuter" umschrieben hat.

- Zlatan Ibrahimovic sieht den Fußball als **Waage** als eine Auseinandersetzung mit seinem Gegenüber an und tut dies durch seinen Wassermann-Aszendenten auf systematische, aber oft auch unerwartete Weise.

- Pelé sieht den Fußball als **Waage** ebenfalls als Auseinandersetzung mit seinem Gegenspieler an, den er dann auf Jungfrau-Weise austrickst.

- Gerd Müller ist als **Skorpion** ein Kämpfer, der dabei auf Jungfrau-Weise sehr geschickt und effektiv vorgeht.

- Kylian Mbappé ist als **Schütze** sehr zielstrebig und bleibt dabei durch seinen Krebs-Aszendenten aber stets in Kontakt mit seinen Mitspielern.

- Toni Kroos ist als **Steinbock** stets zuverlässig und ist durch seinen Stier-Aszendenten der Hüter der Mannschaft – er ist der „Fels in der Brandung".

- Christiano Ronaldo hat als **Wassermann** große Ziele und erreicht diese aufgrund seines Steinbock-Aszendenten durch harte Arbeit.

- Sepp Maier ist als **Fisch** jemand, der auf das Gesamtbild schaut, das er dann durch seinen Jungfrau-Aszendenten geschickt in seinem Sinne lenkt.

Die Tierkreiszeichen sind auch keineswegs gleich auf die vier Spielerpositionen Torwart, Verteidigung, Mittelfeld und Sturm verteilt – oder anders gesagt: Jedes Sternzeichen hat seine besondere Positions-Vorlieben. In der Saison 2022/2023 verteilten sich die Spieler wie folgt auf die Positionen und Tierkreiszeichen:

Sternzeichen	Torwart	Verteidigung	Mittelfeld	Sturm		gesamt
Widder	7	22	10	13		52
Stier	9	18	19	10		56
Zwillinge	8	12	13	15		48
Krebs	5	17	12	17		51
Löwe	5	8	10	14		37
Jungfrau	9	11	13	7		49
Waage	3	16	10	6		35
Skorpion	9	15	9	11		44
Schütze	8	13	6	8		35
Steinbock	6	14	17	12		49
Wassermann	3	27	19	9		58
Fische	8	16	17	21		62
gesamt	80	189	155	143		567

Diese Übersicht lässt sich einfacher verstehen, wenn man die konkreten Zahlen in Prozentzahlen umrechnet. Dann kann man deutlich sehen, wie beliebt oder unbeliebt die vier Positionen im Fußball bei den einzelnen Sternzeichen sind.

In der untersten Zeile der folgenden Tabelle stehen die Durchschnittswerte, also wie viel Prozent aller Fußballer Torwarte, Verteidiger, Mittelfeldspieler oder Angreifer sind. Anhand des Vergleichs mit diesen Mittelwerten kann man leicht erkennen, welche Positionen die einzelnen Tierkreiszeichen bevorzugen oder meiden.

Die drei Felder mit den höchsten Prozentzahlen innerhalb eines der vier Bereiche sind jeweils dunkelgrau hinterlegt. Daran lassen sich schnell die Lieblingsbereiche der einzelnen Tierkreiszeichen schnell erkennen. Jedes der zwölf Tierkreiszeichen ist in einer dieser vier Positionen unter den drei Besten – lediglich die Jungfrau hat zwei und der Zwilling keins. Der Zwilling ist der Allrounder, der überall spielen kann, während die Jungfrau zwei Bereiche bevorzugt und die anderen beiden vermeidet.

13% der Widder sind z.B. Torwart, 42% der Widder sind Verteidiger, 19% von ihnen spielen im Mittelfeld und 25% im Angriff.

Sternzeichen	Torwart	Verteidigung	Mittelfeld	Sturm		gesamt
Widder	13 %	42 %	19 %	25 %		100 %
Stier	16 %	32 %	43 %	18 %		100 %
Zwillinge	17 %	25 %	27 %	31 %		100 %
Krebs	10 %	33 %	24 %	33 %		100 %
Löwe	14 %	22 %	26 %	38 %		100 %
Jungfrau	22 %	28 %	33 %	17 %		100 %
Waage	9 %	46 %	28 %	17 %		100 %
Skorpion	20 %	34 %	20 %	25 %		100 %
Schütze	23 %	37 %	17 %	23 %		100 %
Steinbock	12 %	29 %	34 %	25 %		100 %
Wassermann	5 %	47 %	32 %	16 %		100 %
Fische	13 %	26 %	27 %	34 %		100 %
gesamt	14 %	33 %	27 %	25 %		100 %

Der **Widder** liegt im Sturm und ebenso bei den Torwärtern genau im Durchschnitt (die Prozentzahlen in der untersten Zeile). Im Mittelfeld kommt er nicht so gut zurecht, da er aufgrund seiner Spontanität nicht so sehr der hier benötigte Übersichts-Typ ist. Deutlich am wohlsten fühlt er sich als Verteidiger, weil es da eine einfache, schlichte Aufgabe gibt: Der Ball muss weg vom Tor!

Der **Stier** fühlt sich aufgrund seiner eher beschützenden Haltung im Tor recht wohl, wohingegen er den Angriff, der eine große Zielstrebigkeit erfordert, nicht mag. In der Verteidigung liegt er deutlich über dem Durchschnitt – das mag er: Die Heimat schützen. Das Mittelfeld meidet er – da ist zu viel Strategie nötig.

Der **Zwilling** kommt aufgrund seiner Beweglichkeit im Sturm überdurchschnittlich gut zurecht und macht auch im Tor aufgrund seiner schnellen Reflexe eine gute Figur. Im Mittelfeld ist er aufgrund seiner Schnelligkeit immerhin Durchschnitt – seine Neigung zur Hektik und mangelndem Überblick hindert ihn daran, dort noch besser zu sein. In der Verteidigung fehlt ihm ebenfalls ein wenig die Beständigkeit, weshalb er hier nicht so oft anzutreffen ist.

Der **Krebs** ist im Verteidigen Durchschnitt, ins Tor stellt er sich nicht so gerne und das Mittelfeld ist zumindest nicht sein Lieblingsbereich, auch wenn er dort recht gut klar kommt. Im Angriff ist er hingegen nach den Löwen und den Fischen der Drittbeste, was vermutlich daran liegt, dass er gut in andere hineinspüren kann und daher ahnt, was sie als nächstes tun werden – und das ausnutzt, um ein Tor zu schießen.

Der **Löwe** ist im Tor und im Mittelfeld im Durchschnitt. Das Verteidigen meidet er, während er im Sturm der Beste ist – er macht das ganz auf sich alleine gestellt und setzt sich durch.

Die **Jungfrau** ist gleich nach dem Schützen am liebsten im Tor: Sie hält den Kasten sauber. Aus dem Sturm und der Verteidigung hält sie sich raus – das ist ihr zu kriegerisch. Im Mittelfeld Ordnung halten liegt ihr hingegen gut.

Die **Waage** ist im Verteidigen am besten – den Gegner kommen sehen und ihm den Weg abschneiden und den Raum zustellen. Im Mittelfeld kommt sie durchschnittlich gut zurecht, während sie den aggressiven Sturm meidet und auch nicht gerne im Tor steht, in dem man so schnell reagieren können muss.

Der **Skorpion** ist in der Verteidigung und im Angriff Durchschnitt – das sind die beiden Bereiche, in denen man am meisten kämpfen muss. Das gezielte Weiterleiten des Balles im Mittelfeld meidet er hingegen. Doch im Tor ist er gut – wie ein bissiger Hund, der den Eingang bewacht.

Der **Schütze** ist am besten im Tor – dort kann er das Spielergebnis am direktesten beeinflussen. Und reaktionsschnell und sprungstark ist er ja alle Male. Auch in der Verteidigung ist er recht gut, während das Mittelfeld und der Angriff nicht so ganz sein Metier sind.

Der **Steinbock** fühlt er sich am wohlsten, wenn er der ruhende Pol und das zuverlässige Rückgrat der Mannschaft im Mittelfeld sein kann. Im Angriff ist er Durchschnitt, den Torwart-Job und die Verteidigung meidet er ein wenig – vermutlich, weil er dafür nicht schnell und wendig genug ist.

Der **Wassermann** ist mit Abstand am besten in der Verteidigung – knapp die Hälfte der Wassermänner spielt auf dieser Position. Hier kann er wie die Waage, die auch diese Position vorzieht, seinen Überblick nutzen und vor allem mit den anderen zwei oder drei Verteidigern als Gemeinschaft agieren. Diese Fähigkeit kommt ihm auch noch im Mittelfeld zugute. Den Angriff meidet er hingegen und im Tor ist er von allen Sternzeichen mit deutlichem Abstand am seltesten zu sehen.

Der **Fisch** ist im Tor und im Mittelfeld Durchschnitt und er meidet die Verteidiger-Position – vermutlich, weil es da oft hart her geht. Am besten ist er im Angriff – wahrscheinlich sieht er dort die Lücken in der Reihe der Gegner, durch die er zum Tor gelangen kann.

Nun ist nicht jeder Spieler bei jedem Spiel gleich gut – die meisten haben gute Tage und schlechte Tage und nur wenige sind fast immer auf einer konstanten hohen Leistung. Diese Schwankungen kann man astrologisch durch die Transite erfassen und beschreiben, also durch das Verhältnis des aktuellen Planeten-Standes zu den Planeten im Horoskop des Spielers.

Die berühmten 5 Tore in 9 Minuten von Robert Lewandowski am 22.9.2015 in dem Spiel von Bayern München gegen Wolfsburg waren solch ein Tag mit ausgesprochen förderlichen Transiten in dem Horoskop dieses Mittelstürmers.

Aufgrund dieses Zusammenhangs zwischen dem aktuellen Planetenstand und dem zu erwartenden Leistungsniveau der einzelnen Spieler haben einige Fußballvereine inzwischen auch einen astrologischen Berater. Dieser Berater kann auch aufgrund des Vergleichs der Horoskope von zwei Spielern sehen, ob sie gut zusammenpassen oder nicht – was bei dem Kauf eines neuen Spielers ganz nützlich sein kann.

Es gibt noch ein allgemeines astrologisches Phänomen, das „Saturn-Phase" oder

„Saturn-Krise" genannt wird. Da der Saturn eine Umlaufzeit von 29 Jahren hat, steht der Saturn nach 29 Jahren wieder dort, wo er auch vor 29 Jahren gestanden hat – also steht er, wenn ein Mensch 29 Jahre alt wird, genau dort, wo er auch im dem Geburtshoroskop dieses Menschen gestanden hat. Astrologisch bedeutet das, dass man mit dem konfrontiert wird, was man bisher aus sich gemacht hat – was sehr oft zu Krisen und zu Neuorientierungen führt.

So haben sich z.B. die Beatles, Genesis und Pink Floyd getrennt, als die meisten dieser Musiker 29 Jahre alt waren und etwas anderes als bisher machen wollten. Bei den Fußballern gibt es in dieser Zeit ebenfalls eine Krise – sie dauert ca. 1 bis 1,5 Jahre und beginnt ungefähr im Alter von 28,5 Jahren. Danach spielen sie wieder auf demselben hohen Niveau wie zuvor weiter, aber haben oft ihren Stil ein wenig verändert. So hat z.B. Thomas Müller während seiner Saturn-Phase kaum noch Tore geschossen, aber wurde anschließend zum „Assist-König". Lionel Messi hatte in diesem Alter ein Formtief und wurde anschließend zusätzlich zu seiner Rolle als Stürmer auch noch zum Spielmacher.

Das läßt sich bei sehr vielen Spielern beobachten. Der Verein sollte aus der Formkrise mit 28-29 also nicht schließen, daß der Spieler zu alt ist, sondern nur, daß er gerade ein knappes Jahr lang eine innere Umstrukturierung durchmacht.

- - -

Fazit: Im „normalen Leben" ist es genauso wichtig wie im Fußball, dass man sich selber und seine Vorlieben, Neigungen, Stärken und Schwächen kennt und sich in seinem Leben an die Positionen stellt und sich die Umstände schafft, in denen man gedeihen kann und in denen man sich wohlfühlt.

Jeder Spieler (und auch jeder Mensch mit einem anderen Beruf) hat seinen eigenen Stil, den er weiterentwickeln sollte und dem er treu bleiben sollte, da er nur so wirklich effektiv sein kann. Weiterhin sollte man sich durch Krisen nicht den Mut nehmen lassen, weiterzumachen, sondern sich eben weiterzuentwickeln – was vor allem für die Saturn-Phase gilt.

… übrigens: *„Die Kroaten sollen ja auf alles treten, was sich bewegt. Da hat unser Mittelfeld ja nichts zu befürchten."* (Berti Vogts)

6. Strategie

♍

Wie in den meisten Lebensbereichen spielen auch im Fußball Strategie und Taktik eine große Rolle. Die Strategie ist die allgemeine Ausrichtung – die lange Zeit gleich bleibt – und die Taktik ist das einzelne Vorgehen – das des öfteren geändert wird. Die Strategie wird von der Vereinsführung und von dem Trainer festgelegt – die Taktik vom Trainer und von den einzelnen Spielern.

Die Strategie ist das allgemeine Spielsystem einer Mannschaft, das recht verschieden sein kann. die meisten Spielsysteme werden durch eine Zahlenfolge ausgedrückt, die den Torhüter, die Anzahl der Verteidiger, die Anzahl der Spieler im Mittelfeld und die Anzahl der Stürmer beschreibt. Bei dieser Art von Beschreibung wird der Torwart, der immer alleine im Tor steht, der Einfachheit meistens weggelassen, sodass in der Regel nur drei Zahlen übrigbleiben: Verteidigung – Mittelfeld – Sturm. Diese Aufteilung ist vor allem von der grundlegenden Spielidee des jeweiligen Trainers abhängig.

Die folgenden Beispiele sind von sehr defensiv über ausgeglichen zu offensiv hin geordnet.

5-4-1: Dieses System, bei dem rings um den Strafraum fünf Verteidiger stehen, ist das defensivste aller Spielsysteme – 1 Torwart, **5** Verteidiger, **4** Mittelfeldspieler, **1** Stürmer. Die Tore schießt hier der eine Stürmer bei seinen Konter-Angriffen.

4-5-1: Dieses ebenfalls sehr defensive Spielsystem baut eine „Mauer" im Mittelfeld, und überlässt das Toreschießen weitgehend dem einen einzelnen Stürmer – 1 Torwart, **4** Verteidiger, **5** Mittelfeldspieler, **1** Stürmer. Dieses System eignet sich besonders gut für Spiele gegen einen Gegner, der besonders offensiv spielt und gute Stürmer hat. Die eigenen Tore werden dann durch Konter, also durch überraschende Gegenangriffe erzielt.

5-3-2: Diese Form ist ein wenig offensiver als die vorige Form – 1 Torwart, **5** Verteidiger, **3** Mittelfeldspieler, **2** Stürmer.

4-6: Dieses System wird eingesetzt, wenn der Mannschaft gute Stürmer fehlen – 1 Torwart, **4** Verteidiger, **6** Mittelfeldspieler, die auch Gelegenheits-Stürmer sind.

4-3-2-1: In dieser etwas offensiveren Aufstellung werden flexible und vor allem auf den Außenbahnen auch sehr laufstarke Spieler (die beiden äußeren Mittelfeldspieler) gebraucht – 1 Torwart, **4** Verteidiger, **3** eher defensive Mittelfeldspieler, **2** eher offensive Mittelfeldspieler („Halbstürmer"), **1** Stürmer.

4-2-3-1: Diese sehr beliebte Spieler-Aufstellung gibt den Spielern teilweise variablere Aufgaben – 1 Torwart), **4** Verteidiger, **2** vorwiegend defensive Mittelfeldspieler, **3** vorwiegend offensive Mittelfeldspieler, **1** Stürmer. In diesem System müssen sich vor allem die Mittelfeld-Spieler gut koordinieren und viel laufen, da sie zwischen den Aufgaben des Angriffs, des Mittelfeldes und der Verteidigung hin- und herwechseln.

3-5-2: Diese Form, bei der zwei sehr laufstarke Spieler auf den Außenbahnen (die beiden äußeren Mittelfeldspieler) gebraucht werden, ist noch einmal etwas offensiver als die vorige Form – 1 Torwart), **3** Verteidiger, **5** Mittelfeldspieler, **1** Stürmer.

4-2-2-2: Dieses eher elastische System hat eine klar differenzierte Arbeitsteilung – 1 Torwart, **4** Verteidiger, **2** defensive Mittelfeldspieler, **2** offensive Mittelfeldspieler, **2** Stürmer.

4-4-2: Diese recht solide und eher defensiv ausgerichtete Aufstellung mit einem starken Mittelfeld ist sehr weit verbreitet – 1 Torwart, **4** Verteidiger (zwei Innenverteidiger und zwei Außenverteidiger), **4** Mittelfeldspieler (zwei Mittelfeldspieler und zwei Flügelspieler), **2** Stürmer.

4-3-3: Dieses System ist sehr offensiv und verzichtet auf ein stabiles Mittelfeld, weshalb es sehr konteranfällig ist – 1 Torwart, **4** Verteidiger, **3** Mittelfeldspieler und **3** Stürmer.

3-4-3: Auch in diesem Spielsystem wird von dem Mittelfeld eine große Flexibilität zwischen Angriff und Verteidigung gefordert – 1 Torwart, **3** Verteidiger, **4** zwischen defensiv und offensiv wechselnde Mittelfeldspieler und **3** Stürmer. Dieses System ist – wenn es funktioniert – recht stabil und hat zugleich einen starken Sturm.

4-1-4-1: Hier liegt der Schwerpunkt auf der Offensive – 1 Torwart, **4** Verteidiger, **1** Mittelfeldspieler, **4** sehr variable „Halbstürmer", **1** Stürmer. In diesem System gibt es einen Verteidigerblock (4+1), bei dem der eine defensive Mittelfeldspieler eine große Verantwortung trägt. Die vier „Halbstürmer" bedrängen die gegnerische Verteidigung und erspielen sich entweder selber Torchancen oder erschaffen sie für den einen „echten" Stürmer. Während des Spiels wird dieses 4-1-4-1 oft je nach Spielsituation in ein 4-3-3 oder in ein 4-1-3-2 verwandelt. Die Mittelfeldspieler und die Stürmer müssen also die jeweilige Lage erkennen und dann unterschiedliche Aufgaben übernehmen.

4-2-4: Dies ist eine sehr offensive Aufstellung mit vier Stürmern, bei der daher viele Tore erzielt werden, die aber auch anfällig für Gegentore ist – 1 Torwart, **4** Verteidiger, **2** Mittelfeldspieler, **4** Stürmer. Diese Form ist nur bei vier wirklich guten Stürmern sinnvoll, die deutlich mehr Tore schießen können als die Gegenmannschaft.

2-3-5: Dies war die erste komplexere Aufstellung in der Geschichte des Fußballs. Sie hat die Form eines Keils – 1 Torwart, **2** Verteidiger, **3** Mittelfeldspieler mit sowohl offensiven als auch defensiven Aufgaben, **5** Stürmer.

1-2-7: Die ist die erste schlichte Weiterentwicklung des ursprünglichen Systems gewesen – 1 Torwart, **1** Verteidiger, **2** Mittelfeldspieler, **7** Stürmer.

1-1-9: Das ist das ursprüngliche Spielsystem gewesen – 1 Torwart, **1** Verteidiger, die anderen **9** sind bei dem Ball, d.h. sie sind im wesentlichen Stürmer.

Es gibt noch eine Vielzahl an einzelnen Taktiken und allgemeinen Weisheiten, die im Fußball von einzelnen Spielern oder einer Gruppe von Spielern angewendet werden können. Diese Taktiken sind hier – wie zuvor die Spielsysteme – von defensiv über ausgewogen nach offensiv hin geordnet.

„**defensiv**": die Betonung liegt auf der Verteidigung; viele Spieler rings um den eigenen Strafraum

„**Mauer**": Reihe von Spielern, die die Ausführung eines Strafstoßes behindern soll

„**Spiel auf Zeit**": bewusst langsames und sicheres Spiel, um einen knappen Vorsprung bis zum Spielende zu retten

„**Befreiungsschlag**": in einer Notsituation ziellos vom eigenen Tor fortgeschossener Ball

„**Abseitsfalle**": Vorrücken der eigenen Spieler, wodurch der Angreifer ins Abseits gerät

„**Manndeckung**": ein Spieler hat vor allem die Aufgabe, einen gefährlichen Gegner ständig in dessen Spielfluss zu behindern

„**Härte**": Spielweise, die sich fast immer hart an der Grenze des gerade noch Erlaubten bewegt und dadurch den gegnerischen Spielfluss stört

„**Raumdeckung**": es wird nicht ein einzelner Spieler, sondern ein Bereich des Spielfeldes bewacht

„**Schweizer Riegel**": die beiden Innenverteidiger stehen nicht nebeneinander, sondern hintereinander und gehen stets zu der Seite, von der aus sie angegriffen werden

„**Mannschafts-Verteidigung**": wird in manchen Spielsystemen verwendet, bei gegnerischen Angriffen kehren alle Spieler der eigenen Mannschaft in die eigene Hälfte zurück, um bei der Verteidigung zu helfen

„**Ballbesitz**": darauf achten, dass der Ball möglichst sicher im Besitz der eigenen Mannschaft bleibt

„**Raumdeuter**": zum rechten Zeitpunkt an der richtigen Stelle stehen

„**Spiel ohne Ball**": durch die eigene Stellung oder Stellungsveränderung neue Räume und Möglichkeiten schaffen

„**Libero**": ein Spieler ohne feste Position, der sich weitgehend frei auf dem Spielfeld bewegt und die verschiedensten Aufgaben übernimmt; er kann z.B. ein Verteidiger sein, der auch offensive Aufgaben übernimmt

„**Pressing**": das sofortige Bedrängen des Gegenspielers, der gerade den Ball hat, wodurch der Spielaufbau des Gegners gestört wird

„**Tackling**": heftige, aber noch regelkonforme Störung des Gegners, durch die dieser den Ball verliert

„**Catenaccio**": die vier Verteidiger ziehen sich insgesamt etwas mehr nach links (wie die vier linken Verteidiger in einer Fünferreihe) und die vier Mittelfeldspieler ziehen auf gleiche Weise ein Stück nach rechts, wodurch die Lücken auf dem Weg zum Tor sehr eng werden

„**stabile Mittelachse**": dies sind der Torwart, zwei Innenverteidiger, zwei zentrale Mittelfeldspieler und ein Stürmer; wenn diese sechs Spieler gut aufeinander eingespielt sind, ist die gesamte Mannschaft effektiv; Neulinge werden daher meistens zunächst auf den beiden Außenbahnen eingesetzt

„**Konter**": Gegenangriff

„**Standard**": vor allem Freistoß und Eckstoß, aber auch Einwurf, Abstoß, Strafstoß und Anstoß

„**Flexibilität**": Stürmer sollten auch verteidigen können und Verteidiger sollten auch Tore schießen können

„**Umschalten**": Wechsel zwischen Angriff und Verteidigung je nach Ballbesitz, wobei in diesen beiden Fällen von der Mannschaft verschiedene Grundeinstellungen auf dem Spielfeld eingenommen werden können

„**totaler Fußball**": bei einem Angriff der eigenen Mannschaft rücken die Verteidiger in die Mittelfeldspieler-Positionen vor und die Mittelfeldspieler übernehmen die Aufgabe von zusätzlichen Stürmern – bei einem Angriff rückt daher eine „Spieler-Welle" nach vorne und bei einem Gegenangriff rückt diese „Spieler-Welle" wieder nach hinten; das erfordert von den Spielern ein hohes Spielverständnis, eine sehr gute Kondition und die Fähigkeit, auf allen Positionen spielen zu können

„**Flügelspiel**": ein Angriff über die Flügel (Außenrand des Spielfeldes) zwingt die gegnerische Abwehr dazu, sich zu dieser Seite zu verlagern, wodurch auf der anderen Seite des Spielfeldes unverteidigte Freiräume entstehen

„**Flügelzange**": zwei Flügelspieler, die gut aufeinander eingespielt sind und auf hohem Niveau spielen können, setzen die generische Abwehr durch den mehrfachen Wechsel des Balls zwischen den beiden Außenbahnen unter hohen Druck

„**Freilaufen**": Ausbruch aus einer Manndeckung, um einen Pass eines Mitspielers annehmen zu können

„**Schalker Kreisel**" oder „**Tiki-Taka**": der Ball wird mit vielen Kurzpässen ständig in den eigenen Reihen in Bewegung gehalten, wodurch ein hoher

Ballbesitz entsteht; die Spieler ändern dabei ständig ihre Position und sind dadurch nur schwer greifbar

„One-Touch-Fußball": den Ball sofort weiterschießen, um dem Gegner keine Zeit zur Formierung zu lassen; ist dem Tiki-Taka verwandt

„Tempowechsel": plötzlich von langsamen zu schnellen Spielzügen wechseln, um den Gegner „auf dem falschen Fuß" zu erwischen

„Steilpaß": in einem hohen Bogen zu einem Mitspieler geschossener Ball

„Flanke": Schuss von der Seitenlinie über die Spieler hinüber in den Strafraum zu einem Stürmer

„Distanzschuß": Schuss aus weiter Entfernung aufs Tor

„Doppelpaß": A spielt den Ball zu B, der den Ball zu A zurückspielt, was viel Laufaufwand und Verwirrung beim Gegner schaffen kann (in der Regel die Mittelfeld-Variante der „Flügelzange")

„Positionswechsel": zwei Spieler wechseln während des Spiels ihre Position und auch ihre Aufgabe, um die gegnerische Verteidigung zu verwirren

„Effetball" oder **„Bananenflanke"**: Ball, dessen Flug nicht gerade, sondern in einem Bogen o.ä. verläuft – ähnlich den „angeschnittenen Bällen" beim Tischtennis

„hängende Spitze" oder **„falsche Neun"**: ein Spieler, der zum einen als Mittelfeldspieler Torchancen erschafft und zum anderen auch selber als Stürmer Tore schießt

„Dribbling": geschicktes Spielen des Balles über eine längere Strecke, bei der man Gegenspieler umrundet

„Finten": allerlei kreative Täuschungen des Gegners

„Schwalbe" vorgetäuschter Sturz durch ein angebliches Foul

„Powerplay": kurzzeitig heftiges Spiel, bei der alle Spieler an die Grenze ihrer Leistungsfähigkeit gehen, um ein Tor zu erzielen

„offensiv": die Betonung liegt auf dem Angriff; viele Spieler auf der gegnerischen Hälfte

Es gibt natürlich noch weit mehr taktische Feinheiten (und Grobheiten), als hier aufgeführt worden sind. Insbesondere bei den Fouls haben manche Spieler eine recht große Kreativität.

- - -

Fazit: Geschick und Übung kann man überall brauchen, wenn man es in einer Sache zu einer gewissen Meisterschaft bringen will.

Auch im Fußball gibt es eine Vielzahl von sehr verschiedenen Strategien und Taktiken, um ein Spiel gewinnen zu können.

... übrigens: *„Zwei Chancen – ein Tor. Das nenne ich hundertprozentige Chancenauswertung.“* (Roland Wohlfahrt)

7. Kooperation

♎

Eine gute Kooperation ist das Kernstück eines jeden Mannschaftsports – und das Fundament einer guten Kooperation ist eine gute Kommunikation. Damit zählen sowohl die allgemeinen Strategie-Gespräche vor dem Spiel und Absprachen zwischen einzelnen Spielern vor dem Spiel als auch die Verständigung während des Spiels durch Zurufe oder Gesten oder ein wortloses Einverständnis. Nur durch die Kommunikation und durch Automatismen werden elf einzelne Spieler zu einem Team.

Dasselbe wie für die Spieler des Vereins gilt auch für die Leitung des Vereins: Nur wenn alle Beteiligten wirklich zusammenarbeiten, kann der Verein gedeihen.

Es gibt im Fußball auch nicht nur Konkurrenz, sondern auch gegenseitige Hilfe – und das nicht nur zwischen den Spielern einer Mannschaft. So hat z.B. der FC Bayern München mehrmals einem anderen Fußballverein durch eine größere Spende aus einer Notlage heraus geholfen und die Ultras (engagierte Fans) einiger Vereine haben hin und wieder wie z.B. in der Corona-Krise auch soziale Aufgaben übernommen.

Es ist auch durchaus förderlich, wenn es in einer Mannschaft wenigstens einen Spieler gibt, der in der Lage ist, zwischen anderen Spielern, die nicht so gut miteinander auskommen, zu vermitteln und generell den Teamgeist zu fördern. Manche Spieler wie Lionel Messi oder Thomas Müller sind für diese Fähigkeit allgemein bekannt.

Es gibt auch immer wieder Berichte über Fußballspieler, die sich auch abseits des Fußballplatzes um die Hilfe für Bedürftige kümmern und sie mit Spenden, Besuchen u.ä. unterstützen.

Auch die Organisation der Vereine in einem Dachverband kann man als eine Form der Kooperation ansehen und ebenso die Einführung von Spielregeln, bei denen vor allem das Verbot und die Bestrafung von Fouls eine Form der Schadensvermeidung und somit letztlich auch der Kooperation ansehen kann.

- - -

Fazit: Kooperation ist eine der wichtigsten Fähigkeiten, wenn es darum geht, gemeinsam etwas zu erreichen, was man alleine nicht schaffen würde.

Daher sollten auch Fußballer nicht nur Kämpfer sein, sondern auch einen ausgeprägten Teamgeist haben und sowohl klar sagen können, was sie wollen als auch zuhören können, wenn die anderen etwas sagen – und dann aus allem, was gesagt wurde, etwas machen, was mehr ist als das, was jeder Einzelne vorgeschlagen hat.

… übrigens: *„Mal verliert man und mal gewinnen die anderen.“* (Otto Rehhagel)

8. Gier

♏

Fußball ist ein Wettkampf – es geht also darum, dass eine der beiden Mannschaften gewinnt. Fußball zählt somit im weiteren Sinne zu den kämpferischen Sportarten. Die Spieler brauchen also einen ausgeprägten Siegeswillen. Dieser Ehrgeiz wird manchmal auch als „Gier" auf den Sieg bezeichnet.

Dieser Wettkampf findet nicht nur zwischen den beiden Mannschaften statt, sondern auch als Konkurrenz unter den Spielern um den Startplatz in der Elf. Diese Konkurrenz hält die Spieler wach und aktiv und strebsam.

Schließlich gibt es noch den Kampf zwischen den Fans – der sich eigentlich auf das Anfeuern der eigenen Mannschaft beschränken sollte, der aber manchmal leider ein bisschen ausartet – sowohl während des Spiels im Stadion als auch außerhalb des Stadions.

Schließlich gibt es noch das Foul als „Notbremse", um den Gegner zu Fall zu bringen. Bei Fouls, die ein Tor verhindern, wird das Verhalten des Spielers, der das Foul begangen hat, manchmal stark beschönigend als „er hat sich für die Mannschaft geopfert" umschrieben, d.h. er nahm eine Rote Karte in Kauf, um das Tor verhindern zu können.

Im Fußball gibt es drei grundsätzlich verschiedenen Arten, wie ein Wettkampf durchgeführt werden kann:

-   Beim **Gruppenkampf** spielt jede Mannschaft einmal gegen jede andere und am Ende wird gezählt, wie viele Siege, Unentschieden und Niederlagen jede Mannschaft hat. Das wird dann nach einem Punktesystem ausgewertet. Das System in der Bundesliga vergibt für einen Sieg 3 Punkte, für ein Unentschieden 1 Punkt und für eine Niederlage 1 Punkt.

Diese Regel ist 1994 anstelle der alten Regel, nach der es bei einem Sieg 2 Punkte, bei einem Unentschieden 1 Punkt und bei einer Niederlage 0 Punkte gab, von der FIFA eingeführt worden. Diese Regeländerung sollte einen Sieg in jedem Spiel lohnend machen und verhindern, dass es manchmal Spiele gibt, in denen nicht gekämpft wird, weil beide Mannschaften mit dem einem Punkt vom Unentschieden zufrieden wären, da ihnen 2 Punkte nicht mehr als 1 Punkt nützen würden, aber 0 Punkte ein großer Nachteil wären. Diese Szenerie ist bei 3 Punkten für einem Sieg deutlich unwahrscheinlicher.

Dieses Wettkampf-System wird bei der Bundesliga angewendet.

-   Beim **k.o.-System** spielen alle Mannschaften gegen eine andere Mannschaft – wer dabei verliert, scheidet aus. Dann spielen wieder die übriggeblieben Mannschaften gegeneinander und der Verlierer scheidet wieder aus. Auf diese Weise schrumpft die Anzahl der Mannschaften jedesmal auf die Hälfte bis nach dem Endspiel nur noch eine Mannschaft übrigbleibt und der Sieger ist.

    Dieses System wird beim Pokal angewendet.

-   Schließlich gibt es die **Kombination aus beiden Systemen**. Dabei gibt es erst die „Gruppen-Phase" von meist vier Mannschaften, bei der jeder gegen jeden spielt und die zwei oder drei besten weiterkommen. Anschließend findet eine k.o.-Phase statt.

    Dieses System wird bei Europa-Meisterschaften und bei Weltmeisterschaften angewendet.

Ein Fußballspiel kann für die Spieler sehr anstrengend sein – vor allem, wenn sie ein sehr laufintensives Spielsystem haben.

In Deutschland fallen pro Jahr für jede Mannschaft in der 1. Bundesliga und der 2. Bundesliga jeweils 34 Spiele ($2 \cdot 17$) an und in der 3. Liga 38 Spiele ($2 \cdot 19$).

Dazu kommen dann bei den Pokal-Wettkämpfen, an denen 32 Mannschaften teilnehmen, nochmal 1-5 Spiele hinzu. Das sind dann zwischen 35 und 43 Spiele.

Wenn ein Spieler zudem noch an Trainingsspielen mit anderen Mannschaften, Freundschaftsspielen, Benefizspielen, Europameisterschaften, Weltmeisterschaften usw. teilnimmt, kann er im Extremfall auf bis zu 70 Spielen pro Jahr kommen – was eigentlich schon zu viel ist, da zwischen zwei Spielen auch Zeit zur Regeneration nötig ist.

Diese Regenerationszeit ist bisweilen auch ein Streitpunkt, wenn Spieler verletzt worden sind. Am bekanntesten ist vermutlich die heftige Auseinandersetzung zwischen dem Trainer Pep Guardiola beim FC Bayern München, der dem Mannschaftsarzt Hans-Wilhelm Müller-Wohlfahrt vorwarf, die Spieler viel zu langsam wieder fit zu machen.

Aus Sicht des Trainers – wenn er wie der Steinbock Guardiola auf die konstante Leistung des Spielers blickt – sollte der Spieler durch Spritzen und dergleichen möglichst schnell wieder spielen können. Aus der Sicht des Arztes – wenn er wie Müller-Wohlfahrt ein Löwe ist – sollte der Spieler so gründlich wie möglich geheilt werden. Wenn dann der Trainer und der Arzt auch noch den entgegengesetzten Aszendenten haben – Guardiola Stier und Müller-Wohlfahrt Skorpion – kann es zwischen ihnen sehr heftig krachen.

- - -

Fazit: Das Prinzip der Konkurrenz und des Wettkampfs durchzieht unsere gesamte Kultur und kollektive Organisation: in der Freien bzw. Sozialen Marktwirtschaft werden Angebot und Nachfrage über den Wettbewerb zusammengebracht und in der Demokratie regelt der Wettbewerb zwischen den Parteien, wer an die Regierung kommt.

Ohne einen ausgeprägten Sinn für den Wettkampf und ein entschlossenes Gewinnenwollen ist man im Fußball an der falschen Stelle.

… übrigens: *„Einige haben von einem recht guten Spiel gesprochen – da frage ich mich, ob ich zum Augenarzt oder zum Ohrenarzt muss.“* (Andreas Möller)

9. Trainer

♐

Der Trainer ist sozusagen der Handelsherr, der das Schiff der Mannschaft auf die Fahrt durch das Spiel schickt. Sein Vertreter auf dem Spielfeld ist der Kapitän der Mannschaft. Die Trainer bestimmen die Spielidee, die Strategie und die generelle Richtung und Spielweise.

Die Trainer haben alle einen recht verschiedenen Charakter, der sich auch deutlich in ihren Anweisungen und in dem von ihnen entworfenen Spielstil zeigt.

Die folgenden Kurzbeschreibungen der Stile dieser Trainer sind nach dem Geburtsjahr der Trainer geordnet, da sich so am besten die Weiterentwicklung der Spielsysteme und der Trainingsmethoden erkennen lässt.

Helmut Schön (*1915 †1996) ist eine Jungfrau, sein Aszendent ist unbekannt. Er ist der bisher erfolgreichste Bundestrainer. Seine astrologische Prägung zeigt sich darin, dass für ihn die Ordnung im Spielaufbau sehr wichtig war sowie die klare Aufgabenverteilung, das klares Spielsystem, die Konzentration auf den Ball, schnelle Reflexe sowie das Mittelfeld als Mannschaftszentrum. Er lernte den Fußball auf der Straße und ihm war der Spaß am Beruf wichtiger als Geld.

Bis zu Helmut Schön ist Fußball mehr oder weniger noch eine „paramilitärische Übung" unter einem „General im Trainingsanzug" gewesen. Er hörte sich hingegen die Argumente der Spieler stets genau an, blieb immer ruhig und sachlich und hat nie jemanden zu etwas gezwungen. Er ließ den Spielern große Freiräume und vertraute auf „mündige Spieler", die selber Verantwortung trugen, für das Ganze handeln und die anderen begeistern sollten. Er betonte die Spielkunst und führte das Wechselspiel an den Flügeln und neue kreative Spielzüge ein.

Giovanni Trappatoni (*1939) ist ein Fisch mit Schütze-Aszendent. Er ist als Fisch auf das Gefühl in der eigenen und in der gegnerischen Mannschaft ausgerichtet und fordert durch seinen Schütze-Aszendenten von allen den maximalen Einsatz.

Er war vor allem in Italien sehr erfolgreich, aber hat auch in Deutschland, Portugal und Österreich Meisterschaften gewonnen.

Sein Stil und sein Anspruch an die Spieler wird vor allem durch seine berühmte „Wutrede" nach einem Spiel, das Bayern München unter seiner Leitung verloren hatte, deutlich:

Es gibt im Moment in diese Mannschaft, oh, einige Spieler vergessen ihnen Profi was sie sind. Ich lese nicht sehr viele Zeitungen, aber ich habe gehört viele Situationen: Wir haben nicht offensiv gespielt. Es gibt keine deutsche Mannschaft spielt offensiv und die Namen offensiv wie Bayern. Letzte Spiel hatten wir in Platz drei Spitzen: Elber, Jancker und dann Zickler. Wir mussen nicht vergessen Zickler. Zickler ist eine Spitzen mehr Mehmet eh mehr Basler. Ist klar diese Wörter, ist möglich verstehen, was ich hab' gesagt? Danke. Offensiv, offensiv ist wie machen in Platz.

Ich habe erklärt mit diese zwei Spieler: Nach Dortmund brauchen vielleicht Halbzeit Pause. Ich habe auch andere Mannschaften gesehen in Europa nach diese Mittwoch. Ich habe gesehen auch zwei Tage die Training. Ein Trainer ist nicht ein Idiot! Ein Trainer sehen, was passieren in Platz. In diese Spiel es waren zwei, drei oder vier Spieler, die waren schwach wie eine Flasche leer!

Haben Sie gesehen Mittwoch, welche Mannschaft hat gespielt Mittwoch? Hat gespielt Mehmet, oder gespielt Basler, oder gespielt Trapattoni? Diese Spieler beklagen mehr als spielen! Wissen Sie, warum die Italien-Mannschaften kaufen nicht diese Spieler? Weil wir haben gesehen viele Male solche Spiel. Haben gesagt, sind nicht Spieler für die italienische Meisters.

Struuunz! Strunz ist zwei Jahre hier, hat gespielt zehn Spiele, ist immer verletzt. Was erlauben Strunz? Letzte Jahre Meister geworden mit Hamann eh ... Nerlinger. Diese Spieler waren Spieler und waren Meister geworden. Ist immer verletzt! Hat gespielt 25 Spiele in diese Mannschaft, in diesem Verein! Muss respektieren die andere Kollegen!

Haben viel nette Kollegen, stellen sie die Kollegen in Frage! Haben keinen Mut an Worten, aber ich weiß, was denken über diese Spieler!

Mussen zeigen jetzt, ich will, Samstag, diese Spieler mussen zeigen mich eh ... seine

Fans, mussen allein die Spiel gewinnen. Ich bin müde jetzt Vater diese Spieler, eh, verteidige immer diese Spieler! Ich habe immer die Schulde über diese Spieler. Einer ist Mario, einer, ein anderer ist Mehmet! Strunz dagegen egal, hat nur gespielt 25 Prozent diese Spiel!

Ich habe fertig!

Jupp Heynkes (*1945) ist ein Stier mit Löwe-Aszendent. Er war als Spieler schnell, vielseitig und torgefährlich. Als Trainer ist er vor allem bodenständig geblieben und war gegenüber allen Spielern und auch gegenüber anderen Trainern stets respektvoll. Als Stier wollte er die Mannschaft gedeihen lassen und durch seinen Löwe-Aszendent besaß er eine gute Menschenkenntnis und einen großen Respekt vor der Individualität jedes Einzelnen, was ihm auch den Respekt und das Vertrauen der Spieler einbrachte.

Die starke Betonung der Verteidigung entspricht dem beschützenden Stier; ebenso ist das Pressing und das Gegenpressing der Druck an der Grenze, die der Stier beschützt. Es gelang ihm auch, das Selbstbewusstsein der Spieler und dadurch auch die Leistung der Mannschaft deutlich zu steigern – was seinem Löwe-Aszendent entspricht.

Arséne Wenger (*1949) ist eine Waage mit Schütze-Aszendent. Er ist als Waage stets auf den lebendigen Kontakt zu allen bedacht und sprach mit den Trainerhelfern stets auf Augenhöhe, doch er bewahrte sich aufgrund seines Schütze-Aszendenten stets die letzte Entscheidung. Im Training herrschte bei ihm immer eine heitere Waage-Stimmung trotz der großen Konzentration aufgrund seines Schütze-Aszendenten. Ihm war es wichtig, daß alle respektvoll miteinander umgingen (Waage), aber trotzdem auch kritisch sein durften, wenn es dem gemeinsamen Ziel diente (Schütze). Nach dem Training gab es eine gemeinsame Pause für alle mit Massage und Mittagessen (Waage). Er verbreitete stets Optimismus (Schütze).

Wenger hat selber als Verteidiger und Libero gespielt, anschließend Wirtschaft studiert und ist heute Direktor für globale Fußballförderung bei der FIFA. Er war ein guter Talent-Scout und hat junge Spieler gefördert und konnte deshalb sehr sparsam beim Spieler-Einkauf sein. Er trainierte 22 Jahre lang den FC Arsenal London, bei dem er neue Trainingsmethoden und eine Ernährungsumstellung der Spieler einführte. Er wirkte an der Gestaltung des neuen Stadions bis ins kleinste Detail mit und wurde allgemein „Professor" oder „Boss" genannt.

Er lehrte das Mittelfeld-Pressing, das Vermeiden von Querläufen im Spielfeld, Kurzpässe, Pässe nach möglichst weit vorn, das Eingehen von Risiken bei Schüssen auf das Tor in Tornähe sowie den sofortigen Kampf gegen den gegnerischen Ballbesitzer. Er blieb eine ganze Saison lang ungeschlagen.

Carlo Ancelotti (*1959) ist ein Zwilling mit Jungfrau-Aszendent. Er ist daher von seiner Grundeinstellung her schnell und beweglich, aber von seinem Vorgehen her genau und akribisch. Er war einer der erfolgreichsten europäischen Trainer und hat Meisterschaften in Italien, England, Frankreich, Deutschland und Spanien gewonnen. Er selber war ein Mittelfeldspieler, der viel gelaufen ist und der ein geschickter Ballverteiler war: Beweglichkeit (Zwilling), die präzise umgesetzt wird (Jungfrau).

Ihm war der sehr menschliche Umgang mit den Spielern wichtig und er hat ein Buch mit dem Titel „Stille Führung – wie man Menschen und Spiele gewinnt" geschrieben. Er vertrat als Zwilling die Ansicht, dass Stillstand Rückschritt bedeuten kann und dass man niemals glauben darf, dass die Taktik, die man heute erfolgreich eingesetzt hat, auch morgen noch erfolgreich sein wird.

Er betonte als Ex-Mittelfeldspieler die Kontrolle des Mittelfeldes, die niemals in Hektik geraten darf, sondern die Ruhe und Gelassenheit ausstrahlen muss. Er prägte den Spielern auch immer wieder ein, dass das Spiels ohne Ball, also die Kontrolle (Jungfrau) über die Räume auf dem Spielfeld (Zwilling), sehr wichtig ist.

Er schaffte den „Heldenfußball", der auf den Leistungen Einzelner beruht, ab und forderte mehr Strategie, weshalb er allen klare Rollen zuwies, aber dabei teilweise ungewöhnliche Rollen-Zuschnitte nutzte, die zu den Fähigkeiten der Spieler passten. Er förderte das Zusammenspiel und forderte mehr Dynamik, aber gab keine ganz festen Plätze vor, sondern regte die Spieler zu mehr Beweglichkeit an, die jedoch immer die ganze Mannschaft im Blick behielt.

Joachim Löw (*1960) ist ein Wassermann mit Zwillinge-Aszendent. Er ist daher ein Theoretiker mit Überblick (Wassermann), der für Experimente, Tricks und Kniffe offen ist (Zwillinge). Er war als Stürmer gut im Zweikampf und hat in seiner Jugend einmal in einem einzigen Spiel 18 Tore geschossen. Er ist der Bundestrainer mit den meisten Spielen, mit den meisten Siegen und mit den meisten Unentschieden.

Er ist stets ausgeglichen und dabei ein scharfsinniger Analytiker und geschickter Taktiker, der sich zusammen mit den Spielern aufmerksam Spielszenen-Videos anschaut. Er betont das Spielen als Team (Wassermann) und benutzt als Basis-Strategie Ballgewinn und gute Pässe und betont, dass Pressing nur als Team wirklich gut funktioniert.

José Mourinho (*1963) ist ein Wassermann mit Steinbock-Aszendent. Er ist in Portugal, England, Italien und Spanien sehr erfolgreich gewesen. Er hat bereits als Jugendlicher Spielanalysen für seinen Vater gemacht, der Fußball-Trainer war. Mourinho war selber ein Spieler, aber nicht in der Oberliga. Er hat ein Studium der Sportwissenschaften mit einem hervorragenden Abschluss absolviert. Als Trainer blieb er neun Jahre lang in Liga-Heimspielen unbesiegt: 150 Spiele – 125 Siege, 25 Unentschieden.

Für ihn war die hohe Motivation, das Gewinnenwollen das Fundament des Sieges. Daher ist er für seine Motivations-Reden vor Spielbeginn bekannt, bei denen er Methoden aus dem modernen Management und aus der Motivations-Forschung benutzt. Er sieht sich als der Psychologe seiner Mannschaft an und vermittelt seinen Spielern, dass „alle gegen uns sind" und dass sie nicht nur das bevorstehende Spiel, sondern alle Spiele gewinnen müssen. Auf dieser Einstellung und auf diesen Motivations-Reden beruht die überlegene Mentalität der Spieler in den Mannschaften, die Mourinho trainiert.

Als Wassermann betont er immer wieder, dass es ohne Teamwork keinen Erfolg geben kann und dass deshalb der gegenseitiger Respekt und die Kommunikation untereinander so wichtig ist. Auch er selber ist loyal und ehrlich zu den Spielern und schützt sie durch seine öffentlichen Provokationen vor dem Vereins-Vorstand, den Fans und den Medien. Dabei ist er – im Gegensatz zu anderen Trainern – so kantig, provokativ, eloquent, intelligent, zielstrebig, beleidigend, polarisierend, arrogant und zugleich populär, dass alle nur noch auf ihn schauen und die Spieler selber in Ruhe lassen. Eine ähnliche Haltung findet sich sonst nur noch bei Uli Hoeneß vom FC Bayern, München, der als „Abteilung Attacke" die Spieler schützt.

Durch seinen Steinbock-Aszendent war er zugleich ein harter Arbeiter, der alles genau analysierte und die Strategie und die Spiele akribisch plante und vorbereitete. Er war sehr streng und forderte von allen Disziplin, Demut, emotionale Selbstkontrolle und dieselbe harte Arbeit wie von sich selber. Dabei entwarf er ein individuelles Training für jeden Spieler.

Seine Taktik, durch eine massive Verteidigung den Sechzehnmeter-Raum dicht zu machen wurde ihm oft als „destruktiver Fußball" vorgeworfen. Gleichzeitig waren seine Mannschaften aber auch für ihr aggressives Pressing und ihr schnelles Umschalten von Verteidigung zu Angriff sowie ihr geschicktes Verwenden der Abseitsfalle bekannt.

Christian Streich (*1965) ist ein Zwilling mit Schütze-Aszendent. Er ist, bis er 29 Jahre alt war, Spieler gewesen, dann im Alter von 30-59 Jahren erst Trainer der U19 und dann der Profi-Mannschaft von Freiburg gewesen. Er ist nach seiner ersten Saturnphase im Alter von 29 Jahren vom Spieler zum Trainer gewechselt und nach seiner zweiten Saturnphase im Alter von 59 aus dem Traineramt ausgeschieden, um wieder etwas Neues zu machen (siehe dazu Kapitel 5). Als Zwilling war er sehr beweglich und sprachgewandt, aber dabei durch seinen Schütze-Aszendent immer auch sehr zielorientiert.

Er war als Trainer sehr erfolgreich und erreichte den Klassenerhalt des Vereins und führte seine Mannschaft in die obere Hälfte der Bundesliga. Christian Streichs oft markante, aber zugleich auch bodenständige Sprüche über Fußball oder über allge-meine gesellschaftliche Themen wurde im TV ausgestrahlt und in einer Freiburger Zeitung in der Kolumne „Streich der Woche" veröffentlicht.

Freiburg war unter seiner Leitung taktisch flexibler als andere Bundesliga-Mann-schaften. Er vertrat als Zwilling den Grundsatz, dass alles immer beweglich bleiben sollte, und besprach seine neuen Ideen erst mit seinen Co-Trainern und anschließend mit den Spielern und frug sie, ob sie sich die neue Rolle zutrauen würden und ob sie sich damit wohlfühlen würden. Daher wechselten die Spieler auch mal in andere Positionen. Dabei sah Streich es als wesentlich an, stets zu schauen, wer zu wem passt – das sah er als das wichtigste Element beim Aufbau einer Mannschaft, die wirklich als Team spielen kann, an.

Hansi Flick (*1965) ist ein Fisch – sein Aszendent ist unbekannt. Er ist als Fisch ein Gefühlsmensch, der sich gut in andere hineinversetzen kann und daher ein Gespür dafür hat, was sie brauchen, um ihre höchste Leistung erbringen zu können. Durch seinen menschlichen Umgang mit den Spielern und seine Nähe zu ihnen vertrauten sie ihm und gewannen dadurch Selbstvertrauen. Er selber ist ein Mittelfeldspieler gewesen.

Flick ließ vor allem Angriffsfußball spielen – er entfaltete das Angriffspotential eines Teams und riskierte dafür Gegentore nach Kontern. Er forderte eine ständige Intensität und Aktivität, Flanken auf den Stürmer, Pässe nach vorn zu den Stürmern und das Vorrücken der Außenverteidiger nach vorn, wodurch oft fünf Spieler im Angriff waren, wovon die meisten gegnerischen Verteidiger oft überfordert waren. Dazu passt seine Forderung nach frühem Pressing auch in der gegnerischen Hälfte. Unter seiner Leitung gewann Bayern München das Sextupel (sechs Pokale in einer Saison).

Jürgen Klopp (*1967) ist ein Zwilling mit Löwe-Aszendent. Er ist als Spieler erst Stürmer, dann Mittelfeldspieler und schließlich Verteidiger gewesen. Als Zwilling ist er vielseitig, findig und ideenreich; durch seinen Löwe-Aszendenten versteht er die Individualität der Spieler und kann sie begeistern. Er ist auch für seine heftige Emotionalität bekannt – und wurde daher öfter als jeder andere Trainer vom Spielfeldrand verwiesen. Durch seine Zwilling-Sonne war er sehr spontan und durch seinen Löwe-Aszendenten sagte er geradeheraus, was er dachte.

Klopp hat seinen Stil des Gegenpressings, den er aus einer italienischen Taktik weiterentwickelt hat, manchmal „Heavy Metal Fußball" genannt. Dabei soll der Ball bereits nah am gegnerischen Tor zurückerobert werden, da man dann bereits wieder näher am Tor ist. Es wird sozusagen der Konter des Gegners sofort wieder gekontert, indem man ihn bereits in dessen eigener Hälfte bedrängt. Da dieser Stil sehr lauf-intensiv ist, müssen die Spieler bei diesem Stil darauf achten, wann sich das Gegenpressing lohnt und wann nicht, um nicht schnell ausgepowert zu sein.

Pep Guardiola (*1971) ist ein Steinbock mit Stier-Aszendent. Er vertritt als Stein-bock strenge Regeln – er hat ein Jahr Jura studiert. Als Stier strebt er nach Besitz: Ballbesitz und sichere Ballzirkulation („Tiki-Taka"). Er ist ein defensiver Mittelfeld-spieler gewesen, also entsprechend seinem Stier-Stil ein Beschützer und zudem durch seine Sonne im Steinbock auch ein „Bestimmer", also eine Führungspersönlichkeit.

Dementsprechend vermittelt er seinen Mannschaften eine klare Spielphilosophie, lehrt sie Taktik, leitet ein sehr intensives Training an und führte ein ebenso intensives technisches Training ein, damit die Mannschaft in den Spielen möglichst dominant wird. Als Strategie benutzt er die Überladung der Feldmitte mit Spielern (er war selber ein Mittelfeldspieler), was die gegnerischen Verteidiger zum Vorrücken vorlocken soll, damit der eigene Angriff die gegnerische Abwehrreihe durchbrechen kann.

Bei Ballverlust sollen die Spieler schnell zum Pressing in der gegnerischen Feldhälfte übergehen. Zudem sollten schnelle Konterangriffe durchgeführt werden und schnelle Pässe zu den Stürmern gespielt werden, während zugleich die Außenverteidiger vorrücken.

Guardiola betont die Notwendigkeit der taktischen Intelligenz und ermutigt seine Spieler, flexibel und kreativ zu sein und attraktiven Fußball zu spielen.

Frank Schmidt (*1974) ist ein Steinbock mit Wassermann-Aszendent. Er ist als Steinbock zuverlässig und standfest und hat durch seinen Wassermann-Aszendenten einen großen Überblick und viele Ideen. Seine Steinbock-Qualität der Beständigkeit zeigt sich auch darin, dass er schon mehr als 16 Jahre am Stück bei demselben Verein ist und damit der dienstälteste Trainer beim selben Verein (Heidenheim) in der Bundesliga ist. Er hat zudem noch eine Art „Lebensbund" für den Verein mit dem Heidenheim-Geschäftsführer Holger Sanwald geschlossen.

Er hat selber als torgefährlicher Abwehrspieler nur in der 2. Bundesliga gespielt, aber als Trainer führte er Heidenheim von der vierthöchsten Klasse (Oberliga) in die höchste Klasse (1. Bundesliga) und in die UEFA Europa Conference League. Aufgrund eines Knorpelschadens im Hals steht sein Kopf immer schief.

Sein Wassermann-Aszendent zeigt sich in seiner schnellen Auffassungsgabe, die es ihm ermöglicht, sofort nach einem Spiel eine perfekte Analyse vorzutragen. Er fällt immer wieder durch starke Statements und Inhalte auf. Er betont immer wieder, dass Erfolg ein starkes Team braucht und dass Gemeinschaft besser als Egoismus ist. Er lebt seinen Spielern die Begeisterung, Leidenschaft, Energie, Überzeugungskraft, Mentalität und Flexibilität vor, die er sich von ihnen wünscht. Die Mannschaft soll stets mit der maximalen Geschwindigkeit in beide Richtungen spielen

Ein wichtiger Steinbock-Wert ist für ihn die Resilienz: „Wer hinfällt, muss sofort wieder aufstehen." „Kopf hoch – weitermachen." „Geht raus, lasst dem Gegner keine Luft und gebt nie auf!" Entsprechend dieser Einstellung heißt der Titel des Buches, das er geschrieben hat „Unkaputtbar".

Der gelernte Bankkaufmann bleibt stets bescheiden, glaubwürdig und nahbar und vertritt und lebt die Werte Treue, Bodenhaftung, Ursprünglichkeit und Fleiß. Er ist klar, ehrlich und schnörkellos im Miteinander und ist daher das authentische Sprachrohr des Vereins. Ihm ist zudem wichtig, dass niemand im Verein vergisst, was im Leben wirklich zählt – und das ist nicht der Fußball, sondern Nächstenliebe und Demut. Frank Schmidt ist 2018 beinahe an einer Lungenembolie gestorben.

Julian Nagelsmann (*1987) ist ein Löwe mit Skorpion-Aszendent. Er ist daher sehr eigenständig und will die Dinge lenken (Löwe) und tut dies auf strategisch und taktisch sehr geschickte Weise (Skorpion). Er hat selber als Innenverteidiger gespielt und war schon früh (entsprechend seinem Skorpion-Aszendenten) ein sehr guter Spielbeobachter, der seine Analysen sehr akribisch durchgeführt hat.

Als Ex-Verteidiger ist ihm die korrekte Raumbesetzung wichtig. Er hält den defensiven Mittelfeldspieler für den Angelpunkt im Spiel.

Seine Löwe-Grundhaltung zeigt sich in seiner Betonung des kreativen Mittelfeldes als Weg nach vorn und darin, wie wichtig ihm die Teambildung ist, bei der er das Zusammenpassen der Spieler für noch ausschlaggebender hält als die Taktik, da die Spieler ohne diese Sympathie füreinander nicht als Einheit spielen können. Er geht bei einer neu übernommenen Mannschaft auf deren Spielgewohnheiten ein, um die Einheit der Mannschaft nicht zu gefährden, und baut ihre Strategie nur allmählich um. Dabei benutzt er Grundmuster im Spiel statt fester Prinzipien, da die Mannschaft dadurch unberechenbarer wird.

Sein Skorpion-Vorgehen wird in seiner Betonung der Zielstrebigkeit zum gegnerischen Tor deutlich. Anfangs benutzte er offensives Pressing und das schnelle Umschaltspiel als Methode, doch nach und nach ging er mehr zu einem Ballbesitzfußball über, in dem die Außenverteidiger jedoch noch immer zwischenzeitlich auch Angreifer sein können. Nagelsmann nimmt je nach Gegner taktische Veränderungen im Spielstil vor. Er unterscheidet z.B. auch das Einwechseln von Qualitätsspielern, um die Taktik zu ändern, von dem Einwechselnd von Mentalitätsspielern, die der Mannschaft die in einer Krise benötigte emotionale Unterstützung geben.

Xabi Alonso (*1981) ist ein Schütze mit Löwe-Aszendent. Er ist als Schütze sehr zielstrebig und benutzt dafür entsprechend seinem Löwe-Stil die Mannschaft als organische Einheit. Dazu passt es, dass er selber ein Mittelfeldspieler gewesen ist, da diese Spieler das „Herz" der Mannschaft sind. Unter ihm gewann Leverkusen das erste Mal eine Meisterschaft und war dabei auch noch die erste Bundesliga-Mannschaft, die eine ganze Saison lang ungeschlagen geblieben ist.

Entsprechend seiner Mittelfeldspieler-Karriere ist für ihn das Mittelfeld das Zentrum des Spiels. Der zentrale Mittelfeldspieler kann jeden Ball von jedem Spieler annehmen und ihn an andere Spieler weiterleiten. Xhaka, der diese Rolle übernommen hat, hat in der Sieg-Saison (2023/2024) 2900 Ballberührungen gehabt – die nächsthäufige Zahl an Ballberührungen bei den übrigen Bundesligaspielern betrug nur 2300 Ballkontakte.

Entsprechend Alonsos Löwe-Aszendenten spielt auch die Mannschaft als Einheit individuell flexibel, aber in einer klaren Gesamt-Ordnung. Dadurch kann jeder Spieler überall auftauchen und auch die Verteidiger gehen zwischendurch nach vorn. Zu dieser Einheit gehört auch das Zuspiel „um die Ecke", also unter Einbeziehung eines dritten Mannes, was von den Spielern ein großes Verständnis füreinander erfordert. Alonso verfügt über eine große emotionale Intelligenz und Führungsstärke, die es ihm ermöglichen, die Mannschaft zu einer Einheit zu formen.

In seinem Spielstil wird auch auf den Rhythmus geachtet, d.h. auf den ausgewogenen Wechsel zwischen Ruhe und Tempo, zwischen Positionsspiel und schnellen, aber strukturierte Offensiven, zwischen Verteidigung und schnellen Konterangriffen.

Die Leidenschaft, mit der gespielt wird, gibt der Mannschaft die nötige Kraft. Das Team gibt nie auf und schießt viele Tore noch in der Nachspielzeit – selbst die Innenverteidiger schießen spielentscheidende Tore.

Es wird zudem Wert auf die technischen Fähigkeiten und die Taktik gelegt. Die gegnerischen Verteidiger werden oft nach vorne gelockt, sodass die eigenen Angreifer in den Freiraum dahinter vorstoßen und in Tornähe gelangen können. Zudem erschweren häufige Abwandlungen der Aufstellung dem Gegner die Einstellung auf die Mannschaft. Dasselbe gilt für die variantenreich ausgeführten Standards.

Vincent Kompany (*1986) ist ein Widder mit Krebs-Aszendent. Durch seinen Krebs-Aszendenten will er den eigenen Bereich schützen – folglich spielte er als

Innenverteidiger und als defensiver Mittelfeldspieler. Er wurde zeitweise als bester Verteidiger der englischen Premier League bezeichnet und ist in Belgien als Fußballer des Jahres ausgezeichnet worden. Er hat eine starke Physis, ist technisch gut, spielt intelligent und kann die Absichten der Gegner voraussehen. Seine Führungsstärke ließ ihn schließlich vom Verteidiger/Mittelfeldspieler zum Trainer wechseln.

Als Trainer bei Bayern München lässt er die Mannschaft einen sehr freien Stil spielen. Anstelle von festen Positionen haben die Spieler große Freiheiten, sodass auch ein rechter Verteidiger als Stürmer auf der linken Seite in der gegnerischen Hälfte auftauchen kann. Dieses „Thomas Müller"-Prinzip entspricht dem Widder, der in jedem Augenblick seinen Impulsen folgen will.

Diese große Freiheit wird durch die Qualitäten des Krebs-Aszendenten von Vincent Kompany ausgeglichen: Die Mannschaft achtet darauf, was die anderen machen und wenn z.B. ein Verteidiger nach vorne stürmt, weil er gerade eine gute Gelegenheit dazu hat, lässt sich ein Mittelfeldspieler (Joshua Kimmich) zurückfallen und übernimmt vorübergehend die Rolle dieses Verteidigers.

Die Mannschaft spielt also als Ganzes (Krebs), wodurch die einzelnen Spieler die Chancen besser nutzen können (Widder), die sich ihnen aus dem Spielverlauf heraus anbieten. Selbst der Torwart (Manuel Neuer) läuft in diesem Spielstil bisweilen bis über die Mittellinie ins gegnerische Feld hinein.

Kompanys Fähigkeit zum Vorhersehen des Verhaltens der gegnerischen Spieler und seine Führungsstärke haben dazu geführt, dass er bereits als Spieler der eigentliche – inoffizielle – Trainer der Mannschaft gewesen ist, in der er gespielt hat. Hier zeigt sich sowohl die voranstürmende Art des Widders als auch das Vertrauen, das die anderen aufgrund seines Krebs-Aszendenten in ihn haben.

Vincent Kompany spricht sechs Sprachen, hat einen Abschluss als „Master of Business Administration" und besitzt zwei Sportsbars sowie einen belgischen Fußballverein, den er nach der Insolvenz des Vereins gekauft und ihn dadurch vor der Auflösung gerettet hat.

- - -

Die Trainer sind vorher oft Mittelfeldspieler gewesen, die mit so gut wie allen anderen Spielern in Kontakt sind. Die Mittelfeldspieler sind in einer ähnlichen Position wie die Bratschisten in einem Orchester, die durch ihre meist unspektakulären Passagen in dem mittleren Streicher-Bereich (tiefer als Violine, höher als Cello) kaum auffallen, aber den Klang des Orchesters zusammenhalten. Daher sind viele Dirigenten (deren Aufgabe der des Trainers entspricht) ursprünglich Bratschisten gewesen sind. Die Mittelfeldspieler haben im Fußball genauso eine verbindende und zusammenfügende Rolle wie die Bratschen-Spieler in einem Orchester.

Um ein guter Orchester-Dirigent oder „Fußballmanschafts-Dirigent", also Trainer zu sein, braucht man eine Position „in der Mitte" und den Kontakt zu allen Beteiligten. Zudem ist ein Mindestmaß an Führungsstärke notwendig sowie ein großes strategisches und taktisches Geschick. Im Zentrum scheint jedoch immer die gute Beziehung zur Mannschaft zu stehen, denn wie sonst solle ein Trainer wie ein „Herz" den „Organismus" einer Mannschaft beleben können?

- - -

Fazit: Jedes Projekt braucht ein klares Ziel und eine einheitliche Richtung. Daher schließt sich entweder eine Gruppe mit gleichen Zielen zusammen oder jemand hat ein Ziel, das ihm wichtig ist, und sucht Mitstreiter.

Diese Aufgabe der Zielausrichtung und auch der Festlegung des Weges dorthin hat im Fußball der Trainer – und teilweise noch die Vereinsführung, die ja auch den Trainer auswählt.

… übrigens: *„Die Schweden sind wie die Mittdreißiger in der Disco: Hinten reinstellen und warten, ob sich was ergibt."* (Thomas Hitzlsperger)

10. Regeln

VS

Um den Fußball zu verstehen, hilft auch ein Blick auf seine Geschichte, die jedoch in der Zeit vor 1800 n.Chr. nur stückweise bekannt ist.

In China gab es um 1300 v.Chr. das dem Fußball ähnliche Spiel „Cuju", das mit einem ausgestopften Lederball gespielt wurde und das damals als militärische Übung benutzt wurde.

Um 1000 v.Chr. ist dieses Spiel zu einem Volkssport geworden und es wurden damals Regeln gegen die Gewalttätigkeiten bei diesem Spiel erlassen. Dieses Spiel wurde bis 600 n.Chr. als Nationalsport gespielt und es wurden Tore, Torhüter, Spielführer und sogar ein luftgefüllter Ball eingeführt. Um 700 n.Chr. geriet dieses Spiel jedoch völlig in Vergessenheit.

In Mittelamerika gab es ebenfalls seit mindestens 1000 v.Chr. das Ulama („Ballspiel"). Dieses Ballspiel wurde im Kult verwendete, aber diente auch als Freizeitbeschäftigung. Während im Kult das Treten des Balls, der ein Symbol der Sonne war, verboten war, war der Fußkontakt im Freizeit-Spiel erlaubt. Dieses Ballspiel hatte einen großen Einfluss auf den europäischen Fußball.

Es gab in Mittelamerika auch Ballspiele mit Schlägern, von denen das Tennis und der Federball abstammen.

Bei den Germanen war um 1000 n.Chr. ein Mannschaftsballspiel mit einem elastischen Ball beliebt, der wieder in die Höhe sprang, wenn er hart auf der Erde auftraf. Wie lange Zeit vorher dieses Spiel schon gespielt worden ist, ist unbekannt.

Es scheint verschiedene Varianten dieses germanischen Spiels gegeben zu haben, das auf leeren Feldern, aber auch in Innenhöfen gespielt worden ist. Zumindest eine Variante wurde auch mit Schlägern gespielt und war daher eine Art Hockey.

Bei den Turk-Völkern in Zentralasien vor ihrer Ankunft in der Türkei gab es ein Ballspiel mit einem runden Kautschukball, der mehrere kg schwer gewesen ist.

Um 1050 n.Chr. war das Fußballspiel Tepük („Fußtritt") in der Türkei sehr beliebt. Dieses Spiel hat sich sehr wahrscheinlich aus dem früheren Ballspiel der Turk-Völker entwickelt.

In Italien und Frankreich gab es Treibballspiele, die vermutlich von den germanischen Ballspielen abstammen und während der Ausbreitung der germanischen Stämme von Nordeuropa aus in diese beiden Länder gelangt sind.

In Italien gab es seit 1400 n.Chr. das „calcio storico", das eine recht grobe Form des Fußballs war.

Nach der Entdeckung Amerikas um 1492 wurden auch die mittelamerikanischen Ballspiele in Europa bekannt. Allerdings ist darüber nur wenig Genaues bekannt.

Auf den britischen Inseln gab es ein Ballspiel, bei dem die Männer aus zwei Dörfern versuchten, einen Ball in das gegnerische Stadttor zu treiben, wobei es so brutal zuging, dass dieses Spiel mehrfach von Kirche und König verboten worden ist. Vermutlich sind auch hier die Ursprünge dieses Spiels die verschiedenen früheren germanischen Ballspiele.

Um 1800 gab es auf den britischen Inseln nur noch Reste von diesem Spiel, das sich vermutlich zu dieser Zeit bereits zu einer Art Rugby gewandelt hatte, das an den Universitäten zur Leibesertüchtigung gespielt wurde.

Nun beginnt die eigentliche Geschichte des Fußballs, der sich aus den germanischen, italienischen, französischen, mittelamerikanischen und evtl. auch den türkischen Wurzeln zusammengesetzt hat. Prägend dürfte jedoch die germanische Tradition gewesen sein.

- 1846 erste Fußballregeln durch Studenten der Universität Cambridge

- 1860 Fußball in der Schweiz

- 1863 der Ball darf nur noch mit dem Fuß gespielt werden

- 1870 Begrenzung auf elf Spieler je Mannschaft

- 1871 Trennung von Fußball und Rugby

- 1872 erstes Länderspiel Schottland – England

- 1872 Festlegung einer einheitlichen Ballgröße

- 1874 Einführung eines Schiedsrichters

- 1875 Halbzeitpause mit Seitenwechsel

- 1875 erste Fußballregeln in Deutschland

- 1877 der Schiedsrichter kann einen Spieler vom Platz verweisen

- 1878 Trillerpfeife der Schiedsrichter

- 1878 Gründung vieler englischer Fußballvereine

- 1880 Freistoß als „Strafe"

- 1880 Schienbeinschützer werden vorgeschrieben

- 1883 Einführung von zwei Linienrichtern

- 1890 Tornetz

- 1891 Strafstoß

- 1893 auf den Spielfeldern dürfen weder Bäume noch Sträucher stehen

- 1897 Foulregeln

- 1897 Verlängerung

- 1899 bezahlter Vereinswechsel erlaubt zu einem Höchstbetrag von 10£.

- 1902 der Strafraum-Halbkreis wird zum Rechteck

- 1902 Einführung des Elfmeterpunktes

- 1903 der Torwart darf nur noch im eigenen Strafraum mit der Hand spielen

- 1907 kein Abseits mehr in der eigenen Spielhälfte

- 1924 der Eckball darf direkt ins Tor geschossen werden

- 1938 Festlegung der meisten heutigen Fußballregeln

- 1939 Einführung der Rückennummern

- 1963 das Barfußspielen in Indien wird verboten

- 1969 zwei Auswechslungen

- 1970 Einführung der Gelben Karte und der Roten Karte

- 1970 Einführung des Elfmeterschießens nach Verlängerung

- 1970 Aufhebung des Fußballspielverbots für Frauen durch den DFB

- 1974 Sperre nach 3 gelben Karten

- 1983 Rote Karte für die „Notbremse"

- 1993 Verbot der „Grätsche von hinten" („Blutgrätsche")

- 1995 drei Auswechslungen

- 1995 Verlängerung der Halbzeitpause von 5 auf 15 Minuten

- 1998 Rote Karte für jedes Foul von hinten

- 1999 die „Schwalbe" wird verboten und mit der Gelben Karte bestraft

- 2022 fünf Auswechslungen

Jedes Spiel braucht genaue Regeln, damit es gespielt werden kann. Diese Regeln sind zwar auch ein tragender Teil des Fußballs, doch sie sind – wie schon die obenstehende Liste zeigt – ständig weiterentwickelt worden. Das kann man am deutlichsten anhand der Entwicklung der Abseitsregel sehen:

- Ab 1846 gab es die ersten, von Studenten festgelegten Regeln.

- Ab 1863 waren keine Pässe nach hinten mehr erlaubt.

- Ab 1866 waren Pässe hinter die drei letzten gegnerischen Spieler nicht mehr erlaubt.

- Ab 1907 waren Pässe nur in gegnerischen Hälfte nicht erlaubt.

- Ab 1920 wurde auch bei Einwürfe die Abseitsregel nicht mehr angewandt.

- Ab 1925 waren Pässe hinter den letzten gegnerischen Spieler nicht mehr erlaubt.

- Ab 1990 ist auch „gleiche Höhe der Spieler" kein Abseits mehr.

Die Einführung des Schiedsrichters um 1874 brachte eine größere Ordnung und eine bessere Einhaltung der Regeln ins Spiel. Er urteilt über alle Spielzüge und Vorfälle und kann im heutigen Fußball mit der „Gelbe Karte" eine „Drohung" aussprechen und mit der „Rote Karte" einen Spieler vom Platz verweisen. Er wird in seinem Urteil von den Linienrichtern und dem Videoassistenten unterstützt.

Ein Spiel braucht jedoch nicht nur die Regeln als festes Gerüst – auch jede Mannschaft braucht ein festes Gerüst, einen sicheren Rückhalt. Dabei ist die Beständigkeit eine wichtige Grundlage, da sich eine Gemeinschaft nur auf ihr organisch entwickeln kann.

Das gilt auch für einen Fußballverein. Diese haltgebende Beständigkeit findet sich bei manchen Fußballvereinen sowohl in der Vereinsführung (z.B. Uli Höneß), bei dem Trainer (Christian Streich, Frank Schmidt, Jürgen Klopp, Helmut Schön) und sogar bei dem Vereins-Arzt (Müller-Wohlfahrt).

Natürlich ist diese Beständigkeit keine Garantie für Erfolg, da manchmal schließlich auch neue Impulse gebraucht werden (Jogi Löw).

- - -

Fazit: Gesetze und Regeln gibt es überall, wo es Gemeinschaften von Menschen gibt. Die einen werden diese Regeln als Rückhalt empfinden, die anderen werden sie als Fessel erleben – das liegt in der Natur der Menschen.

Im Fußball sorgen diese Regeln vor allem für eine Gerechtigkeit im Spiel und dafür, dass möglichst niemand durch Fouls verletzt wird.

… übrigens: *„Lebbe geht weider ..."* (Dragoslav Stepanovic)

11. Organisation

≋

Die Vereinigung der Vertragsfußballspieler (VDV) ist die Gewerkschaft der Fußballspieler. Sie bietet ihren mehr als 1400 Mitgliedern aus dem Profi-Fußball professionelle Unterstützung in den Bereichen Recht, Vorsorge, Absicherung, Bildung, Berufsplanung, Medizin, Sportpsychologie und Wettbewerbsintegrität. Weiterhin führt sie in jedem Sommer ein Trainingslager für Profis ohne Job durch.

Die Vereine sind zumindest im Profibereich zwar von der Rechtsform her Vereine, aber von der Führung her eher Großunternehmen. Sie haben eine Unternehmensphilosophie und eine „corporate identity" wie z.B. der FC Bayern München sein berühmtes „Mia san mia" („Wir sind wir.") Aufgrund der Größe der Vereine im Profifußball haben sie einen komplexen Aufbau mit mehreren leitenden Funktionen und vielen Angestellten – vom Talent-Scout über den Rasenpfleger bis hin zum Stadionsprecher.

Die meisten größeren Vereine haben viele Mitglieder – vorwiegend Fans des Vereins – und geben auch eine Vereinszeitschrift heraus.

Zu dem Vereinen gehören auch die Fanartikel-Abteilung, die z.B. T-Shirts mit den Namen beliebter Fußballer verkauft.

Es gibt auch Fußballer, die ihre gesamte Karriere über nur für einen einzigen – „ihren" – Verein gespielt haben. Diese starke Vereinsbindung macht sie in der Regel bei den Fans sehr beliebt. Solche Vereins-treuen Spieler waren bzw. sind z.B. Uwe Seeler beim HSV („Uns Uwe"), Sepp Maier und Thomas Müller beim FC Bayern München, Christian Günter beim SC Freiburg, Jonathan Tah bei Bayer Leverkusen sowie Yussuf Poulsen bei RasenBallsport Leipzig.

Die Fußballvereine sind im Allgemeinen als Liga-System aufgebaut. In Deutschland sieht dieses System wie folgt aus:

Bundesliga:		18 Mannschaften
2. Bundesliga:		18 Mannschaften
3. Liga:		20 Mannschaften
Regionalliga:	5 mal 18 =	90 Mannschaften
Oberliga:	14 mal 16-20 =	253 Mannschaften
Landesliga:	36 mal 11-20 =	1.115 Mannschaften
Bezirksliga:		ca. 1.500 Mannschaften
Kreisligen gesamt:		ca. 21.000 Mannschaften
Kreisliga A		
Kreisliga B		
Kreisliga C		
Kreisliga D		

Die gesamten Ligen sind im Deutschen Fußball Bund (DFB) organisiert, der mit den 24.000 deutschen Fußballvereinen, die 7.700.000 Mitglieder haben, der größte Sportbund in der BRD ist. Diese Größe wird deutlicher, wenn man ihn mit der Mitglieder-Zahl anderer Vereinigungen in Deutschland vergleicht:

Sportbund	24.000.000	Mitglieder
ADAC	20.000.000	Mitglieder
DFB	7.700.000	Mitglieder
Schützenbund	1.500.000	Mitglieder
Tennisbund	1.400.000	Mitglieder
Alpenverein	1.200.000	Mitglieder
Mieterbund	1.200.000	Mitglieder
Handball	760.000	Mitglieder
SPD	404.000	Mitglieder
CDU	363.000	Mitglieder
Rotes Kreuz	300.000	Mitglieder
Anglerbund	220.000	Mitglieder
Bundeswehr	182.000	Mitglieder
CSU	132.000	Mitglieder
Grüne	126.000	Mitglieder
FDP	72.000	Mitglieder
Linke	50.000	Mitglieder
AfD	40.000	Mitglieder

International ist der Fußball in der 1904 in Paris gegründeten „Fédération Internationale de Football Association" (FIFA) organisiert. Sie hat Mitglieder aus über 200 Ländern, d.h. aus so gut wie jedem Land auf der Erde. Sie ist damit genauso international wie die UNO und die Olympischen Spiele. Selbst das Rote Kreuz ist nur in ca. 100 Ländern vertreten.

Die FIFA organisiert die Fußball-Weltmeisterschaft und zusammen mit dem Internationalen Olympischen Komitee auch das Olympische Fußballturnier. Sie erwirtschaftet 1,4 Milliarden Euro pro Jahr.

Der Fußball ist offensichtlich eine weltweit verbreitete Sportart. Es gibt in fast jedem Dorf einen Fußballplatz.

Schließlich gibt es noch die Übertragung von wichtigen Fußballspielen im Fernsehen. So sahen z.B. 22,5 Millionen Zuschauer das Endspiel der EM 2024 zwischen Spanien und England – das sind 28% der gesamten Bevölkerung der BRD.

Die Fußballvereine sind auf recht unterschiedliche Weise und zu unterschiedlichen Zeiten gegründet worden. Die folgenden zwanzig Vereine sind natürlich nur eine kleine Auswahl. Sie sind chronologisch nach ihrem Gründungsdatum geordnet.

HSV: 29. September 1887 als SC Germania; Hamburg; der HSV entstand unter dem heutigen Namen am 2. Juni 1919 durch die Fusion der Vereine SC Germania von 1887, Hamburger FC von 1888 und FC Falke 06 (astrologisch eine Waage)

VfB Stuttgart: 9. September 1993 als FV Stuttgart; Stuttgart; unter dem heutigen Namen seit dem 2. April 1912 durch Fusion mit dem Kronenclub Cannstatt (astrologisch eine Jungfrau)

Eintracht Frankfurt: 4. Februar 1899; auf der Veranda des Ausfluglokals „Kuhhirten"; nach dem Sieg der Realschüler in einem Wettbewerb von Sportbegeisterten gegründet (astrologisch ein Wassermann)

SV Werder Bremen: 8. März 1899; in der Gaststätte des Frankfurter Fußballclubs Victoria: von Mitgliedern des FFC Germania gegründet (astrologisch ein Fisch)

TSG 1899 Hoffenheim: 1. Juli 1899; im Gasthaus „Zum Engel"; von Fußballbegeisterten gegründet (astrologisch ein Krebs)

FC Bayern München: 27. Februar 1900; in Schwabingen in dem café „Gisela"; von einer Abspaltung des Männer-Turn-Vereins MTV gegründet (astrologisch ein Fisch)

Borussia Mönchengladbach: 1. August 1900; im Stadtteil Eiken; von 13 Männern gegründet (astrologisch ein Löwe)

Holstein Kiel: 4. Mai 1902; in einer Gartenlaube am Knooper Weg; von drei Schülern der Hebbelschule gegründet (astrologisch ein Stier)

Schalke 04: 4. Mai 1904; in Gelsenkirchen-Schalke; gegründet durch zehn Schüler und Lehrlinge (astrologisch ein Stier)

SC Freiburg: 1904; im Vereinslokal des Freiburger Turnerbundes; durch die Fusion des Sportvereins Freiburg und des FC Schwalbe (astrologisches Sternzeichen unbekannt)

FSV Mainz 05: 16. März 1905; im Café „Neuf"; durch acht junge Männer (astrologisch ein Fisch)

Bayer Leverkusen: 1. Juni 1907; in Leverkusen; als Abteilung des werkseigenen Turnvereins gegründet (astrologisch ein Krebs)

FC Augsburg: 8 August 1907; in Augsburg als FC Alemannia gegründet, später dem TV 1871 Oberhausen und dem BC Augsburg zum FC Augsburg fusionier (astrologisch ein Löwe)

Borussia Dortmund: 19 Dezember 1909; Im Restaurant „Zum Wildschütz"; durch Mitglieder der katholischen Dreifaltigkeitsgemeinde – es kam bei der Gründung zu Handgreiflichkeiten wegen einer Debatte über die strikte Ablehnung des Fußballs durch die Kirche; der Name „Borussia" bezieht sich auf die gleichnamige Brauerei (astrologisch ein Schütze)

FC St. Pauli: 15. Mai 1910; in St. Pauli; als Abspaltung des St. Pauli Turnvereins gegründet (astrologisch ein Stier)

1. FC Heidenheim: 1911; Heidenheim; durch Ingenieure der Motoren-Firma Voith (Sternzeichen unbekannt)

VfL Bochum: 14. April 1938; Bochum; gegründet durch die Fusion eines am 18.2. 1849 gegründeten Turnvereins mit dem Turnverein Bochum 48, der Germania 06 und dem TuS Bochum (astrologisch ein Widder)

VfL Wolfsburg: 12. September 1945; in einer Baracke; zwölf Männer gründeten gleichzeitig Vereine für Fußball, Handball, Tennis, Turnen, Radsport, Boxen und Schach (astrologisch eine Jungfrau)

Union Berlin: 20. Januar 1966; im Klubhaus des Transformatorenwerkes Oberschöneweide; offizielle Gründung für die Berliner Werktätigen in der DDR (astrologisch ein Steinbock)

RB Leipzig: 19. Mai 2009; Leipzig; Gründung durch den Sponsor Red Bull, der seine Initialen „RB" erst verwenden durfte, nachdem er sie zur Abkürzung für „Rasen-Ballsport" umgedeutet hatte; er übernahm das Startrecht in der Oberliga Nordost von dem SSV Markransädt und stieg furch große Investitionen von Red Bull schnell in die Bundesliga auf (astrologisch ein Stier – passend zu „Red Bull" und passend zu der Gründung des Vereins als Werbekampagne für die Red Bull-Getränke)

20 Fußballvereine sind zu wenig, um sicher etwas über die statistische Verteilung ihrer Sternzeichen sagen zu können, aber auch dieser erste Eindruck der Verteilung ist interessant:

4 Stier

3 Fisch

2 Jungfrau, 2 Krebs, 2 Löwe

1 Waage, 1 Wassermann, 1 Schütze, 1 Widder, 1 Steinbock

0 Zwillinge, 0 Skorpion

Anscheinend ist die Suche nach einem gemeinschaftlichen Zusammenhalt des Sternzeichens Stieres sehr förderlich für die Gründung eines Vereins.

Ebenso ist das Beisammensein und das Teilhabenwollen an etwas Umfassenderen des Sternzeichens Fische förderlich.

Der Zwilling will hingegen anscheinend frei und ohne Regeln spielen – und der Skorpion hat wenig Interesse an einem Wettkampf, der ja gar kein „echter" Kampf ist

- - -

Noch ein letzter Gedanke:

Im Fußball haben einzelne Vereine – vor allem der FC Bayern München – mehrfach andere Vereine in Krisen finanziell unterstützt. Sie haben auch Benefizspiele zur Milderung von allgemeinen Krisen und Katastrophen veranstaltet.

Mittlerweile ist der Terminkalender der Vereine jedoch so voll geworden, daß solche Spiele selbst bei besten Absichten nicht mehr möglich sind. So wollte Uli Hoeneß vom FC Bayern München 2021 nach der Flutkatastrophe ein Benefiz-Spiel für die Opfer im Ahrtal veranstalten, um die Erlöse dann zu spenden und um die Solidarität mit den Flutopfern zu bekunden. Das war jedoch aus Termingründen unmöglich, sodaß Uli Hoeneß schließlich eine Million gespendet hat – die Solidarität des Vereins mit den Flutopfern ist dadurch jedoch nicht sichtbar geworden.

Das ist eine Entwicklung im Fußball, die den menschlichen Aspekt des Ganzen immer stärker in den Hintergrund drängt.

- - -

Fazit: Die Menschen organisieren sich gerne, wenn sie gleiche Ziele, Hobbys oder sonstige Anliegen haben. Die größte allgemeine Organisation ist die UNO.

Fußball ist die am weitesten verbreitete Sportart und hat daher auch die größte internationale Organisation: die FIFA.

   … übrigens: *„Ich habe dem Linienrichter meine Brille angeboten. Aber auch das hat er nicht gesehen."* (Peter Stöger)

12. Fans

Ҥ

Ohne die Fans gäbe es die Fußballvereine nur als private Sporttreffen – sie wären also auf Bolzplatz-Niveau mehr oder weniger ohne Zuschauer geblieben.

Man kann bei den Fans fünf Gruppen unterscheiden:

- Ein kleiner Teil der Zuschauer besteht aus Fans, die lose an Fußball interessiert sind und Unterhaltung suchen.

- Der größte Teil der Zuschauer besteht aus Fans, die zu einem bestimmten Verein halten und ihm den Sieg wünschen.

- Ein Teil der eben genannten Vereins-treuen Zuschauer hat sich in Fanverbänden oder Fanclubs organisiert und sorgt für Fahrgemeinschaften zu Fußballspielen u.ä. Die meisten Fanclubs in Deutschland hat der FC Bayern München: 4524 Fanclubs.

- Ein kleiner Teil der Vereins-treuen Fans ist deutlich engagierter als der durchschnittliche Fan. Sie nennen sich „Ultras" und sehen sich als die Fan-Elite an, die fest zu ihrem Verein steht und ihn so gut wie möglich unterstützt und anfeuert. Sie organisieren im Stadion Gesänge und Choreographien der Zuschauer, aber hissen auch Spruchbänder aus Protest oder aus Zustimmung zu aktuellen Vorgängen im Fußball. Dabei werden sie von den „Capos" („Köpfe") mithilfe eines Mega-phons angeleitet.

- Die Ultras sind nicht gewalttätig, sondern friedlich. Es gibt auch Fan-Solidaritäten zwischen verschiedenen Vereinen. Manchmal organisie-ren die Ultras auch andere Dinge wie z.B. Einkäufe und Botengänge für ältere Menschen und Risikopatienten während der Corona-Krise oder sie solidarisieren sich mit der „Letzten Generation" o.ä. Ihr Schwerpunkt liegt zwar im Fußball, aber ihre Bereitschaft zur Solidarität kann sich auch auf andere Lebensbereiche erstrecken.

- Die Hooligans sind der kleine Teil der Fans, die aggressiv und gewalt-bereit sind und die im Umfeld von Fußballspielen nach Prügeleien und ähnlichem suchen. Diese Hooligans sind hauptsächlich junge Männer im Alter von 17-25 Jahre. Sie treffen sich an vorher abgesprochenen Orten und greifen gegnerische Hooligans, aber oft auch Unbeteiligte an – jedoch fast ausschließlich andere Männer.

Als Grund für ihre Gewalttaten werden der Nervenkitzel, das Zusammengehörigkeitsgefühl und das Erlebnis ihrer Stärke als Gruppe genannt. Verwunderlich ist das nicht, da doch auch der Fußball ein Kampf in einer Gruppe ist, bei dem es um das Erlebnis der eigenen Stärke und den Sieg geht. Die Hooligans leben in demselben Grund-gefühl wie die Fußballer, nur halten sie sich nicht an Regeln …

Aggressive Hooligan-Unruhen mit Toten hat es auch schon bei den römischen Zirkusspielen gegeben – das ist keine neue Entwicklung und lag bei der Brutalität der damaligen Zirkusspiele mit ihren wilden Tieren und Gladiatoren noch näher als beim Fußball.

Beim Eishockey, Rugby und Kricket gibt es ebenfalls Hooligans, doch sind sie dort seltener. In den Jahren zwischen 1960 und 1970 gab es auch Hooligans bei Rockkonzerten und Tanzveranstaltungen.

Die Hooligans tragen als Kennzeichen „Kutten", d.h. bestimmte Kleidungsstücke, die oft der Kleidung von Motorrad-Rockern gleichen.

Viele Fans tragen ein T-Shirt mit der Spielernummer und dem Namen ihres Fußball-Idols. Das ist eine schlichte Form der Identifikation mit dem Ideal. Ähnliches gibt es auch in vielen anderen Bereichen – z.B., wenn sich die Fans von Taylor Swift bei deren Konzerten ähnlich wie die Sängerin kleiden und schmücken. Auch die Pin-Up-Poster von Rockstars, Karate-Kämpfern oder Formel 1-Fahrer an der Wand des eigenen Zimmers haben diese Funktion der Verbindung mit dem Idol.

Früher dienten den Jugendlichen die Götter aus den Mythen und die Helden aus den Sagen als Vorbilder – heute sind das eben Fußballer, Sänger und Filmstars. Diese Nische ist von den Zeichnern vieler Comics gut erkannt worden und von den

Machern der Marvel-Filme (MCU) wiederbelebt worden. Man kann inzwischen sogar Marvel-Helden-Kostüme kaufen und es gibt Comic-Conventions, auf denen die Teilnehmer als ihre Helden verkleidet erscheinen.

Die Helden in den MCU-Filmen stehen als Bild zwischen Helden und Göttern und sind eben das, was man früher meistens „Halbgötter" nannte – oder in modernem Sprachgebrauch „Superhelden". Die Vielfalt der Gestalten (Iron Man, Captain America, Dr. Strange, Hulk, Black Widow, Hawkeye usw.) hält für jeden Fan-Typ einen passen Helden bereit.

Im Vergleich dazu sind die „Fußball-Superhelden" zwar weit weniger vielfältig, dafür kann man sie aber „live" und „in echt" auf dem Fußballplatz sehen und evtl. sogar ein Autogramm von ihnen bekommen.

Bei Fußballspielen gibt es ähnlich wie bei Konzerten auch den „Masseneffekt", d.h. das Mitgerissenwerden durch die Stimmung im Stadion. Da ein Fußballspiel jedoch ein Kampf und keine Musikdarbietung ist, ist die Stimmung heftiger und die Stimmungsäußerungen der Fans sind weitaus hemmungsloser.

Es gibt noch einen Effekt, den man zwar auch als Zuschauer spüren kann, aber den man erst als Akteur wirklich erleben kann: die Wirkung des Anfeuerns. Dabei wird von den Fans „Lebenskraft" auf den Fußballer bzw. Sportler übertragen, was man als Sportler sehr deutlich erleben kann. Auf dieser Übertragung der Lebenskraft auf die Sportler beruht auch der „Heimvorteil", also die größere Chance, daheim im eigenen Stadion zu siegen las auswärts in einem anderen Stadion – daheim sind mehr Fans der Heim-Mannschaft im Stadion als Fans von auswärts.

Lebenskraft ist zwar kein naturwissenschaftlich anerkanntes Konzept, aber ein Konzept, daß in allen Religionen und magisch-spirituellen Weltanschauungen zu finden ist. Mithilfe dieses Konzepts wir u.a. auch telepathische Phänomene beschrieben. Doch die Wirkung des Angefeuert-werdens läßt sich nicht theoretisch erklären, sondern nur erleben – am besten als Sportler oder (wenn das nicht möglich ist) ansonsten als Zuschauer.

- - -

Fazit: Wie wichtig eine Sache wird, hängt immer auch davon ab, wie viele Menschen bei ihr mitmachen, sie sehen wollen oder auf sonst eine Weise an ihr teilhaben wollen.

In dieser Hinsicht ist Fußball mehr oder weniger auf einer Höhe mit der Religion und der Politik, die – wie eingangs schon erwähnt – die drei Themen sind, über die sich die Menschen (meistens Männer) am besten streiten können.

… übrigens: *„Nach dem Spiel ist vor dem Spiel."*   (Sepp Herberger)

Bücher von Harry Eilenstein

Magie für Anfänger
- Telepathie für Anfänger (60 S.)
- Telepathie für Fortgeschrittene (52 S.)
- Telekinese für Anfänger (52 S.)
- Analogien für Anfänger (56 S.)
- Omen und Orakel für Anfänger (52 S.)
- Lebenskraft für Anfänger (60 S.)
- Meditation für Anfänger (56 S.)
- Kundalini für Anfänger (100 S.)
- Hypnose für Anfänger (56 S.)
- Kampfmagie für Anfänger (172 S.)
- Auto-Movement für Anfänger (56 S.)
- Chakra-Magie für Anfänger (148 S.)
- Astralreisen für Anfänger (56 S.)
- Astrologie für Anfänger (120 S.)
- Astrologische Quadrate für Fortgeschrittene (72 S.)
- Partnerhoroskope für Anfänger (100 S.)
- Silberschnüre für Anfänger (52 S.)
- Zaubersprüche für Anfänger (60 S.)
- Ritual-Magie für Anfänger (56 S.)
- Mandalas für Anfänger (68 S.)
- Geldzauber für Anfänger (56 S.)
- Liebeszauber für Anfänger (52 S.)
- Invokationen für Anfänger (52 S.)
- Evokationen für Anfänger (60 S.)
- Geister für Anfänger (52 S.)
- Elfen für Anfänger (56 S.)
- Magie-Forschung für Anfänger (140 S.)
- Magie-Romantik für Anfänger (60 S.)
- Selbsterkenntnis für Anfänger (52 S.)
- Einweihungen für Anfänger (60 S.)
- Drogen-Kabbala für Anfänger (216 S.)
- Zahlensymbolik für Anfänger (60 S.)
- Die Sprache des Mondes – für Anfänger (116 S.)
- Zaubergesänge für Anfänger (100 S.)
- Zukunftschau für Anfänger (60 S.)
- Schamanismus für Anfänger (52 S.)
- Schwitzhütten für Anfänger (52 S.)
- Magische Gegenstände für Anfänger (68 S.)
- Übertragungen für Anfänger (68 S.)
- Zaubertränke für Anfänger (64 S.)
- Magie-Gesten für Anfänger (252 S.)
- Da'ath-Magie für Anfänger (64 S.)
- Magie-Heilungen für Anfänger (68 S.)
- Kornkreise für Anfänger (348 S.)
- Feng Shui für Anfänger (96 S.)
- Tao für Anfänger (112 S.)
- Magie für Anfänger – Sammelband   I (696 S.)
- Magie für Anfänger – Sammelband II (664 S.)
- Magie für Anfänger – Sammelband III (580 S.)
- Magie für Anfänger – Sammelband IV (700 S.)
- Magie für Anfänger – Sammelband V (676 S.)
- Magie für Anfänger – Sammelband VI (640 S.)

Magie
- Handbuch für Zauberlehrlinge (408 S.)
- Wie man das Pentagramm-Ritual zum Leben erweckt (308 S.)
- Tarot (104 S.)
- Physik und Magie (184 S.)
- Die Synthese von Physik und Magie (200S.)
- Die Magie-Formel (156 S.)
- Schwarze Löcher in der Magie (56 S.)
- Krafttiere – Tiergöttinnen – Tiertänze (112 S.)
- Schwitzhütten (524 S.)
- Mythen und Magie der Harfe (116 S.)
- Drei Adeptus Major Rituale (192 S.)
- Drei Adeptus Exemptus Rituale (120 S.)
- Zwei Infans Abyssi Rituale (128 S.)

Traumreisen
- Traumreisen zu Heilpflanzen (700 S.)
- Traumreisen zum kabbalistischen Lebensbaum (132 S.)

Meditation
- Der Lebenskraftkörper (230 S.)
- Die Chakren (100 S.)
- Das Chakren-System mit den Nebenchakren (296 S.)
- Organe und Chakren (64 S.)
- Die platonischen Körper in den Chakren (156 S.)
- Meditation (140 S.)
- Drachenfeuer (124 S.)
- Kundalini I (676 S.)
- Kundalini II (672 S.)
- Reinkarnation (156 S.)
- einsgerichtet (140 S.)

Astrologie
- Astrologie (496 S.)
- Photo-Astrologie (428 S.)
- Die astrologischen Aspekte (88 S.)
- Horoskop und Seele (120 S.)

Kabbala
- Kursus der praktischen Kabbala (150 S.)
- Eltern der Erde (450 S.)
- Blüten des Lebensbaumes:
    1. Die Struktur des kabbalistischen Lebensbaumes (370 S.)
    2. Der kabbalistische Lebensbaum als Forschungshilfsmittel (580 S.)
    3. Der kabbalistische Lebensbaum als spirituelle Landkarte (520 S.)
- Logik und Wirkung der Analogie (700 S.)

Eilenstein, Frater V.D., Knecht, Büdenbender
- Magie heute – Berichte aus der Praxis (288 S.)

Büdenbender, Eilenstein
- Chaos, Alk und Magic (436 S.)

Germanen

1. Die Entwicklung der germanischen Religion (556S.)
2. Lexikon der germanischen Religion (576S.)
3. Der ursprüngliche Göttervater Tyr (584S.)
4. Tyr in der Unterwelt: der Schmied Wieland (228S.)
5. Tyr in der Unterwelt: der Riesenkönig 1 (448S.)
6. Tyr in der Unterwelt: der Riesenkönig 2 (452S.)
7. Tyr in der Unterwelt: der Zwergenkönig (304S.)
8. Der Himmelswächter Heimdall (140S.)
9. Der Sommergott Baldur (228S.)
10. Der Meeresgott: Ägir, Hler und Njörd (176S.)
11. Der Eibengott Ullr (148S.)
12. Die Zwillingsgötter Alcis (292S.)
13. Der neue Göttervater Odin 1 (672S.)
14. Der neue Göttervater Odin 2 (160S.)
15. Der Fruchtbarkeitsgott Freyr (320S.)
16. Der Chaos-Gott Loki (608S.)
17. Der Donnergott Thor (600S.)
18. Der Priestergott Hönir (76S.)
19. Die Göttersöhne (204S.)
20. Die unbekannteren Götter (248S.)
21. Die Göttermutter Frigg (220S.)
22. Die Liebesgöttin: Freya und Menglöd (424S.)
23. Die Erdgöttinnen (212S.)
24. Die Korngöttin Sif (104S.)
25. Die Apfel-Göttin Idun (144S.)
26. Die Hügelgrab-Jenseitsgöttin Hel (288S.)
27. Die Meeres-Jenseitsgöttin Ran (112S.)
28. Die unbekannteren Jenseitsgöttinnen (384S.)
29. Die unbekannteren Göttinnen (308S.)
30. Die Nornen (328S.)
31. Die Walküren (636S.)
32. Die Zwerge (424S.)
33. Der Urriese Ymir (220S.)
34. Die Riesen (384S.)
35. Die Riesinnen (368S.)
36. Mythologische Wesen (280S.)
37. Mythologische Priester und Priesterinnen (220S.)
38. Sigurd/Siegfried (672S.)
39. Helden und Göttersöhne (628S.)
40. Die Symbolik der Vögel und Insekten (496S.)
41. Die Symbolik der Schlangen, Drachen und Ungeheuer (616S.)
42.a Die Symbolik der Herdentiere 1 (448S.)
42.b Die Symbolik der Herdentiere 2 (304S.)
43. Die Symbolik der Raubtiere (372S.)
44. Die Symbolik der Wassertiere und sonstigen Tiere (164S.)
45. Die Symbolik der Pflanzen (192S.)
46. Die Symbolik der Farben (124S.)
47. Die Symbolik der Zahlen (640S.)
48. Die Symbolik von Sonne, Mond und Sternen (596S.)

49.a Das Jenseits 1 – Das Hügelgrab (428S.)
49.b Das Jenseits 2 – Der Jenseitsweg (484S.)
50. Astralreise, Seelenvogel, Utiseta und Einweihung (420S.)
51. Wiederzeugung und Wiedergeburt (476S.)
52. Elemente der Kosmologie (412S.)
53. Der Weltenbaum (324S.)
54. Die Symbolik der Himmelsrichtungen und der Jahreszeiten (276S.)
55.a Mythologische Motive 1 – Aufbau (492S.)
55.b Mythologische Motive 2 – Vorgänge (480S.)
56. Der Tempel (397S.)
57. Die Einrichtung des Tempels (696S.)
58. Priesterin – Seherin – Zauberin – Hexe (428S.)
59. Priester – Seher – Zauberer (300S.)
60. Rituelle Kleidung und Schmuck (140S.)
61. Skalden und Skaldinnen (92S.)
62. Kriegerinnen und Ekstase-Krieger (224S.)
63. Die Symbolik der Körperteile (340S.)
64.a Magie und Ritual 1 – Magie (608S.)
64.b Magie und Ritual 2 – Kult (592S.)
64.c Magie und Ritual 3 – Heilung (192S.)
65. Gestaltwandler (316S.)
66.a Magische Angriffs-Waffen (660S.)
66.b Magische Verteidigungs-Waffen (328S.)
67. Magische Werkzeuge und Gegenstände (348S.)
68. Zaubersprüche (340S.)
69. Göttermet (416S.)
70. Zaubertränke (72S.)
71. Träume, Omen und Orakel (284S.)
72. Runen (252S.)
73. Sozial-religiöse Rituale (328S.)
74. Weisheiten und Sprichworte (540S.)
75. Kenningar (664S.)
76. Rätsel (160S.)
77. Die vollständige Edda des Snorri Sturluson (512S.)
78. Frühe Skaldenlieder (224S.)
79.a Mythologische Sagas 1 (488S.)
79.b Mythologische Sagas 2 (372S.)
80. Hymnen an die germanischen Götter (684S.)

nicht Teil der Germanen-Reihe:
- Odin (300 S.)

Kelten
- Cernunnos (690 S.)
- Taliesin (228 S.)
- Der Kessel von Gundestrup (220 S.)
- Der Chiemsee-Kessel (76)

Inder
- Dakini (80 S.)
- Vajra (76 S.)

Griechen
- Pan (336 S.)
- Poseidon (668 S.)

Religion allgemein
- Die sieben Schritte des Lebens (428 S.)
- Muttergöttin und Schamanen (168 S.)
- Totempfähle (440 S.)
- Der Urriese (168 S.)

Jungsteinzeit
- Göbekli Tepe (472 S.)
- Die Göttin von Göbekli Tepe (144 S.)
- Die Rituale von Göbekli Tepe (112 S.)

Ägypten
- Hathor und Re 1: Götter und Mythen im im Alten Ägypten (432 S.)
- Hathor und Re 2: Die altägyptische Religion – Ursprünge, Kult und Magie (396 S.)
- Isis (508 S.)
- Ma'at (200 S.)

Indogermanen
- Die Entwicklung der indogermanischen Religionen (700 S.)
- Wurzeln und Zweige der indogermanischen Religion (224 S.)

Christentum
- Christus (60 S.)
- Die Biographie des Teufels (144 S.)
- Die Magie der Propheten Elias und Elisa (96 S.)

Psychologie
- Über die Freude (100 S.)
- Das Geheimnis des inneren Friedens (252 S.)
- Das Beziehungsmandala (52 S.)
- Gefühle und ihre Verwandlungen (404 S.)
- einsgerichtet (140 S.)
- Liebe und Eigenständigkeit (216 S.)
- Von innerer Fülle zu äußerem Gedeihen (52 S.)
- Kreative Hochzeits-Rituale (56 S.)

Heilung
- Die Symbolik der Krankheiten (76 S.)

Kunst
- Herz des Tanzes – Tanz des Herzens (160 S.)
- Die Wurzeln der Kunst (60 S.)
- Wege zur Musik-Improvisation (32 S.)

Drama
- König Athelstan (104 S.)

Roman
- Maran der Schamane (548 S.)
- Maran der Zauberlehrling (676 S.)
- Maran der Harfner (700 S.)
- Maran der Krieger (700 S.)
- Maran der Magier (900 S.)
- Maran der Weise (900 S.)

Entwürfe für die Zukunft
1. Die 12 Stile des Tierkreises (164 S.)
2. Die 12 Gedanken zur Energie (108 S.)
3. Die 12 Phänomene der Schwingungen (60 S.)
4. Die 12 Qualitäten des Wassers (92 S.)
5. Die 12 Fundamente des Wohnens (96 S.)
6. Die 12 Grundprinzipien einer umfassenden Gesundheit (32 S.)
7. Die 12 Zonen des menschlichen Körpers (80 S.)
8. Die 12 Zutaten der Ernährung (60 S.)
9. Die 12 Flüge der Bienen (148 S.)
10. Die 12 Sichtweisen auf Genußmittel und Drogen (96 S.)
11. Die 12 Möglichkeiten der ganzheitlichen Medizin (92 S.)
12. Die 12 Ansichten über das Impfen (36 S.)
13. Die 12 Leitlinien der Erziehung (44 S.)
14. Die 12 Richtungen des Denkens (84 S.)
15. Die 12 Arten des Lernens (56 S.)
16. Die 12 Seiten einer umfassenden Bildung (36 S.)
17. Die 12 Ansätze zu effektivem Handeln (76 S.)
18. Die 12 Konzepte der Arbeit (48 S.)
19. Die 12 Arten der neuen Technologien (36 S.)
20. Die 12 Betrachtungsweisen der künstlichen Intelligenz (48 S.)
21. Die 12 Eigenheiten des Geldes (40 S.)
22. Die 12 Funktionen der Steuern (56 S.)
23. Die 12 Betrachtungsweisen der Sozialberufe (60 S.)
24. Die 12 Strategien der Macht (64 S.)
25. Die 12 Anforderungen an ein neues Wertesystem (48 S.)
26. Die 12 Bausteine einer neuen Gesellschaftsform (52 S.)
27. Die 12 Tore zur Sophikratie (80 S.)
28. Die 12 Pfade zum Frieden (48 S.)
29. Die 12 Säulen des Naturrechts (56 S.)
30. Die 12 Grundlagen der Beziehungen (52 S.)
31. Die 12 Spielfelder des Fußballs (108 S.)
32. Die 12 Wege der Kunst (60 S.)
33. Die 12 Wurzeln eines erfüllten Lebens (44 S.)
34. Die 12 Bereiche des Bewußtseins (56 S.)
35. Die 12 Tempel der Religionen (84 S.)
36. Die 12 Aspekte eines einheitlichen spirituell-physikalischen Weltbildes (72 S.)
37. Die 12 Dynamiken der Verwandlung (44 S.)
- Sammelband 1 „Natur" (492 S.)
- Sammelband 2 „Gesundheit" (512 S.)
- Sammelband 3 „Bildung" (520 S.)
- Sammelband 4 „Gesellschaft" (414 S.)
- Sammelband 5 „Psyche" (380 S.)

die „Anfänger"-Reihe
- The Synthesis of Physics and Magic (192 p.)
- Telepathy for Beginners (60 p.)
- Telepathy for Advanced Learners (52 p.)
- Telekinesis for Beginners (56 p.)
- Life Force for Beginners (76 p.)
- Kundalini for Beginners (104 p.)
- Astral Projection for Beginners (60 p.)
- Meditation for Beginners (60 p.)
- Prophecy for Beginners (60 p.)
- Ritual Magic for Beginners (64 p.)
- Magic Chant for Beginners (108 p.)
- Invocations for Beginners (52 p.)
- Evocations for Beginners (62 p.)
- Auto-Movement for Beginners (60 p.)
- Elves for Beginners (56 p.)
- Hypnosis for Beginners (56 p.)
- Love Magic for Beginners (52 p.)
- Money Magic for Beginners (60 p.)
- Magic Objects for Beginners (64 p.)
- Shamanism for Beginners (52 p.)
- Chakra-Magic for Beginners (148 p.)
- Language of the Moon – for Beginners (128 p.)
- Self Knowledge for Beginners (60 p.)
- Da'ath-Magic for Beginners (64 p.)
- Astrology for Beginners (112 p.)
- Number Symbolism for Beginners (64 p.)
- Mandalas for Beginners (76 p.)
- Crop Circles for Beginners (344 p.)
- Feng Shui for Beginners (96 p.)
- Magic Research for Beginners (140 p.)
- Magic for Beginners – Anthology I (636 p.)
- Magic for Beginners – Anthology II (616 p.)
- Magic for Beginners – Anthology III (684 p.)
- Magic for Beginners – Anthology IV (580 p.)

Eilenstein, Frater V.D., Knecht, Büdenbender
- Living Magic (261 S.) (= „Magie heute")

sonstige englische Ausgaben
- The Biography of the Devil (140 S.)
- The Synthesis of Physics and Magic (192 S.)
- The Chakra-System with the Minor Chakras (304 S.)